Marktkonforme Umweltpolitik

Band 3: Helmuth-M. Groscurth
Rationelle Energieverwendung durch Wärmerückgewinnung
1991. ISBN 3-7908-0552-1

Band 7: Maria J. Welfens
Umweltprobleme und Umweltpolitik in Mittel- und Osteuropa
1993. ISBN 3-7908-0654-4

Band 8: Hans-Dietrich Haasis
Planung und Steuerung emissionsarm zu betreibender industrieller Produktionssysteme
1994. ISBN 3-7908-0768-0

Band 10: Maria J. Welfens/
Nadja Schiemann (Hrsg.)
Umweltökonomie und zukunftsfähige Wirtschaft
1994. ISBN 3-7908-0788-5

Band 11: Rolf Jacobs
Organisation des Umweltschutzes in Industriebetrieben
1994. ISBN 3-7908-0797-4

Band 12: Frank Jöst
Klimaänderungen, Rohstoffknappheit und wirtschaftliche Entwicklung
1994. ISBN 3-7908-0809-1

Band 13: Georg Müller-Fürstenberger
Kuppelproduktion
1995. ISBN 3-7908-0883-0

Band 14: Andreas Pfnür
Informationsinstrumente und -systeme im betrieblichen Umweltschutz
1996. ISBN 3-7908-0894-6

Band 15: Christian Kölle
Ökonomische Analyse internationaler Umweltkooperationen
1996. ISBN 3-7908-0901-2

Band 16: Rainer Souren
Theorie betrieblicher Reduktion
1996. ISBN 3-7908-0933-0

Band 17: Fritz Söllner
Thermodynamik und Umweltökonomie
1996. ISBN 3-7908-0940-3

Band 18: Thomas Nestler
Umweltschutzinvestitionen im Verarbeitenden Gewerbe
1997. ISBN 3-7908-0962-4

Band 19: Anja Oenning
Theorie betrieblicher Kuppelproduktion
1997. ISBN 3-7908-1012-6

Band 20: Graciela Wiegand
Die Schadstoffkontrolle von Lebensmitteln aus ökonomischer Sicht
1997. ISBN 3-7908-1024-X

Band 21: Karin Holm-Müller
Ökonomische Anreize in der deutschen Abfallwirtschaftspolitik
1997. ISBN 3-7908-1028-2

Band 22: Ronald Wendner
CO_2-Reduktionspolitik und Pensionssicherung
1997. ISBN 3-7908-1032-0

Band 23: Jochen Cantner
Die Kostenrechnung als Instrument der staatlichen Preisregulierung in der Abfallwirtschaft
1997. ISBN 3-7908-1033-9

Band 24: Gerd R. Nicodemus
Reale Optionswerte in der Umweltökonomie
1998. ISBN 3-7908-1089-4

Band 25: Bernd Klauer
Nachhaltigkeit und Naturbewertung
1998. ISBN 3-7908-1114-9

Band 26: Bernd Meyer et al.
Modellierung der Nachhaltigkeitslücke
1998. ISBN 3-7908-1122-X

Band 27: Prognos AG (Hrsg.)
Nachhaltige Entwicklung im Energiesektor?
1998. ISBN 3-7908-1138-6

Bernd Meyer · Andreas Bockermann
Georg Ewerhart · Christian Lutz

Marktkonforme Umweltpolitik

Wirkungen auf Luftschadstoffemissionen, Wachstum und Struktur der Wirtschaft

Mit 31 Abbildungen
und 68 Tabellen

Springer-Verlag Berlin Heidelberg GmbH

Reihenherausgeber
Werner A. Müller
Martina Bihn

Autoren
Prof. Dr. Bernd Meyer
Dr. Georg Ewerhart
Fachbereich Wirtschaftswissenschaften
Universität Osnabrück
D-49069 Osnabrück

Dipl.-Vw. Andreas Bockermann
Dr. Christian Lutz
Gesellschaft für wirtschaftliche Strukturforschung mbH
Goldbreede 19
D-49078 Osnabrück

Internet: http://nts4.oec.uni-osnabrueck.de/makro/makro.html

ISBN 978-3-7908-1184-1

Die Deutsche Bibliothek – CIP-Einheitsaufnahme
Marktkonforme Umweltpolitik: Wirkungen auf Luftschadstoffemissionen, Wachstum und Struktur der Wirtschaft / Bernd Meyer ...
(Umwelt und Ökonomie; Bd. 28)
ISBN 978-3-7908-1184-1 ISBN 978-3-662-12422-2 (eBook)
DOI 10.1007/978-3-662-12422-2

Umschlaggestaltung: Erich Kirchner, Heidelberg

SPIN 10706886 88/2202-5 4 3 2 1 0 – Gedruckt auf säurefreiem Papier

Vorwort

Zum Schutz der Umwelt wird in Deutschland vornehmlich eine Politik der Verbote und der Gebote betrieben. Ökonomen beklagen die Ineffizienz dieser Instrumente, können sich mit ihrer Forderung nach einer marktkonformen Umweltpolitik aber nicht durchsetzen, weil einerseits die immensen Kosten der Einschränkung wirtschaftlicher Entscheidungsfreiheit nicht belegbar und andererseits die vermeintlichen Kosten etwa einer Umweltsteuer für jedermann greifbar zu sein scheinen. Dabei offenbart die sehr emotional geführte Diskussion um die Einführung einer ökologischen Steuerreform die tiefe Unkenntnis der Bevölkerung, aber auch sehr vieler Diskutanten über umweltökonomische Zusammenhänge. Dies hat zwei Gründe: Zum einen ist der Sachverhalt sehr komplex, weil die durch die wirtschaftlichen Aktivitäten entstehenden Umweltbelastungen nur in einer detaillierten Analyse erfaßbar sind. Zum anderen handelt es sich um langfristige Zusammenhänge, die auch einer entsprechenden Perspektive in der Politik bedürfen.

Mit dem vorliegenden Buch wollen die Autoren einen Beitrag zur Versachlichung der Diskussion im Bereich der Klimaschutzpolitik leisten. Das Buch bietet eine ausführliche Darstellung des umweltökonometrischen Modells PANTA RHEI, das empirisch fundiert in tiefer Disaggregation die umweltökonomischen Zusammenhänge im Bereich der Luftschadstoffemissionen für Deutschland abbildet. Das Modell wird dann als Instrument zur Untersuchung der Wirkungen unterschiedlicher Maßnahmen marktkonformer Umweltpolitik zur Reduktion von Luftschadstoffemissionen eingesetzt. Die Ergebnisse dieser Rechnungen werden ausführlich kommentiert und einer bewertenden Analyse unterzogen.

Ein besonderer Dank des Autorenteams gilt der Gruppe Input-Output-Rechnung des Statistischen Bundesamtes, insbesondere Herrn Prof. Dr. Carsten Stahmer und Herrn Helmut Mayer für ihre konstruktive Kooperation, nicht nur bei der Erstellung der Datenbasis. Finanziell sind die Arbeiten an der Entwicklung des Modells in den Jahren 1993 bis 1997 von der Volkswagen-Stiftung großzügig unterstützt worden (Az. II/68 326). Ich möchte mich dafür im Namen des gesamten Teams herzlich bedanken.

Bernd Meyer — Osnabrück, im September 1998

Inhaltsverzeichnis

1 Fragestellung und Ergebnisse

Die derzeit eingesetzten Instrumente der Umweltpolitik in der Bundesrepublik Deutschland sind technische Standards, Gebote und Verbote, die die Entscheidungsfreiheit des einzelnen einengen und somit Verhaltensweisen erzwingen, die die Umwelt schützen. Von den Entscheidungsträgern in der Wirtschaft wird diese Einschränkung der Handlungsalternativen als Benachteiligung im internationalen Wettbewerb, aber auch generell als Lähmung der wettbewerblichen Suchprozesse empfunden, die Kosten senken und technischen Fortschritt hervorbringen. Beklagt werden etwa die häufig mit umweltpolitischen Auflagen verbundenen langwierigen Genehmigungsverfahren für neue Anlagen, die die Investitionsbereitschaft hemmen. Die Kosten dieser juristischem und technischem Denken nahestehenden Umweltpolitik sind gewaltig (de Grauwe 1993), aber wohl kaum exakt zu quantifizieren.

Ökonomen fordern seit langem, Unternehmer und Konsumenten nicht durch die Umweltpolitik zu gängeln, sondern die Rahmenbedingungen des Wettbewerbs so zu gestalten, daß Verhaltensweisen, die dem einzelnen Vorteile bringen, auch die Umwelt schützen. Es geht darum, die Politik der Gebote und Verbote, die wie ein schlechter Arzt lediglich an den Symptomen herumkuriert, durch eine Politik zu ergänzen, die die Ursachen der Umweltbelastungen bekämpft.

Im Bereich der Luftverschmutzung entsteht das Umweltproblem dadurch, daß die Luft als öffentliches Gut zum Preise null übermäßig als Schadstoffdeponie in Anspruch genommen wird, wodurch sich eine schlechte Luftqualität ergibt. Man kann dies auch so ausdrücken: Die privaten und gesellschaftlichen Kosten der Nutzung der Luft klaffen auseinander. Aus dieser Perspektive muß die Umweltpolitik die privaten und gesellschaftlichen Kosten angleichen, indem sie einen wettbewerblichen Rahmen einführt, der alle Kosten den individuellen Nutzern nach dem Verursacherprinzip anlastet.

Die Lösung des Problems besteht darin, daß der Staat entweder Märkte für die Umweltgüter organisiert, indem er Nutzungsrechte versteigert und durch die Angebotsmenge den Preis gestaltet, oder indem er durch Besteuerung der Umweltnutzung den Märkten Signale zur Findung der wahren Knappheitspreise gibt. Wer Marktwirtschaft will, muß diese Grundposition akzeptieren. Insofern trägt eine marktkonforme Umweltpolitik - etwa durch Einführung einer ökologischen Steuerreform - zur Weiterentwicklung der Marktwirtschaft bei.

Das Instrument der Umweltsteuer geht auf Pigou (1920) zurück, der schon vor achtzig Jahren eine Besteuerung externer Kosten vorgeschlagen hat. Allgemein sind externe Effekte Wirkungen ökonomischer Aktivitäten auf die Gesellschaft, die sich nicht in der Kostenrechnung des Verursachers niederschlagen. Eine Besteuerung des Verursachers externer Kosten reduziert diese Aktivitäten, und es können aus dem Steueraufkommen die noch beeinträchtigten Wirtschaftssubjekte entschädigt werden.

Kritiker der Anwendung dieses Konzepts der Internalisierung externer Effekte zur Lösung des Umweltproblems wenden ein, es sei nicht möglich, den Steuersatz zur Erreichung eines bestimmten Umweltziels zu kennen, weil die Zahlungsbereitschaft der Wirtschaftssubjekte unbekannt sei (z. B. Bonus 1994). Den Arbeiten von Coase (1960) folgend, präferieren sie die Einführung von handelbaren Emissionsrechten: Der Staat gibt als Resultat eines demokratischen Abstimmungsprozesses einen bestimmten Grad an tolerabler Umweltbelastung vor und versteigert in diesem Umfang Zertifikate, die zur Verschmutzung der Umwelt berechtigen. Die Erreichung einer optimalen Allokation sowie die Erreichung des Umweltzieles sind auf diese Weise simultan gewährleistet. Öffentliche Güter werden privatisiert, und die Preise für die Nutzung der Umwelt bilden sich auf Märkten und müssen nicht von der Bürokratie gesetzt werden (Bonus 1994).

Die Kritik an der Umweltsteuer, man kenne nicht den Steuersatz, um ein bestimmtes Umweltziel zu erreichen, ist schon von Baumol/Oates (1971) mit dem Argument relativiert worden, man könne auch hier ein bestimmtes Umweltziel vorgeben und sich dann allmählich an den richtigen Steuersatz herantasten. Dieses Konzept ist etwa in der Diskussion um die Einführung einer Klimaschutzsteuer allgemein akzeptiert, bei der man für ein weit in der Zukunft liegendes Jahr ein Klimaschutzziel vorgibt und - beginnend mit einem sehr niedrigen Steuersatz - das Ziel in sehr kleinen Schritten durch Anhebungen des Steuersatzes erreichen will. Vor einer solchen Perspektive erscheinen Umweltsteuern und Zertifikate als Instrumente einer marktkonformen Umweltpolitik grundsätzlich gleichermaßen geeignet, wenn wir auch einräumen wollen, daß es eine Vielzahl weiterer Argumente zur Beurteilung der beiden Instrumente gibt, die wir hier nicht diskutieren wollen. Eine ausführliche Darstellung dieser Punkte findet sich z. B. bei Endres (1994).

Bei der Einführung einer marktkonformen Umweltpolitik sind vielfältige Entscheidungen über die konkrete Ausgestaltung ihrer Instrumente zu treffen. Dabei wird ein wichtiges Kriterium die Frage nach den Wirkungen auf das Umweltziel und die ökonomischen Ziele sein. Man wird einen bestimmten Zielerreichungsgrad im Umweltbereich mit den geringstmöglichen Einbußen bei den ökonomischen Zielen zu erlangen suchen. Es stellt sich die Frage nach den volkswirtschaftlichen Kosten der Verbesserung der Umweltbedingungen, die durch eine entsprechende Gestaltung der Instrumente der Umweltpolitik zu minimieren sind. Wegen der Komplexität der Verknüpfung von Ökonomie und Ökologie lassen sich Antworten nur in Modellrechnungen finden.

Solche Rechnungen lassen sich grundsätzlich für alle Umweltmedien durchführen. Im Falle der uns im Rahmen dieses Buches interessierenden Luftschadstoffemissionen sind bereits wegen des besonderen Problemdrucks und der vergleichsweise günstigen Datensituation einige solcher Rechnungen für Deutschland vorgelegt worden, die sich im Hinblick auf die eingesetzten Modelle erheblich unterscheiden.

Die sogenannten allgemeinen Gleichgewichtsmodelle basieren auf dem Konzept des neoklassischen Konkurrenzmarktgleichgewichts. Die Parameter dieser Modelle sind nicht ökonometrisch geschätzt, sondern werden mit den Daten eines Beobachtungspunktes kalibriert. Die in den Modellen enthaltenen Hypothesen sind somit nicht statistisch getestet. Die Modelle haben den Vorzug der Geschlossenheit des theoretischen Ansatzes, ihr Nachteil ist die mangelnde empirische Fundierung. Man muß die Einsatzmöglichkeiten der allgemeinen Gleichgewichtsmodelle für sehr begrenzt einschätzen, weil die in ihnen enthaltene Grundannahme der vollständigen Information der Wirtschaftssubjekte sowie die Konzeption permanent realisierter Gleichgewichte nicht tragfähig sind. Die allgemeinen Gleichgewichtsmodelle beschreiben eine Idealwelt und sind deshalb im Rahmen wirtschaftspolitischer Diskussionen nur als Referenzsysteme einsetzbar. Modelle dieses Typs wurden für Deutschland unter anderem von Welsch/Hoster (1995), Böhringer (1996), Welsch (1996) und Conrad/Schmidt (1998) entwickelt. Im internationalen Rahmen sei auf das GREEN-Modell der OECD (Burniaux/Martin/Nicoletti/Martins 1992) verwiesen. Einen guten Literaturüberblick über weitere Modelle gewähren Bauer (1993) und Fankhauser (1995).

Empirisch fundierte Modelle gehen i. d. R. von begrenzter Rationalität der Entscheidungen der Wirtschaftssubjekte aus. Die Verhaltensgleichungen sind empirisch geschätzt und bieten somit einen statistischen Test der unterstellten Hypothesen. Da umweltökonomische Modellierungen einer sektoral detaillierten Analyse bedürfen, ergeben sich sehr große und komplexe ökonometrische Modelle, die bei den in der Fragestellung angelegten hochgradigen Interdependenzstrukturen sehr schwierig zu handhaben sind. Die Modelle des Deutschen Instituts für Wirtschaftsforschung (DIW 1994) und des Rheinisch-Westfälischen Instituts für Wirtschaftsforschung (Hillebrand/Wackerbauer/Behring/Karl u. a. 1996) bestehen aus hintereinandergeschalteten Teilmodellen und bilden die Interdependenzen zwischen gesamtwirtschaftlicher Entwicklung, sektoralem Strukturwandel und Energieverbrauch nur eingeschränkt oder als Dependenzbeziehung ab. In diesem Sinne sind auch die Aussagen von Frohn/Leuchtmann/Kräussl (1998) und Böhringer/Pahlke/Föhringer/Fahl u. a. (1997) in ihren Modellvergleichen zu interpretieren.

In der vorliegenden Studie wird das Modell PANTA RHEI III ausführlich vorgestellt und auf die Fragestellung angewendet. Es handelt sich gleichfalls um ein empirisch fundiertes Modell, das aber die Interdependenz von gesamtwirtschaftlicher Entwicklung, sektoralem Strukturwandel und Energieverbrauch vollständig abbildet. Hervorzuheben ist ferner, daß es Teil des internationalen Modellverbundes INFORUM ist, in dem 90 vH des Welthandels und des Weltinlandsprodukts in tiefer sektoraler Gliederung erklärt werden. PANTA RHEI II (Meyer/Bockermann/Ewerhart/Lutz 1998) bildet Westdeutschland ab, während das hier diskutierte System ein Modell für Deutschland insgesamt ist. Eine erste Version des Westdeutschlandmodells, PANTA RHEI I (Meyer/Ewerhart 1998b), weist schließlich im Energiebereich eine einfachere Struktur auf.

Mit dem Modell PANTA RHEI III werden in der vorliegenden Studie die Wirkungen marktkonformer Instrumente auf die Emissionen von Luftschadstoffen, Wachstum und Struktur der Wirtschaft untersucht. Hinsichtlich der Steuerpolitik vergleichen wir die Wirkungen einer allgemeinen CO_2-Steuer mit denen einer auf die Mineralölsteuer konzentrierten Politik. Das Instrument Umweltzertifikate untersuchen wir in der Variante des *grandfathering*, bei der einmalig CO_2-Zertifikate im Umfang der aktuellen Emissionen kostenlos verteilt und in den Folgejahren kontinuierlich entwertet werden.

Beide hier untersuchten Steuervarianten werden im Rahmen der Debatte um eine ökologische Steuerreform diskutiert. Die CO_2-Steuer belastet alle Energieträger nach Maßgabe ihres Kohlenstoffgehalts und ist damit auf das Klimaschutzziel orientiert. Die Mineralölsteuer setzt in erster Linie auf eine Verringerung der Emissionen im Straßenverkehr und hat somit neben den CO_2-Emissionen unter anderem auch die NO_x-Emissionen und weitere Umweltbelastungen durch den Verkehr im Blickfeld.

In der Debatte um das Instrument Umweltzertifikate wird neben dem *grandfathering* auch die sogenannte *Auktionsvariante* (Heister/Michaelis 1991) diskutiert. Dabei verkauft der Staat periodisch Verschmutzungsrechte und folgt mit dem Umfang des jeweiligen Angebotes einem Reduktionspfad. Bei dieser Variante entstehen beim Staat Einnahmen, was beim *grandfathering* nicht gegeben ist. Der Unterschied zu einer Steuer ist nur der, daß bei gleichem Reduktionsziel der sich im Zertifikatsmarkt ergebende Preis und der Steuersatz unterschiedlich sein werden, weil der Staat nicht über vollständige Informationen der Reaktion der Wirtschaftssubjekte auf die Steuer verfügt. Vor dem Hintergrund des bereits zitierten Arguments von Baumol/Oates (1971) und der Langfristigkeit der Reduktionspfade ist klar, daß im Laufe der Zeit sich der Informationsstand des Staates verbessert, so daß die Zeitpfade des Steuersatzes und des Zertifikatspreises sich nicht deutlich unterscheiden werden. Modellrechnungen mit PANTA RHEI I (Meyer/Ewerhart 1998b) und II (Meyer/Bockermann/Ewerhart/Lutz 1998; Lutz 1998) bestätigen dies und zeigen, daß die Wirkungen auf das Umweltziel und die ökonomischen Ziele bei dieser Zertifikatsvariante und einer entsprechend formulierten Steuervariante sich nur unwesentlich unterscheiden. Wir haben uns deshalb entschieden, in der vorliegenden Studie ausschließlich das *grandfathering* zu untersuchen.

Die Studie beginnt in Kapitel 2 mit einer ausführlichen Darstellung der Modellstruktur. Wir haben uns um Vollständigkeit bemüht, was bei einem Umfang von mehr als 40.000 Gleichungen bedeutet, daß für eine ausführliche Diskussion von Alternativhypothesen, die in der Literatur Verwendung finden, kein Raum war. Wir haben dem Gedanken der Dokumentation Vorrang gegeben, weil gerade bei großen Modellen die Nachvollziehbarkeit der Ergebnisse sonst gefährdet ist. Außer der Diskussion der Gleichungen bietet der Abschnitt eine Darstellung der Datenbasis des Modells sowie eine Dokumentation der historischen Simulation des Modells für den Zeitraum 1980 bis 1990. Die Qualität der Anpassung des Modells an die historische Entwicklung rechtfertigt seine Verwendung als Simulationssystem zur Analyse umweltpolitischer Maßnahmen.

In Kapitel 3 wird dann die Basisprognose der wirtschaftlichen Entwicklung, des Energieverbrauchs und der Luftschadstoffemissionen bis zum Jahr 2010 vorgestellt. Die Basisprognose beschreibt die künftige Entwicklung bei Fortführung der bisher betriebenen Umweltpolitik (*business as usual*). Dabei gehen wir davon aus, daß der Staat eine Politik der Konsolidierung betreibt und zur Rückführung des Budgetdefizits seinen Personalbestand nicht mehr ausweitet. Auch im Hinblick auf die Lohnpolitik unterstellen wir eine Fortführung der in den neunziger Jahren zu beobachtenden Zurückhaltung mit Reallohnsteigerungen unterhalb der Rate des Produktivitätswachstums. Das Wirtschaftswachstum wird unter diesen Voraussetzungen im Durchschnitt über die Jahre bei 1.7 vH liegen. Bei den Luftschadstoffemissionen und beim Energieverbrauch erwarten wir Stagnation bis zur Mitte des nächsten Jahrzehnts und dann einen allmählichen Anstieg. Unsere Energieprognose ist - gemessen an dem Wachstum des Bruttoinlandsprodukts - pessimistischer als diejenige von Prognos (1996), die bei einem vorgegebenen Wachstum des Bruttoinlandsprodukts von 2.2 vH ebenfalls mit einer Stagnation des Energieverbrauchs insgesamt rechnet. Bezogen auf die einzelnen Energieträger weicht unsere Basisprognose doch von der Prognos-Studie ab. So erwarten wir ein stärkeres Wachstum bei den Gasen und den Flugkraftstoffen, aber einen deutlicheren Rückgang beim Heizöl.

Natürlich ist für die Zukunft auch ein anderes Verhalten der Fiskal- und Lohnpolitik denkbar. Wir haben bewußt ein *Konsolidierungsszenario* mit relativ schwachem Wirtschaftswachstum gewählt, um eine möglichst sichere Einschätzung der Untergrenze der zu erwartenden Luftschadstoffemissionen zu haben. Mit anderen Worten: Es ist ausgesprochen unwahrscheinlich, daß wir ohne eine Änderung der derzeit betriebenen Umweltpolitik eine Verminderung der Kohlendioxidemissionen in den nächsten 12 Jahren erleben werden, aber es kann durchaus eine stärkere Belastung der Umwelt nicht ausgeschlossen werden. Daraus folgt eine um so dringlichere Forderung nach Einführung einer marktkonformen Umweltpolitik. Die Aussagen über die Wirkungen der Instrumente einer solchen Politik, die wir in dieser Studie vortragen, sind von der zur Diskussion stehenden Niveauentwicklung der Basisprognose unabhängig, denn wir betrachten in unseren Simulationsrechnungen jeweils die Abweichungen von der Basisprognose. Mit anderen Worten: Auch bei einer anderen Basisprognose ergäben sich dieselben Effekte einer marktkonformen Umweltpolitik.

In Kapitel 4 legen wir dann die Simulationsergebnisse der Wirkungen einer CO_2-Steuer vor. Wir unterstellen, daß Produzenten und Importeure fossiler Energieträger für die zur Verbrennung bestimmten Energieträger eine Steuer zu entrichten haben. Bemessungsgrundlage ist der Kohlenstoffgehalt der Energieträger. Der Steuersatz wird für das Jahr 1999 auf 10 DM pro Tonne CO_2 gesetzt und steigt dann bis zum Jahr 2010 auf 230 DM an. Sehr wichtig ist natürlich die Verwendung des sich ergebenden beträchtlichen Steueraufkommens. Wir haben fünf Varianten gerechnet: In der Thesaurierungsvariante verschwindet das Steueraufkommen in einem Fonds, der aber nicht zur Schuldentilgung zur Verfügung steht. Diese sicherlich unrealistische Verwendung hat uns interessiert, um die Wirkungen der

Steuer isoliert untersuchen zu können. In einer zweiten Variante verwendet der Staat das Aufkommen der Steuer zur Schuldentilgung, in der dritten Variante wird das Aufkommen aus der CO_2-Steuer vollständig zur Reduktion der Arbeitgeberbeiträge, in Variante vier vollständig zur Reduktion der Arbeitnehmerbeiträge zur Sozialversicherung verwendet. Variante fünf ist schließlich eine Kombination der Verwendungsalternativen drei und vier. Arbeitgeber- und Arbeitnehmerbeiträge werden in gleichem Umfang entlastet.

Wenn auch der elektrische Strom nicht besteuert wird, so ergibt sich durch die Verteuerung der fossilen Energieträger doch eine erhebliche Kostensteigerung bei der Erzeugung der Elektrizität und damit natürlich auch eine entsprechende Preissteigerung bei diesem Energieträger. Um zu vermeiden, daß der Strom aus dem europäischen Ausland geliefert wird, müßte entweder ein Zoll auf importierten Strom erhoben oder - was im EU-Rahmen realistischer ist - eine europäisch abgestimmte Politik betrieben werden.

Wir unterstellen bei unseren Rechnungen ferner, daß der Beitrag der Kernenergie zur Stromerzeugung unverändert bleibt. Nur auf diese Weise lassen sich die Effekte der Instrumente der marktkonformen Umweltpolitik in den Simulationen eindeutig zuordnen. Natürlich ließe sich auch jede andere Variante der Nutzung der Kernenergie, die in starkem Maße von politischen Entscheidungen abhängt, modellieren.

Die Nutzung alternativer Energieträger wie Wind- und Solarenergie haben wir bei unseren Rechnungen gleichfalls konstant gehalten, obwohl klar ist, daß mit der Verteuerung der fossilen Energieträger die Rentabilität der alternativen Energieträger zunimmt. Wir haben uns zu dieser Annahme entschlossen, weil die Daten zur Modellierung der Kosten- und Preisstrukturen in diesem Bereich von der amtlichen Statistik nicht bereitgestellt werden. Insofern legen wir eine im Hinblick auf die Erreichbarkeit des CO_2-Zieles vorsichtige Rechnung vor.

Betrachten wir nun zunächst die Ergebnisse der Rechnungen im Hinblick auf die Verwendungsalternativen des Steueraufkommens. Das umweltpolitische Ziel der Bundesregierung, die CO_2-Emissionen bis zum Jahre 2010 um 25 vH des Wertes des Jahres 1990 zu reduzieren, wird mit allen Verwendungen des Steueraufkommens erreicht und teilweise sogar deutlich unterschritten. Ferner errechnen wir in allen Fällen eine leichte Abschwächung des Wirtschaftswachstums, die in der Variante *Reduktion der Arbeitgeberbeiträge* zur Sozialversicherung am geringsten ist. Auch im Hinblick auf andere makroökonomische Ziele wie Beschäftigung und Preisniveaustabilität werden bei dieser Verwendung des Steueraufkommens die besten Ergebnisse erzielt. Bei der Beschäftigung kann bis zum Jahre 2010 ein Zuwachs von 900.000 Erwerbstätigen gegenüber dem Wert der Basisprognose erzielt werden. Wie ist dies bei der gleichzeitig gegebenen Wachstumsabschwächung erklärbar? Die Reduktion der Arbeitgeberbeiträge zur Sozialversicherung vermindert die Arbeitskosten der Unternehmen. Dadurch wird der Druck zur Erzielung von Produktivitätsfortschritten abgeschwächt, so daß dem geringeren Wachstum des Bruttoinlandsprodukts eine größere Verminderung der Rate des Produktivitätsfortschritts gegenübersteht. Im Falle der *Reduktion der Arbeitnehmerbeiträge* zur

Sozialversicherung erhöht sich zwar das Nettoeinkommen der Arbeitnehmer, aber die Arbeitskosten der Unternehmen bleiben unverändert.

Mit Blick auf den positiven Beschäftigungseffekt haben wir die Steuerverwendungsvariante *Reduktion der Arbeitgeberbeiträge* in den Mittelpunkt unserer Diskussion gestellt. Wir folgen damit den Argumenten Binswangers (1980), der schon vor zwanzig Jahren die Einführung einer Umweltsteuer gefordert hat, deren Aufkommen zur Entlastung der Arbeitskosten verwendet werden soll.

Betrachten wir nun die Detailergebnisse für diese Steuerverwendungsvariante. Zunächst löst die unterschiedliche Belastung der Energieträger in der Wirtschaft und bei den Haushalten einen Substitutionsprozeß aus, dessen Verlierer die besonders schadstoffhaltigen Energieträger sind. Ferner bewirkt die Verteuerung der Energie und die Verbilligung des Faktors Arbeit über alle Stufen des Produktionsprozesses und bei den Privaten Haushalten einen Strukturwandel, in dem direkt und indirekt energieintensive Güter durch direkt und indirekt arbeitsintensive Güter zurückgedrängt werden. Bei den einzelnen Wirtschaftszweigen ergeben sich daraus deutliche Einbußen für die Produzenten fossiler Energieträger und die besonders energieintensiv produzierenden Bereiche Eisen-/Stahlindustrie und NE-Metallindustrie. In den meisten anderen Branchen können die Lohnkostensenkungen die Energiepreissteigerungen weitgehend kompensieren. Für die besonders stark im internationalen Wettbewerb stehenden Branchen Chemische Industrie, Maschinenbau, Straßenfahrzeugbau und Elektrotechnik ergeben sich zum Teil sogar Senkungen der Stückkosten. Von einer Gefährdung des Standorts Deutschland kann also keine Rede sein. Die positiven Beschäftigungseffekte werden vor allem im Bereich des Sonstigen Dienstleistungsgewerbes erzielt. Die Privaten Haushalte werden den Anstieg der Energiepreise nur teilweise durch Verbrauchsreduktionen auffangen können, so daß sich eine Zunahme des Anteils der Energieausgaben am Gesamtkonsum ergibt. Der Preis für Motorenbenzin, der in der politischen Diskussion immer eine wichtige Rolle spielt, liegt im Jahre 2010 mit 2.76 DM pro Liter nur um etwa 40 vH über dem Wert der Basisprognose.

Unsere Rechnungen zeigen ferner, daß der Staat bei der soeben beschriebenen disziplinierten Haushaltspolitik, bei der er das Steueraufkommen zur Reduktion der Arbeitgeberbeiträge zur Sozialversicherung verwendet und seine Beschäftigung konstant hält, einen positiven Finanzierungssaldo erwirtschaftet. Die Erklärung liegt darin, daß zum einen der Staat als Arbeitgeber bei konstanter Beschäftigtenzahl im Staatssektor und verminderten Arbeitskosten den Staatsverbrauch reduziert und zum anderen die Zunahme der gesamtwirtschaftlichen Beschäftigung die Ausgaben der Sozialversicherung vermindert.

Welche Effekte sind zu erwarten, wenn der Staat mit diesen Einsparungen nicht - wie in den bereits diskutierten Modellrechnungen unterstellt - seine Schulden vermindert, sondern diese Beträge verausgabt? Zu denken wäre etwa an Programme zur regionalpolitischen Begleitung für die Regionen, die einen hohen Anteil stark betroffener Branchen besitzen, oder an eine Unterstützung sozial schwacher Personengruppen, die durch die Energiekostensteigerungen besonders stark belastet wären.

Wir haben eine dritte Variante gerechnet, bei der der Staat neben den Arbeitgeberbeiträgen zur Sozialversicherung auch die Arbeitnehmerbeiträge reduziert. Es hat sich gezeigt, daß der Staat bei strikter Haushaltsdisziplin jede über die CO_2-Steuer eingenommene Mark zweimal verausgaben kann, indem er um denselben Betrag sowohl die Arbeitgeber- als auch die Arbeitnehmerbeiträge zur Sozialversicherung reduziert. Die Beschäftigung bleibt auf dem Niveau, das bei der einfachen Reduktion der Arbeitgeberbeiträge erzielt wird. Das Verfügbare Einkommen und der Private Konsum können aber deutlich gesteigert werden. Diese Politikvariante der *doppelten Kompensation* zeichnet sich vor allem wegen ihrer verteilungspolitischen Ausgewogenheit durch ein hohes Maß an Durchsetzbarkeit aus.

In Kapitel 5 diskutieren wir dann die Wirkungen einer Änderung der Mineralölsteuer auf Motorenbenzin und Dieselkraftstoff, die von vielen Politikern als Instrument präferiert wird. Wir greifen hier den Vorschlag von Bündnis90/Die Grünen auf, die Mineralölsteuer für Kraftstoffe bis auf 5 DM pro Liter im Jahr 2010 anzuheben und das Steueraufkommen zur Reduktion der Lohnnebenkosten zu verwenden. Wegen der schon dargestellten Vorteile einer Kompensation der Arbeitgeberbeiträge zur Sozialversicherung wählen wir auch jetzt diese Art der Verwendung des Steueraufkommens. Die Mineralölsteuer ist ein Instrument, mit dem neben dem Klimaschutzziel viele weitere Ziele verfolgt werden, die durch die Mobilität der Gesellschaft verletzt werden, wie etwa der Lärmschutz und die Bewahrung der Flächen. Die letzteren Ziele sind nicht Gegenstand unserer Studie. Im Rahmen dieser Untersuchung interessiert die Effizienz der Instrumente im Hinblick auf die Emissionen der Luftschadstoffe CO_2, NO_x und SO_2.

Die gesamtwirtschaftlichen Wirkungen der Mineralölsteuererhöhung für Kraftstoffe entsprechen etwa denjenigen, die wir schon bei unserem CO_2-Steuervorschlag festgestellt haben: Wir erwarten eine leichte Abschwächung des Wachstums und positive Beschäftigungseffekte, die diejenigen der CO_2-Steuer sogar noch übertreffen. Dies liegt an dem etwas höheren Steueraufkommen (198 Mrd. DM im Jahr 2010 gegenüber 173 Mrd. DM bei der CO_2-Steuer) und der damit stärkeren Senkung der Lohnnebenkosten. Die Struktureffekte sind aber deutlich unterschiedlich: Von der Energieanbietern ist nun die Mineralölverarbeitung besonders betroffen. Bei den Energienachfragern tragen die Verkehrssektoren und die Privaten Haushalte besondere Lasten.

Die Wirkungen auf die Luftschadstoffemissionen sind insgesamt deutlich schwächer als bei der CO_2-Steuer. Dies liegt daran, daß das Instrument sich auf wenige Energieträger beschränkt, deren Preiselastizitäten der Nachfrage relativ niedrig sind. Wir erwarten für das Jahr 2010 eine Verbrauchsminderung beim Motorenbenzin von 26.9 vH und beim Dieselkraftstoff von 11.2 vH gegenüber der Basisprognose. Bei den anderen Energieträgern ergeben sich nur geringfügige Einsparungen, die allein auf die Abschwächung des Wachstums zurückzuführen sind. Die CO_2-Emissionen vermindern sich gegenüber der Basisprognose im Jahr 2010 im Falle der Mineralölsteuer nur um 7.9 vH im Vergleich zu 14.1 vH bei der CO_2-Steuer. Bei den NO_x-Emissionen ist die Mineralölsteuer mit einer Minderung von 10.5 vH nur geringfügig effizienter als die CO_2-Steuer (9.4 vH), bei den SO_2-

Emissionen fällt die Reduktion durch die Mineralölsteuer mit 13.9 vH gegenüber 22.0 vH im Falle der CO_2-Steuer wiederum drastisch zurück. Als Fazit können wir festhalten, daß eine Erhöhung der Mineralölsteuer bei etwa gleichem Steueraufkommen und ähnlichen gesamtwirtschaftlichen Kosten im Hinblick auf die Luftschadstoffemissionen im Vergleich mit der CO_2-Steuer deutlich ineffizienter ist.

In Kapitel 6 stellen wir dann die Ergebnisse einer Simulation mit dem Instrument CO_2-Zertifikate vor. Wie bereits weiter oben dargelegt, stellt die sogenannte *Auktionsvariante* keine echte Alternative zur Besteuerung dar. Wir haben deshalb einen Zertifikatstyp modelliert, der der Konzeption des *grandfathering* zuzuordnen ist. Die Grundidee ist die unentgeltliche einmalige Ausgabe von handelbaren Verschmutzungsrechten, die automatisch im Laufe der Zeit entwertet werden, durch den Staat. Die Ausgabemengen werden gemäß den aktuellen Emissionen der Wirtschaftseinheiten zugeteilt. Mit der fortschreitenden Verknappung der gesamten Zertifikate und somit der Emissionen wird durch das Zusammenspiel von Angebot und Nachfrage ein ansteigender Zertifikatspreis bestimmt, der in die Dispositionen der Wirtschaftssubjekte eingeht.

Zu klären ist grundsätzlich, ob die Anbieter oder die Nachfrager von Energieträgern zum Erwerb von Verschmutzungsrechten verpflichtet werden sollen. Man muß in diesem Zusammenhang sehen, daß durch das *grandfathering* eine gewisse Strukturkonservierung gegeben ist, weil bislang unentgeltlich genutztes Naturvermögen nun an bestimmte Produzenten verteilt wird. Man wird deshalb eher dazu neigen, die Nachfrager der Energie zu zertifizieren. Andernfalls würde man die Produzenten der besonders „schmutzigen" Energieträger mit diesem Vermögen ausstatten. Entscheidend ist bei dieser Frage vor allem die Einhaltung des Verursacherprinzips, das gleichfalls eine Verpflichtung der Energienachfrager fordert, die ja schließlich die fossilen Energieträger verbrennen (Maier-Rigaud 1994, S. 95).

Wir starten unsere Simulation im Jahre 1999, in dem alle Unternehmen und Privaten Haushalte mit CO_2-Verschmutzungsrechten im Umfang von 98 vH ihrer Emissionen des Vorjahres ausgestattet werden. Die Wirtschaftssubjekte rechnen bei ihren Energiedispositionen in diesem Jahr und in allen bis zum Jahr 2010 folgenden Jahren nun mit kalkulatorischen Preisen, die sich von den Marktpreisen um einen Aufschlagssatz unterscheiden, der sowohl die effektiv für den Zukauf an Zertifikaten zu zahlenden Beträge als auch die Opportunitätskosten des Haltens von Zertifikaten umfaßt.

Der große Vorteil des Instruments liegt auf der Hand: Die kalkulatorischen Preise steuern die Allokation in die gewünschte Richtung, ohne daß den Unternehmen und Haushalten über die Marktpreise Liquidität entzogen wird. Die für den Zertifikatszukauf erforderlichen Beträge bleiben relativ gering und werden in der Wirtschaft zudem durch an anderer Stelle in der Wirtschaft entstehende Verkaufserlöse kompensiert. Außerdem beschränkt sich die Rolle des Staates auf die Vorgabe des Reduktionspfades der Emissionen. Die gesamtwirtschaftliche Entwicklung wird kaum beeinflußt. Die sektoralen Effekte beschränken sich auf die mit dem Rückgang der Energienachfrage verbundenen Produktions- und Beschäftigungsminderungen bei den Energieanbietern.

Vor dem Hintergrund dieser Allokationsergebnisse ist man geneigt, dem Instrument des *grandfathering* gegenüber allen Steuerlösungen den Vorzug zu geben. Allerdings muß man sehen, daß bei der Ausgabe von Verschmutzungsrechten an die Energienachfrager erhebliche Transaktionskosten entstehen, weil die Umsätze auf den Energiemärkten stets in Währungseinheiten, aber zusätzlich auch in der Dimension der Verschmutzungsrechte abgewickelt werden müßten. Ein *grandfathering*-Konzept mit einer Zertifizierung der Angebotsseite wäre da bezüglich der Transaktionskosten effizienter, weil man den Zertifikatsmarkt auf die relativ wenigen Produzenten und Importeure fossiler Energieträger beschränken könnte. Dies scheitert allerdings - wie bereits weiter oben angesprochen - an der unerwünschten Konservierung emissionsintensiver Energieträger.

Die *Auktionsvariante* zeigt kaum andere Allokationsergebnisse als eine entsprechend formulierte Steuervariante (Meyer/Bockermann/Ewerhart/Lutz 1998). Die Vorgabe eines starren Mengengerüstes für die Luftschadstoffemissionen und den Energieverbrauch kann aber bei konjunkturellen Schwankungen in der gesamtwirtschaftlichen Entwicklung zu kurzfristigen Anpassungsproblemen für die Wirtschaft führen. Vor diesem Hintergrund ist der Besteuerung dann auch gegenüber dieser Variante handelbarer Emissionsrechte der Vorzug zu geben.

Wir kommen zu dem Ergebnis, daß eine allgemeine CO_2-Steuer, die durch eine Reduktion der Lohnnebenkosten kompensiert wird, anderen Instrumenten einer marktkonformen Politik zur Reduktion der Luftschadstoffemissionen vorzuziehen ist. Dabei müßte eine solche Politik europaweit eingeführt werden, um Wettbewerbsverzerrungen bei der Stromerzeugung und einigen energieintensiven Branchen zu vermeiden. Ein nationaler Alleingang müßte von einer Subventionierung der Anpassungskosten in diesen Branchen begleitet sein. Praktische Erfahrungen liegen in dieser Hinsicht bereits in Dänemark vor, wo die Einführung einer Energiesteuer mit Ausnahmeregelungen versehen wurde: Besonders energieintensiv produzierende Firmen bekommen Hilfen, wenn in Höhe der Energiesteuerschuld energiesparende Investitionen durchgeführt werden. Zweifellos bedarf die Einführung einer CO_2-Steuer auch einer regionalpolitischen Begleitung, weil die betroffenen Wirtschaftszweige - wie etwa der Kohlenbergbau - regional konzentriert sind.

2 Das umweltökonometrische Modell PANTA RHEI III

2.1 Das Modell im Überblick

2.1.1 Die Struktur des Modells

PANTA RHEI ist eine zur Analyse umweltökonomischer Fragestellungen erweiterte Version des disaggregierten ökonometrischen Simulations- und Prognosemodells INFORGE (INterindustry FORecasting GErmany). Das Modell unterteilt den Unternehmenssektor der Volkswirtschaft in 58 Produktionsbereiche.

Im Vergleich zum ökonomischen Kernmodell INFORGE enthält PANTA RHEI zusätzlich ein tief gegliedertes Energie- und Luftschadstoffmodell, welches den Energieeinsatz und die Emissionen der wesentlichen Luftschadstoffe für die 58 Produktionsbereiche sowie die Privaten Haushalte nach 29 Energieträgern unterscheidet.

Die besondere Leistungsfähigkeit des Modells beruht auf der INFORUM-Philosophie. Sie ist durch die Konstruktionsprinzipien *bottom up* und *vollständige Integration* gekennzeichnet. Das Konstruktionsprinzip *bottom up* besagt, daß jeder Sektor der Volkswirtschaft sehr detailliert modelliert ist - PANTA RHEI enthält etwa 250 Variablen für jeden der 58 Sektoren - und die gesamtwirtschaftlichen Variablen durch explizite Aggregation im Modellzusammenhang gebildet werden. Das Konstruktionsprinzip *vollständige Integration* beinhaltet eine komplexe und simultane Modellierung, die die interindustrielle Verflechtung ebenso beschreibt wie die Entstehung und die Verteilung der Einkommen, den Energieverbrauch und die Schadstoffemissionen, die Umverteilungstätigkeit des Staates sowie die Einkommensverwendung der Privaten Haushalte für die verschiedenen Güter und Dienstleistungen.

PANTA RHEI ist Bestandteil des internationalen Modellverbundes INFORUM, in dem die einzelnen Ländermodelle auf der Ebene der Gütergruppen über die Export- und Importströme sowie die zugehörigen Außenhandelspreise miteinander verflochten sind.

Der disaggregierte Aufbau des Modells PANTA RHEI schlägt sich in einer gewaltigen und dennoch konsistenten Informationsverarbeitung nieder: Die über 40.000 Modellgleichungen sind in das vollständig endogenisierte Kontensystem der Volkswirtschaftlichen Gesamtrechnungen eingebettet. Damit ist insbesondere auch die Umverteilung der Einkommen durch den Staat endogen abgebildet.

Einen Einblick in die Struktur des Modells gibt das in der Abbildung 1 dargestellte Flußdiagramm. Das INFORUM-Welthandelsmodell liefert den Vektor der Weltimportnachfrage nach Gütergruppen, den Vektor der Weltmarktpreise nach

Gütergruppen sowie den US-Zinssatz. Über den Vektor der Weltmarktpreise erhält das Modell vom INFORUM-System auch eine Prognose der Weltenergiepreise.

Abbildung 1: Die Struktur des umweltökonometrischen Modells PANTA RHEI III

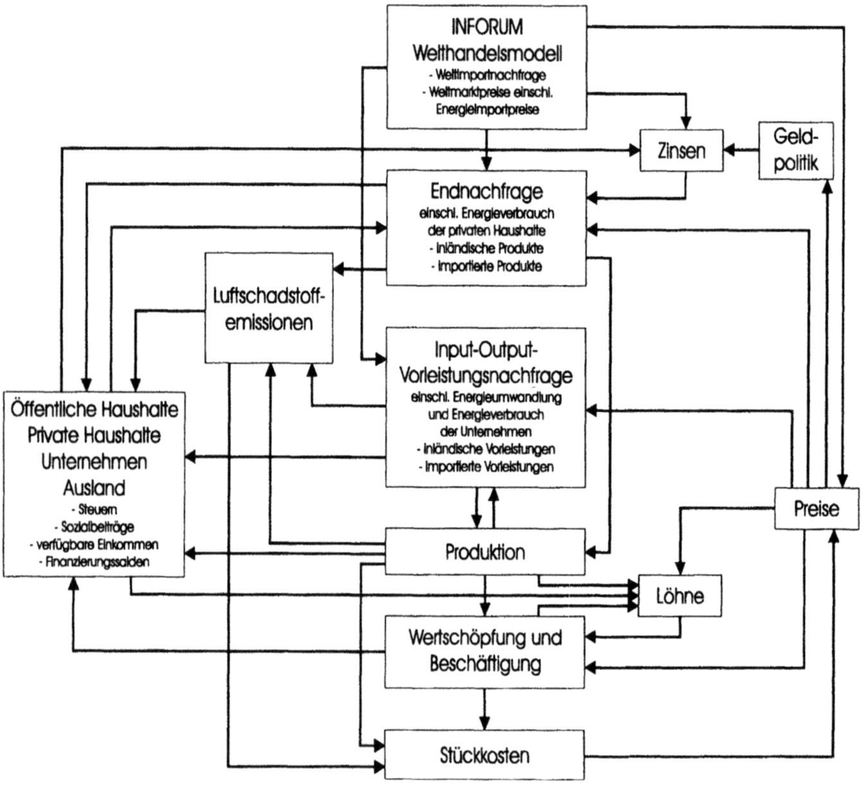

Die Endnachfrage umfaßt in der Disaggregation der 58 Gütergruppen den Privaten Verbrauch, den Staatsverbrauch, die Ausrüstungsinvestitionen, die Bauinvestitionen, die Exporte und die Fertigproduktimporte. Im Konsum der Privaten Haushalte ist die Nachfrage nach 29 Energieträgern enthalten.

Die wichtigsten Determinanten der Endnachfrage sind die Auslandsvariablen (zur Erklärung der Exporte), das Verfügbare Einkommen der Privaten und der Öffentlichen Haushalte (Privater Verbrauch, Staatsverbrauch), die Zinsen und Gewinne (Investitionen) sowie die relativen Preise für alle Komponenten der Endnachfrage. Der Konsum der Privaten Haushalte nimmt via Energieverbrauch Einfluß auf die Luftschadstoffemissionen. Die Endnachfrage insgesamt bestimmt mit der Vorleistungsnachfrage die Produktion.

Die Vorleistungsnachfrage ist im Modell einschließlich der Energieumwandlung und des Energieverbrauchs der Unternehmen abgebildet. Von den 58 Produktionsbereichen der Input-Output-Rechnung sind fünf (Elektrizitätswirtschaft, Gasversorgung, Kohlenbergbau, Erdöl-/Erdgasgewinnung, Mineralölverarbeitung) Energie-Produktionsbereiche. Ihre Lieferungen an die 58 Produktionsbereiche und an die Privaten Haushalte werden im Modell PANTA RHEI noch weiter in jeweils 29 Energieträger untergliedert. Für alle Gütergruppen werden die Lieferungen aus inländischer Produktion und die Einfuhren unterschieden. Die Inputkoeffizienten sind dabei grundsätzlich variabel und hängen von relativen Preisen und Zeittrends ab.

Die energetischen Luftschadstoffemissionen für CO_2, NO_x und SO_2 sind über konstante (CO_2) bzw. variable (NO_x und SO_2) Emissionsfaktoren mit dem Verbrauch der Privaten Haushalte und der 58 Unternehmenssektoren in der Tiefengliederung der 29 Energieträger verknüpft. Je nach modellierter Umweltpolitik nehmen die Emissionen Einfluß auf die Stückkosten der Unternehmen und das Steueraufkommen des Staates.

Die wichtigsten Determinanten der Beschäftigung sind die Produktion und der Reallohn des jeweiligen Sektors. Die Löhne werden wiederum durch die Produktivitäts- und die Preisentwicklung bestimmt. Die Gewinne und die Stückkosten ergeben sich definitorisch. Die Stückkosten sind dann die entscheidende Determinante der Preise.

Neben der tief gegliederten Ebene der Input-Output-Rechnung enthält das Modell zur Berechnung der gesamtwirtschaftlichen Variablen das Kontensystem der Volkswirtschaftlichen Gesamtrechnungen der Bundesrepublik Deutschland mit seinen institutionellen Transaktoren Öffentliche Haushalte, Private Haushalte, Unternehmen, Ausland und den funktionellen Transaktoren Produktion, Einkommensentstehung, Einkommensverwendung, Einkommensverteilung, Einkommensumverteilung, Vermögensänderung und Finanzierung. Dieses System enthält die gesamte Einkommensumverteilung einschließlich Sozialversicherung und Besteuerung zwischen Staat, Privaten Haushalten und Unternehmen und ermöglicht so die Berechnung der Verfügbaren Einkommen, die wiederum wichtige Determinanten der Endnachfrage sind. Außerdem werden die Finanzierungssalden der institutionellen Transaktoren bestimmt, die u. a. die Zinsen erklären.

Endogen eingebunden in dieses System ist somit die gesamte Fiskalpolitik. Die Geldpolitik - soweit sie Einfluß auf das Zinsniveau nimmt - ist gleichfalls endogen. Hervorzuheben ist, daß das gesamte System simultan gelöst wird. Dabei sind allein die Variablen des INFORUM-Welthandelsmodells aus dem Simultanblock herausgenommen.

2.1.2 Die Philosophie des Modells

PANTA RHEI gehört zur Klasse der ökonometrischen Input-Output-Modelle, die sich von neoklassischen Ansätzen durch die unterstellte begrenzte Rationalität der Agenten unterscheiden. In diese Kategorie fallen die Modelle des INFORUM-

Verbundes (Almon 1991), zu dem PANTA RHEI zählt, sowie das europäische Modellsystem E3ME (Barker/Gardiner 1996). Die neoklassischen Modellierungen treten in der Literatur in zwei Varianten auf: Zum einen sind es nur sehr wenige Modelle mit ökonometrisch geschätzten Parametern (Jorgenson/Wilcoxen 1993), zum anderen die weiter verbreiteten CGE-Modelle (Computable General Equilibrium), deren Parameter durch die Vorgabe der Daten nur eines Jahres fixiert werden.

Vertreter der neoklassischen Ansätze betonen die Klarheit ihres theoretischen Konzepts, bei dem die Verhaltensfunktionen der Wirtschaftssubjekte stets aus einem Optimierungsansatz abgeleitet und in ein Gleichgewichtskonzept eingebettet sind. Man kritisiert die ökonometrischen Input-Output-Modelle, weil sie infolge der unterstellten begrenzten Rationalität der Wirtschaftssubjekte auf ad hoc-Annahmen beruhen. Das bissige Gegenargument dazu lautet, die Grundhypothese der Optimierung bei vollständiger Information im Rahmen des Gleichgewichtskonzeptes sei letztlich ad hoc. So betont Barker (1997), daß die Abbildung der Interdependenz von Preisen und Mengen in den ökonometrischen Input-Output-Modellen mehr Allgemeingültigkeit beanspruchen darf als die neoklassischen Ansätze, weil man die Restriktivität der allgemeinen Gleichgewichtsmodellierung nicht vorgeben muß.

Der Verzicht auf ein geschlossenes Modellierungskonzept wird bei den ökonometrischen Input-Output-Modellen durch eine Betonung der empirischen Datenbasis kompensiert. Wir folgen somit Selten (1991, S. 19), der feststellt, es sei besser, empirisch gestützte ad hoc-Annahmen zu verwenden als sich auf einige unrealistische Prinzipien mit großer Allgemeingültigkeit und Eleganz zu verlassen.

Der neoklassische Ansatz tritt mit dem Anspruch auf, eine mikroökonomische Fundierung der Makroökonomik zu liefern, so daß mit dem Verzicht auf diesen Ansatz der Makroökonomik der Boden entzogen wird. Wer so argumentiert übersieht, daß die Heterogenität der Individuen, die wir in makroökonomischen (und auch in mesoökonomischen sektoralen) Aggregaten zusammenfassen, z. B. Nutzenmaximierung ausschließt, denn gesamtwirtschaftliche Nutzenfunktionen existieren nicht. Die Neoklassik rettet sich mit dem Konzept des repräsentativen Individuums und verdrängt damit dieses Problem (Voßkamp 1996). Eine von neoklassischen Ansätzen differierende makroökonomische Modellierung darf nicht von vornherein als bar jeglicher mikroökonomischer Plausibilität gelten.

Das Modell wurde mit dem OLS-Verfahren über den Zeitraum 1978 bis 1994 ökonometrisch geschätzt. Der mit dem Übergang vom Gebietsstand Westdeutschland zu Deutschland im Schätzzeitraum liegende Strukturbruch wurde durch additive und multiplikative Dummyvariablen erfaßt. Die Erfahrungen mit dieser Vorgehensweise sind sehr positiv. Die gelegentlich geäußerte Befürchtung, daß durch den Strukturbruch ökonometrische Schätzungen für Deutschland für viele Jahre unmöglich sein werden, können wir keineswegs teilen.

Bei der Auswahl alternativer Schätzansätze wurden zunächst a priori-Informationen über Vorzeichen und Größenordnungen der zu schätzenden Koeffizienten genutzt. Mit anderen Worten: Ökonomisch unsinnige Schätzergebnisse wurden verworfen. Die verbleibenden Schätzungen wurden auf Autokorrelation der Residuen anhand der Durbin-Watson-Statistik und auf Signifikanz der geschätzten Parameter mit dem t-Test geprüft. War auf dieser Basis eine Diskriminierung konkurrierender Ansätze nicht möglich, wurde das Bestimmtheitsmaß der Schätzung hinzugezogen.

Die Struktur des Modells ist hochgradig interdependent. Neben den üblichen Kreislaufinterdependenzen sind die Mengen-Preisinterdependenzen und die Lohn-Preisinterdependenz abgebildet. Dabei ist zu beachten, daß Preise und Mengen konsistent miteinander verknüpft sind. Im Energiebereich sind zusätzlich zu den Angaben in konstanten Preisen auch physische Verbrauchsmengen eingebunden. Das Modell zeichnet sich außerdem durch weitgehende Nichtlinearitäten aus, die durch multiplikative Verknüpfungen von Variablen in Definitionsgleichungen und Schätzgleichungen sowie durch doppelt-logarithmische Schätzansätze entstehen. Für die Abbildung des Strukturwandels sind diese Eigenschaften unverzichtbar. Sie schaffen aber zusammen mit der Modellgröße auch Handhabungsprobleme, die eine sehr leistungsfähige Software und viel Erfahrung bei den Modellkonstrukteuren erfordern. Man denke etwa an die Notwendigkeit, das riesige System als einen simultanen Block zu lösen. Vorteilhaft ist auf der anderen Seite, daß damit immer ein sehr starker Test der Modellstruktur gegeben ist. Unsinnige Zusammenhänge produzieren Instabilitäten und verhindern die Konvergenz der iterativ zu findenden Lösung. Rekursive Modellstrukturen sind einem solchen Test dagegen nicht ausgesetzt.

Das Modell weist einen sehr hohen Endogenisierungsgrad auf. Exogen vorgegeben sind im wesentlichen einige Steuersätze, das Arbeitsangebot und die Weltmarktvariablen des internationalen INFORUM-Systems. Da PANTA RHEI selbst Bestandteil dieses Systems ist, sind allerdings auch die Weltmarktvariablen in einem *linked run* aller 13 Modelle des INFORUM-Systems endogen bestimmt. Die weitgehende Endogenisierung hat den Vorteil, daß bei Simulationsrechnungen die Effekte vollständig abgebildet sind. Wenn bei einer Modellanwendung die Exogenität bestimmter Variablen gewünscht ist, kann dies natürlich einfach realisiert werden. Im übrigen können alle Variablen des Modells, die nicht definitorisch bestimmt sind, durch additive oder multiplikative Faktoren beeinflußt werden, so daß ihre Endogenität erhalten bleibt, sie aber dennoch Gegenstand der Formulierung von Simulationsszenarien sein können.

2.2 Die Modellstruktur im Detail

In den folgenden Abschnitten werden die einzelnen Modellzusammenhänge erläutert, wobei wir uns allerdings wegen des riesigen Modellumfangs auf die theoretischen Strukturen beschränken und auf eine Darstellung der Schätzergebnisse der einzelnen Gleichungen verzichten müssen. Eine Diskussion alternativer Modellstrukturen muß aus demselben Grund auf besonders wichtige Zusammenhänge beschränkt bleiben.

2.2.1 Das INFORUM-Welthandelsmodell

Neben PANTA RHEI besteht das internationale INFORUM-System (Nyhus 1991) aus 12 weiteren ökonometrischen Input-Output-Modellen für:

EUROPA

- Belgien
- Frankreich
- Großbritannien
- Italien
- Niederlande
- Österreich
- Spanien

NORDAMERIKA

- USA
- Kanada
- Mexiko

ASIEN

- Japan
- Südkorea

- Rest der Welt

Der Außenhandel dieser 12 Länder und der Deutschlands machen etwa 90 vH des Welthandels aus. Ein Modell für den Rest der Welt schließt das System. Der Modellverbund erfährt eine ständige Weiterentwicklung, aktuell werden Modelle für China, Taiwan und Polen in das System eingebaut (Ma 1997; Nyhus/Wang 1997).

Die Einzigartigkeit des INFORUM-Modellverbundes rührt daher, daß die Warenströme zwischen den Ländern auf der Ebene der Gütergruppen direkt miteinander gekoppelt und auf diese Weise sachgerecht endogenisiert sind. Zu diesem Zweck liefert jedes nationale Modell seinen Vektor der Exportpreise nach Gütergruppen und seinen Vektor der Importnachfrage nach Gütergruppen an das INFORUM-Welthandelsmodell. Von dort erhält PANTA RHEI für jede einzelne Warengruppe Prognosen über die Nachfrage- und Preisentwicklung auf dem Weltmarkt. Die Position der deutschen Exportindustrien im internationalen Wettbewerb kann somit treffend abgebildet werden.

Nun zu den Details des INFORUM-Welthandelsmodells. Die Devisenkurse der 13 Länder des INFORUM-Welthandelsmodells Kanada, USA, Japan, Belgien, Frankreich, Italien, Niederlande, Großbritannien, Spanien, Österreich, Mexiko, Südkorea und Rest der Welt - gemessen in DM - gehen als exogene Variablen in das Modell ein. Wir berechnen daraus die Meßzahlen:

$$IDK_k(t) = 100 \cdot \overline{DK_k(t)} \,/\, \overline{DK_k(1991)}, \qquad k = 1, \ldots, 13. \tag{1}$$

IDK_k	Devisenkursindex, Land k
DK_k	Devisenkurs in DM, Land k

Der Index k steht hier wie im folgenden für die einzelnen Länder, und ein Querstrich über einer Variablen kennzeichnet sie als exogen.

Der Außenwert der DM mißt den Wechselkurs der DM gegenüber den Wechselkursen von 18 Industrieländern. Bei der Endogenisierung der Variablen *DMA* verwenden wir ein festes Gewichtungsschema für die berücksichtigten Auslandswährungen und schätzen die folgende Gleichung. Die eckigen Klammern weisen hier wie im folgenden jeweils auf eine ökonometrisch geschätzte Verhaltensgleichung hin, deren Spezifikation entweder linear oder doppelt-logarithmisch ist. Bei allen anderen Gleichungen handelt es sich um Definitionen.

$$DMA(t) = DMA\left[\overline{DK_{\text{USA}}(t)}, \overline{DK_{\text{JAP}}(t)}, \ldots\right]. \tag{2}$$

DMA	Außenwert der DM insgesamt (gegenüber 18 Industrieländern)
DK_{USA}	Devisenkurs des US-Dollar
DK_{JAP}	Devisenkurs des Japanischen Yen

Das INFORUM-Welthandelsmodell berechnet aus einem *linked run* aller Ländermodelle die Importnachfrage jedes Landes nach Gütergruppen in konstanten Preisen. Durch die Gewichtung dieser Länderimporte mit dem Anteil, den das betreffende Land an den deutschen Exporten der jeweiligen Gütergruppe im Jahre 1991 hatte, ergibt sich die Möglichkeit, durch Aufsummierung über die Länder k den Weltimportnachfrageindex *fdm* für jede Gütergruppe i zu bestimmen:

$$fdm_i(t) = \sum_{k=1}^{13} \overline{\mathrm{w}_{ki}(1991)} \cdot \overline{f_{ki}(t)}, \qquad i = 1, \ldots, 40. \tag{3}$$

fdm_i	Index der Weltimportnachfrage, Gütergruppe i
w_{ki}	Anteil an der Ausfuhr Deutschlands, Land k, Gütergruppe i
f_{ki}	Index der Einfuhr (in konstanten Preisen), Land k, Gütergruppe i

Auf diese Weise gelingt es, die reale Importnachfrage in den einzelnen Ländern in eine für die Erklärung der deutschen Exporte aussagefähige Weltmarktvariable zu aggregieren. Diese Berechnung ist für die 40 Warengruppen des Modells möglich. Für Dienstleistungen und Bauleistungen kann darauf aber nicht zurückgegriffen werden.

Durch Gewichtung des Indexes der Weltimportnachfrage der einzelnen Warengruppe mit dem Anteil der betreffenden Warengruppe am gesamten Warenexport Deutschlands und Aufsummierung über alle Warengruppen ist schließlich auch die entsprechende Makrovariable berechenbar:

$$FDM(t) = \sum_{i=1}^{40} \overline{\mathrm{gex}_i(1991)} \cdot fdm_i(t). \tag{4}$$

FDM	Index der Weltimportnachfrage, alle Warengruppen
gex_i	Anteil der Gütergruppe i an der gesamten Warenausfuhr Deutschlands
fdm_i	Index der Weltimportnachfrage, Gütergruppe i

Der Weltmarktpreisindex *fpe* mißt die Entwicklung der Preise der ausländischen Konkurrenzanbieter der deutschen Exportwirtschaft:

$$fpe_i(t) = \sum_{k=1}^{13} \overline{\mathrm{u}_{ki}(1991)} \cdot IDK_k(t) \cdot \overline{p_{ki}(t)}, \qquad i = 1, \ldots, 40. \tag{5}$$

fpe_i	Weltmarktpreisindex, Gütergruppe i
u_{ki}	Weltmarktanteil, Land k, Gütergruppe i
IDK_k	Devisenkursindex, Land k
p_{ki}	Ausfuhrpreisindex, Land k, Gütergruppe i

Basis dieser Variablen sind wiederum die in DM umgerechneten Exportpreisindizes nach Ländern und Gütergruppen, die in diesem Fall mit den Anteilen der liefernden Länder k am Weltexportvolumen (ohne die Exporte Deutschlands) der Gütergruppe i gewichtet werden.

Durch Aggregation über die Gütergruppen i läßt sich wiederum die zugehörige Makrovariable FPE bestimmen:

$$FPE(t) = \sum_{i=1}^{40} \overline{\mathrm{gex}_i(1991)} \cdot fpe_i(t). \tag{6}$$

FPE	Weltmarktpreisindex, alle Warengruppen
gex_i	Anteil der Gütergruppe i an der gesamten Warenausfuhr Deutschlands
fpe_i	Weltmarktpreisindex, Gütergruppe i

Aus dem Vektor der Importpreise p in der Währung der einzelnen Länder läßt sich durch Umrechnung mit den zugehörigen Wechselkursindizes IDK und Gewichtung mit den Anteilen der einzelnen Länder am Import Deutschlands der Vektor fpi der deutschen Importpreise nach Gütergruppen gewinnen:

$$fpi_i(t) = \sum_{k=1}^{13} \overline{\mathrm{v}_{ki}(1991)} \cdot IDK_k(t) \cdot \overline{p_{ki}(t)}, \qquad i = 1, \ldots, 40. \tag{7}$$

fpi_i	INFORUM-Einfuhrpreisindex, Gütergruppe i
v_{ki}	Anteil an der Einfuhr Deutschlands, Land k, Gütergruppe i
IDK_k	Devisenkursindex, Land k
p_{ki}	Ausfuhrpreisindex, Land k, Gütergruppe i

Als Aggregat ergibt sich dann die Variable FPI, der über alle Warengruppen gewichtete INFORUM-Einfuhrpreisindex:

$$FPI(t) = \sum_{i=1}^{40} \overline{\mathrm{gim}_i(1991)} \cdot fpi_i(t). \tag{8}$$

FPI	INFORUM-Einfuhrpreisindex, alle Warengruppen
gim_i	Anteil der Wareneinfuhr Deutschlands, Gütergruppe i
fpi_i	INFORUM-Einfuhrpreisindex, Gütergruppe i

Die Energieimportpreise werden durch die entsprechenden Importpreise aus dem internationalen INFORUM-System erklärt:

$$pmge_l(t) = pmge_l\left[fpi_{i(l)}(t), \ldots\right], \qquad l = 1, \ldots, 29. \tag{9}$$

$pmge_l$	Preisindex Einfuhr, Energieträger l
$fpi_{i(l)}$	INFORUM-Einfuhrpreisindex, GG i, zu der Energieträger l gehört

Die Energieimportpreise nach Gütergruppen lassen sich als gewogenes Mittel der Importpreise nach Energieträgern bestimmen. Die übrigen Elemente des Importpreisvektors pmg in der Abgrenzung der Input-Output-Rechnung erhalten wir, indem wir die Warenimportpreise auf die INFORUM-Importpreise nach Gütergruppen und die Importpreise für die Dienstleistungen auf den gesamtwirtschaftlichen Importpreisindex regressieren:

$$pmg_i(t) = pmg_i\left[fpi_i(t), PMG(t), \ldots\right], \qquad i = 1, 2, 5, 7, 9, 11, \ldots, 58. \tag{10}$$

pmg_i	Preisindex Einfuhr, Gütergruppe i
fpi_i	INFORUM-Einfuhrpreisindex, Gütergruppe i
PMG	Preisindex Einfuhr, alle Gütergruppen

Die zugehörige Makrovariable berechnen wir definitorisch als Paasche-Index, indem wir die Gesamtimporte in jeweiligen Preisen durch die Gesamtimporte in Preisen von 1991 dividieren:

$$PMG(t) = 100 \cdot IMN(t) / IMR(t). \tag{11}$$

IMN	Einfuhr in jeweiligen Preisen, alle Gütergruppen
IMR	Einfuhr in Preisen von 1991, alle Gütergruppen

2.2.2 Die Endnachfrage

2.2.2.1 Der Private Verbrauch

Der Private Verbrauch ist im Modell PANTA RHEI zweistufig modelliert. Zunächst erklären wir in einer makroökonomischen Konsumfunktion den Konsum der Privaten Haushalte insgesamt. Als Argumentvariablen fungieren dabei das Verfügbare Einkommen der Privaten Haushalte in Preisen von 1991 und - im Hinblick auf die langlebigen Konsumgüter - der Kontokorrentzins. Zur Erfassung der Trägheit im Konsumverhalten geht außerdem der Konsum der Vorperiode als dritte erklärende Variable in die Konsumfunktion ein.

In der zweiten Stufe bestimmen wir dann die Konsumstruktur nach Gütergruppen. Im Modell für Westdeutschland PANTA RHEI II (Meyer/Bockermann/Ewerhart/Lutz 1998) haben wir Funktionen für die Verwendungszwecke geschätzt und diese dann mit einer konstanten *bridge matrix* auf die Gütergruppen des Konsums umgerechnet. Da uns zum Zeitpunkt der Schätzung des Modells PANTA RHEI III für Deutschland Daten des Konsums nach Verwendungszwecken nicht vorlagen, haben wir direkt die Konsumstruktur nach den 58 Gütergruppen geschätzt.

Die neoklassische Theorie fordert die Ableitung der Konsumstruktur aus einem Nutzenmaximierungskalkül. Die Anwendung dieses Konzepts auf makroökonomische Daten hat in der ökonometrischen Literatur eine lange Tradition, die von den heute sehr beliebten AIDS-Systemen (Almost Ideal Demand System) nach Deaton/Muellbauer (1980) vertreten wird. Die Plausibilität des mikroökonomischen Ansatzes soll nicht kritisiert werden. Man mag aber Bedenken haben, diesen Ansatz in der empirischen makroökonomischen Analyse anzuwenden. Kritisch erscheint uns vor allem die Grundannahme der Existenz eines repräsentativen Individuums. Oder aus einer anderen Perspektive betrachtet: Eine gesamtwirtschaftliche Nutzenfunktion existiert nicht. Heterogenität in dieser Hinsicht, aber auch im Hinblick auf die Höhe der Einkommen der Individuen, stellt den neoklassischen Ansatz in unserem Anwendungsfeld grundsätzlich in Frage. Das von Almon (1996) entwickelte PADS-System (Perhaps Adequate Demand System) vermeidet dieses Problem, indem es einige plausible Eigenschaften *ad hoc* postuliert.

Ein weiteres Problem liegt auf der schätztechnischen Ebene: Will man die Kreuzpreiselastizitäten bestimmen, dann hat man bei tief disaggregierten Modellen i. d. R. mehr Parameter zu schätzen als Beobachtungen verfügbar sind. Durch die Einführung vielfältiger Restriktionen versucht man dann, die Anzahl der zu schätzenden Parameter zu reduzieren. Natürlich kann man über die Sinnhaftigkeit dieser zusätzlichen Annahmen streiten. So ist etwa die Symmetrieannahme, die die Anzahl der zu schätzenden Parameter halbiert, nicht haltbar, wenn man von heterogenen Haushalten ausgeht. Auch die Schachtelung der Konsumgüter in eine hierarchisch gegliederte Konsumstruktur, die die grundsätzliche Vielfalt der Substitutionsbeziehungen reduziert, ist bedenklich, denn i. d. R. liegen kaum oder gar keine Informationen vor, die die Identifikation separabler Gruppen wirklich erlauben.

Wir wollen vermeiden, durch eine Fülle ungeprüfter Hypothesen Ergebnisse vorweg festzulegen und entscheiden uns für ein pragmatisches Vorgehen: Wir schätzen die Preisreagibilitäten einer Gütergruppe mit nur einem Relativpreis, der den Preisindex der Gütergruppe ins Verhältnis zum Preisindex für den Konsum insgesamt setzt. Die einfache Hypothese lautet: Wird eine Gütergruppe relativ teurer, dann wird ihr Anteil an den Konsumausgaben insgesamt nach Maßgabe der geschätzten Preiselastizität reduziert. Alle anderen Gütergruppen erhöhen ihren Anteil wiederum nach Maßgabe der für diese anderen Gütergruppen geschätzten Preiselastizitäten, denn wenn ein Güterpreis steigt, nimmt auch der Preisindex des Aggregats zu, und damit der Relativpreis der anderen Güter ab. Eine abschließende Normierung der Konsumquoten auf den Wert eins verhindert Inkonsistenzen.

Betrachten wir nun das Gleichungssystem für den Privaten Verbrauch im Detail, wobei wir mit der gesamtwirtschaftlichen Konsumfunktion beginnen. Das Verfügbare Einkommen der Privaten Haushalte *YVH$* wird im Umverteilungsmodul des Modells, über das wir später berichten werden, als Variable *ZHA23* bestimmt:

$$YVH\$(t) = ZHA23(t). \tag{12}$$

$$YVH(t) = 100 \cdot YVH\$(t) \,/\, PCPI(t). \tag{13}$$

YVH$	Verfügbares Einkommen der Privaten Haushalte in jeweiligen Preisen
ZHA23	Verfügbares Einkommen der Privaten Haushalte in jeweiligen Preisen
YVH	Verfügbares Einkommen der Privaten Haushalte in Preisen von 1991
PCPI	Preisindex Käufe der inländischen Privaten Haushalte

Das Verfügbare Einkommen in Preisen von 1991 *YVH* ergibt sich durch Deflationierung mit dem Preisindex *PCPI*. Es erklärt mit dem Kontokorrentzins und dem Konsum der Vorperiode die Käufe der inländischen Privaten Haushalte in Preisen von 1991:

$$CPI(t) = CPI\ \left[\, YVH(t), RKONT(t), CPI(t-1) \,\right]. \tag{14}$$

CPI	Käufe der inländischen Privaten Haushalte in Preisen von 1991
YVH	Verfügbares Einkommen der Privaten Haushalte in Preisen von 1991
RKONT	Sollzinssatz für Kontokorrentkredite unter 1 Mio. DM

(15) beschreibt den Preisindex für Käufe der inländischen Privaten Haushalte als gewogenes arithmetisches Mittel der Preisindizes für Käufe der inländischen Haushalte im Inland und im Ausland. Die Käufe der inländischen Privaten Haushalte in jeweiligen Preisen ergeben sich in (16) als Produkt aus Preis und zugehöriger Menge.

$$PCPI(t) = (CPII(t) / CPI(t)) \cdot PCPII(t) + (CPIA(t) / CPI(t)) \cdot PCPIA(t). \tag{15}$$

$$CPI\$(t) = PCPI(t) \cdot CPI(t) / 100. \tag{16}$$

PCPI	Preisindex Käufe der inländischen Privaten Haushalte
CPII	Käufe der inl. Privaten Haushalte im Inland in Preisen von 1991
CPI	Käufe der inländischen Privaten Haushalte in Preisen von 1991
PCPII	Preisindex Käufe der inländischen Privaten Haushalte im Inland
CPIA	Priv. Verbrauch von Inländern in der übrigen Welt in Preisen von 1991
PCPIA	Preisindex Privater Verbrauch von Inländern in der übrigen Welt
CPI$	Käufe der inländischen Privaten Haushalte in jeweiligen Preisen

Der Konsum der Privaten Haushalte im Ausland in Preisen von 1991 *CPIA* wird durch den Konsum insgesamt der Privaten Haushalte sowie den Relativpreis *PCPIA/PCG* erklärt, der die Preise des Konsums im Ausland in Relation zu den Preisen des Konsums im Inland mißt. Der Preisindex *PCPIA* wird durch den aggregierten Importpreis *PMG* und den Außenwert der DM erklärt. Die Käufe der Privaten Haushalte in jeweiligen Preisen *CPIA$* ergeben sich definitorisch.

$$CPIA(t) = CPIA\ [\,CPI(t), PCPIA(t) / PCG(t), \ldots\,]. \tag{17}$$

$$PCPIA(t) = PCPIA\ [\,PMG(t),\ DMA(t)\,]. \tag{18}$$

$$CPIA\$(t) = PCPIA(t) \cdot CPIA(t) / 100. \tag{19}$$

CPIA	Privater Verbrauch von Inländern in der übrigen Welt in Pr. von 1991
CPI	Käufe der inländischen Privaten Haushalte in Preisen von 1991
PCPIA	Preisindex Privater Verbrauch von Inländern in der übrigen Welt
PCG	Preisindex Privater Verbrauch im Inland, alle Gütergruppen
PMG	Preisindex Einfuhr, alle Gütergruppen
DMA	Außenwert der DM insgesamt (gegenüber 18 Industrieländern)
CPIA$	Privater Verbrauch von Inländern in der übrigen Welt in jew. Preisen

Die Käufe der inländischen Privaten Haushalte im Inland *CPII* können nun als Rest bestimmt werden. Der zugehörige Preis *PCPII* ist definitorisch gegeben:

$$CPII(t) = CPI(t) - CPIA(t). \tag{20}$$

$$CPII\$(t) = CPI\$(t) - CPIA\$(t). \tag{21}$$

$$PCPII(t) = 100 \cdot CPII\$(t) / CPII(t). \tag{22}$$

CPII	Käufe der inl. Privaten Haushalte im Inland in Preisen von 1991
CPI	Käufe der inländischen Privaten Haushalte in Preisen von 1991
CPIA	Privater Verbrauch von Inländern in der übrigen Welt in Pr. von 1991
CPII$	Käufe der inländischen Privaten Haushalte im Inland in jew. Preisen
CPI$	Käufe der inländischen Privaten Haushalte in jeweiligen Preisen
CPIA$	Privater Verbrauch von Inländern in der übrigen Welt in jew. Preisen
PCPII	Preisindex Käufe der inländischen Privaten Haushalte im Inland

Der Private Verbrauch von Gebietsfremden im Inland ist durch den Relativpreis des Konsums im Inland zu dem Preis, den Gebietsfremde im Inland zahlen, bestimmt. Der letztere Preis wird wiederum durch den Inlandspreis erklärt. Der Private Verbrauch der Gebietsfremden im Inland in jeweiligen Preisen ergibt sich definitorisch:

$$CPAI(t) = CPAI\ [\ PCG(t)\,/\,PCPAI(t)\ ]. \tag{23}$$

$$PCPAI(t) = PCPAI\ [\ PCG(t)\ ]. \tag{24}$$

$$CPAI\$(t) = PCPAI(t) \cdot CPAI(t)\,/\,100. \tag{25}$$

CPAI	Privater Verbrauch von Gebietsfremden im Inland in Preisen von 1991
PCG	Preisindex Privater Verbrauch im Inland, alle Gütergruppen
PCPAI	Preisindex Privater Verbrauch von Gebietsfremden im Inland
CPAI$	Privater Verbrauch von Gebietsfremden im Inland in jeweiligen Preisen

Die Käufe der Privaten Haushalte im Inland einschließlich Umsatzsteuer erhalten wir durch Addition der Käufe der Inländer und der Gebietsfremden im Inland. Der zugehörige Preisindex ergibt sich in gewohnter Weise als Quotient der Käufe in jeweiligen und konstanten Preisen:

$$CPU(t) = CPII(t) + CPAI(t). \tag{26}$$

$$CPU\$(t) = CPII\$(t) + CPAI\$(t). \tag{27}$$

$$PCPU(t) = 100 \cdot CPU\$(t)\,/\,CPU(t). \tag{28}$$

CPU	Käufe der Privaten Haushalte im Inland in Preisen von 1991
CPII	Käufe der inländischen Privaten Haushalte im Inland in Pr. von 1991
CPAI	Privater Verbrauch von Gebietsfremden im Inland in Preisen von 1991
CPU$	Käufe der Privaten Haushalte im Inland in jeweiligen Preisen
CPII$	Käufe der inländischen Privaten Haushalte im Inland in jew. Preisen
CPAI$	Privater Verbrauch von Gebietsfremden im Inland in jeweiligen Preisen
PCPU	Preisindex Käufe der Privaten Haushalte im Inland

Den Preisindex der Lebenshaltung *PLH* erklären wir durch den Preisindex der Käufe der Privaten Haushalte im Inland. Die Inflationsrate *INFL* berechnen wir dann als relative Veränderung des Preisindexes der Lebenshaltung:

$$PLH(t) = PLH\ [\ PCPU(t)\ ]. \tag{29}$$

$$INFL(t) = 100\ \cdot\ (PLH(t) - PLH(t-1))\,/\,PLH(t-1). \tag{30}$$

PLH	Preisindex der Lebenshaltung aller Privaten Haushalte
PCPU	Preisindex Käufe der Privaten Haushalte im Inland
INFL	Inflationsrate

Zieht man von den Käufen der Privaten Haushalte in konstanten und in jeweiligen Preisen die auf dem Privaten Verbrauch liegende Umsatzsteuer ab, so erhält man die Variablen *CP* bzw. *CP$*. Der zugehörige Preisindex *PCP* wird wiederum definitorisch bestimmt:

$$CP(t) = CPU(t) - UMSTCP(t). \tag{31}$$

$$CP\$(t) = CPU\$(t) - UMSTCP\$(t). \tag{32}$$

$$PCP(t) = 100 \cdot CP\$(t) / CP(t). \tag{33}$$

CP	Käufe der Privaten Haushalte im Inland ohne UmSt in Preisen von 1991
CPU	Käufe der Privaten Haushalte im Inland in Preisen von 1991
UMSTCP	Umsatzsteuer Privater Verbrauch im Inland in Preisen von 1991
CP$	Käufe der Privaten Haushalte im Inland ohne UmSt in jew. Preisen
CPU$	Käufe der Privaten Haushalte im Inland in jeweiligen Preisen
UMSTCP$	Umsatzsteuer Privater Verbrauch im Inland in jeweiligen Preisen
PCP	Preisindex Käufe der Privaten Haushalte im Inland ohne UmSt

Nun zur Berücksichtigung der Privaten Organisationen ohne Erwerbszweck - das sind im wesentlichen die Kirchen, die politischen Parteien und die Vereine - im Modell PANTA RHEI. Deren Eigenverbrauch - so werden ihre unentgeltlich an die Privaten Haushalte abgegebenen Dienstleistungen bezeichnet - wird durch das Bruttoinlandsprodukt in Preisen von 1991 und der zugehörige Preisindex *PEVPO* durch den Preisindex des Konsums erklärt.

$$EVPO(t) = EVPO\left[\,BIP(t)\,\right]. \tag{34}$$

$$PEVPO(t) = PEVPO\left[\,PCG(t),\ \ldots\right]. \tag{35}$$

Der Eigenverbrauch der Organisationen ohne Erwerbszweck in jeweiligen Preisen ergibt sich definitorisch:

$$EVPO\$(t) = PEVPO(t) \cdot EVPO(t) / 100. \tag{36}$$

EVPO	Eigenverbrauch der Privaten Organisationen oE in Preisen von 1991
BIP	Bruttoinlandsprodukt in Preisen von 1991
PEVPO	Preisindex Eigenverbrauch der Privaten Organisationen oE
PCG	Preisindex Privater Verbrauch im Inland, alle Gütergruppen
EVPO$	Eigenverbrauch der Privaten Organisationen oE in jeweiligen Preisen

Wenden wir uns nun der Modellierung der Konsumstruktur zu: Die Anteile der 29 Energieträger am gesamten Konsum der Privaten Haushalte in Preisen von 1991 hängen vom Preis des jeweiligen Energieträgers relativ zum Preisindex des gesamten Konsums ab:

$$ecprq_l(t) = ecprq_l\left[\,pcge_l(t) / PCG(t),\ \overline{GTZ(t)},\ \ldots\right], \qquad l = 1, \ldots, 29. \tag{37}$$

$ecprq_l$	Anteil am Privaten Verbrauch im Inland in Preisen von 1991, ET l
$pcge_l$	Preisindex Privater Verbrauch, Energieträger l
PCG	Preisindex Privater Verbrauch im Inland, alle Gütergruppen
GTZ	Jahresmitteltemperatur in den Heizmonaten (Gradtagszahl)

Dabei haben wir bei den Energieträgern Gas und Leichtes Heizöl, die zum Heizen eingesetzt werden, sowie bei den Kraftstoffen Benzin und Diesel einen zweistufigen Ansatz verwendet. In der ersten Stufe wird der Anteil der Ausgaben für Heizenergie bzw. für Kraftstoffe preisabhängig vom gesamten Konsum bestimmt, in der zweiten Stufe wird dieser dann in die Anteile der Gase und des Leichten Heizöls (Heizen) bzw. Benzin und Diesel (Kraftstoffe) zerlegt. Der Ausgabenanteil für Raumwärme enthält neben dem Relativpreis die Jahresmitteltemperatur in den Heizmonaten *GTZ* als erklärende Variable.

Die Konsumquoten für die fünf Input-Output-Energie-Gütergruppen 3 (Elektrizität/Dampf/Warmwasser), 4 (Gase), 6 (Kohle), 8 (Erdöl/Erdgas) sowie 10 (Mineralölerzeugnisse) werden daraus durch die im Abschnitt 2.3 in Tabelle 5 beschriebene Aggregation der Energieträgerkonsumquoten definitorisch bestimmt.

Die Konsumquoten aller anderen Gütergruppen werden wiederum durch den Relativpreis dieser Konsumgütergruppe erklärt. Weitere Argumentvariablen sind der Kontokorrentzins, ein Zeittrend und alternativ dazu das Verfügbare Einkommen der Privaten Haushalte in Preisen von 1991. Zur Vermeidung von Inkonsistenzen wird die Summe der Konsumquoten auf den Wert eins normiert.

$$cprq_i(t) = cprq_i\left[\, pcg_i(t) / PCG(t),\ t,\ \ldots\right], \qquad i = 1, 2, 5, 7, 9, 11, \ldots, 58. \tag{38}$$

$cprq_i$	Anteil am Privaten Verbrauch im Inland in Pr. von 1991, Gütergruppe i
pcg_i	Preisindex Privater Verbrauch im Inland, Gütergruppe i
PCG	Preisindex Privater Verbrauch im Inland, alle Gütergruppen
t	Zeittrend

Die Niveaugrößen für den Energiekonsum und die anderen Gütergruppen des Konsums der Privaten Haushalte erhält man, indem man die Konsumquoten mit dem Gesamtwert der Käufe der Privaten Haushalte in Preisen von 1991 multipliziert:

$$ecpr_l(t) = ecprq_l(t) \cdot CP(t), \qquad l = 1, \ldots, 29. \tag{39}$$

$$cpr_i(t) = cprq_i(t) \cdot CP(t), \qquad i = 1, \ldots, 57. \tag{40}$$

Bei der Gütergruppe 58, den Dienstleistungen der Kirchen/Parteien/Vereine, wird gemäß der Buchungspraxis in den Volkswirtschaftlichen Gesamtrechnungen der Eigenverbrauch der Privaten Organisationen ohne Erwerbszweck addiert:

$$cpr_{58}(t) = cprq_{58}(t) \cdot CP(t) + EVPO(t). \tag{41}$$

$ecpr_l$	Privater Verbrauch in Preisen von 1991, Energieträger l
$ecprq_l$	Anteil am Privaten Verbrauch im Inl. in Pr. von 1991, Energieträger l
CP	Käufe der Privaten Haushalte in Preisen von 1991, alle Gütergruppen
cpr_i	Privater Verbrauch im Inland in Preisen von 1991, Gütergruppe i
$cprq_i$	Anteil am Privaten Verbrauch im Inland in Pr. von 1991, Gütergruppe i
$EVPO$	Eigenverbrauch der Privaten Organisationen oE in Preisen von 1991

Die Preise des Privaten Verbrauchs nach Energieträgern *pcge* sind bei den fossilen Energieträgern von den zugehörigen Importpreisen und bei der Elektrizität von den Stückkosten abhängig, die bei ihrer Produktion anfallen.

$$pcge_l(t) = pcge_l\left[\, fpi_{i(l)}(t),\ uc_3(t),\ \ldots\right], \qquad l = 1, \ldots, 29 \tag{42}$$

$pcge_l$	Preisindex Privater Verbrauch, Energieträger l
$fpi_{i(l)}$	INFORUM-Einfuhrpreisindex, Gütergruppe i, zu der ET l gehört
uc_3	Stückkostenindex in jeweiligen Preisen, PB Elektrizitätswirtschaft

Die Energiepreise des Privaten Verbrauchs nach Gütergruppen werden als gewogenes Mittel der Konsumpreise der Energieträger berechnet. Die Preise des Privaten Verbrauchs der anderen Gütergruppen werden durch die Stückkosten des jeweiligen Produktionsbereichs und weitere Variablen bestimmt. Dazu zählen vor allem die entsprechenden Importpreise, wenn die Gütergruppe einer starken Importkonkurrenz ausgesetzt ist, wie dies etwa bei elektrotechnischen Konsumgütern der Fall ist:

$$pcg_i(t) = pcg_i \left[uc_i(t),\ pmg_i(t),\ \ldots \right], \qquad i = 1, 2, 5, 7, 9, 11, \ldots, 58. \tag{43}$$

pcg_i	Preisindex Privater Verbrauch im Inland, Gütergruppe i
uc_i	Stückkostenindex in jeweiligen Preisen, Produktionsbereich i
pmg_i	Preisindex Einfuhr, Gütergruppe i

Niveaus der Konsumnachfrage in jeweiligen Preisen können nun durch Bewertung der realen Größen mit ihren Preisen berechnet werden. Für die Konsumnachfrage der Energieträger ergibt sich:

$$ecpn_l(t) = pcge_l(t) \cdot ecpr_l(t) / 100, \qquad l = 1, \ldots, 29 \tag{44}$$

Die gesamte Energiekonsumnachfrage ergibt sich als Aggregat:

$$ECPN(t) = \sum_{l=1}^{29} ecpn_l(t). \tag{45}$$

$ecpn_l$	Privater Verbrauch in jeweiligen Preisen, Energieträger l
$pcge_l$	Preisindex Privater Verbrauch, Energieträger l
$ecpr_l$	Privater Verbrauch in Preisen von 1991, Energieträger l
$ECPN$	Privater Verbrauch in jeweiligen Preisen, alle Energieträger

Für die einzelnen Gütergruppen erhalten wir:

$$cpn_i(t) = pcg_i(t) \cdot cpr_i(t) / 100, \qquad i = 1, \ldots, 58. \tag{46}$$

cpn_i	Privater Verbrauch im Inland in jeweiligen Preisen, Gütergruppe i
pcg_i	Preisindex Privater Verbrauch im Inland, Gütergruppe i
cpr_i	Privater Verbrauch im Inland in Preisen von 1991, Gütergruppe i

Den Privaten Verbrauch im Inland insgesamt ohne Umsatzsteuer gemäß dem Konzept der Input-Output-Rechnung und den zugehörigen Preisindex erhalten wir per Definition als:

$$CPR(t) = \sum_{i=1}^{58} cpr_i(t). \tag{47}$$

$$CPN(t) = \sum_{i=1}^{58} cpn_i(t). \tag{48}$$

$$PCG(t) = 100 \cdot CPN(t) / CPR(t). \tag{49}$$

CPR	Privater Verbrauch im Inland in Preisen von 1991, alle Gütergruppen
cpr_i	Privater Verbrauch im Inland in Preisen von 1991, Gütergruppe i
CPN	Privater Verbrauch im Inland in jeweiligen Preisen, alle Gütergruppen
cpn_i	Privater Verbrauch im Inland in jeweiligen Preisen, Gütergruppe i
PCG	Preisindex Privater Verbrauch im Inland, alle Gütergruppen

Das Umsatzsteueraufkommen beim Privaten Verbrauch im Inland ermitteln wir durch Multiplikation des Privaten Verbrauchs in jeweiligen Preisen mit dem Umsatzsteuersatz *UMSTS* und der Umsatzsteueraufkommensquote (Nichtabzugsquote) des Privaten Verbrauchs *UMSTCPQ*. Letztere gibt das Verhältnis zwischen dem tatsächlichen Aufkommen an Nichtabzugsfähiger Umsatzsteuer beim Privaten Verbrauch laut Input-Output-Tabelle und dem hypothetisch zu entrichtenden (Brutto-) Betrag an Umsatzsteuer wieder. Sie verkörpert demnach die technisch-institutionellen Aspekte des deutschen Umsatzsteuersystems.

$$UMSTCP\$(t) = \overline{UMSTS(t)} \cdot CPN(t) \cdot \overline{UMSTCPQ(t)}. \tag{50}$$

Der Preisindex der Umsatzsteuer *PUMST* wird durch den Umsatzsteuersatz und die Preisindizes der drei Komponenten der Endnachfrage, die von der Umsatzsteuer am stärksten belastet sind, erklärt:

$$PUMST(t) = PUMST\left[\overline{UMSTS(t)}, PCG(t), PIA(t), PIB(t)\right]. \tag{51}$$

Wir haben dann die Möglichkeit, die Umsatzsteuer in Preisen von 1991 zu berechnen:

$$UMSTCP(t) = 100 \cdot UMSTCP\$(t) \,/\, PUMST(t). \tag{52}$$

UMSTCP$	Umsatzsteuer Privater Verbrauch im Inland in jeweiligen Preisen
UMSTS	Umsatzsteuersatz
CPN	Privater Verbrauch im Inland in jeweiligen Preisen, alle Gütergruppen
UMSTCPQ	Aufkommensquote Umsatzsteuer Privater Verbrauch
PUMST	Preisindex Nichtabzugsfähige Umsatzsteuer
PCG	Preisindex Privater Verbrauch im Inland, alle Gütergruppen
PIA	Preisindex Ausrüstungen, alle Gütergruppen
PIB	Preisindex Bauten, alle Gütergruppen
UMSTCP	Umsatzsteuer Privater Verbrauch im Inland in Preisen von 1991

Der Private Verbrauch im Inland in Preisen von 1991 einschließlich Umsatzsteuer *CPRU* ergibt sich dann als:

$$CPRU(t) = CPR(t) + UMSTCP(t). \tag{53}$$

Die entsprechende Größe in jeweiligen Preisen ist:

$$CPNU(t) = CPN(t) + UMSTCP\$(t). \tag{54}$$

Den zugehörigen Preisindex berechnen wir als:

$$PCPRU(t) = 100 \cdot CPNU(t) \,/\, CPRU(t). \tag{55}$$

CPRU	Privater Verbrauch im Inland inkl. Umsatzsteuer in Preisen von 1991
CPR	Privater Verbrauch im Inland in Preisen von 1991, alle Gütergruppen
UMSTCP	Umsatzsteuer Privater Verbrauch im Inland in Preisen von 1991
CPNU	Privater Verbrauch im Inland inkl. Umsatzsteuer in jeweiligen Preisen
CPN	Privater Verbrauch im Inland in jew. Preisen, alle Gütergruppen
UMSTCP$	Umsatzsteuer Privater Verbrauch im Inland in jeweiligen Preisen
PCPRU	Preisindex Privater Verbrauch im Inland inkl. Umsatzsteuer

Zu den entsprechenden Variablen nach dem Konzept der Inlandsproduktsberechnung gelangt man, wenn man den Konsum der Inländer im Ausland addiert und den Konsum der Ausländer im Inland subtrahiert:

$$CPRBIP(t) = CPRU(t) + CPIA(t) - CPAI(t). \tag{56}$$

$$CPNBIP(t) = CPNU(t) + CPIA\$(t) - CPAI\$(t). \tag{57}$$

$$PCPBIP(t) = 100 \cdot CPNBIP(t) / CPRBIP(t). \tag{58}$$

CPRBIP	Privater Verbrauch in Preisen von 1991, Konzept der IPB
CPRU	Privater Verbrauch im Inland inkl. Umsatzsteuer in Preisen von 1991
CPIA	Privater Verbrauch von Inländern in der übrigen Welt in Pr. von 1991
CPAI	Privater Verbrauch von Gebietsfremden im Inland in Preisen von 1991
CPNBIP	Privater Verbrauch in jeweiligen Preisen, Konzept der IPB
CPNU	Privater Verbrauch im Inland inkl. Umsatzsteuer in jeweiligen Preisen
CPIA$	Privater Verbrauch von Inländern in der übrigen Welt in jew. Preisen
CPAI$	Privater Verbrauch von Gebietsfremden im Inland in jeweiligen Preisen
PCPBIP	Preisindex Privater Verbrauch, Konzept der Inlandsproduktsberechnung

2.2.2.2 Der Staatsverbrauch

Der Staatsverbrauch erscheint im Modell in zwei Zusammenhängen: Zum einen betrachten wir ihn als Endnachfragekomponente in jeweiligen Preisen *ASN* bzw. in Preisen von 1991 *ASR*. Zum anderen taucht der Staatsverbrauch im Budget des Staates als Variable *ZSA28* auf. Natürlich sind *ZSA28* und *ASN* identisch.

Die Endnachfragekomponente *ASR* ist die Summe des Vektors *asr* mit den beiden Elementen 56 (Gebietskörperschaften) und 57 (Sozialversicherung). Der Staatsverbrauch bei den Gebietskörperschaften ist im Modell PANTA RHEI durch die reale Lohnsumme der Gebietskörperschaften erklärt. Man erhält sie, indem man die bei den Gebietskörperschaften entstandenen Einkommen aus unselbständiger Arbeit mit dem Preisindex der Dienstleistungen der Gebietskörperschaften deflationiert.

$$asr_{56}(t) = asr_{56}\ \left[lg_{56}(t) / pg_{56}(t) \right]. \tag{59}$$

asr_{56}	Staatsverbrauch in Preisen von 1991, GG DL der Gebietskörperschaften
lg_{56}	Einkommen aus unselbständiger Arbeit, PB Gebietskörperschaften
pg_{56}	Preisindex Bruttoproduktionswert, PB Gebietskörperschaften

Den Staatsverbrauch bei der Sozialversicherung bestimmen wir als Funktion des Verfügbaren Einkommens des Staates *ZSE31*, deflationiert mit dem Preisindex der Dienstleistungen der Sozialversicherung:

$$asr_{57}(t) = asr_{57}\ \left[ZSE31\ (t) / pg_{57}(t) \right]. \tag{60}$$

asr_{57}	Staatsverbrauch in Preisen von 1991, GG DL der Sozialversicherung
ZSE31	Verfügbares Einkommen des Staates in jeweiligen Preisen
pg_{57}	Preisindex Bruttoproduktionswert, PB Sozialversicherung

Für den Staatsverbrauch insgesamt gilt dann:

$$ASR(t) = asr_{56}(t) + asr_{57}(t). \tag{61}$$

asr_i	Staatsverbrauch in Preisen von 1991, Gütergruppe *i*
ASR	Staatsverbrauch in Preisen von 1991, alle Gütergruppen

Die Preisindizes des Staatsverbrauchs der Gebietskörperschaften und der Sozialversicherung sind Funktionen der Stückkosten des jeweiligen Produktionsbereichs:

$$pag_i(t) = pag_i\ \left[uc_i(t),\ \dots\right], \qquad i = 56, 57. \qquad (62)$$

$$asn_i(t) = pag_i(t) \cdot asr_i(t) / 100, \qquad i = 56, 57. \qquad (63)$$

pag_i	Preisindex Staatsverbrauch, Gütergruppe i
uc_i	Stückkostenindex in jeweiligen Preisen, Produktionsbereich i
asn_i	Staatsverbrauch in jeweiligen Preisen, Gütergruppe i
asr_i	Staatsverbrauch in Preisen von 1991, Gütergruppe i

$$ZSA28(t) = ASN(t) = asn_{56}(t) + asn_{57}(t). \qquad (64)$$

$$PAG(t) = 100 \cdot ASN(t) / ASR(t). \qquad (65)$$

$ZSA28$	Staatsverbrauch in jeweiligen Preisen
ASN	Staatsverbrauch in jeweiligen Preisen, alle Gütergruppen
asn_i	Staatsverbrauch in jeweiligen Preisen, Gütergruppe i
PAG	Preisindex Staatsverbrauch, alle Gütergruppen
ASR	Staatsverbrauch in Preisen von 1991, alle Gütergruppen

Beim Staatsverbrauch gibt es keinen konzeptionellen Unterschied zwischen der Input-Output-Rechnung und der Inlandsproduktsberechnung, es gilt also:

$$ASRBIP(t) = ASR(t). \qquad (66)$$

$$ASNBIP(t) = ASN(t). \qquad (67)$$

$$PAGBIP(t) = PAG(t). \qquad (68)$$

$ASRBIP$	Staatsverbrauch in Pr. v. 1991, Konzept der Inlandsproduktsberechnung
ASR	Staatsverbrauch in Preisen von 1991, alle Gütergruppen
$ASNBIP$	Staatsverbrauch in jew. Pr., Konzept der Inlandsproduktsberechnung
ASN	Staatsverbrauch in jeweiligen Preisen, alle Gütergruppen
$PAGBIP$	Preisindex Staatsverbrauch, Konzept der Inlandsproduktsberechnung
PAG	Preisindex Staatsverbrauch, alle Gütergruppen

2.2.2.3 *Die Ausrüstungen*

Der Vektor der Ausrüstungsinvestitionen nach Gütergruppen in Preisen von 1991 *iar* ist in PANTA RHEI im wesentlichen durch den Realzins, gemessen durch die Differenz zwischen Umlaufsrendite *RUML* und Inflationsrate *INFL*, die deflationierten gesamtwirtschaftlichen Gewinne und die gesamtwirtschaftliche Bruttoproduktion bestimmt:

$$iar_i(t) = iar_i\ \left[RUML(t) - INFL(t),\ GG(t) / PG(t),\ XG(t),\ \dots\right], \qquad i = 1, \dots, 58. \qquad (69)$$

Die gesamtwirtschaftlichen Ausrüstungsinvestitionen ergeben sich als Summe:

$$IAR(t) = \sum_{i=1}^{58} iar_i(t). \qquad (70)$$

iar_i	Ausrüstungen in Preisen von 1991, Gütergruppe i
$RUML$	Umlaufsrendite festverzinslicher Wertpapiere insgesamt
$INFL$	Inflationsrate
GG	Einkommen aus Unternehmertätigk. und Vermögen in jew. Pr., alle PB
PG	Preisindex Bruttoproduktionswert, alle Produktionsbereiche
XG	Bruttoproduktionswert in Preisen von 1991, alle Produktionsbereiche
IAR	Ausrüstungen in Preisen von 1991, alle Gütergruppen

Die Preise der Ausrüstungsinvestitionen werden wiederum durch die Hypothese der Aufschlagskalkulation erklärt. Neben den Stückkosten des jeweiligen Produktionsbereichs sind die Preise konkurrierender Importe weitere wichtige Argumentvariablen:

$$pia_i(t) = pia_i\ \left[uc_i(t),\ pmg_i(t),\ \ldots\right], \qquad i = 1, \ldots, 58. \tag{71}$$

$$ian_i(t) = pia_i(t) \cdot iar_i(t) / 100, \qquad i = 1, \ldots, 58. \tag{72}$$

pia_i	Preisindex Ausrüstungen, Gütergruppe i
uc_i	Stückkostenindex in jeweiligen Preisen, Produktionsbereich i
pmg_i	Preisindex Einfuhr, Gütergruppe i
ian_i	Ausrüstungen in jeweiligen Preisen, Gütergruppe i
iar_i	Ausrüstungen in Preisen von 1991, Gütergruppe i

$$IAN(t) = \sum_{i=1}^{58} ian_i(t). \tag{73}$$

$$PIA(t) = 100 \cdot IAN(t) / IAR(t). \tag{74}$$

IAN	Ausrüstungen in jeweiligen Preisen, alle Gütergruppen
ian_i	Ausrüstungen in jeweiligen Preisen, Gütergruppe i
PIA	Preisindex Ausrüstungen, alle Gütergruppen
IAR	Ausrüstungen in Preisen von 1991, alle Gütergruppen

Die auf den Ausrüstungsinvestitionen liegende Umsatzsteuer erhalten wir, indem wir die Ausrüstungsinvestitionen in jeweiligen Preisen mit dem Umsatzsteuersatz und der Umsatzsteuerquote der Ausrüstungsinvestitionen multiplizieren. Eine Aufkommensquote, die deutlich kleiner als eins ist, ergibt sich, weil die Umsatzsteuer hier in den meisten Fällen abzugsfähig ist.

$$UMSTIA\$(t) = \overline{UMSTS(t)} \cdot IAN(t) \cdot \overline{UMSTIAQ(t)}. \tag{75}$$

$UMSTIA\$$	Umsatzsteuer Ausrüstungen in jeweiligen Preisen
$UMSTS$	Umsatzsteuersatz
IAN	Ausrüstungen in jeweiligen Preisen, alle Gütergruppen
$UMSTIAQ$	Aufkommensquote Umsatzsteuer Ausrüstungen

Mit dem Preisindex *PUMST* für die Umsatzsteuer, den wir im Abschnitt über den Privaten Verbrauch eingeführt haben, können wir die auf die Ausrüstungsinvestitionen entfallende Umsatzsteuer dann noch deflationieren:

$$UMSTIA(t) = 100 \cdot UMSTIA\$(t) / PUMST(t). \tag{76}$$

$UMSTIA$	Umsatzsteuer Ausrüstungen in Preisen von 1991
$UMSTIA\$$	Umsatzsteuer Ausrüstungen in jeweiligen Preisen
$PUMST$	Preisindex Nichtabzugsfähige Umsatzsteuer

Die gesamtwirtschaftlichen Ausrüstungsinvestitionen in der Abgrenzung der Inlandsproduktsberechnung erhalten wir, indem wir zu den entsprechenden Makrovariablen der Input-Output-Rechnung die Umsatzsteuer hinzufügen:

$$IARBIP(t) = IAR(t) + UMSTIA(t). \tag{77}$$

$$IANBIP(t) = IAN(t) + UMSTIA\$(t). \tag{78}$$

$$PIABIP(t) = 100 \cdot IANBIP(t) \,/\, IARBIP(t). \tag{79}$$

IARBIP	Ausrüstungen in Pr. von 1991, Konzept der Inlandsproduktsberechnung
IAR	Ausrüstungen in Preisen von 1991, alle Gütergruppen
UMSTIA	Umsatzsteuer Ausrüstungen in Preisen von 1991
IANBIP	Ausrüstungen in jew. Preisen, Konzept der Inlandsproduktsberechnung
IAN	Ausrüstungen in jeweiligen Preisen, alle Gütergruppen
UMSTIA$	Umsatzsteuer Ausrüstungen in jeweiligen Preisen
PIABIP	Preisindex Ausrüstungen, Konzept der Inlandsproduktsberechnung

2.2.2.4 Die Bauten

Der Vektor der Bauinvestitionen nach Gütergruppen *ibr* hängt im wesentlichen vom Realzins, gemessen durch die Differenz von Umlaufsrendite *RUML* und Inflationsrate *INFL*, vom realen gesamtwirtschaftlichen Gewinn und vom Bruttoinlandsprodukt in Preisen von 1991 ab:

$$ibr_i(t) = ibr_i \left[RUML(t) - INFL(t),\; GG(t) \,/\, PG(t),\; BIP(t),\; \ldots \right], \qquad i = 1, \ldots, 58. \tag{80}$$

ibr_i	Bauten in Preisen von 1991, Gütergruppe *i*
RUML	Umlaufsrendite festverzinslicher Wertpapiere insgesamt
INFL	Inflationsrate
GG	Einkommen aus Unternehmertätigk. und Vermögen in jew. Pr., alle PB
PG	Preisindex Bruttoproduktionswert, alle Produktionsbereiche
BIP	Bruttoinlandsprodukt in Preisen von 1991

Die zugehörige gesamtwirtschaftliche Variable erhalten wir durch Aggregation:

$$IBR(t) = \sum_{i=1}^{58} ibr_i(t). \tag{81}$$

IBR	Bauten in Preisen von 1991, alle Gütergruppen
ibr_i	Bauten in Preisen von 1991, Gütergruppe *i*

Die Preisindizes der Bauinvestitionen sind abhängig von den Stückkosten des jeweiligen Produktionsbereichs:

$$pib_i(t) = pib_i \left[uc_i(t),\; \ldots \right], \qquad i = 1, \ldots, 58 \tag{82}$$

pib_i	Preisindex Bauten, Gütergruppe *i*
uc_i	Stückkostenindex in jeweiligen Preisen, Produktionsbereich *i*

Den Vektor der nominalen Bauinvestitionen sowie das gesamtwirtschaftliche Aggregat und den zugehörigen Preisindex bestimmen wir per Definition:

$$ibn_i(t) = pib_i(t) \cdot ibr_i(t) / 100, \qquad i = 1, \ldots, 58. \tag{83}$$

$$IBN(t) = \sum_{i=1}^{58} ibn_i(t). \tag{84}$$

ibn_i	Bauten in jeweiligen Preisen, Gütergruppe i
pib_i	Preisindex Bauten, Gütergruppe i
ibr_i	Bauten in Preisen von 1991, Gütergruppe i
IBN	Bauten in jeweiligen Preisen, alle Gütergruppen

$$PIB(t) = 100 \cdot IBN(t) / IBR(t). \tag{85}$$

PIB	Preisindex Bauten, alle Gütergruppen
IBN	Bauten in jeweiligen Preisen, alle Gütergruppen
IBR	Bauten in Preisen von 1991, alle Gütergruppen

Die Ermittlung der Umsatzsteuer erfolgt bei den Bauten analog zu dem Verfahren, das schon für den Privaten Verbrauch und die Ausrüstungen dargestellt worden ist:

$$UMSTIB\$(t) = \overline{UMSTS(t)} \cdot IBN(t) \cdot \overline{UMSTIBQ(t)}. \tag{86}$$

$$UMSTIB(t) = 100 \cdot UMSTIB\$(t) / PUMST(t). \tag{87}$$

$UMSTIB\$$	Umsatzsteuer Bauten in jeweiligen Preisen
$UMSTS$	Umsatzsteuersatz
IBN	Bauten in jeweiligen Preisen, alle Gütergruppen
$UMSTIBQ$	Aufkommensquote Umsatzsteuer Bauten
$UMSTIB$	Umsatzsteuer Bauten in Preisen von 1991
$PUMST$	Preisindex Nichtabzugsfähige Umsatzsteuer

Wie bei den Ausrüstungen erhalten wir auch bei den Bauten die Werte der Inlandsproduktsberechnung durch Hinzufügen der Umsatzsteuer:

$$IBRBIP(t) = IBR(t) + UMSTIB(t). \tag{88}$$

$$IBNBIP(t) = IBN(t) + UMSTIB\$(t). \tag{89}$$

$$PIBBIP(t) = 100 \cdot IBNBIP(t) / IBRBIP(t). \tag{90}$$

$IBRBIP$	Bauten in Preisen von 1991, Konzept der Inlandsproduktsberechnung
IBR	Bauten in Preisen von 1991, alle Gütergruppen
$UMSTIB$	Umsatzsteuer Bauten in Preisen von 1991
$IBNBIP$	Bauten in jeweiligen Preisen, Konzept der Inlandsproduktsberechnung
IBN	Bauten in jeweiligen Preisen, alle Gütergruppen
$UMSTIB\$$	Umsatzsteuer Bauten in jeweiligen Preisen
$PIBBIP$	Preisindex Bauten, Konzept der Inlandsproduktsberechnung

2.2.2.5 *Die Vorratsveränderung*

Im Modell PANTA RHEI werden die Vorratsinvestitionen eines Produktionsbereichs in jeweiligen Preisen alternativ durch einen Akzeleratoransatz oder den Realzins erklärt. Wir verzichten hier auf die übliche Vorgehensweise der Schätzung der Variablen in konstanten Preisen, weil die historischen Preisindizes der Vorratsinvestitionen von ausgesprochen schlechter Qualität sind.

$$ivn_i(t) = ivn_i\ \left[\ yg_i(t) - yg_i(t-1),\ RUML(t) - INFL(t),\ \ldots \right], \qquad i = 1, \ldots, 58. \tag{91}$$

$$IVN(t) = \sum_{i=1}^{58} ivn_i(t). \tag{92}$$

ivn_i	Vorratsveränderung in jeweiligen Preisen, Gütergruppe i
yg_i	Bruttoproduktionswert in Preisen von 1991, Gütergruppe i
$RUML$	Umlaufsrendite festverzinslicher Wertpapiere insgesamt
$INFL$	Inflationsrate
IVN	Vorratsveränderung in jeweiligen Preisen, alle Gütergruppen

Die Preisindizes der Vorratsinvestitionen geben wir bei der Prognose mit den Preisen der Bruttoproduktion vor, weil eine ökonometrische Schätzung der Preise der Vorratsinvestitionen aus dem angegebenen Grund unsinnig ist:

$$piv_i(t) = pg_i(t), \qquad i = 1, \ldots, 58. \tag{93}$$

piv_i	Preisindex Vorratsveränderung, Gütergruppe i
pg_i	Preisindex Bruttoproduktionswert, Gütergruppe i

Die entsprechenden Variablen in konstanten Preisen und die zugehörigen gesamtwirtschaftlichen Größen können dann wieder in der üblichen Weise berechnet werden:

$$ivr_i(t) = 100 \cdot ivn_i(t) \,/\, piv_i(t), \qquad i = 1, \ldots, 58. \tag{94}$$

$$IVR(t) = \sum_{i=1}^{58} ivr_i(t). \tag{95}$$

ivr_i	Vorratsveränderung in Preisen von 1991, Gütergruppe i
ivn_i	Vorratsveränderung in jeweiligen Preisen, Gütergruppe i
piv_i	Preisindex Vorratsveränderung, Gütergruppe i
IVR	Vorratsveränderung in Preisen von 1991, alle Gütergruppen

$$PIV(t) = 100 \cdot IVN(t) \,/\, IVR(t). \tag{96}$$

PIV	Preisindex Vorratsveränderung, alle Gütergruppen
IVN	Vorratsveränderung in jeweiligen Preisen, alle Gütergruppen
IVR	Vorratsveränderung in Preisen von 1991, alle Gütergruppen

Zur Berechnung der Vorratsveränderung nach dem Konzept der Inlandsproduktsberechnung muß die gesamtwirtschaftliche Vorratsveränderung nach dem Input-Output-Konzept um den Saldo der Umstellung des Außenhandels vom Spezial- auf das Generalhandelskonzept korrigiert werden:

$$IVRBIP(t) = IVR(t) + IMGH(t) - EXGH(t). \tag{97}$$

$$IVNBIP(t) = IVN(t) + IMGH\$(t) - EXGH\$(t). \tag{98}$$

$$PIVBIP(t) = 100 \cdot IVNBIP(t) \,/\, IVRBIP(t). \tag{99}$$

IVRBIP	Vorratsveränderung in Preisen von 1991, Konzept der IPB
IVR	Vorratsveränderung in Preisen von 1991, alle Gütergruppen
IMGH	Umstellung der Einfuhr auf Generalhandelskonzept in Preisen von 1991
EXGH	Umstellung der Ausfuhr auf Generalhandelskonzept in Pr. von 1991
IVNBIP	Vorratsveränderung in jeweiligen Preisen, Konzept der IPB
IVN	Vorratsveränderung in jeweiligen Preisen, alle Gütergruppen
IMGH$	Umstellung der Einfuhr auf Generalhandelskonzept in jew. Preisen
EXGH$	Umstellung der Ausfuhr auf Generalhandelskonzept in jew. Preisen
PIVBIP	Preisindex Vorratsveränderung, Konzept der Inlandsproduktsber.

2.2.2.6 *Die Ausfuhr*

Die Warenexporte der Gütergruppen 1 bis 40 werden durch den INFORUM-Weltimportindex der betreffenden Gütergruppe und die Relation zwischen dem Exportpreis und dem Weltmarktpreis der betreffenden Gütergruppe erklärt:

$$exr_i(t) = exr_i\ \left[\, fdm_i(t),\ peg_i(t) \,/\, fpe_i(t),\ \dots \right], \qquad i = 1, \dots, 40. \tag{100}$$

Durch Aggregation erhalten wir daraus die gesamten Warenexporte Deutschlands:

$$EXRWAREN(t) = \sum_{i=1}^{40} exr_i(t). \tag{101}$$

Die Dienstleistungsexporte der Gütergruppen 41 bis 58 werden anschließend durch die Warenexporte insgesamt erklärt:

$$exr_i(t) = exr_i\ \left[\, EXRWAREN(t), \dots \right], \qquad i = 41, \dots, 58. \tag{102}$$

Der gesamtwirtschaftliche Export ergibt sich wiederum durch Aggregation:

$$EXR(t) = \sum_{i=1}^{58} exr_i(t). \tag{103}$$

exr_i	Ausfuhr in Preisen von 1991, Gütergruppe *i*
fdm_i	Index der Weltimportnachfrage, Gütergruppe *i*
peg_i	Preisindex Ausfuhr, Gütergruppe *i*
fpe_i	Weltmarktpreisindex, Gütergruppe *i*
EXRWAREN	Warenausfuhr in Preisen von 1991
EXR	Ausfuhr in Preisen von 1991, alle Gütergruppen

Die Exportpreise einer Gütergruppe sind von den Stückkosten des betreffenden inländischen Produktionsbereichs und dem Weltmarktpreis der Gütergruppe abhängig:

$$peg_i(t) = peg_i\ \left[\, uc_i(t),\ fpe_i(t),\ \dots \right], \qquad i = 1, \dots, 58. \tag{104}$$

peg_i	Preisindex Ausfuhr, Gütergruppe *i*
uc_i	Stückkostenindex in jeweiligen Preisen, Produktionsbereich *i*
fpe_i	Weltmarktpreisindex, Gütergruppe *i*

Die Variablen in jeweiligen Preisen und ihr Aggregat ergeben sich per Definition:

$$exn_i(t) = peg_i \cdot exr_i(t) \,/\, 100, \qquad i = 1, \dots, 58. \tag{105}$$

$$EXN(t) = \sum_{i=1}^{58} exn_i(t). \tag{106}$$

exn_i	Ausfuhr in jeweiligen Preisen, Gütergruppe i
peg_i	Preisindex Ausfuhr, Gütergruppe i
exr_i	Ausfuhr in Preisen von 1991, Gütergruppe i
EXN	Ausfuhr in jeweiligen Preisen, alle Gütergruppen

Den aggregierten Preisindex für die Exporte bestimmen wir definitorisch:

$$PEG(t) = 100 \cdot EXN(t) / EXR(t). \tag{107}$$

PEG	Preisindex Ausfuhr, alle Gütergruppen
EXN	Ausfuhr in jeweiligen Preisen, alle Gütergruppen
EXR	Ausfuhr in Preisen von 1991, alle Gütergruppen

Die Nichtabziehbare Umsatzsteuer auf Exporte erhalten wir, indem wir die Exporte mit dem Umsatzsteuersatz und der Aufkommensquote multiplizieren. Natürlich ist die Aufkommensquote sehr klein, weil die Exporte in der Regel von der Umsatzsteuer befreit sind. Ausnahmen sind etwa die Käufe ausländischer Touristen.

$$UMSTEX\$(t) = \overline{UMSTS(t)} \cdot EXN(t) \cdot \overline{UMSTEXQ(t)}. \tag{108}$$

$UMSTEX\$$	Umsatzsteuer Ausfuhr in jeweiligen Preisen
$UMSTS$	Umsatzsteuersatz
EXN	Ausfuhr in jeweiligen Preisen, alle Gütergruppen
$UMSTEXQ$	Aufkommensquote Umsatzsteuer Ausfuhr

Wie schon bei den anderen Komponenten berechnen wir auch hier das Umsatzsteueraufkommen in konstanten Preisen, indem wir mit dem Preisindex der Umsatzsteuer deflationieren:

$$UMSTEX(t) = 100 \cdot UMSTEX\$(t) / PUMST(t). \tag{109}$$

$UMSTEX$	Umsatzsteuer Ausfuhr in Preisen von 1991
$UMSTEX\$$	Umsatzsteuer Ausfuhr in jeweiligen Preisen
$PUMST$	Preisindex Nichtabzugsfähige Umsatzsteuer

Die Umstellung der Ausfuhr vom Spezial- auf das Generalhandelskonzept *EXGH* beschreibt die Exporte aus dem Lager, die wir als proportional zur Warenausfuhr aus der laufenden Produktion unterstellen. Den zugehörigen Preisindex *PEXGH* erklären wir durch den aggregierten Preisindex der Exporte *PEG*.

$$EXGH(t) = EXGH\ [\ EXRWAREN(t)\ ]. \tag{110}$$

$$PEXGH(t) = PEXGH\ [\ PEG(t),\ DMA(t)\ ]. \tag{111}$$

$$EXGH\$(t) = PEXGH(t) \cdot EXGH(t) / 100. \tag{112}$$

$EXGH$	Umstellung auf Generalhandelskonzept Ausfuhr in Preisen von 1991
$EXRWAREN$	Warenausfuhr in Preisen von 1991
$PEXGH$	Preisindex Umstellung auf Generalhandelskonzept Ausfuhr
PEG	Preisindex Ausfuhr, alle Gütergruppen
DMA	Außenwert der DM insgesamt (gegenüber 18 Industrieländern)
$EXGH\$$	Umstellung auf Generalhandelskonzept Ausfuhr in jew. Preisen

Die Exporte nach dem Inlandsproduktskonzept sind definiert als:

$$EXRBIP(t) = EXR(t) + EXGH(t) + CPAI(t) + UMSTEX(t). \quad (113)$$

$$EXNBIP(t) = EXN(t) + EXGH\$(t) + CPAI\$(t) + UMSTEX\$(t). \quad (114)$$

EXRBIP	Ausfuhr von Waren u. Dienstleistungen in Pr. v. 1991, Konzept der IPB
EXR	Ausfuhr in Preisen von 1991, alle Gütergruppen
EXGH	Umstellung der Ausfuhr auf Generalhandelskonzept in Pr. von 1991
CPAI	Privater Verbrauch von Gebietsfremden im Inland in Preisen von 1991
UMSTEX	Umsatzsteuer Ausfuhr in Preisen von 1991
EXNBIP	Ausfuhr von Waren und Dienstleistungen in jew. Pr., Konzept der IPB
EXN	Ausfuhr in jeweiligen Preisen, alle Gütergruppen
EXGH$	Umstellung der Ausfuhr auf Generalhandelskonzept in jew. Preisen
CPAI$	Privater Verbrauch von Gebietsfremden im Inland in jeweiligen Preisen
UMSTEX$	Umsatzsteuer Ausfuhr in jeweiligen Preisen

Den zugehörigen Preisindex ermitteln wir definitorisch:

$$PEXBIP(t) = 100 \cdot EXNBIP(t) / EXRBIP(t). \quad (115)$$

PEXBIP	Preisindex Ausfuhr von Waren und Dienstleistungen, Konzept der IPB
EXNBIP	Ausfuhr von Waren und Dienstleistungen in jew. Pr., Konzept der IPB
EXRBIP	Ausfuhr von Waren u. Dienstleistungen in Pr. v. 1991, Konzept der IPB

2.2.2.7 *Die Endnachfrage insgesamt nach Gütergruppen*

Der Vektor der Letzten Verwendung insgesamt *fgr* ist als Summe der einzelnen Vektoren der Endnachfragekomponenten definiert. Alle einzelnen Komponenten der Endnachfrage sind endogene Variablen des Modells PANTA RHEI. In konstanten Preisen lauten die entsprechenden Gleichungen:

$$fgr_i(t) = cpr_i(t) + asr_i(t) + iar_i(t) + ibr_i(t) + ivr_i(t) + exr_i(t), \quad i = 1, \ldots, 58. \quad (116)$$

$$FGR(t) = \sum_{i=1}^{58} fgr_i(t). \quad (117)$$

fgr_i	Letzte Verwendung insgesamt in Preisen von 1991, Gütergruppe *i*
cpr_i	Privater Verbrauch im Inland in Preisen von 1991, Gütergruppe *i*
asr_i	Staatsverbrauch in Preisen von 1991, Gütergruppe *i*
iar_i	Ausrüstungen in Preisen von 1991, Gütergruppe *i*
ibr_i	Bauten in Preisen von 1991, Gütergruppe *i*
ivr_i	Vorratsveränderung in Preisen von 1991, Gütergruppe *i*
exr_i	Ausfuhr in Preisen von 1991, Gütergruppe *i*
FGR	Letzte Verwendung insgesamt in Preisen von 1991, alle Gütergruppen

In jeweiligen Preisen lauten die Definitionen:

$$fgn_i(t) = cpn_i(t) + asn_i(t) + ian_i(t) + ibn_i(t) + ivn_i(t) + exn_i(t), \quad i = 1, \ldots, 58. \quad (118)$$

$$FGN(t) = \sum_{i=1}^{58} fgn_i(t). \quad (119)$$

fgn_i	Letzte Verwendung insgesamt in jeweiligen Preisen, Gütergruppe *i*
cpn_i	Privater Verbrauch im Inland in jeweiligen Preisen, Gütergruppe *i*
asn_i	Staatsverbrauch in jeweiligen Preisen, Gütergruppe *i*
ian_i	Ausrüstungen in jeweiligen Preisen, Gütergruppe *i*
ibn_i	Bauten in jeweiligen Preisen, Gütergruppe *i*
ivn_i	Vorratsveränderung in jeweiligen Preisen, Gütergruppe *i*
exn_i	Ausfuhr in jeweiligen Preisen, Gütergruppe *i*
FGN	Letzte Verwendung insgesamt in jeweiligen Preisen, alle Gütergruppen

Der Vektor der Preisindizes der Endnachfrage nach Gütergruppen *pfg* und der Preisindex der gesamten Endnachfrage ergeben sich definitorisch:

$$pfg_i(t) = 100 \cdot fgn_i(t) / fgr_i(t), \qquad i = 1, \dots, 58. \qquad (120)$$

pfg_i	Preisindex Letzte Verwendung insgesamt, Gütergruppe *i*
fgn_i	Letzte Verwendung insgesamt in jeweiligen Preisen, Gütergruppe *i*
fgr_i	Letzte Verwendung insgesamt in Preisen von 1991, Gütergruppe *i*

$$PFG(t) = 100 \cdot FGN(t) / FGR(t). \qquad (121)$$

PFG	Preisindex Letzte Verwendung insgesamt, alle Gütergruppen
FGN	Letzte Verwendung insgesamt in jeweiligen Preisen, alle Gütergruppen
FGR	Letzte Verwendung insgesamt in Preisen von 1991, alle Gütergruppen

Die Umsatzsteuer der Letzten Verwendung bestimmen wir als Summe der sich aus den einzelnen Endnachfragekomponenten ergebenden Aufkommen:

$$UMSTLV\$(t) = UMSTCP\$(t) + UMSTIA\$(t) + UMSTIB\$(t) + UMSTEX\$(t). \qquad (122)$$

$UMSTLV\$$	Umsatzsteuer Letzte Verwendung insgesamt in jeweiligen Preisen
$UMSTCP\$$	Umsatzsteuer Privater Verbrauch im Inland in jeweiligen Preisen
$UMSTIA\$$	Umsatzsteuer Ausrüstungen in jeweiligen Preisen
$UMSTIB\$$	Umsatzsteuer Bauten in jeweiligen Preisen
$UMSTEX\$$	Umsatzsteuer Ausfuhr in jeweiligen Preisen

Mit dem bereits diskutierten Preisindex *PUMST* der Umsatzsteuer deflationieren wir auch die auf die gesamte Letzte Verwendung entfallende Umsatzsteuer:

$$UMSTLV(t) = 100 \cdot UMSTLV\$(t) / PUMST(t). \qquad (123)$$

$UMSTLV$	Umsatzsteuer Letzte Verwendung insgesamt in Preisen von 1991
$UMSTLV\$$	Umsatzsteuer Letzte Verwendung insgesamt in jeweiligen Preisen
$PUMST$	Preisindex Nichtabzugsfähige Umsatzsteuer

2.2.2.8 Die Aufteilung der Endnachfrage auf Importe und inländische Produktion

Die Nachfrage nach importierten Fertigprodukten einer Gütergruppe *fmr* erklären wir durch die gesamte Endnachfrage der betreffenden Gütergruppe *fgr* sowie den Importpreis der Gütergruppe in Relation zum inländischen Endnachfragepreis der Gütergruppe:

$$fmr_i(t) = fmr_i\left[fgr_i(t),\ pmg_i(t) / pfg_i(t),\ \dots\right], \qquad i = 1, \dots, 58. \qquad (124)$$

fmr_i	Letzte Verwendung insgesamt (Einfuhr) in Pr. von 1991, Gütergruppe *i*
fgr_i	Letzte Verwendung insgesamt in Preisen von 1991, Gütergruppe *i*
pmg_i	Preisindex Einfuhr, Gütergruppe *i*
pfg_i	Preisindex Letzte Verwendung insgesamt, Gütergruppe *i*

Für das Aggregat in konstanten und jeweiligen Preisen gilt:

$$FMR(t) = \sum_{i=1}^{58} fmr_i(t). \tag{125}$$

FMR	Letzte Verwend. insges. (Einfuhr) in Pr. von 1991, alle Gütergruppen
fmr_i	Letzte Verwendung insgesamt (Einfuhr) in Pr. von 1991, Gütergruppe *i*

$$FMN(t) = \sum_{i=1}^{58} fmn_i(t). \tag{126}$$

FMN	Letzte Verwendung insges. (Einfuhr) in jew. Preisen, alle Gütergruppen
fmn_i	Letzte Verwendung insgesamt (Einfuhr) in jeweiligen Preisen, GG *i*

Der Preisindex des Aggregats ergibt sich als:

$$PFM(t) = 100 \cdot FMN(t) / FMR(t). \tag{127}$$

PFM	Preisindex Letzte Verwendung insgesamt (Einfuhr), alle Gütergruppen
FMN	Letzte Verwendung insges. (Einfuhr) in jew. Preisen, alle Gütergruppen
FMR	Letzte Verwendung insgesamt (Einfuhr) in Preisen von 1991, alle GG

Neben dem Vektor der hier diskutierten Fertigproduktimporte enthält das Modell auch die Matrix der Vorleistungsimporte *IM*, die in Abschnitt 2.2.3.2 vorgestellt wird.

Die Endnachfrage nach Gütern aus inländischer Produktion *fdr* ergibt sich nun per Definition als Differenz zwischen der gesamten Endnachfrage und der Endnachfrage nach importierten Gütern:

$$fdr_i(t) = fgr_i(t) - fmr_i(t), \qquad i = 1, \ldots, 58. \tag{128}$$

$$FDR(t) = \sum_{i=1}^{58} fdr_i(t). \tag{129}$$

fdr_i	Letzte Verwendung insgesamt (InlProd) in Pr. von 1991, Gütergruppe *i*
fgr_i	Letzte Verwendung insgesamt in Preisen von 1991, Gütergruppe *i*
fmr_i	Letzte Verwendung insgesamt (Einfuhr) in Pr. von 1991, Gütergruppe *i*
FDR	Letzte Verwendung insges. (InlProd) in Pr. von 1991, alle Gütergruppen

$$fdn_i(t) = fgn_i(t) - fmn_i(t), \qquad i = 1, \ldots, 58. \tag{130}$$

$$FDN(t) = \sum_{i=1}^{58} fdn_i(t). \tag{131}$$

fdn_i	Letzte Verwendung insgesamt (InlProd) in jew. Preisen, Gütergruppe *i*
fgn_i	Letzte Verwendung insgesamt in jeweiligen Preisen, Gütergruppe *i*
fmn_i	Letzte Verwendung insgesamt (Einfuhr) in jew. Preisen, Gütergruppe *i*
FDN	Letzte Verwendung insges. (InlProd) in jew. Preisen, alle Gütergruppen

Schließlich können der Vektor der Endnachfragepreise für die Güter aus inländischer Produktion und der zugehörige Makropreisindex definitorisch bestimmt werden:

$$pfd_i(t) = 100 \cdot fdn_i(t) \, / \, fdr_i(t), \qquad i = 1, \ldots, 58. \tag{132}$$

$$PFD(t) = 100 \cdot FDN(t) \, / \, FDR(t). \tag{133}$$

pfd	Preisindex Letzte Verwendung insgesamt (InlProd), Gütergruppe *i*
fdn	Letzte Verwendung insges. (InlProd) in jew. Preisen, Gütergruppe *i*
fdr	Letzte Verwendung insgesamt (InlProd) in Preisen von 1991, GG *i*
PFD	Preisindex Letzte Verwendung insgesamt (InlProd), alle Gütergruppen
FDN	Letzte Verwendung insges. (InlProd) in jew. Preisen, alle Gütergruppen
FDR	Letzte Verwendung insgesamt (InlProd) in Preisen von 1991, alle GG

2.2.3 Die Input-Output-Vorleistungsnachfrage

PANTA RHEI beschreibt die Input-Output-Struktur der deutschen Volkswirtschaft in zwei Stufen. Zunächst wird die Verflechtung technologisch betrachtet. Der (technologische) Inputkoeffizient AR_{ij} gibt den Anteil des Vorleistungseinsatzes der Gütergruppe i bei der Produktion der Güter aus Gütergruppe j an. Im zweiten Schritt berechnen wir Importquoten MN_{ij}, die den Anteil der Importe am gesamten Vorleistungseinsatz (aus inländischer Produktion plus Einfuhr) der Gütergruppe i bei der Produktion der Gütergruppe j messen.

In einem neoklassischen Modellzusammenhang mit langfristiger Gewinnmaximierung unter Konkurrenzbedingungen würde man eine substitutionale Technologie unterstellen und Faktornachfragefunktionen sowie über die Dualitätssätze auch die zugehörigen Preisfunktionen ableiten können (Jorgenson 1982). Wir haben Zweifel an der Sinnhaftigkeit dieses Ansatzes, da sicherlich auf vielen der hier betrachteten 58 Märkte langfristige Konkurrenzmarktgleichgewichte nicht gegeben sind. Außerdem ist die Annahme perfekter Information, die im neoklassischen Modell für die Entscheidungsträger unterstellt ist, nicht haltbar. Selbst wenn man diese Kritikpunkte nicht sieht, bleibt bei tiefer sektoraler Disaggregation wegen der großen Anzahl von Argumentvariablen ein Schätzproblem bestehen, das auch durch Separabilitätsannahmen nicht gelöst werden kann, weil die dazu notwendigen a priori-Informationen nicht gegeben sind.

Darüber hinaus mag man zweifeln, ob Vorleistungsinputs *auf der Ebene der einzelnen Güter* wirklich substituierbar sind. Substitutionalität macht Sinn für Primärfaktoren, während die Vorleistungen eher komplementär sind, weil sie physischer Bestandteil des Produktes werden. Somit ist eine Änderung der Struktur des Vorleistungsinputs stets verbunden mit einer Änderung der Qualität des Produktes (Georgescu-Roegen 1990). Allerdings müssen wir bedenken, daß wir in der Input-Output-Analyse selbst bei sehr tiefer Disaggregation niemals die Ebene einzelner Güter erreichen, auf der die geschilderten Zusammenhänge beobachtbar wären. Wir befassen uns mit Gütergruppen, die ihre Zusammensetzung verändern.

Dann müssen Änderungen der Inputstrukturen als Folgen der Änderungen des *product mix* innerhalb der betrachteten Gütergruppe interpretiert werden (Richter 1991). Die Verteuerung eines Inputs mag nun das Motiv für die Unternehmer sein, die Produktqualitäten und damit das product mix und die Inputstrukturen zu ändern (Arrow/Hoffenberg 1959).

Die Interpretation der Änderung von Vorleistungsstrukturen als Ergebnis von product mix-Effekten und natürlich auch von technischem Fortschritt ist plausibel für den Einsatz von Material. Aber wie steht es im Falle des Energieeinsatzes? Energie wird i. d. R. nicht Bestandteil des Produkts. Hier gibt es einerseits Komplementaritäten zum Kapitaleinsatz, andererseits auch Substitutionalitäten bei der Erzeugung von Sekundärenergie. Betrachten wir wegen dieser Besonderheiten der Energievorleistungsinputs zunächst die Ebene der 29 Energieträger. Anschließend diskutieren wir dann die Spezifikation der Vorleistungsnachfrage auf der Ebene der 58 Gütergruppen der Input-Output-Tabelle.

2.2.3.1 Die Vorleistungsnachfrage auf der Ebene der Energieträger

Bei den Energieinputs gilt die vorangestellte Argumentation uneingeschränkt nur für den Einsatz von Rohöl in der Mineralölverarbeitung. Bei den anderen Energieinputs muß unterschieden werden, ob sie zur Bewegung von Maschinen und Fahrzeugen eingesetzt werden, oder ob sie zur Erzeugung von Prozeßwärme, von Raumwärme oder zur Erzeugung elektrischen Stroms verwendet werden.

Der Faktor Energie zur Bewegung von Fahrzeugen und Maschinen ist grundsätzlich komplementär zum Einsatz des Kapitals. Effizienzsteigerungen durch technischen Fortschritt sind i. d. R. bei neuen Anlagen möglich. Ein Anreiz zur Realisierung des technischen Fortschritts wird wiederum vom Relativpreis des betreffenden Energieträgers ausgelöst, der in unserem Modell die Entwicklung der Inputkoeffizienten für die verschiedenen Kraftstoffe und den elektrischen Strom bestimmt.

Da Kapitalstockdaten für den Gebietsstand Deutschland nicht in der 58er Gliederung vorliegen, verwenden wir bei der Spezifikation der Energieinputkoeffizienten zur Bewegung von Maschinen statt dessen einen Zeittrend. Im Westdeutschlandmodell PANTA RHEI II (Meyer/Bockermann/Ewerhart/Lutz 1998) war eine explizite Anbindung an die sektoralen Kapitalstöcke möglich.

Der Relativpreis mißt den Preis des Energieträgers l in Einheiten des Produktionsbereichs j. Die geschätzte Preiselastizität erfaßt den technischen Fortschritt, der durch den Einsatz neuer und effizienterer Maschinen erreicht wird: Nimmt der Preis des Energieträgers relativ zum Outputpreis des betrachteten Sektors zu, so wird der Einsatz neuer energiesparender Maschinen erfolgen, wodurch der betreffende Energieinputkoeffizient fällt. Die damit einhergehende Investitionstätigkeit ist nicht in den Daten abgebildet. Wir unterstellen somit implizit, daß die Energiesparinvestitionen die Erweiterungsinvestitionen des Sektors vermindern. Wir spezifizieren die Inputkoeffizienten für den Einsatz des Energieträgers l im Produktionsbereich j zur Bewegung von Fahrzeugen und Maschinen somit als:

$$EKR_{lj}(t) = EKR_{lj}\left[pvge_l(t)/pg_j(t),\ t,\ \ldots\right],$$

$$l = 1, \ldots, 29 \text{ und } j = 1, 2, 4, \ldots, 15, 17, \ldots, 58. \qquad (134)$$

EKR_{lj}	Energieinputkoeffizient in Preisen von 1991, Energieträger l im PB j
$pvge_l$	Preisindex Vorleistungslieferungen, Energieträger l
pg_j	Preisindex Bruttoproduktionswert, Produktionsbereich j
t	Zeittrend

Wegen der tiefen sektoralen Disaggregation ist es möglich, die Bereiche zu identifizieren, die Energie zur Erzeugung von Prozeßwärme einsetzen. Es geht hier vornehmlich um die Eisen- und Stahlindustrie. Hier wählen wir einen zweistufigen Ansatz. Der Inputkoeffizient für den gesamten Energieeinsatz wird durch den Relativpreis der Energie (Preis des Energieeinsatzes in Relation zum Stahlpreis) bestimmt. Es ist somit unterstellt, daß eine Verteuerung der Energie die Energieeffizienz der Eisen- und Stahlproduktion steigert. In der zweiten Stufe wird dann der Anteil der einzelnen Energieträger am gesamten Energieeinsatz abhängig von den relativen Preisen der Energieträger untereinander modelliert. Auf dieser zweiten Stufe ist also Substitution zwischen den Energieträgern möglich.

Für die Erzeugung von Raumwärme werden in allen Produktionsbereichen Gas und Heizöle eingesetzt. Die Inputkoeffizienten der betreffenden Energieträger hängen im Modell PANTA RHEI von ihrem Relativpreis, der Jahresmitteltemperatur in den Heizmonaten und einem Zeittrend ab.

Für die Elektrizitätswirtschaft verfolgen wir wiederum einen zweistufigen Ansatz: Zunächst wird der Inputkoeffizient für den gesamten Brennstoffeinsatz trendabhängig geschätzt. Eine Abhängigkeit vom Relativpreis - wie bei der Eisen- und Stahlindustrie - erwies sich als nicht signifikant. Die Anteile der einzelnen Primärenergieträger am gesamten Energieeinsatz sind dann in der zweiten Stufe von den Relativpreisen der eingesetzten Energieträger untereinander abhängig. Bei der Erzeugung des elektrischen Stroms ist also Substitution zwischen den Energieträgern unterstellt.

Die mit den technologischen Änderungen erforderlichen Investitionen sind nicht beobachtbar und daher auch nicht durch eine spezifische Hypothese - die zudem immer spekulativen Charakter haben müßte - berücksichtigt. Wir gehen somit implizit davon aus, daß die durch Energiesparmaßnahmen ausgelösten Investitionen die Erweiterungsinvestitionen der betrachteten Sektoren vermindern. Wir befinden uns damit auf der sicheren Seite, denn unsere Rechnung wird dadurch eher zu pessimistisch, weil die expansiven Kreislaufimpulse der Energiesparmaßnahmen in der Tendenz unterschätzt werden.

Alle Funktionen zur Schätzung der Energieinputkoeffizienten sind auf verschiedene Lag-Hypothesen getestet worden.

Ausgehend von den Energieinputkoeffizienten in konstanten Preisen *EKR* ergeben sich durch Multiplikation mit dem Preis des Energieträgers und Division durch den Outputpreis des Sektors die Energieinputkoeffizienten in jeweiligen Preisen:

$$EKN_{lj}(t) = EKR_{lj}(t) \cdot pvge_l(t)/pg_j(t), \qquad l = 1, \ldots, 29 \text{ und } j = 1, \ldots, 58. \qquad (135)$$

EKN_{lj}	Energieinputkoeffizient in jeweiligen Preisen, Energieträger l im PB j

EKR_{lj}	Energieinputkoeffizient in Preisen von 1991, Energieträger l im PB j
$pvge_l$	Preisindex Vorleistungslieferungen, Energieträger l
pg_j	Preisindex Bruttoproduktionswert, Produktionsbereich j

Die Niveaus der Energieinputs des Energieträgers l im Produktionsbereich j erhalten wir, indem wir die nominalen Energieinputkoeffizienten mit dem Bruttoproduktionswert des Bereichs in jeweiligen Preisen multiplizieren:

$$ENN_{lj}(t) = EKN_{lj}(t) \cdot yg_j(t), \qquad l = 1, \dots, 29 \text{ und } j = 1, \dots, 58. \tag{136}$$

ENN_{lj}	Energieeinsatz in jew. Preisen, Energieträger l im Produktionsbereich j
EKN_{lj}	Energieinputkoeffizient in jeweiligen Preisen, Energieträger l im PB j
yg_j	Bruttoproduktionswert in jeweiligen Preisen, Produktionsbereich j

Die Energieinputs in spezifischen Einheiten berechnen wir per Division der nominalen Energieinputs durch den Vorleistungspreisindex *pvge* des betrachteten Energieträgers:

$$ENS_{lj}(t) = \left(ENN_{lj}(t) / pvge_l(t)\right) \cdot \left(\overline{ENS_{lj}(1991)} / \overline{ENN_{lj}(1991)}\right),$$

$$l = 1, \dots, 29 \text{ und } j = 1, \dots, 58. \tag{137}$$

ENS_{lj}	Energieeinsatz in spezifischen Einheiten, Energieträger l im PB j
ENN_{lj}	Energieeinsatz in jew. Preisen, Energieträger l im Produktionsbereich j
$pvge_l$	Preisindex Vorleistungslieferungen, Energieträger l

Schließlich werden die spezifischen Einheiten mittels ihrer Heizwerte noch in Joule umgerechnet:

$$ENJ_{lj}(t) = ENS_{lj}(t) \cdot \overline{ENJ_{lj}(1991)} / \overline{ENS_{lj}(1991)},$$

$$l = 1, \dots, 29 \text{ und } j = 1, \dots, 58. \tag{138}$$

ENJ_{lj}	Energieeinsatz in Joule, Energieträger l im Produktionsbereich j
ENS_{lj}	Energieeinsatz in spezifischen Einheiten, Energieträger l im PB j

Durch Aggregation über alle Sektoren kann dann der Energieeinsatz im Unternehmenssektor insgesamt für die einzelnen Energieträger bestimmt werden:

$$evgn_l(t) = \sum_{j=1}^{58} ENN_{lj}(t), \qquad l = 1, \dots, 29. \tag{139}$$

$evgn_l$	Energievorleistungsnachfrage in jeweiligen Preisen, ET l
ENN_{lj}	Energieeinsatz in jeweiligen Preisen, Energieträger l im PB j

Die Aggregation über alle Energieträger ergibt den gesamten Energieeinsatz in jeweiligen Preisen im Produktionsbereich j:

$$enng_j(t) = \sum_{l=1}^{29} ENN_{lj}(t), \qquad j = 1, \dots, 58. \tag{140}$$

$enng_j$	Energievorleistungsnachfrage in jeweiligen Preisen, PB j
ENN_{lj}	Energieeinsatz in jeweiligen Preisen, Energieträger l im PB j

Die Vorleistungspreisindizes der 29 Energieträger erklären wir mit Ausnahme der Preise für Elektrizität und Fernwärme in Abhängigkeit von den Einfuhrpreisen:

$$pvge_l(t) = pvge_l \left[fpi_{i(l)}(t), \ldots \right], \qquad l = 3, \ldots, 29. \qquad (141)$$

$pvge_l$	Preisindex Vorleistungslieferungen, Energieträger l
$fpi_{i(l)}$	INFORUM-Einfuhrpreisindex, Gütergruppe i, zu der ET l gehört

Die Preise für Elektrizität und Fernwärme werden durch die Stückkosten des Produktionsbereichs Elektrizitätswirtschaft erklärt:

$$pvge_l(t) = pvge_l \left[uc_3(t) \right], \qquad l = 1, 2. \qquad (142)$$

$pvge_l$	Preisindex Vorleistungslieferungen, Energieträger l
uc_3	Stückkostenindex in jeweiligen Preisen, PB Elektrizitätswirtschaft

2.2.3.2 *Die Vorleistungsnachfrage auf der Input-Output-Ebene*

Die Inputkoeffizienten für die fünf Energie-Gütergruppen 3 (Elektrizität/Dampf/Warmwasser), 4 (Gase), 6 (Kohle), 8 (Erdöl/Erdgas) und 10 (Mineralölerzeugnisse) ermitteln wir in sämtlichen Produktionsbereichen *bottom up* durch Aggregation der im vorangegangenen Abschnitt spezifizierten Inputkoeffizienten der 29 Energieträger.

Alle anderen Inputkoeffizienten erklären wir durch den Preis des betrachteten Inputs relativ zum Outputpreis des belieferten Produktionsbereichs und einen Zeittrend:

$$AR_{ij}(t) = AR_{ij} \left[pvg_i(t) / pg_j(t),\ t \right],$$

$$i = 1, 2, 5, 7, 9, 11, \ldots, 58 \text{ und } j = 1, \ldots, 58. \qquad (143)$$

AR_{ij}	Inputkoeffizient (InlProd+Einfuhr) in Pr. von 1991, GG i im PB j
pvg_i	Preisindex Vorleistungslieferungen (InlProd+Einfuhr), Gütergruppe i
pg_j	Preisindex Bruttoproduktionswert, Produktionsbereich j
t	Zeittrend

Die Inputkoeffizienten der fünf Energie-Gütergruppen in allen 58 Produktionsbereichen ergeben sich auch in jeweiligen Preisen per Aggregation über die 29 Energieträger. Für alle anderen Inputkoeffizienten gilt in jeweiligen Preisen:

$$AN_{ij}(t) = AR_{ij}(t) \cdot pvg_i(t) / pg_j(t),$$

$$i = 1, 2, 5, 7, 9, 11, \ldots, 58 \text{ und } j = 1, \ldots, 58 \qquad (144)$$

AN_{ij}	Inputkoeffizient (InlProd+Einfuhr) in jew. Preisen, GG i im PB j
AR_{ij}	Inputkoeffizient (InlProd+Einfuhr) in Pr. von 1991, GG i im PB j
pvg_i	Preisindex Vorleistungslieferungen (InlProd+Einfuhr), Gütergruppe i
pg_j	Preisindex Bruttoproduktionswert, Produktionsbereich j

Die Vorleistungsimportquote *MN* mißt für jeden Inputkoeffizienten in jeweiligen Preisen den Anteil der Importe an der betrachteten Vorleistungslieferung. Die Vorleistungsimportquote der Gütergruppe *i* im Produktionsbereich *j* wird durch den Importpreis der Gütergruppe in Relation zum Preis dieser Vorleistung aus inländischer Produktion und einen Zeittrend erklärt:

$$MN_{ij}(t) = MN_{ij} \left[pmg_i(t) / pvd_i(t),\ t \right], \qquad i, j = 1, \ldots, 58. \qquad (145)$$

MN_{ij}	Vorleistungsimportquote in jeweiligen Preisen, Gütergruppe *i* im PB *j*
pmg_i	Preisindex Einfuhr, Gütergruppe *i*
pvd_i	Preisindex Vorleistungslieferungen (InlProd), Gütergruppe *i*
t	Zeittrend

Der nominale Inputkoeffizient der Vorleistungen aus inländischer Produktion ergibt sich dann definitorisch als:

$$DN_{ij}(t) = AN_{ij}(t) \cdot \left(1 - MN_{ij}(t)\right), \qquad i, j = 1, \ldots, 58. \tag{146}$$

DN_{ij}	Inputkoeffizient (InlProd) in jeweiligen Preisen, Gütergruppe *i* im PB *j*
AN_{ij}	Inputkoeffizient (InlProd+Einfuhr) in jeweiligen Preisen, GG *i* im PB *j*
MN_{ij}	Vorleistungsimportquote in jeweiligen Preisen, Gütergruppe *i* im PB *j*

Aus den bislang beschriebenen Modellzusammenhängen läßt sich eine lange Liste an weiteren, definitorisch bestimmten Größen endogen bestimmen. Diese werden im folgenden unkommentiert aufgeführt.

Einsatz von Vorleistungen, Gütergruppe *i* im Produktionsbereich *j* in jeweiligen Preisen:

$$YN_{ij}(t) = AN_{ij}(t) \cdot yg_j(t), \qquad i, j = 1, \ldots, 58. \tag{147}$$

YN_{ij}	Vorleistungen (InlProd+Einfuhr) in jeweiligen Preisen, GG *i* im PB *j*
AN_{ij}	Inputkoeffizient (InlProd+Einfuhr) in jeweiligen Preisen, GG *i* im PB *j*
yg_j	Bruttoproduktionswert in jeweiligen Preisen, Produktionsbereich *j*

Einsatz von Vorleistungen in jeweiligen Preisen, alle Gütergruppen im Produktionsbereich *j*:

$$veg_j(t) = \sum_{i=1}^{58} YN_{ij}(t), \qquad j = 1, \ldots, 58. \tag{148}$$

$$VEG(t) = \sum_{j=1}^{58} veg_j(t). \tag{149}$$

veg_j	Vorleistungseinsatz ohne Umsatzsteuer in jeweiligen Preisen, PB *j*
YN_{ij}	Vorleistungen (InlProd+Einfuhr) in jeweiligen Preisen, GG *i* im PB *j*
VEG	Vorleistungseinsatz ohne Umsatzsteuer in jeweiligen Preisen, alle PB

Einsatz von Vorleistungen, Gütergruppe *i* in allen Produktionsbereichen in jeweiligen Preisen:

$$vgn_i(t) = \sum_{j=1}^{58} YN_{ij}(t), \qquad i = 1, \ldots, 58. \tag{150}$$

$$VGN(t) = \sum_{i=1}^{58} vgn_i(t). \tag{151}$$

vgn_i	Vorleistungslieferungen (InlProd+Einfuhr) in jeweiligen Preisen, GG *i*
YN_{ij}	Vorleistungen (InlProd+Einfuhr) in jeweiligen Preisen, GG *i* im PB *j*
VGN	Vorleistungslieferungen (InlProd+Einfuhr) in jew. Preisen, alle GG

Einsatz von Vorleistungen, Gütergruppe *i* in allen Produktionsbereichen in Preisen von 1991:

$$vgr_i(t) = vdr_i(t) + vmr_i(t), \qquad i = 1, \ldots, 58. \tag{152}$$

$$VGR(t) = \sum_{i=1}^{58} vgr_i(t). \qquad (153)$$

vgr_i	Vorleistungslieferungen (InlProd+Einfuhr) in Preisen von 1991, GG i
vdr_i	Vorleistungslieferungen (InlProd) in Preisen von 1991, Gütergruppe i
vmr_i	Vorleistungslieferungen (Einfuhr) in Preisen von 1991, Gütergruppe i
VGR	Vorlieferungen (InlProd+Einfuhr) in Pr. von 1991, alle Gütergruppen

Preisindex Vorleistungslieferungen, Gütergruppe i:

$$pvg_i(t) = 100 \cdot vgn_i(t) / vgr_i(t), \qquad i = 1, \ldots, 58. \qquad (154)$$

pvg_i	Preisindex Vorleistungslieferungen (InlProd+Einfuhr), Gütergruppe i
vgn_i	Vorleistungslieferungen (InlProd+Einfuhr) in jew. Pr., Gütergruppe i
vgr_i	Vorleistungslieferungen (InlProd+Einfuhr) in Preisen von 1991, GG i

$$PVG(t) = 100 \cdot VGN(t) / VGR(t). \qquad (155)$$

PVG	Preisindex Vorleistungslieferungen (InlProd+Einfuhr), alle GG
VGN	Vorleistungslieferungen (InlProd+Einfuhr) in jew. Preisen, alle GG
VGR	Vorl.lieferungen (InlProd+Einfuhr) in Pr. von 1991, alle Gütergruppen

Einsatz von Vorleistungen aus der Einfuhr, Gütergruppe i im Produktionsbereich j in jeweiligen Preisen:

$$IM_{ij}(t) = MN_{ij}(t) \cdot YN_{ij}(t), \qquad i, j = 1, \ldots, 58. \qquad (156)$$

IM_{ij}	Vorleistungen (Einfuhr) in jeweiligen Preisen, Gütergruppe i im PB j
MN_{ij}	Vorleistungsimportquote in jeweiligen Preisen, Gütergruppe i im PB j
YN_{ij}	Vorleistungen (InlProd+Einfuhr) in jeweiligen Preisen, GG i im PB j

Einsatz von Vorleistungen aus der Einfuhr, alle Gütergruppen im Produktionsbereich j in jeweiligen Preisen:

$$vem_j(t) = \sum_{i=1}^{58} IM_{ij}(t), \qquad j = 1, \ldots, 58. \qquad (157)$$

$$VEM(t) = \sum_{j=1}^{58} vem_j(t). \qquad (158)$$

vem_j	Vorleistungseinsatz (Einfuhr) in jew. Preisen, Produktionsbereich j
IM_{ij}	Vorleistungen (Einfuhr) in jeweiligen Preisen, Gütergruppe i im PB j
VEM	Vorleistungseinsatz (Einfuhr) in jew. Preisen, alle Produktionsbereiche

Anteil der importierten an den gesamten eingesetzten Vorleistungen, alle Gütergruppen im Produktionsbereich j in jeweiligen Preisen:

$$vemq_j(t) = 100 \cdot vem_j(t) / veg_j(t), \qquad j = 1, \ldots, 58. \qquad (159)$$

$vemq_j$	Importquote Vorleistungseinsatz in jew. Preisen, Produktionsbereich j
vem_j	Vorleistungseinsatz (Einfuhr) in jew. Preisen, Produktionsbereich j
veg_j	Vorleistungseinsatz (InlProd+Einfuhr) in jew. Preisen, PB j

$$VEMQ(t) = 100 \cdot VEM(t) / VEG(t). \qquad (160)$$

$VEMQ$	Importquote Vorleistungseinsatz in jew. Pr., alle Produktionsbereiche
VEM	Vorleistungseinsatz (Einfuhr) in jew. Preisen, alle Produktionsbereiche
VEG	Vorleistungseinsatz (InlProd+Einfuhr) in jew. Pr., alle PB

Einsatz von Vorleistungen aus der Einfuhr, Gütergruppe i in allen Produktionsbereichen in jeweiligen Preisen:

$$vmn_i(t) = \sum_{j=1}^{58} IM_{ij}(t), \qquad i = 1, \ldots, 58 \tag{161}$$

$$VMN(t) = \sum_{i=1}^{58} vmn_i(t). \tag{162}$$

vmn_i	Vorleistungslieferungen (Einfuhr) in jeweiligen Preisen, Gütergruppe i
IM_{ij}	Vorleistungen (Einfuhr) in jeweiligen Preisen, Gütergruppe i im PB j
VMN	Vorleistungslieferungen (Einfuhr) in jew. Preisen, alle Gütergruppen

Einsatz von Vorleistungen aus der Einfuhr, Gütergruppe i in allen Produktionsbereichen in Preisen von 1991:

$$vmr_i(t) = 100 \cdot vmn_i(t) / pmg_i(t), \qquad i = 1, \ldots, 58. \tag{163}$$

$$VMR(t) = \sum_{i=1}^{58} vmr_i(t). \tag{164}$$

$$PVM(t) = 100 \cdot VMN(t) / VMR(t). \tag{165}$$

vmr_i	Vorleistungslieferungen (Einfuhr) in Preisen von 1991, Gütergruppe i
vmn_i	Vorleistungslieferungen (Einfuhr) in jeweiligen Preisen, Gütergruppe i
pmg_i	Preisindex Einfuhr, Gütergruppe i
VMR	Vorleistungslieferungen (Einfuhr) in Pr. von 1991, alle Gütergruppen
PVM	Preisindex Vorleistungslieferungen (Einfuhr), alle Gütergruppen
VMN	Vorleistungslieferungen (Einfuhr) in jew. Preisen, alle Gütergruppen

Anteil der importierten an den gesamten eingesetzten Vorleistungen, Gütergruppe i in allen Produktionsbereichen in jeweiligen Preisen:

$$vmnq_i(t) = 100 \cdot vmn_i(t) / vgn_i(t), \qquad i = 1, \ldots, 58. \tag{166}$$

$$VMNQ(t) = 100 \cdot VMN(t) / VGN(t). \tag{167}$$

$vmnq_i$	Importquote Vorleistungslieferungen in jew. Preisen, Gütergruppe i
vmn_i	Vorleistungslieferungen (Einfuhr) in jeweiligen Preisen, Gütergruppe i
vgn_i	Vorleistungslieferungen (InlProd+Einfuhr) in jeweiligen Preisen, GG i
$VMNQ$	Importquote Vorleistungslieferungen in jew. Preisen, alle Gütergruppen
VMN	Vorleistungslieferungen (Einfuhr) in jew. Preisen, alle Gütergruppen
VGN	Vorleistungslieferungen (InlProd+Einfuhr) in jew. Preisen, alle GG

Einsatz von Vorleistungen aus inländischer Produktion, Gütergruppe i im Produktionsbereich j in jeweiligen Preisen:

$$IP_{ij}(t) = YN_{ij}(t) - IM_{ij}(t), \qquad i, j = 1, \ldots, 58. \tag{168}$$

IP_{ij}	Vorleistungen (InlProd) in jeweiligen Preisen, Gütergruppe i im PB j
YN_{ij}	Vorleistungen (InlProd+Einfuhr) in jeweiligen Preisen, GG i im PB j
IM_{ij}	Vorleistungen (Einfuhr) in jeweiligen Preisen, Gütergruppe i im PB j

Einsatz von Vorleistungen aus inländischer Produktion, alle Gütergruppen im Produktionsbereich j in jeweiligen Preisen:

$$ved_i(t) = veg_i(t) - vem_i(t), \qquad i = 1, .., 58. \qquad (169)$$

ved_i	Vorleistungseinsatz (InlProd) in jeweiligen Preisen, Gütergruppe *i*
veg_i	Vorleistungseinsatz (InlProd+Einfuhr) in jew. Preisen, Gütergruppe *i*
vem_i	Vorleistungseinsatz (Einfuhr) in jeweiligen Preisen, Gütergruppe *i*

$$VED(t) = VEG(t) - VEM(t). \qquad (170)$$

VED	Vorleistungseinsatz (InlProd) in jew. Preisen, alle Produktionsbereiche
VEG	Vorleistungseinsatz (InlProd+Einfuhr) in jew. Preisen, alle PB
VEM	Vorleistungseinsatz (Einfuhr) in jew. Preisen, alle Produktionsbereiche

Einsatz von Vorleistungen aus inländischer Produktion, Gütergruppe *i* in allen Produktionsbereichen (in jeweiligen Preisen):

$$vdn_i(t) = vgn_i(t) - vmn_i(t), \qquad i = 1, ..., 58. \qquad (171)$$

$$VDN(t) = VGN(t) - VMN(t). \qquad (172)$$

vdn_i	Vorleistungslieferungen (InlProd) in jeweiligen Preisen, Gütergruppe *i*
vgn_i	Vorleistungslieferungen (InlProd+Einfuhr) in jew. Pr., Gütergruppe *i*
vmn_i	Vorleistungslieferungen (Einfuhr) in jeweiligen Preisen, Gütergruppe *i*
VDN	Vorleistungslieferungen (InlProd) in jew. Preisen, alle Gütergruppen
VGN	Vorleistungslieferungen (InlProd+Einfuhr) in jew. Pr., alle GG
VMN	Vorleistungslieferungen (Einfuhr) in jew. Preisen, alle Gütergruppen

Einsatz von Vorleistungen aus inländischer Produktion, Gütergruppe *i* in allen Produktionsbereichen in Preisen von 1991:

$$vdr_i(t) = 100 \cdot vdn_i(t) \,/\, pvd_i(t), \qquad i = 1, ..., 58. \qquad (173)$$

$$VDR(t) = \sum_{i=1}^{58} vdr_i(t). \qquad (174)$$

vdr_i	Vorleistungslieferungen (InlProd) in Preisen von 1991, Gütergruppe *i*
vdn_i	Vorleistungslieferungen (InlProd) in jeweiligen Preisen, Gütergruppe *i*
pvd_i	Preisindex Vorleistungslieferungen (InlProd), Gütergruppe *i*
VDR	Vorleistungslieferungen (InlProd) in Pr. von 1991, alle Gütergruppen

Die Preise der Energievorleistungen aus inländischer Produktion - Gütergruppen 3, 4, 6, 8 und 10 - bestimmen wir durch geeignete Aggregation der Vorleistungspreise der jeweils zugehörigen Energieträger (vgl. Tabelle 5, S. 76). Die Preise der übrigen Vorleistungen aus inländischer Produktion sind abhängig von den Stückkosten des betrachteten Produktionsbereichs:

$$pvd_i(t) = pvd_i \left[uc_i(t), \ldots \right], \qquad i = 1, 2, 5, 7, 9, 11, ..., 58. \qquad (175)$$

pvd_i	Preisindex Vorleistungslieferungen (InlProd), Gütergruppe *i*
uc_i	Stückkostenindex in jeweiligen Preisen, Produktionsbereich *i*

$$PVD(t) = 100 \cdot VDN(t) \,/\, VDR(t). \qquad (176)$$

PVD	Preisindex Vorleistungslieferungen (InlProd), alle Gütergruppen
VDN	Vorleistungslieferungen (InlProd) in jew. Preisen, alle Gütergruppen
VDR	Vorleistungslieferungen (InlProd) in Pr. von 1991, alle Gütergruppen

2.2.4 Die Luftschadstoffemissionen

Die energiebedingten Emissionen von Luftschadstoffen werden in PANTA RHEI aus den Energieverbräuchen der 58 Produktionsbereiche und der Privaten Haushalte in Joule bestimmen. Allerdings wird in den Energievorleistungsinputs die Einfuhr von Erdgas und die Verteilung von Gasen doppelt verbucht. Außerdem werden im Umwandlungsbereich sowohl die Inputs als auch die Outputs erfaßt, z. B. die Einfuhr von Rohöl und Lieferungen raffinierter Mineralölprodukte, so daß vom Statistischen Bundesamt (1996) zusätzlich emissionsrelevante Energieverbräuche *EE* ermittelt werden (vgl. Tabelle 6, S. 78). Fast alle Energieverbräuche waren in der Vergangenheit entweder vollständig emissionsrelevant wie z. B. Motorenbenzin und Dieselkraftstoff oder vollständig nicht emissionsrelevant wie etwa die Einsätze von Elektrizität, Erdöl und Kernbrennstoffen. Teilweise emissionsrelevant sind knapp 20 Elemente der Vorleistungsmatrix, bei denen das Verhältnis von emissionsrelevantem Energieverbrauch *EE* zum Energieverbrauch *ENJ* in der Vergangenheit kaum geschwankt hat oder der Energieverbrauch absolut gering war. Die Annahme, daß die Anteile der emissionsrelevanten Energieverbräuche an den gesamten Energieverbräuchen auch in Zukunft konstant bleiben, ist deshalb unproblematisch. Auch für die Privaten Haushalte (j = 60) bereitet diese Hypothese keine Schwierigkeiten.

$$EE_{lj}(t) = ENJ_{lj}(t) \cdot \overline{EE_{lj}(1991)} \,/\, \overline{ENJ_{lj}(1991)},$$

$$l = 1, \dots, 29 \text{ und } j = 1, \dots, 58, 60. \qquad (177)$$

EE_{lj}	Emissionsrelevanter Energieeinsatz in Joule, Energieträger l im PB j
ENJ_{lj}	Energieeinsatz in Joule, Energieträger l im Produktionsbereich j

Die energiebedingten Luftschadstoffemissionen der 58 Produktionsbereiche sowie der Privaten Haushalte folgen dann durch Multiplikation der emissionsrelevanten Energieverbräuche *EE* mit den schadstoffspezifischen Emissionsfaktoren. Neben den hier ermittelten CO_2-, NO_x- und SO_2-Emissionen können auf diese Weise auch die Emissionen anderer energiebedingter Schadstoffe realitätsnah abgebildet werden (vgl. Meyer/Bockermann/Ewerhart/Lutz 1998, S. 87ff).

$$ECO_{lj}(t) = EE_{lj}(t) \cdot \overline{FCO_{lj}(1991)}, \quad l = 1, \dots, 29 \text{ und } j = 1, \dots, 58, 60. \qquad (178)$$

$$ENO_{lj}(t) = EE_{lj}(t) \cdot FNO_{lj}(t), \quad l = 1, \dots, 29 \text{ und } j = 1, \dots, 58, 60. \qquad (179)$$

$$ESO_{lj}(t) = EE_{lj}(t) \cdot FSO_{lj}(t), \quad l = 1, \dots, 29 \text{ und } j = 1, \dots, 58, 60. \qquad (180)$$

ECO_{lj}	CO_2-Emissionen, Energieträger l im Produktionsbereich j
EE_{lj}	Emissionsrelevanter Energieeinsatz in Joule, Energieträger l im PB j
FCO_{lj}	CO_2-Emissionsfaktor, Energieträger l im Produktionsbereich j
ENO_{lj}	NO_x-Emissionen, Energieträger l im Produktionsbereich j
FNO_{lj}	NO_x-Emissionsfaktor, Energieträger l im Produktionsbereich j
ESO_{lj}	SO_2-Emissionen, Energieträger l im Produktionsbereich j
FSO_{lj}	SO_2-Emissionsfaktor, Energieträger l im Produktionsbereich j

Die CO_2-Emissionen in den einzelnen Produktionsbereichen sowie in den Privaten Haushalten und insgesamt lassen sich nun per Aggregation bestimmen:

$$ecog_j(t) = \sum_{l=1}^{29} ECO_{lj}(t), \qquad j = 1, \ldots, 58. \tag{181}$$

$$ECOK(t) = \sum_{l=1}^{29} ECO_{l,60}(t). \tag{182}$$

$$ECOZ(t) = \sum_{j=1}^{58} ecog_j(t) + ECOK(t). \tag{183}$$

$ecog_j$	CO_2-Emissionen, Produktionsbereich j
ECO_{lj}	CO_2-Emissionen, Energieträger l im Produktionsbereich j
$ECOK$	CO_2-Emissionen, Private Haushalte
$ECOZ$	CO_2-Emissionen, insgesamt

Dabei sind die CO_2-Emissionsfaktoren *FCO* für die Energieträger *l* vom Kohlenstoffgehalt abhängig. Sie sind beim Einsatz in (fast) allen Sektoren gleich. Im Einklang mit der Enquete-Kommission SE (1995, S. 525) wird unterstellt, daß auch in den Jahren bis 2010 die technisch grundsätzlich mögliche CO_2-Rückhaltung im Verbrennungsprozeß keine wirtschaftlich einsetzbare Option darstellen wird, zumal viele Probleme einer Anwendung in großem Maßstab ungeklärt sind. Die CO_2-Emissionsfaktoren sind deshalb im gesamten Simulationszeitraum bis zum Jahr 2010 konstant:

$$FCO_{lj}(t) = \overline{FCO_{lj}(1991)}, \qquad l = 1, \ldots, 29 \text{ und } j = 1, \ldots, 58, 60. \tag{184}$$

$$FNO_{lj}(t) = FNO_{lj}\,[t, \ldots], \qquad l = 1, \ldots, 29 \text{ und } j = 1, \ldots, 58, 60. \tag{185}$$

$$FSO_{lj}(t) = FSO_{lj}\,[t, \ldots], \qquad l = 1, \ldots, 29 \text{ und } j = 1, \ldots, 58, 60. \tag{186}$$

FCO_{lj}	CO_2-Emissionsfaktor, Energieträger l im Produktionsbereich j
FNO_{lj}	NO_x-Emissionsfaktor, Energieträger l im Produktionsbereich j
FSO_{lj}	SO_2-Emissionsfaktor, Energieträger l im Produktionsbereich j
t	Zeittrend

Schwieriger ist die Modellierung der grundsätzlich variablen NO_x- und SO_2-Emissionsfaktoren für die Zukunft. Die Stickoxidemissionsfaktoren lassen sich durch verbesserte Verbrennungstechniken, eine veränderte Verbrennungstemperatur und den Einsatz von Filtertechniken reduzieren. Bei Schwefeldioxid bieten Filtertechniken und der Einsatz schwefelärmerer Ware der Energieträger Möglichkeiten zur Verringerung der Emissionen pro eingesetzter Energieeinheit.

Eine vergleichsweise einfache Möglichkeit der Abbildung ist die ökonometrische Schätzung der Emissionsfaktoren mit Zeittrends, um auf diese Weise technische Verbesserungen der Vergangenheit fortzuschreiben. Anschließend ist eine Plausibilitätsprüfung mit Expertenwissen erforderlich, um energietechnisch unsinnige Schätzfunktionen auszuschließen (vgl. zu einem solchen Vorgehen für sieben Luftschadstoffe Meyer/Bockermann/Ewerhart/Lutz 1998, S. 88ff).

Hier wird auf eine umfangreiche Untersuchung von Lutz (1998, S. 113ff) zurückgegriffen, in der eine Trendprognose der zu erwartenden Entwicklung der NO_x- und SO_2-Emissionsfaktoren bei Fortsetzung der gegenwärtigen Luftreinhaltepolitik beschrieben ist. Dabei wird davon ausgegangen, daß sich die Emissionsfaktoren wie in der Vergangenheit in erster Linie aufgrund verschärfter Auflagen verändern werden, wobei wegen hoher Nutzungsdauern vieler Verbrennungsanlagen mit langen Übergangszeiträumen zu rechnen ist. Dies erleichtert eine verläßliche Prognose.

Insbesondere die NO_x-Emissionsfaktoren beim Einsatz von Benzin und Diesel sind danach stark rückläufig. Vor allem der zunehmende Einsatz von Katalysatoren und bessere Lkw-Motoren, die durch die Richtlinien Euro-2 und Euro-3 festgeschrieben sind, tragen dazu bei. In der Elektrizitätswirtschaft sind leistungsfähige Filtertechniken bereits in den 80er Jahren in der Großfeuerungsanlagenverordnung verankert worden, so daß die Emissionsfaktoren kaum weiter sinken dürften. Anders ist die Situation in der Industrie, bei Kleinverbrauchern und den Privaten Haushalten, wo Auflagen die Emissionen pro Energieeinheit auch in Zukunft weiter verringern werden (vgl. Lutz 1998, S. 118). Der Anteil dieser Emittentengruppen an den Gesamtemissionen ist aber gering.

Die SO_2-Emissionsfaktoren gehen aufgrund gesetzlicher Regelungen vor allem bei Diesel stark zurück, weil schwefelarmer Kraftstoff Voraussetzung für den Einsatz von Dieselkatalysatoren ist. Auch die Bestimmungen für den Schwefelgehalt in Heizölen werden verschärft. In anderen Einsatzbereichen ist dagegen nicht mit rückläufigen Emissionsfaktoren zu rechnen, weil bereits bis 1990 viele technische Minderungsmöglichkeiten ausgeschöpft wurden (vgl. Lutz 1998, S. 120).

Da im weiteren nur die CO_2-Emissionen durch Steuern oder Zertifikate belastet werden, beschreibt diese Trendprognose die Entwicklung der Emissionsfaktoren von NO_x und SO_2 hinreichend. Welche technischen Änderungen durch eine direkte Belastung dieser Emissionen zu erwarten sind, und wie sie in das Modell PANTA RHEI integriert werden können, findet sich ausführlich bei Lutz (1998, S. 120ff).

2.2.5 Die Produktion

2.2.5.1 Die Gesamte Verwendung von Gütern im Inland

Die Gesamte Verwendung im Inland nach Gütergruppen ergibt sich als Summe aus der entsprechenden Vorleistungsnachfrage und Endnachfrage im Inland. In jeweiligen Preisen lautet die Beziehung:

$$gvn_i(t) = vgn_i(t) + fgn_i(t), \qquad i = 1, \ldots, 58. \tag{187}$$

Das Aggregat bestimmen wir wieder als Summe über die 58 Gütergruppen:

$$GVN(t) = \sum_{i=1}^{58} gvn_i(t). \tag{188}$$

gvn_i	Gesamte Verwendung in jeweiligen Preisen, Gütergruppe i
vgn_i	Vorleistungslieferungen (InlProd+Einfuhr) in jeweiligen Preisen, GG i
fgn_i	Letzte Verwendung insgesamt in jeweiligen Preisen, Gütergruppe i
GVN	Gesamte Verwendung in jeweiligen Preisen, alle Gütergruppen

In konstanten Preisen lauten die Bestimmungsgleichungen:

$$gvr_i(t) = vgr_i(t) + fgr_i(t), \qquad i = 1, \dots, 58 \tag{189}$$

$$GVR(t) = \sum_{i=1}^{58} gvr_i(t). \tag{190}$$

gvr_i	Gesamte Verwendung in Preisen von 1991, Gütergruppe i
vgr_i	Vorleistungslieferungen (InlProd+Einfuhr) in Preisen von 1991, GG i
fgr_i	Letzte Verwendung insgesamt in Preisen von 1991, Gütergruppe i
GVR	Gesamte Verwendung in Preisen von 1991, alle Gütergruppen

Schließlich die zugehörigen Preisindizes:

$$pgv_i(t) = 100 \cdot gvn_i(t) \,/\, gvr_i(t), \qquad i = 1, \dots, 58. \tag{191}$$

pgv_i	Preisindex Gesamte Verwendung, Gütergruppe i
gvn_i	Gesamte Verwendung in jeweiligen Preisen, Gütergruppe i
gvr_i	Gesamte Verwendung in Preisen von 1991, Gütergruppe i

$$PVG(t) = 100 \cdot GVN(t) \,/\, GVR(t). \tag{192}$$

PGV	Preisindex Gesamte Verwendung, alle Gütergruppen
GVN	Gesamte Verwendung in jeweiligen Preisen, alle Gütergruppen
GVR	Gesamte Verwendung in Preisen von 1991, alle Gütergruppen

2.2.5.2 *Die Bruttoproduktion im Inland*

Im nächsten Schritt wird nun bestimmt, welcher Anteil der zuvor berechneten gesamten Güterverwendung in Deutschland aus inländischer Produktion stammt.

Der Vektor der Bruttoproduktion nach Gütergruppen in jeweiligen Preisen *yg* ergibt sich durch Multiplikation der Endnachfrage nach Gütern aus inländischer Produktion in jeweiligen Preisen *fdn* mit der Leontief-Inversen der Matrix der inländischen nominalen Inputkoeffizienten:

$$yg(t) = \left(E - DN(t)\right)^{-1} \cdot fdn(t). \tag{193}$$

yg	Vektor der Bruttoproduktionswerte in jeweiligen Preisen
E	Einheitsmatrix
DN	Matrix der Inputkoeffizienten (InlProd) in jeweiligen Preisen
fdn	Vektor der Letzten Verwendung insgesamt (InlProd) in jew. Preisen

Der gesamtwirtschaftliche Bruttoproduktionswert *YG* ergibt sich dann per Aggregation als:

$$YG(t) = \sum_{i=1}^{58} yg_i(t). \tag{194}$$

YG	Bruttoproduktionswert in jeweiligen Preisen, alle Gütergruppen
yg_i	Bruttoproduktionswert in jeweiligen Preisen, Gütergruppe i

Die Bruttoproduktionswerte nach Gütergruppen in Preisen von 1991 *xg* erhalten wir, indem wir die Vorleistungsnachfrage *vdr* und die Endnachfrage nach Gütern aus inländischer Produktion *fdr* - jeweils in Preisen von 1991 - der betreffenden Gütergruppe aufsummieren:

$$xg_i(t) = vdr_i(t) + fdr_i(t), \qquad i = 1, \ldots, 58. \tag{195}$$

$$XG(t) = \sum_{i=1}^{58} xg_i(t). \tag{196}$$

xg_i	Bruttoproduktionswert in Preisen von 1991, Gütergruppe *i*
vdr_i	Vorleistungslieferungen (InlProd) in Preisen von 1991, Gütergruppe *i*
fdr_i	Letzte Verwendung insgesamt (InlProd) in Preisen von 1991, GG *i*
XG	Bruttoproduktionswert in Preisen von 1991, alle Gütergruppen

Den Preisindex der inländischen Bruttoproduktion berechnen wir definitorisch:

$$pg_i(t) = 100 \cdot yg_i(t) / xg_i(t), \qquad i = 1, \ldots, 58. \tag{197}$$

pg_i	Preisindex Bruttoproduktionswert, Gütergruppe *i*
yg_i	Bruttoproduktionswert in jeweiligen Preisen, Gütergruppe *i*
xg_i	Bruttoproduktionswert in Preisen von 1991, Gütergruppe *i*

Analog ergibt sich für das Aggregat:

$$PG(t) = 100 \cdot YG(t) / XG(t). \tag{198}$$

PG	Preisindex Bruttoproduktionswert, alle Gütergruppen
YG	Bruttoproduktionswert in jeweiligen Preisen, alle Gütergruppen
XG	Bruttoproduktionswert in Preisen von 1991, alle Gütergruppen

2.2.5.3 Die Einfuhr

Die gesamte Einfuhr der Gütergruppe *i* erhält man durch Zusammenfassung der betreffenden Vorleistungs- und Fertigproduktimporte:

$$imn_i(t) = vmn_i(t) + fmn_i(t), \qquad i = 1, \ldots, 58. \tag{199}$$

$$IMN(t) = \sum_{i=1}^{58} imn_i(t). \tag{200}$$

imn_i	Einfuhr in jeweiligen Preisen, Gütergruppe *i*
vmn_i	Vorleistungslieferungen (Einfuhr) in jeweiligen Preisen, Gütergruppe *i*
fmn_i	Letzte Verwendung insgesamt (Einfuhr) in jeweiligen Preisen, GG *i*
IMN	Einfuhr in jeweiligen Preisen, alle Gütergruppen

In Preisen von 1991 lauten die Bestimmungsgleichungen für die Einfuhr insgesamt nach Gütergruppen und gesamtwirtschaftlich wie folgt:

$$imr_i(t) = vmr_i(t) + fmr_i(t), \qquad i = 1, \ldots, 58. \tag{201}$$

$$IMR(t) = \sum_{i=1}^{58} imr_i(t). \tag{202}$$

imr_i	Einfuhr in Preisen von 1991, Gütergruppe *i*
vmr_i	Vorleistungslieferungen (Einfuhr) in Preisen von 1991, Gütergruppe *i*

fmr_i	Letzte Verwendung insgesamt (Einfuhr) in Preisen von 1991, GG *i*
IMR	Einfuhr in Preisen von 1991, alle Gütergruppen

Die Umrechnung der Einfuhr gemäß der Input-Output-Rechnung (Spezialhandel) zu den Importen gemäß der Inlandsproduktsberechnung (Generalhandel) bilden wir durch einen linearen Aufschlag auf den Wert des Input-Output-Konzepts ab:

$$IMGH(t) = IMGH\ \left[\ IMR(t)\ \right]. \tag{203}$$

$$PIMGH(t) = PIMGH\ \left[\ PMG(t),\ DMA(t)\ \right]. \tag{204}$$

$$IMGH\$(t) = PIMGH(t) \cdot IMGH(t) / 100. \tag{205}$$

IMGH	Umstellung auf Generalhandelskonzept Einfuhr in Preisen von 1991
IMR	Einfuhr in Preisen von 1991, alle Gütergruppen
PIMGH	Preisindex Umstellung auf Generalhandelskonzept Einfuhr
PMG	Preisindex Einfuhr, alle Gütergruppen
DMA	Außenwert der DM insgesamt (gegenüber 18 Industrieländern)
IMGH$	Umstellung auf Generalhandelskonzept Einfuhr in jeweiligen Preisen

Die Einfuhrabgaben erklären wir als einen Aufschlag auf den Wert der gesamtwirtschaftlichen Fertigproduktimporte:

$$IMST(t) = IMST\ \left[\ FMR(t)\ \right]. \tag{206}$$

$$PIMST(t) = PIMST\ \left[\ PCG(t),\ INFL(t)\ \right]. \tag{207}$$

$$IMST\$(t) = PIMST(t) \cdot IMST(t) / 100. \tag{208}$$

IMST	Einfuhrabgaben in Preisen von 1991
FMR	Letzte Verwendung insgesamt (Einfuhr) in Preisen von 1991, alle GG
PIMST	Preisindex Einfuhrabgaben
PCG	Preisindex Privater Verbrauch im Inland, alle Gütergruppen
INFL	Inflationsrate
IMST$	Einfuhrabgaben in jeweiligen Preisen

Die Einfuhr nach dem Inlandsproduktskonzept ergibt sich dann definitorisch:

$$IMRBIP(t) = IMR(t) + IMGH(t) + CPIA(t) - IMST(t). \tag{209}$$

$$IMNBIP(t) = IMN(t) + IMGH\$(t) + CPIA\$(t) - IMST\$(t). \tag{210}$$

$$PIMBIP(t) = 100 \cdot IMNBIP(t) / IMRBIP(t). \tag{211}$$

IMRBIP	Einfuhr von Waren u. Dienstleistungen in Pr. v. 1991, Konzept der IPB
IMR	Einfuhr in Preisen von 1991, alle Gütergruppen
IMGH	Umstellung auf Generalhandelskonzept Einfuhr in Preisen von 1991
CPIA	Privater Verbrauch von Inländern in der übrigen Welt in Pr. von 1991
IMST	Einfuhrabgaben in Preisen von 1991
IMNBIP	Einfuhr von Waren und Dienstleistungen in jew. Pr., Konzept der IPB
IMN	Einfuhr in jeweiligen Preisen, alle Gütergruppen
IMGH$	Umstellung auf Generalhandelskonzept Einfuhr in jeweiligen Preisen
CPIA$	Privater Verbrauch von Inländern in der übrigen Welt in jew. Preisen
IMST$	Einfuhrabgaben in jeweiligen Preisen
PIMBIP	Preisindex Einfuhr von Waren und Dienstleistungen, Konzept der IPB

2.2.5.4 Das Gesamte Aufkommen an Gütern im Inland

Das Gesamte Aufkommen einer Gütergruppe ist als Summe aus Inlandsproduktion und Importen definiert. In konstanten Preisen lauten die Gleichungen:

$$gan_i(t) = yg_i(t) + imn_i(t), \qquad i = 1, \dots, 58. \tag{212}$$

$$GAN(t) = \sum_{i=1}^{58} gan_i(t). \tag{213}$$

gan_i	Gesamtes Aufkommen in jeweiligen Preisen, Gütergruppe i
yg_i	Bruttoproduktionswert in jeweiligen Preisen, Gütergruppe i
imn_i	Einfuhr in jeweiligen Preisen, Gütergruppe i
GAN	Gesamtes Aufkommen in jeweiligen Preisen, alle Gütergruppen

In Preisen von 1991 ergibt sich das Gesamte Aufkommen analog zu:

$$gar_i(t) = xg_i(t) + imr_i(t), \qquad i = 1, \dots, 58. \tag{214}$$

$$GAR(t) = \sum_{i=1}^{58} gar_i(t). \tag{215}$$

gar_i	Gesamtes Aufkommen in Preisen von 1991, Gütergruppe i
xg_i	Bruttoproduktionswert in Preisen von 1991, Gütergruppe i
imr_i	Einfuhr in Preisen von 1991, Gütergruppe i
GAR	Gesamtes Aufkommen in Preisen von 1991, alle Gütergruppen

Schließlich ergeben sich die Preisindizes wie gehabt zu:

$$pga_i(t) = 100 \cdot gan_i(t) / gar_i(t), \qquad i = 1, \dots, 58. \tag{216}$$

pga_i	Preisindex gesamtes Aufkommen, Gütergruppe i
gan_i	Gesamtes Aufkommen in jeweiligen Preisen, Gütergruppe i
gar_i	Gesamtes Aufkommen in Preisen von 1991, Gütergruppe i

$$PGA(t) = 100 \cdot GAN(t) / GAR(t). \tag{217}$$

PGA	Preisindex gesamtes Aufkommen, alle Gütergruppen
GAN	Gesamtes Aufkommen in jeweiligen Preisen, alle Gütergruppen
GAR	Gesamtes Aufkommen in Preisen von 1991, alle Gütergruppen

2.2.5.5 Das Bruttoinlandsprodukt

Das Bruttoinlandsprodukt bestimmen wir definitorisch von der Verwendungsseite sowohl in jeweiligen als auch in Preisen von 1991:

$$\begin{aligned} BIP(t) = {} & CPRBIP(t) + ASRBIP(t) + IARBIP(t) + IBRBIP(t) \\ & + IVRBIP(t) + EXRBIP(t) - IMRBIP(t). \end{aligned} \tag{218}$$

$$\begin{aligned} BIP\$(t) = {} & CPNBIP(t) + ASNBIP(t) + IANBIP(t) + IBNBIP(t) \\ & + IVNBIP(t) + EXNBIP(t) - IMNBIP(t). \end{aligned} \tag{219}$$

BIP	Bruttoinlandsprodukt in Preisen von 1991
CPRBIP	Priv. Verbrauch in Pr. v. 1991, Konzept der Inlandsproduktsberechnung
ASRBIP	Staatsverbrauch in Pr. v. 1991, Konzept der Inlandsproduktsberechnung
IARBIP	Ausrüstungen in Pr. von 1991, Konzept der Inlandsproduktsberechnung
IBRBIP	Bauten in Preisen von 1991, Konzept der Inlandsproduktsberechnung
IVRBIP	Vorratsveränderung in Preisen von 1991, Konzept der IPB
EXRBIP	Ausfuhr v. Waren u. Dienstleistungen in Pr. von 1991, Konzept der IPB
IMRBIP	Einfuhr v. Waren u. Dienstleistungen in Pr. von 1991, Konzept der IPB
BIP$	Bruttoinlandsprodukt in jeweiligen Preisen
CPNBIP	Privater Verbrauch in jew. Pr., Konzept der Inlandsproduktsberechnung
ASNBIP	Staatsverbrauch in jew. Pr., Konzept der Inlandsproduktsberechnung
IANBIP	Ausrüstungen in jew. Preisen, Konzept der Inlandsproduktsberechnung
IBNBIP	Bauten in jeweiligen Preisen, Konzept der Inlandsproduktsberechnung
IVNBIP	Vorratsveränderung in jew. Pr., Konzept der IPB
EXNBIP	Ausfuhr von Waren und Dienstleistungen in jew. Pr., Konzept der IPB
IMNBIP	Einfuhr von Waren und Dienstleistungen in jew. Pr., Konzept der IPB

Der Preisindex des Bruttoinlandsprodukts ist damit gleichfalls gegeben als:

$$PBIP(t) = 100 \cdot BIP\$(t) \,/\, BIP(t). \tag{220}$$

PBIP	Preisindex Bruttoinlandsprodukt
BIP$	Bruttoinlandsprodukt in jeweiligen Preisen
BIP	Bruttoinlandsprodukt in Preisen von 1991

2.2.6 Löhne und Beschäftigung

2.2.6.1 Löhne und Lohnnebenkosten

Die sektorale Gliederung des Modells PANTA RHEI ermöglicht es, die Lohnstruktur nach Produktionsbereichen zu modellieren. In Deutschland beobachten wir alljährlich, sofern nicht längere Bindungen vereinbart sind, im Frühjahr den Beginn der Lohnrunde in der Metallindustrie. In den Lohnverhandlungen in diesem Sektor, der durch hohe Produktivitätsfortschritte gekennzeichnet ist, werden Akzente für die Verhandlungen in den anderen Produktionsbereichen gesetzt. Man spricht deshalb auch dem Verhandlungsergebnis in diesem Sektor eine besondere Orientierungsrolle für andere Bereiche zu und bezeichnet den Lohn der Metallindustrie deshalb gelegentlich als Ecklohn. Wir ordnen die Rolle der Lohnführerschaft in der Metallindustrie dem Straßenfahrzeugbau zu und schätzen die folgende Funktion, die das Ergebnis der Lohnverhandlungen beschreibt:

$$wa_{23}(t) = wa_{23}\ [BIP(t) \,/\, AVBG(t),\ PLH(t)]. \tag{221}$$

wa_{23}	Bruttolohnsatz je Stunde in jew. Preisen, PB Straßenfahrzeugbau
BIP	Bruttoinlandsprodukt in Preisen von 1991
AVBG	Arbeitsvolumen der Beschäftigten Arbeitnehmer in Stunden, alle PB
PLH	Preisindex der Lebenshaltung aller Privaten Haushalte

Der nominale Bruttoecklohn je Stunde hängt somit von der gesamtwirtschaftlichen Produktivität der Arbeitsstunde und dem Preisindex der Lebenshaltung ab. Die Arbeitslosenquote, die in der Phillipskurvendiskussion eine zentrale Rolle spielt, erwies sich nicht als signifikant.

Die Löhne in den anderen Produktionsbereichen werden dann durch den Ecklohn und sektorspezifische Einflüssen erklärt. Es hat sich vor allem gezeigt, daß die Reaktion der Löhne auf inflatorische Entwicklungen in den Sektoren unterschiedlich ist.

$$wa_j(t) = wa_j\ [wa_{23}(t), \ldots], \qquad j = 1, \ldots, 22, 24, \ldots, 58. \qquad (222)$$

wa_j	Bruttolohnsatz je Stunde in jeweiligen Preisen, Produktionsbereich *j*
wa_{23}	Bruttolohnsatz je Stunde in jew. Preisen, PB Straßenfahrzeugbau

Der gesamtwirtschaftliche Durchschnittslohn wird definitorisch ermittelt als:

$$WA(t) = LG(t) \,/\, AVBG(t). \qquad (223)$$

WA	Bruttolohnsatz je Stunde in jeweiligen Preisen, alle Produktionsbereiche
LG	Einkommen aus unselbständiger Arbeit in jeweiligen Preisen, alle PB
AVBG	Arbeitsvolumen der Beschäftigten Arbeitnehmer in Stunden, alle PB

Die Arbeitskosten der Unternehmen pro Stunde erhalten wir, indem wir zum soeben ermittelten Bruttostundenlohnsatz die Arbeitgeberbeiträge zur Sozialversicherung pro Stunde hinzuaddieren:

$$wg_j(t) = \left[1 + AGSOZ(t) \,/\, ZHE08(t)\right] \cdot wa_j(t), \qquad j = 1, \ldots, 58. \qquad (224)$$

wg_j	Arbeitskosten pro Stunde in jeweiligen Preisen, Produktionsbereich *j*
AGSOZ	Arbeitgeberbeiträge zur Sozialversicherung in jew. Preisen, alle PB
ZHE08	Empfangene Eink. aus unselbständiger Arbeit der Priv. HH in jew. Pr.
wa_j	Bruttolohnsatz je Stunde in jeweiligen Preisen, Produktionsbereich *j*

Die Bruttolohn- und -gehaltsumme in jeweiligen Preisen ergibt sich als Produkt aus dem gesamtwirtschaftlichen Durchschnittslohnsatz *WA* und dem Arbeitsvolumen *AVBG*:

$$BLGI(t) = WA(t) \cdot AVBG(t). \qquad (225)$$

BLGI	Bruttolohn- und -gehaltsumme in jeweiligen Preisen
WA	Bruttolohnsatz je Stunde in jeweiligen Preisen, alle Produktionsbereiche
AVBG	Arbeitsvolumen der Beschäftigten Arbeitnehmer in Stunden, alle PB

Die Arbeitgeberbeiträge zur Sozialversicherung in jeweiligen Preisen *AGSOZ* und die Arbeitnehmerbeiträge *ANSOZ* erhalten wir durch Multiplikation der Bruttolohn- und -gehaltsumme mit den zugehörigen Beitragssätzen:

$$AGSOZ(t) = \overline{AGSOZQ(t)} \cdot BLGI(t). \qquad (226)$$

AGSOZ	Arbeitgeberbeiträge zur Sozialversicherung in jeweiligen Preisen
AGSOZQ	Beitragssatz der Arbeitgeber zur Sozialversicherung
BLGI	Bruttolohn- und -gehaltsumme in jeweiligen Preisen

$$ANSOZ(t) = \overline{ANSOZQ(t)} \cdot BLGI(t). \qquad (227)$$

ANSOZ	Arbeitnehmerbeiträge zur Sozialversicherung in jeweiligen Preisen
ANSOZQ	Beitragssatz der Arbeitnehmer zur Sozialversicherung
BLGI	Bruttolohn- und -gehaltsumme in jeweiligen Preisen

2.2.6.2 Beschäftigung und Arbeitslosigkeit

Die technologischen Bedingungen, unter denen der Einsatz der Faktoren Arbeit und Kapital sich vollzieht, werden weder durch die Vorstellung vollständiger Substitutionalität noch durch die der vollständigen Limitationalität zutreffend beschrieben. Es ist viel realistischer anzunehmen, daß die Kapitalintensität der Arbeit im Planungsstadium gestaltbar, nach der Installation der Maschinen aber fest ist (Walter 1977). Diese von Phelps (1963) *putty-clay* genannte Technologie erlaubt also unterschiedliche Kapitalintensitäten für die einzelnen Investitionsjahrgänge. Wenn nun - was plausibel ist - die neuen Jahrgänge der Maschinen auch mit technischem Fortschritt ausgestattet sind, wird man im Sinne von Kaldor (1957) in Bezug auf den Arbeitseinsatz zwischen den Wirkungen des technischen Fortschritts und Substitution von Arbeit durch Kapital nicht mehr unterscheiden können. Ausgehend von diesen Grundvorstellungen verzichten wir auf den neoklassischen Ansatz der Ableitung einer kostenminimalen Arbeitsnachfragefunktion bei gegebener substitutionaler Technologie. Wir spezifizieren statt dessen eine Arbeitsnachfragefunktion, die angesichts der fehlenden Daten über die sektoralen Kapitalstöcke den vorgenannten Überlegungen zumindest nahe kommt.

Das Arbeitsvolumen *avbg* der Beschäftigten Arbeitnehmer eines Produktionsbereichs erklären wir durch den realen Bruttoproduktionswert *xg*, den Reallohnsatz *wg/pg* gemessen in Einheiten der Bruttoproduktion des Sektors und einen Zeittrend. Der Trend erfaßt den Teil des technischen Fortschritts, der unabhängig von der ökonomischen Entwicklung realisiert wird. Die Wirkung des Reallohns auf die Beschäftigung kann auf Substitution durch die (nicht beobachtbaren) Investitionen des Sektors und auf lohninduzierten technischen Fortschritt zurückgeführt werden. Bei gegebenem Reallohn und gegebenem Wert der Trendvariablen ist der Arbeitseinsatz durch das Niveau der Bruttoproduktion determiniert. Die Schätzung führt hier häufig zu Elastizitäten, die kleiner als eins sind, was als Vorliegen von economies of scale interpretiert werden kann. In ähnlicher Weise formuliert Barker (1997) die Arbeitsnachfragefunktionen.

$$avbg_j(t) = avbg_j\ [xg_j(t),\ wg_j(t)\ /\ pg_j(t),\ t], \qquad j = 1, \ldots, 58. \qquad (228)$$

$avbg_j$	Arbeitsvolumen der Beschäftigten Arbeitnehmer in Stunden, PB *j*
xg_j	Bruttoproduktionswert in Preisen von 1991, Produktionsbereich *j*
wg_j	Arbeitskosten pro Stunde in jeweiligen Preisen, Produktionsbereich *j*
pg_j	Preisindex Bruttoproduktionswert, Produktionsbereich *j*
t	Zeittrend

Die Arbeitsnachfragefunktionen sind doppelt-logarithmisch spezifiziert. Dividiert man die linke und die rechte Seite durch die Bruttoproduktion, so erhält man den Arbeitsinputkoeffizienten - den Kehrwert der Arbeitsproduktivität - als Funktion der oben genannten Argumentvariablen. Die Arbeitsproduktivität nimmt somit mit dem Reallohnsatz (lohninduzierter technischer Fortschritt plus Substitution durch neue Maschinen), dem Produktionsniveau (economies of scale) und gegebenenfalls autonom zu.

Die so in (228) spezifizierten Arbeitsnachfragefunktionen lassen sich natürlich auch im Sinne der neoklassischen Theorie als Ergebnis gewinnmaximierenden Verhaltens unter Konkurrenzbedingungen bei einer gegebenen CES-Produktionsfunktion interpretieren (Hansen 1993, S. 23). Dann allerdings mißt der Regressionskoeffizient des Reallohns die Substitutionselastizität, und die Wirkung des technischen Fortschritts bleibt auf die Trendvariable beschränkt.

Die Zahl der gesamtwirtschaftlichen Arbeitsstunden erhalten wir durch Aufsummierung über die Produktionsbereiche:

$$AVBG(t) = \sum_{j=1}^{58} avbg_j(t). \tag{229}$$

$AVBG$	Arbeitsvolumen der Beschäftigten Arbeitnehmer in Stunden, alle PB
$avbg_j$	Arbeitsvolumen der Beschäftigten Arbeitnehmer in Stunden, PB j

Die Zahl der Beschäftigten Arbeitnehmer erhalten wir, indem wir die Arbeitsstunden durch die durchschnittlich pro Jahr in dem Sektor pro Arbeitnehmer geleistete Stundenzahl dividieren:

$$bag_j(t) = avbg_j(t) \,/\, jabg_j(t), \qquad j = 1, \dots, 58. \tag{230}$$

$$BAG(t) = \sum_{j=1}^{58} bag_j(t). \tag{231}$$

bag_j	Beschäftigte Arbeitnehmer, Produktionsbereich j
$avbg_j$	Arbeitsvolumen der Beschäftigten Arbeitnehmer in Stunden, PB j
$jabg_j$	Jahresarbeitzeit je Beschäftigten, Produktionsbereich j
BAG	Beschäftigte Arbeitnehmer, alle Produktionsbereiche

Die Jahresarbeitszeit pro Beschäftigten endogenisieren wir, indem wir unterstellen, daß beim Abschluß der Tarifverhandlungen ein *trade off* zwischen dem erzielten Lohnsatz und der Arbeitszeit besteht: Je höher der Lohn ist, um so eher sind die Beschäftigten Arbeitnehmer eines Produktionsbereichs j bereit, auf Arbeitszeit zu verzichten.

$$jabg_j(t) = jabg_j\ [wa_j(t), \dots], \qquad j = 1, \dots, 58. \tag{232}$$

$jabg_j$	Jahresarbeitzeit je Beschäftigten, Produktionsbereich j
wa_j	Bruttolohnsatz je Stunde in jeweiligen Preisen, Produktionsbereich j

Die gesamtwirtschaftlich durchschnittliche Jahresarbeitszeit über alle Sektoren bestimmen wir definitorisch:

$$JABG(t) = AVBG(t) \,/\, BAG(t). \tag{233}$$

$JABG$	Jahresarbeitzeit je Beschäftigten, alle Produktionsbereiche
$AVBG$	Arbeitsvolumen der Beschäftigten Arbeitnehmer in Stunden, alle PB
BAG	Beschäftigte Arbeitnehmer, alle Produktionsbereiche

Die Zahl der als Arbeitnehmer beschäftigten Inländer erhält man, indem man zur Zahl der in allen Produktionsbereichen Beschäftigten Arbeitnehmer im Inland die Auspendler hinzuzählt und die Einpendler abzieht. Die Zahl der Einpendler und die der Auspendler wird exogen vorgegeben.

$$BAN(t) = BAG(t) + \overline{PENDAUS(t)} - \overline{PENDEIN(t)}. \tag{234}$$

BAN	Beschäftigte Arbeitnehmer (Inländer)
BAG	Beschäftigte Arbeitnehmer (im Inland), alle Produktionsbereiche
PENDAUS	In der übrigen Welt erwerbstätige Auspendler
PENDEIN	Im Inland erwerbstätige Einpendler

Die Zahl der Selbständigen ist durch das Erwerbspersonenpotential (Erwerbspersonen und Stille Reserve) und einen Zeittrend bestimmt:

$$SELB(t) = SELB\ [\ \overline{EPP(t)},\ t\ ]. \tag{235}$$

SELB	Selbständige und mithelfende Familienangehörige
EPP	Erwerbspersonenpotential
t	Zeittrend

Die Anzahl der Erwerbstätigen ist dann als Summe definiert:

$$ET(t) = BAG(t) + SELB(t). \tag{236}$$

ET	Erwerbstätige, alle Produktionsbereiche
BAG	Beschäftigte Arbeitnehmer, alle Produktionsbereiche
SELB	Selbständige und mithelfende Familienangehörige

Zur Stillen Reserve am Arbeitsmarkt zählen alle nicht beschäftigten Personen, die zwar eine ihnen angebotene Arbeit annehmen würden, aber aus verschiedenen Gründen nicht als Arbeitslose registriert sind. Es handelt sich um eine sehr heterogene Personengruppe (Brinkmann/Klauder/Reyher/Thon 1987). Es werden Vorruheständler, Personen in Fortbildungs- und Umschulungsmaßnahmen, Ausländer in Deutschkursen, nicht beschäftigte ältere Personen (58 Jahre und älter), die bis zum Bezug ihrer Rente Sozialleistungen beziehen und nicht als Arbeitslose gezählt werden, in ihrer Erwerbsfähigkeit eingeschränkte Personen, die vorzeitig Rente beziehen, wenn ihnen das Arbeitsamt nicht innerhalb eines Jahres eine Stelle vermitteln kann, aber auch die Entmutigten, die für sich keine Chance sehen und deshalb nicht als Arbeitslose registriert sind, zusammengefaßt.

Diese Aufzählung ist nicht erschöpfend, sondern soll nur einen Eindruck darüber vermitteln, was man sich unter dem schillernden Begriff vorzustellen hat. Die Aufzählung macht deutlich, daß die Höhe der Stillen Reserve in starkem Maße von der Arbeitsmarktpolitik abhängt. Dies spräche dafür, die Stille Reserve als exogene Variable zu behandeln. Dagegen steht natürlich die Bedeutung dieser Personengruppe, deren Größenordnung (1997: 3.3 Mio.) heute schon der der Arbeitslosen nahe kommt.

Es hat sich gezeigt, daß ein einfacher beschreibender Ansatz eine Endogenisierung ermöglicht: Die Stille Reserve ist in Deutschland sehr eng negativ mit der Zahl der Erwerbstätigen und positiv mit der Zahl des Erwerbspersonenpotentials korreliert. Beide Koeffizienten sind in einer doppelt-logarithmischen Regression erstaunlich stabil und kleiner als eins. Steigt die Zahl der Erwerbstätigen, so wird sich dies nicht vollständig in einer Reduktion der Zahl der Arbeitslosen niederschlagen. Ein Teil der Mehrbeschäftigung vermindert die Stille Reserve. Analog bringt ein Zuwachs beim Erwerbspersonenpotential zusätzliche Arbeitslose und eine größere Stille Reserve. Man kann die geschätzten Werte dieser Koeffizienten als durch die Wirtschaftspolitik bestimmt interpretieren.

$$STR(t) = STR\ [ET(t), \overline{EPP(t)}]. \tag{237}$$

STR	Stille Reserve
ET	Erwerbstätige
EPP	Erwerbspersonenpotential

Die Zahl der Erwerbspersonen kann nun einfach definitorisch als Differenz zwischen dem Erwerbspersonenpotential und der Stillen Reserve bestimmt werden.

$$EP(t) = \overline{EPP(t)} - STR(t). \tag{238}$$

EP	Erwerbspersonen
EPP	Erwerbspersonenpotential
STR	Stille Reserve

Dabei behandeln wir das Erwerbspersonenpotential als exogene Variable, für deren Vorausschätzung wir die Projektion des Instituts für Arbeitsmarkt- und Berufsforschung (IAB 1997) verwenden.

Die Zahl der Arbeitslosen ist als Differenz der Zahl der Erwerbspersonen und der Zahl der Erwerbstätigen definiert:

$$AL(t) = EP(t) - ET(t). \tag{239}$$

AL	Arbeitslose
EP	Erwerbspersonen
ET	Erwerbstätige (Inländer)

In der Arbeitslosenquote wird dann die Zahl der Arbeitslosen auf die Summe aus Beschäftigten Arbeitnehmern und Arbeitslosen bezogen.

$$ALQ(t) = 100 \cdot AL(t) / (BAN(t) + AL(t))\ . \tag{240}$$

ALQ	Arbeitslosenquote
AL	Arbeitslose
BAN	Beschäftigte Arbeitnehmer (Inländer)

2.2.7 Die Wertschöpfung und ihre Komponenten

2.2.7.1 Die Bruttowertschöpfung insgesamt nach Produktionsbereichen

Nicht alle Produktionsbereiche sind zum Vorsteuerabzug berechtigt. Dies gilt für bestimmte Dienstleistungsunternehmen und die staatlichen Produktionsbereiche. Wir ermitteln die Nichtabziehbare Umsatzsteuer im Produktionsbereich j durch Multiplikation des Vorleistungseinsatzes dieses Bereichs mit dem Umsatzsteuersatz und der Umsatzsteueraufkommensquote des Produktionsbereichs. Die letztere Größe ist als sektorspezifische Korrektur notwendig, weil die Mischung der Produktionsbereiche mit vorsteuerabzugsberechtigten und nicht berechtigten Unternehmen unterschiedlich ist.

$$umstv_j(t) = \overline{UMSTS(t)} \cdot veg_j(t) \cdot \overline{umstvq_j(t)}, \qquad j = 1, \dots, 58. \tag{241}$$

$umstv_j$	Nichtabziehbare Umsatzsteuer auf Vorleistungen in jew. Preisen, PB j
$UMSTS$	Umsatzsteuersatz
veg_j	Vorleistungseinsatz ohne UmSt in jew. Preisen, Produktionsbereich j
$umstvq_j$	Aufkommensquote UmSt Vorleistungen in jeweiligen Preisen, PB j

Die Summe über alle Sektoren ergibt die auf den Vorleistungen insgesamt lastende Nichtabziehbare Umsatzsteuer in jeweiligen Preisen:

$$UMSTV\$(t) = \sum_{j=1}^{58} umstv_j(t). \tag{242}$$

Auch hier können wir mit dem bereits eingeführten Preisindex der Umsatzsteuer *PUMST* deflationieren:

$$UMSTV(t) = 100 \cdot UMSTV\$(t) \,/\, PUMST(t). \tag{243}$$

$UMSTV$	Nichtabziehbare UmSt Vorleistungen in Preisen von 1991, alle PB
$UMSTV\$$	Nichtabziehbare Umsatzsteuer Vorleistungen in jew. Preisen, alle PB
$PUMST$	Preisindex Nichtabziehbare Umsatzsteuer

Die im Produktionsbereich j eingesetzten Vorleistungen einschließlich der auf ihnen lastenden Umsatzsteuer ergeben sich dann in jeweiligen Preisen als:

$$vegu_j(t) = veg_j(t) + umstv_j(t), \qquad j = 1, \dots, 58. \tag{244}$$

$$VEGU(t) = \sum_{j=1}^{58} vegu_j(t). \tag{245}$$

$vegu_j$	Vorleistungseinsatz inkl. UmSt in jew. Preisen, Produktionsbereich j
veg_j	Vorleistungseinsatz ohne UmSt in jew. Preisen, Produktionsbereich j
$umstv_j$	Nichtabziehbare Umsatzsteuer in jew. Preisen, Produktionsbereich j
$VEGU$	Vorleistungseinsatz inkl. UmSt in jeweiligen Preisen, alle PB

Die Bruttowertschöpfung eines Produktionsbereichs j ergibt sich durch Abzug der im betreffenden Bereich eingesetzten Vorleistungen vom seinem Bruttoproduktionswert:

$$bwg_j(t) = yg_j(t) - vegu_j(t), \qquad j = 1, \dots, 58. \tag{246}$$

$$BWG(t) = \sum_{j=1}^{58} bwg_j(t). \tag{247}$$

bwg_j	Bruttowertschöpfung in jeweiligen Preisen, Produktionsbereich j
yg_j	Bruttoproduktionswert in jeweiligen Preisen, Produktionsbereich j
$vegu_j$	Vorleistungseinsatz inkl. UmSt in jew. Preisen, Produktionsbereich j
BWG	Bruttowertschöpfung in jeweiligen Preisen, alle Produktionsbereiche

2.2.7.2 *Die Abschreibungen*

Die Abschreibungen in jeweiligen Preisen erklären wir alternativ als Anteil an der Bruttoproduktion oder der Bruttowertschöpfung des betrachteten Produktionsbereichs. Dies ist nur eine Ersatzlösung, weil die Kapitalstöcke für die Produktionsbereiche für Deutschland nicht zur Verfügung stehen.

$$dg_j(t) = dg_j\,[yg_j(t),\ bwg_j(t),\ \ldots], \qquad j = 1, \ldots, 58. \tag{248}$$

$$DG(t) = \sum_{j=1}^{58} dg_j(t). \tag{249}$$

dg_j	Abschreibungen in jeweiligen Preisen, Produktionsbereich j
yg_j	Bruttoproduktionswert in jeweiligen Preisen, Produktionsbereich j
bwg_j	Bruttowertschöpfung in jeweiligen Preisen, Produktionsbereich j
DG	Abschreibungen in jeweiligen Preisen, alle Produktionsbereiche

2.2.7.3 *Die Einkommen aus unselbständiger Arbeit sowie aus Unternehmertätigkeit und Vermögen*

Die im Produktionsbereich j entstehenden Einkommen aus unselbständiger Arbeit ergeben sich definitorisch als Produkt aus den Arbeitskosten pro Stunde und den im Sektor eingesetzten Arbeitsstunden:

$$lg_j(t) = wg_j(t) \cdot avbg_j(t), \qquad j = 1, \ldots, 58. \tag{250}$$

Das gesamtwirtschaftliche Einkommen aus unselbständiger Arbeit erhalten wir durch Aufsummierung der sektoralen Arbeitseinkommen.

$$LG(t) = \sum_{j=1}^{58} lg_j(t). \tag{251}$$

lg_j	Einkommen aus unselbständiger Arbeit in jeweiligen Preisen, PB j
wg_j	Arbeitskosten pro Stunde in jeweiligen Preisen, Produktionsbereich j
$avbg_j$	Arbeitsvolumen der Beschäftigten Arbeitnehmer in Stunden, PB j
LG	Einkommen aus unselbständiger Arbeit in jeweiligen Preisen, alle PB

Die im Produktionsbereich j entstehenden Einkommen aus Unternehmertätigkeit und Vermögen werden residual bestimmt. Sie enthalten die Position *Produktionssteuern abzüglich Subventionen*, die in den Input-Output-Tabellen für Deutschland nicht mehr nach 58 Bereichen ausgewiesen wird.

$$gg_j(t) = bwg_j(t) - dg_j(t) - lg_j(t), \qquad j = 1, \ldots, 58. \tag{252}$$

Die gesamtwirtschaftliche Variable ergibt sich wiederum durch Aggregation:

$$GG(t) = \sum_{j=1}^{58} gg_j(t). \tag{253}$$

gg_j	Einkommen aus Unternehmertätigkeit u. Vermögen in jew. Pr., PB j
bwg_j	Bruttowertschöpfung in jeweiligen Preisen, Produktionsbereich j
dg_j	Abschreibungen in jeweiligen Preisen, Produktionsbereich j
lg_j	Einkommen aus unselbständiger Arbeit in jeweiligen Preisen, PB j
GG	Einkommen aus Unternehmertätigkeit u. Vermögen in jew. Pr., alle PB

2.2.7.4 *Die Stückkosten der Waren und Dienstleistungen*

Die Stückkosten der einzelnen Produktionsbereiche berechnen wir, indem wir die Kosten, definiert als Differenz zwischen Bruttoproduktionswert und Gewinn in jeweiligen Preisen, durch den Bruttoproduktionswert in Preisen von 1991 dividieren:

$$uc_j(t) = 100 \cdot (yg_j(t) - gg_j(t)) / xg_j(t), \qquad j = 1, \dots, 58. \qquad (254)$$

uc_j	Stückkostenindex in jeweiligen Preisen, Produktionsbereich *j*
yg_j	Bruttoproduktionswert in jeweiligen Preisen, Produktionsbereich *j*
gg_j	Eink. aus Unternehmert. und Vermögen in jeweiligen Preisen, PB *j*
xg_j	Bruttoproduktionswert in Preisen von 1991, Produktionsbereich *j*

$$UC(t) = 100 \cdot (YG(t) - GG(t)) / XG(t). \qquad (255)$$

UC	Stückkostenindex in jeweiligen Preisen, alle Produktionsbereiche
YG	Bruttoproduktionswert in jeweiligen Preisen, alle Produktionsbereiche
GG	Eink. aus Unternehmert. und Vermögen in jeweiligen Preisen, alle PB
XG	Bruttoproduktionswert in Preisen von 1991, alle Produktionsbereiche

2.2.8 Die Zinsen

Wir schätzen für den Kontokorrentzins und die Umlaufsrendite festverzinslicher Wertpapiere sogenannte Zinsstrukturgleichungen, die als reduzierte Formen von Finanzmärktegleichgewichten aufgefaßt werden können (Ewerhart 1991, S. 60ff). Die Geldpolitik erscheint dabei mit den beiden Instrumentvariablen Mindestreservesatz und Diskontsatz. Den Mindestreservesatz behandeln wir als exogene Variable. Wir geben in der Prognose einen festen Wert vor, weil der Mindestreservesatz offenbar kein aktives Instrument der Geldpolitik mehr ist.

Der Diskontsatz konnte als Funktion allein der Inflationsrate auf einfache Weise endogenisiert werden. Diese Reaktionsfunktion macht deutlich, daß das Ziel der Preisniveaustabilität die Geldpolitik dominiert:

$$RDISK(t) = RDISK\ [\,INFL(t)\,]. \qquad (256)$$

RDISK	Diskontsatz der Deutschen Bundesbank
INFL	Inflationsrate

Der Zinssatz auf Kontokorrentkredite ist durch den Diskontsatz und den Kontokorrentzins der Vorperiode bestimmt:

$$RKONT(t) = RKONT\ [\,RDISK(t), RKONT(t-1)\,]. \qquad (257)$$

RKONT	Sollzinssatz für Kontokorrentkredite unter 1 Mio. DM
RDISK	Diskontsatz der Deutschen Bundesbank

Die Umlaufsrendite festverzinslicher Wertpapiere wird vom Kontokorrentzins, dem Mindestreservesatz, der Summe der Finanzierungssalden der inländischen Sektoren im Verhältnis zum Bruttoinlandsprodukts und dem langfristigen US-Zins bestimmt. Somit ist diese für die Erklärung der Ausrüstungs- und der Bauinvestitionen zentrale Variable eine Brücke zum internationalen INFORUM-System, aber auch zum Finanzbedarf der inländischen Sektoren:

$$RUML(t) = RUML\left[RKONT(t),\ \overline{RUSL(t)},\ \overline{MRS(t)},\ \left(ZUA37(t) + ZSA38(t) + ZHA34(t)\right) / \ BIP\$(t)\right]. \quad (258)$$

RUML	Umlaufsrendite festverzinslicher Wertpapiere insgesamt
RKONT	Sollzinssatz für Kontokorrentkredite unter 1 Mio. DM
RUSL	US-Langfristzinssatz (Yield on 10 year treasury bonds)
MRS	Mindestreservesatz auf befristete Verbindlichkeiten
ZUA37	Finanzierungssaldo Unternehmen in jeweiligen Preisen
ZSA38	Finanzierungssaldo Staat in jeweiligen Preisen
ZHA34	Finanzierungssaldo Private Haushalte in jeweiligen Preisen
BIP$	Bruttoinlandsprodukt in jeweiligen Preisen

2.2.9 Die Einkommensumverteilung

2.2.9.1 Das System im Überblick

PANTA RHEI integriert die Input-Output-Rechnung in das Kontensystem der Volkswirtschaftlichen Gesamtrechnungen, welches den allgemeinen Rahmen der VGR darstellt (Statistisches Bundesamt 1997a). Damit ist die Konsistenz des Gesamtmodells gewährleistet, denn jede Ausgabe eines Sektors hat automatisch die entsprechenden Einnahmen beim Empfängersektor zur Folge. Wir spezifizieren dazu jeweils Hypothesen für die Ausgaben eines Sektors und erhalten seine Einnahmen aus dem Systemzusammenhang.

Das Kontensystem ist insbesondere dafür notwendig, um nach der Umverteilung der Einkommen die Verfügbaren Einkommen der Privaten und Öffentlichen Haushalte bestimmen zu können, die ihrerseits wichtige Determinanten der Endnachfrage darstellen. Politiksimulationsmodelle können auf die Abbildung dieser Zusammenhänge kaum verzichten, denn fast alle wirtschaftspolitischen Maßnahmen greifen in die Umverteilung ein. Wichtig ist natürlich auch die Ermittlung der Finanzierungssalden, die in die Zinsbestimmung eingehen und deren Gegenüberstellung das System abschließt.

Das Kontensystem enthält zunächst einmal das *zusammengefaßte Güterkonto*, das das Aufkommen und die Verwendung der Güter in der gesamten Volkswirtschaft zeigt, sowie das *zusammengefaßte Konto der übrigen Welt*, auf dem die wirtschaftlichen Vorgänge der inländischen Wirtschaftssubjekte mit der übrigen Welt nachgewiesen werden. Zusätzlich werden für die vier institutionellen Sektoren:

- Private Haushalte,
- Staat,
- Unternehmen,
- Übrige Welt

jeweils die folgenden sieben Konten geführt:

- Produktionskonto,
- Einkommensentstehungskonto,
- Einkommensverteilungskonto,
- Einkommensumverteilungskonto,
- Einkommensverwendungskonto,
- Vermögensänderungskonto,
- Finanzierungskonto.

Im Modell werden die Variablen der Input-Output-Rechnung aggregiert und an die korrespondierenden Variablen im VGR-Kontensystem übergeben. Dabei werden die konzeptionellen Unterschiede zwischen beiden Rechensystemen sachgerecht berücksichtigt. So wird zum Beispiel im Einkommensentstehungskonto des Sektors Unternehmen der Bruttowertschöpfung der Wert zugewiesen, der im disaggregierten Modellteil als Summe der Produktionsbereiche 1 bis 55 (also ohne Gebietskörperschaften, Sozialversicherung und Organisationen ohne Erwerbscharakter) bestimmt worden ist. Die dabei zu berücksichtigenden Unterschiede zwischen der funktionellen Gliederung der Input-Output-Rechnung und der institutionellen Gliederung des Kontensystems werden vollständig erfaßt.

Aus Platzgründen wird darauf verzichtet, alle Gleichungen des Systems zu dokumentieren. Wegen ihrer besonderen Bedeutung für die Fragestellung dieses Buches greifen wir im folgenden die Einnahmen und Ausgaben des Staates heraus.

2.2.9.2 Ein Ausschnitt: Die Abbildung der Öffentlichen Haushalte

Im Produktionskonto des Staates stehen die Bruttoproduktionswerte der Gebietskörperschaften und der Sozialversicherung ihrer Vorleistungsnachfrage gegenüber. Diese Variablen werden aus der Input-Output-Rechnung des Modells übernommen, in der die Aktivitäten des Staates in seiner Eigenschaft als Produzent von Dienstleistungen erfaßt sind.

Die als Saldo bestimmte Bruttowertschöpfung des Staates wird im Einkommensentstehungskonto des Staates durch Abzug der Abschreibungen und der geleisteten Produktionssteuern des Staates in die Nettowertschöpfung überführt.

Im Einkommensverteilungskonto werden die von den Sektoren Unternehmen und Übrige Welt empfangenen Vermögenseinkommen addiert und die Zinszahlungen des Staates sowie die von ihm gezahlten Einkommen aus unselbständiger Arbeit subtrahiert, um zum Anteil des Staates am Volkseinkommen zu gelangen. Mit dieser Variablen sind wir nunmehr am Einkommensumverteilungskonto des Staates angelangt, das wir etwas ausführlicher diskutieren wollen.

In diesem Konto wird das Verfügbare Einkommen des Staates ermittelt, indem zu seinem Anteil am Volkseinkommen die Einnahmen aus Steuern, Sozialbeiträgen und sonstigen empfangenen laufenden Übertragungen hinzugefügt und die Ausgaben, bestehend aus Subventionen, sozialen Leistungen und sonstigen geleisteten laufenden Übertragungen, abgezogen werden.

Bei den Steuern unterscheiden wir die direkten und die indirekten Steuern. Die direkten Steuern sind nach den zahlenden Sektoren Unternehmen, Haushalte und Übrige Welt untergliedert. Die indirekten Steuern, die im folgenden zunächst betrachtet werden, werden weiter nach den Produktionssteuern, der Nichtabziehbaren Umsatzsteuer und den Einfuhrabgaben unterteilt.

Die Produktionssteuern werden von den Unternehmen in Abhängigkeit von ihrem Bruttoproduktionswert entrichtet. Die als zusätzliche Produktionssteuern behandelten Umweltabgaben werden im Input-Output-Bereich des Modells in tiefer sektoraler Disaggregation je nach Art der Steuer bestimmt. Im Falle der CO_2-Steuer entrichtet jeder inländische Produktionsbereich, der zur Verbrennung verwendete fossile Energieträger produziert, und jeder Importeur dieser Energieträger Steuern in Abhängigkeit vom CO_2-Gehalt der Energieträger und einem exogenen Steuersatz. Diese werden aggregiert und hier im Umverteilungskonto des Staates erfaßt.

Die Nichtabziehbare Umsatzsteuer wird im Detail im Input-Output-Bereich des Modells berechnet. Wir fassen sie hier hinsichtlich ihrer Herkunft aus den Produktionsbereichen bzw. der Letzten Verwendung zusammen.

Die direkten Steuern werden von Unternehmen, Privaten Haushalten und der Übrigen Welt in Abhängigkeit von den jeweiligen Einkommen der Sektoren gezahlt.

Die direkten Steuern der Privaten Haushalte sind eine lineare Funktion ihres Bruttoeinkommens. Wir fassen dabei die Einkommen aus Unternehmertätigkeit und Vermögen und aus unselbständiger Arbeit zusammen, weil das Aufkommen an direkten Steuern für die beiden Einkommensarten getrennt nicht vorliegt. Der Versuch, die Steuerquoten über eine Regressionsschätzung zu erhalten, indem man beide Einkommensarten getrennt als Regressoren verwendet, schlug fehl, weil der Regressionskoeffizient für das Einkommen aus Unternehmertätigkeit und Vermögen statistisch nicht gesichert war.

Die direkten Steuern der Unternehmen sind abhängig von ihren Bruttogewinnen. Für die direkten Steuern, die von der Übrigen Welt gezahlt werden, fehlt eine gute Erklärungsmöglichkeit. Wir unterstellen, daß sie sich linear mit dem Bruttoinlandsprodukt entwickeln.

Die im Einkommensumverteilungskonto des Staates erfaßten Ausgaben sind die Subventionen, die sozialen Leistungen und die sonstigen geleisteten laufenden Übertragungen des Staates.

Die geleisteten Subventionen werden durch die Entwicklung der gesamten Staatsausgaben erklärt. Die lineare Schätzfunktion impliziert einen langfristigen Rückgang des Anteils der Subventionen an den gesamten Staatsausgaben.

Die sozialen Leistungen bestehen aus den Auszahlungen der Sozialversicherung. Eine Aufteilung nach den einzelnen Bereichen Arbeitslosenversicherung, Krankenversicherung, Rentenversicherung und Pflegeversicherung bietet das Kontensystem der VGR nicht. Wir erklären deshalb die sozialen Leistungen insgesamt in einer Regression. Wir gehen davon aus, daß die Leistungen der Krankenversicherung, der Rentenversicherung und der Pflegeversicherung insgesamt langfristig parallel zur Entwicklung der Wertschöpfung in Deutschland verlaufen. Es ist anzunehmen, daß die Sozialpolitik sich an einem sozialen Standard relativ zum Bruttoinlandsprodukt orientiert. Bei den Leistungen aus der Arbeitslosenversicherung muß natürlich die konkrete Situation auf dem Arbeitsmarkt berücksichtigt werden. Wir wählen zur Erfassung der Leistungen aus der Arbeitslosenversicherung einen zweiten Regressor in der Funktion für die sozialen Leistungen, der als Produkt aus der Zahl der Arbeitslosen und der Bruttolohn- und -gehaltsumme je Beschäftigten definiert ist.

Die sonstigen geleisteten laufenden Übertragungen des Staates werden wiederum durch die Indikatorvariable Bruttoinlandsprodukt erfaßt. Das Verfügbare Einkommen des Staates kann nun als Saldo des Einkommensumverteilungskontos ermittelt werden. Im Einkommensverwendungskonto des Staates ziehen wir davon den Staatsverbrauch ab, den wir schon im Rahmen der Diskussion der Endnachfrage endogenisiert haben, und erhalten die Ersparnis des Staates.

Im Vermögensänderungskonto des Staates stellen wir seine Ersparnis seinen Bruttoinvestitionen, Abschreibungen und Vermögensübertragungen gegenüber. Die Bruttoinvestitionen des Staates werden durch das Bruttoinlandsprodukt, die Umlaufsrendite festverzinslicher Wertpapiere und die laufenden Zinszahlungen des Staates erklärt. Es hat sich in der Vergangenheit gezeigt, daß nicht nur der Preis der Verschuldung, der Zins, sondern auch die Belastung der Budgets durch den Umfang der Zinszahlungen die Investitionen des Staates dämpft. Bei dieser Komponente sind die politischen Widerstände gegen eine Sparpolitik eben am geringsten.

Als Saldo wird schließlich der Finanzierungssaldo des Staates berechnet, der dann auf dem Finanzierungskonto mit der Veränderung der Forderungen die Veränderung der Verbindlichkeiten des Staates fortschreibt. Der Finanzierungssaldo des Staates geht mit den Finanzierungssalden der anderen inländischen Sektoren in die Erklärung der Umlaufsrendite festverzinslicher Wertpapiere ein.

2.3 Die Modelldatenbasis

Die historische Datenbasis des Modells PANTA RHEI besteht aus gut 40.000 Zeitreihen (Variablen), die zum überwiegenden Teil aus den Volkswirtschaftlichen Gesamtrechnungen (VGR) und aus den Umweltökonomischen Gesamtrechnungen (UGR) des Statistischen Bundesamtes stammen. Weitere wichtige Datenquellen sind die Arbeitszeit- und Arbeitsvolumenrechnung des IAB (Institut für Arbeitsmarkt- und Berufsforschung der Bundesanstalt für Arbeit) sowie die Welthandelsdatenbank des internationalen INFORUM-Modellsystems.

Der Aufbau der Modelldatenbasis in Form von Zeitreihen erlaubt es, die Parameter des Modells mit Hilfe ökonometrischer Schätzverfahren zu ermitteln. Jede einzelne Zeitreihe der Datenbasis enthält Jahreswerte ab 1978 durchgehend bis 1994. Um zu einem vollständigen Datensatz zu gelangen, wurden bestehende Lükken im Ursprungsdatenmaterial durch eigene Berechnungen geschlossen. Darüber hinaus waren an einem Teil der Ausgangsdaten Abstimmungsarbeiten notwendig, um eine in sich konsistente Datenbasis zu erhalten.

Für den gesamten Datensatz gilt in den Jahren 1978 bis 1990 der Gebietsstand *Westdeutschland* und in den Jahren ab 1991 der Gebietsstand *Deutschland*. Daher tritt bei vielen Zeitreihen von 1990 auf 1991 ein Sprung auf. Einen wesentlichen Verlust für die ökonometrische Input-Output-Modellierung bedeutet es in diesem Zusammenhang, daß für den Gebietsstand Deutschland bislang noch keine Angaben über *Anlageinvestitionen* und *-vermögen* sowie über *Produktionssteuern* und *Subventionen* in tiefer Bereichsgliederung vorliegen (Meyer/Bockermann/Ewerhart/Lutz 1998, S. 12ff).

In den folgenden Abschnitten werden die konstituierenden Bestandteile der Modelldatenbasis beschrieben, wobei sich die Darstellung auf die Verknüpfung der drei zentralen Bausteine Input-Output-Rechnung, Energieträgerrechnung und Arbeitsvolumenrechnung konzentriert. Eine Beschreibung der INFORUM-Welthandelsdatenbasis findet sich in Abschnitt 2.2.1, und das Kontensystem der Volkswirtschaftlichen Gesamtrechnungen ist gerade in Abschnitt 2.2.9 vorgestellt worden.

Der Gesamtdatensatz bildet die Grundlage für eine sachgerechte Modellierung der quantitativen ökonomischen Wirkungen umweltpolitischer Maßnahmen zur Reduktion der Luftschadstoffemissionen. Zum einen ermöglicht die Energieträgerrechnung des Statistischen Bundesamtes als integraler Bestandteil der Input-Output-Rechnung eine voll integrierte und simultane Modellierung der relevanten physischen und monetären Prozesse, wie von Hoster/Welsch/Böhringer (1997, S. 146) gefordert. Die physischen Energie- und Luftschadstoffdaten dieser Statistik sind in tiefer Disaggregation kompatibel mit den monetären Angaben in den Input-Output-Tabellen.

Zum anderen ermöglicht die Verwendung der Arbeitsvolumenrechnung nach Produktionsbereichen eine angemessene Abbildung der Arbeitsmarktwirkungen solcher Maßnahmen. Die Arbeitsvolumenrechnung erlaubt die Differenzierung der Arbeitsmarkteffekte im Hinblick auf Arbeitsstunden, Jahresarbeitszeit, Beschäftigte Arbeitnehmer, Stundenlohnsätze sowie Arbeitskosten und Arbeitsproduktivität je Stunde. Die Verwendung von funktionell (nach Produktionsbereichen) gegliederten Arbeitsmarktdaten anstelle von institutionell (nach Wirtschaftsbereichen) gegliederten erbringt dabei einen zusätzlichen konzeptionellen Vorteil, da ja auch die Input-Output-Tabellen dem funktionellen Darstellungskonzept folgen.

2.3.1 Die Input-Output-Tabellen und Importmatrizen

Die im Modell PANTA RHEI verwendete Zeitreihe von Input-Output-Tabellen und Importmatrizen für die Jahre 1978 bis 1994 basiert weitgehend auf den Ergebnissen der Input-Output-Rechnung des Statistischen Bundesamtes (1989; 1990; 1994; 1995; 1997b). Dort wird eine funktionelle Untergliederung des Unternehmenssektors vorgenommen (Holub/Schnabl 1994, S. 35ff). Die einzelnen Produktionsbereiche sind dabei dadurch gekennzeichnet, daß sie jeweils eine homogene

Gruppe von Gütern herstellen. Mehrproduktunternehmen werden bei dieser Sektoreneinteilung entsprechend ihrer Outputstruktur virtuell zerlegt und den relevanten Produktionsbereichen zugeordnet. Tabelle 1 zeigt die Liste der 58 Produktionsbereiche und der entsprechenden 58 Gütergruppen der Input-Output-Rechnung und des Modells PANTA RHEI. Die Namen der Produktionsbereiche und Gütergruppen entsprechen nicht in allen Fällen den offiziellen Bezeichnungen. Demgegenüber deckt sich die Abgrenzung der Produktionsbereiche und Gütergruppen im Modell mit derjenigen des Statistischen Bundesamtes.

Abbildung 2 veranschaulicht Aufbau und Umfang der im Modell verwendeten Input-Output-Informationen. Die in die Tiefe gerichtete dritte Dimension der Abbildung repräsentiert die zeitliche Dimension der Modelldatenbasis. Die Parameter des Modells PANTA RHEI werden mit Hilfe ökonometrischer Verfahren aus den historischen Zeitreihen für die Jahre 1978 bis 1994 bestimmt. Nach der üblichen Prüfung der Modellvalidität (vgl. Abschnitt 2.4) wird das Modell zur Prognose sämtlicher Modellvariablen Jahr für Jahr bis zum Jahr 2010 verwendet.

Abbildung 2: Der Aufbau der historischen Input-Output-Datenbasis und der Prognosen des Modells PANTA RHEI

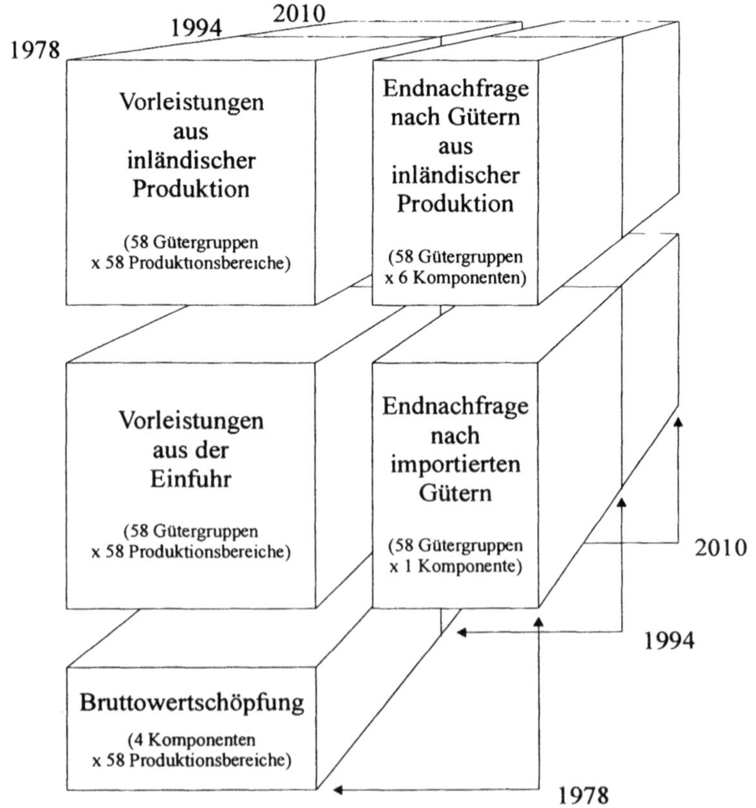

Tabelle 1: Die Bezeichnung der 58 Gütergruppen und Produktionsbereiche im Modell PANTA RHEI

	Gütergruppe	Produktionsbereich
1	Landwirtschaftliche Produkte	Landwirtschaft
2	Forstwirtschaftliche/Fischereiprodukte	Forstwirtschaft/Fischerei
3	Elektrizität/Dampf/Warmwasser	Elektrizitätswirtschaft
4	Gase	Gasversorgung
5	Wasser	Wasserversorgung
6	Kohle	Kohlenbergbau
7	Erze/Salze/Torf	Erz-/Salzbergbau
8	Erdöl/Erdgas	Erdöl-/Erdgasgewinnung
9	Chemische Erzeugnisse	Chemische Industrie
10	Mineralölerzeugnisse	Mineralölverarbeitung
11	Kunststofferzeugnisse	Kunststoffverarbeitung
12	Gummierzeugnisse	Gummiverarbeitung
13	Steine/Erden/Baustoffe	Baustoffindustrie
14	Feinkeramik	Feinkeramische Industrie
15	Glas	Glasindustrie
16	Eisen/Stahl	Eisen-/Stahlindustrie
17	NE-Metalle	NE-Metallindustrie
18	Gießereierzeugnisse	Gießereien
19	Zieherei-/Kaltwalzerzeugnisse	Ziehereien/Kaltwalzwerke
20	Metallbauerzeugnisse/Schienenfahrzeuge	Metall-/Schienenfahrzeugbau
21	Maschinenbauerzeugnisse	Maschinenbau
22	Büromaschinen/Computer	Büromaschinen-/Computerherstellung
23	Straßenfahrzeuge	Straßenfahrzeugbau
24	Wasserfahrzeuge	Wasserfahrzeugbau
25	Luft-/Raumfahrzeuge	Luft-/Raumfahrzeugbau
26	Elektrotechnische Erzeugnisse	Elektrotechnik
27	Feinmechanische/Optische Erzeugnisse/Uhren	Feinmechanik/Optik/Uhrenherstellung
28	Eisen-/Blech-/Metallwaren	Eisen-/Blech-/Metallwarenherstellung
29	Musikinstrumente/Sportgeräte	Musikinstrumente-/Sportgeräteherstellung
30	Holz	Holzbearbeitung
31	Holzwaren	Holzverarbeitung
32	Zellstoff/Papier/Pappe	Zellstoff-/Papier-/Pappeherstellung
33	Papier-/Pappewaren	Papier-/Pappeverarbeitung
34	Druckereierzeugnisse/Kopien	Druckerei/Vervielfältigung
35	Leder/Lederwaren/Schuhe	Ledergewerbe
36	Textilien	Textilindustrie
37	Bekleidung	Bekleidungsindustrie
38	Nahrungsmittel	Ernährungsgewerbe
39	Getränke	Getränkeherstellung
40	Tabakwaren	Tabakverarbeitung
41	Hoch-/Tiefbauleistungen	Bauhauptgewerbe
42	Ausbauleistungen	Ausbaugewerbe
43	Großhandelsleistungen	Großhandel
44	Einzelhandelsleistungen	Einzelhandel
45	Schienenverkehrsdienste	Eisenbahnen
46	Schiffahrts-/Hafendienste	Schiffahrt/Häfen
47	Nachrichtenübermittlung	Postdienst/Fernmeldewesen
48	Straßen-/Luftverkehrsdienste	Speditionen/Fluggesellschaften
49	Dienstleistungen der Kreditinstitute	Kreditinstitute
50	Dienstleistungen der Versicherungen	Versicherungen
51	Gebäude-/Wohnungsnutzung	Gebäude-/Wohnungswirtschaft
52	Bewirtung/Beherbergung	Gaststätten-/Hotelgewerbe
53	Wissenschafts-/Kultur-/Verlagsdienste	Wissenschaft/Kultur/Verlage
54	Gesundheits-/Veterinärdienstleistungen	Gesundheits-/Veterinärwesen
55	Sonstige marktbestimmte Dienstleistungen	Sonstiges Dienstleistungsgewerbe
56	Dienstleistungen der Gebietskörperschaften	Gebietskörperschaften
57	Dienstleistungen der Sozialversicherung	Sozialversicherung
58	Dienstleistungen der Kirchen/Parteien/Vereine	Kirchen/Parteien/Vereine

Das kubistische Erscheinungsbild der Abbildung soll dabei keinesfalls suggerieren, daß PANTA RHEI mit konstanten Matrixstrukturen in der Zeit arbeitet. Es sei hier noch einmal hervorgehoben, daß die Modellstrukturen durchgängig variabel sind und modellendogen bestimmt werden.

Ein wesentlicher Bestandteil des Datensatzes und damit auch des Modells ist die detaillierte Erfassung der Importe. Die Einfuhr wird hier in Form einer Matrix dargestellt, in den Zeilen nach der Art (Gütergruppe) und in den Spalten nach der Verwendung (Produktionsbereich bzw. Endnachfragekomponente). Diese umfassende Darstellung der Importe wird in der Literatur üblicherweise als Variante D bezeichnet (Holub/Schnabl 1994, S. 53ff).

In Abbildung 2 wird die Einfuhr durch die Kuben auf der mittleren Ebene repräsentiert. Neben der quadratischen Matrix der *Vorleistungen aus der Einfuhr*, die im Modell PANTA RHEI entsprechend der Input-Output-Rechnung des Statistischen Bundesamtes nach 58 Gütergruppen und 58 Produktionsbereichen gegliedert ist, enthält die Datenbasis auch die *Endnachfrage nach importierten Gütern.*

Die Endnachfrage nach importierten Gütern ist im Modell nach den 58 Gütergruppen gegliedert, während die amtliche Statistik hier eine zusätzliche Disaggregation nach sechs Komponenten (vgl. Tabelle 2) anbietet.

Die beiden Kuben auf der oberen Ebene von Abbildung 2 stellen - parallel zu den Importen - die Verwendungsstruktur der inländischen Produktion nach Gütergruppen dar. Neben der quadratischen Matrix der *Vorleistungen aus inländischer Produktion* (58 Gütergruppen x 58 verwendende Produktionsbereiche) enthält die PANTA RHEI-Datenbasis die Matrix der *Endnachfrage nach Gütern aus inländischer Produktion*, gegliedert nach 58 Gütergruppen und folgenden sechs Komponenten:

Tabelle 2: Die Komponenten der Endnachfrage im Modell PANTA RHEI

1	Privater Verbrauch
2	Staatsverbrauch
3	Ausrüstungen
4	Bauten
5	Vorratsveränderung
6	Ausfuhr

Addiert man die Matrizen auf der oberen und der mittleren Ebene in vertikaler Richtung, so erhält man die üblicherweise genutzten Vorleistungs- und Endnachfragematrizen, die die Verwendung des Gesamten Aufkommens im Inland (Güter aus inländischer Produktion und aus der Einfuhr) zeigen.

Die Matrix der Bruttowertschöpfung auf der unteren Ebene von Abbildung 2 ist in der Modelldatenbasis nach den 58 Produktionsbereichen und nach den vier in Tabelle 3 dargestellten Komponenten enthalten. Da die Komponente *Produktionssteuern abzüglich Subventionen* nur in den Input-Output-Tabellen für Westdeutschland (bis einschließlich Berichtsjahr 1990) getrennt von der Komponente

Einkommen aus Unternehmertätigkeit und Vermögen ausgewiesen ist, werden in der PANTA RHEI-Datenbasis diese beiden Komponenten für den gesamten Zeitraum 1978 bis 1994 zusammengefaßt.

Tabelle 3: Die Komponenten der Bruttowertschöpfung im Modell PANTA RHEI

1	Nichtabziehbare Umsatzsteuer
2	Abschreibungen
3	Einkommen aus unselbständiger Arbeit
4	Einkommen aus Unternehmertätigkeit und Vermögen (einschl. Produktionssteuern abzgl. Subventionen)

Die Zeitreihen von Input-Output-Tabellen und Importmatrizen sind im Zuge der Erstellung der Datenbasis für das ökonomische Kernsystem INFORGE (Meyer/ Ewerhart 1997; 1998a) erstellt worden. Unverändert vom Statistischen Bundesamt übernommen werden konnten dabei die Tabellen für die Jahre 1986, 1988, 1990, 1991 und 1993. Die Tabellen für 1978, 1980, 1982, 1984, 1985 und 1987 wurden revidiert, um sie mit den Tabellen für die zuerst genannten Jahre kompatibel zu machen. Die Tabellen für die Jahre 1979, 1981, 1983, 1989, 1992 und 1994 sind mit Unterstützung seitens des Statistischen Bundesamtes selbst berechnet worden.

Um zu einem konsistenten Datensatz zu gelangen, sind diese Tabellen nicht einfach durch Interpolieren, sondern mit Hilfe aller verfügbaren Strukturinformationen unter Vorgabe der gesamtwirtschaftlichen Ergebnisse generiert worden. Dabei sind die Ergebnisse der Input-Output-Rechnung aus den Ergebnissen der Inlandsproduktsberechnung unter Berücksichtigung der konzeptbedingten Ergänzungen und Abzüge (Statistisches Bundesamt 1997b, S. 27ff) berechnet worden.

Das angewendete Verfahren soll abschließend kurz skizziert werden. In einem ersten Arbeitsschritt werden abgestimmte Aufkommens- und Verwendungsbilanzen für die 58 Gütergruppen in jeweiligen und in Preisen von 1991 berechnet. Diese sogenannte Güterbilanz zeigt einerseits das Gesamte Aufkommen als Summe aus Inlandsproduktion und Einfuhr sowie andererseits die Gesamte Verwendung als Summe aus Vorleistungen und den sechs Komponenten der Endnachfrage. Die Bilanz konnte für den gesamten Zeitraum weitgehend unverändert vom Statistischen Bundesamt übernommen werden, und zwar in jeweiligen und in konstanten Preisen. Damit sind bereits ganz wesentliche Bausteine der Input-Output-Tabelle - wie die Vektoren der Inlandsproduktion, der Einfuhr, der Zeilensumme über die Vorleistungsmatrix sowie sämtlicher Komponenten der Endnachfrage - bestimmt.

Ein für das Modell PANTA RHEI ganz wichtiges Kuppelprodukt stellt das implizite Preissystem dieser Güterbilanz dar. Die aus den Wert- und Mengengrößen abgeleiteten Preisindizes der Aufkommens- und Verwendungskomponenten sind untereinander ebenso konsistent, wie es die Werte und die Mengen sind.

Im zweiten Arbeitsschritt wird die Wertschöpfungsmatrix berechnet. Die zentrale Arbeitshypothese lautet hier, daß die Wertschöpfungsquote der Produktionsbereiche - gemessen als Anteil der gesamten Bruttowertschöpfung in jeweiligen Preisen am Bruttoproduktionswert in jeweiligen Preisen - im betrachteten Jahr den Mittelwert der in den zeitlich angrenzenden Jahren beobachteten Werte einnimmt. Diese Annahme dürfte unproblematisch sein, denn die sektoralen Wertschöpfungsquoten haben sich in Deutschland selbst über Jahrzehnte als sehr konstant erwiesen (Bleses/Stahmer 1994, S. 339). Anschließend läßt sich mit Hilfe der bereits bekannten Bruttoproduktionswerte ein erster Wert für die Bruttowertschöpfung nach Produktionsbereichen berechnen, der abschließend auf den Eckwert der Inlandsproduktsberechnung abgestimmt wird.

Zur Berechnung der Wertschöpfungskomponenten nach Produktionsbereichen werden dann unter Verwendung von Kreuztabellen die disaggregierten Ergebnisse der Inlandsproduktsberechnung zunächst auf die funktionelle Gliederung der Input-Output-Tabelle umgeschlüsselt. Die Komponente Einkommen aus Unternehmertätigkeit und Vermögen (einschl. Produktionssteuern abzgl. Subventionen) läßt sich schließlich residual bestimmen.

Im dritten Arbeitsschritt wird dann die Vorleistungsverflechtung berechnet. Während die Randspalte mit den Zeilensummen der Matrix aus dem ersten Arbeitsschritt bekannt ist, ergeben sich die Zeilensummen aus dem zweiten Arbeitsschritt, indem die Bruttowertschöpfung in den Produktionsbereichen vom jeweiligen Bruttoproduktionswert subtrahiert wird. Bekannt sind zusätzlich die kompletten Zeilen der fünf Energie-Gütergruppen. Analog zur Wertschöpfung wird nun unterstellt, daß die Inputkoeffizienten in jeweiligen Preisen im betrachteten Jahr den Mittelwert der beiden Nachbarjahre annehmen. In einem iterativen, zweidimensionalen Abstimmungsprozeß wird dann unter Verwendung des RAS-Verfahrens (Holub/Schnabl 1994, S. 96) die restliche Vorleistungsmatrix abschließend abgestimmt.

Im vierten und letzten Arbeitsschritt wird die Importmatrix berechnet. Auch hier werden für die fehlenden Jahre zunächst die Struktur*koeffizienten* interpoliert und anschließend die resultierenden Niveauwerte auf die bekannten Eckwerte der Inlandsproduktsberechnung normiert. Diese Vorgehensweise wird zunächst auf die Endnachfrage nach importierten Gütern angewendet, wobei der Anteil der Endnachfrage nach Gütern aus der Einfuhr an der gesamten Endnachfrage bezüglich einer bestimmten Gütergruppe als zu interpolierender Koeffizient verwendet wird. Bei der Matrix der importierten Vorleistungen übernimmt analog der Anteil der importierten an den gesamten Vorleistungen - individuell für jedes Matrixfeld - diese Funktion.

2.3.2 Energieträgerrechnung und Emittentenstruktur

International werden zur integrierten Darstellung der Schnittstellen zwischen Ökonomie und Ökologie hauptsächlich zwei Konzeptionen diskutiert, zum einen das *System for Integrated Environmental and Economic Accounting* (SEEA) der Vereinten Nationen, und zum anderen die niederländische *National Accounting Matrix including Environmental Accounts* (NAMEA). Der wesentliche Unterschied zwischen den beiden Berichtssystemen besteht darin, daß bei der NAMEA (Keuning/de Haan 1998) die physischen Angaben - z. B. über die Belastung der natürlichen Umwelt - *zusammen* mit den traditionellen monetären Größen direkt im Kernsystem der Volkswirtschaftlichen Gesamtrechnungen ausgewiesen werden, während sie beim SEEA (Vereinte Nationen 1993) *getrennt* von diesen in Form eines ergänzenden Satellitensystems dargestellt werden.

Die amtliche Statistik in Deutschland für diesen Bereich, die Umweltökonomischen Gesamtrechnungen (Radermacher/Stahmer 1994; 1995), sind gemäß den Aufbauprinzipien des SEEA angelegt. Die im Modell PANTA RHEI verwendete Energieträgerrechnung des Statistischen Bundesamtes stellt als integraler Bestandteil der Input-Output-Rechnung in tiefer Disaggregation Angaben über das Aufkommen und die Verwendung von Energie im Inland bereit (Statistisches Bundesamt 1997b, S. 68ff). Ihre Ergebnisse sind daher - obwohl sie in Form eines speziellen Satellitensystems dargestellt werden - vollständig vergleichbar mit den Konzepten und Ergebnissen der Volkswirtschaftlichen Gesamtrechnungen.

Die Energieträgerrechnung stellt gleichzeitig einen wichtigen Bestandteil des Themenbereichs 1 der Umweltökonomischen Gesamtrechnungen (*Material- und Energieflüsse*) dar. Die entsprechenden Angaben sind im Rahmen des Material- und Energiefluß-Informationssystems MEFIS (Heinze 1998; Ragaly/Heinze 1998) verfügbar.

Nun wird der Aufbau der Energieträgerrechnung des Statistischen Bundesamtes im Detail betrachtet (Mayer 1990; 1993; Statistisches Bundesamt 1996). In der Statistik werden 29 Energieträger unterschieden, die in Tabelle 4 aufgeführt sind. Auch hier entspricht die Einteilung der Energieträger derjenigen des Statistischen Bundesamtes, während die Bezeichnungen in einigen Fällen etwas verändert wurden.

Tabelle 4: Die 29 Energieträger im Modell PANTA RHEI

1	Elektrizität	16	Motorenbenzin
2	Fernwärme	17	Dieselkraftstoff
3	Verteilte Gase	18	Flugkraftstoffe
4	Klärgas/Biogas/Deponiegas	19	Leichtes Heizöl
5	Steinkohle	20	Schweres Heizöl
6	Steinkohlenkoks	21	Flüssiggas
7	Steinkohlenbriketts	22	Raffineriegas
8	Rohbraunkohle	23	Rohbenzin
9	Staub-/Trockenkohle	24	Schmierstoffe
10	Hartbraunkohle	25	Andere Mineralölprodukte
11	Braunkohlenbriketts/-koks	26	Kernbrennstoffe
12	Grubengas	27	Sonstige feste Brennstoffe
13	Kokereigas	28	Hochofengas
14	Erdöl	29	Wasserkraft
15	Erdgas/Erdölgas		

Für jeden dieser 29 Energieträger werden vier in sich und untereinander abgestimmte Aufkommens- und Verwendungsbilanzen in folgenden Maßeinheiten ausgewiesen oder lassen sich berechnen:

- spezifische natürliche Mengeneinheiten (Tonnen, Kubikmeter, Wattstunden),
- Wärmeeinheiten (Joule),
- Energiekosten in jeweiligen Preisen,
- Energiekosten in Preisen von 1991.

Die ursprünglichen, natürlichen Mengenangaben sind vom Statistischen Bundesamt mit Hilfe der Heizwerte für die einzelnen Energieträger in Angaben in Wärmeeinheiten (Joule) umgerechnet, um die Mengen aggregierbar zu machen. Neben diesen physischen Größen enthält die Energieträgerrechnung auch entsprechende monetäre Angaben über die Energiekosten der verschiedenen Sektoren, und zwar in jeweiligen und in konstanten Preisen (Bockermann 1995). Schließlich lassen sich aus dem Ausgangsdatenmaterial die impliziten Preisindizes berechnen, und zwar:

- je natürliche Mengeneinheit,
- je Wärmeeinheit,
- 1991 = 100.

Sämtliche Aufkommens- und Verwendungsbilanzen weisen eine identische Gliederung auf. Dabei wird für die einzelnen Energieträger zunächst das Gesamte Aufkommen im Inland als Summe von Inlandsproduktion und Einfuhr gezeigt:

	Inländische Produktion
+	Einfuhr
=	Gesamtes Aufkommen

Auf der Verwendungsseite sind die Energiemengen und Energiekosten entsprechend der Zeilengliederung der Input-Output-Tabelle wie folgt disaggregiert:

	Verwendung im Produktionsbereich 1 (Landwirtschaft)	
+	Verwendung im Produktionsbereich 2 (Forstwirtschaft/Fischerei)	
+	Verwendung im Produktionsbereich 3 (Elektrizitätswirtschaft)	
	. .	
	. .	
+	Verwendung im Produktionsbereich 58 (Parteien/Kirchen/Vereine)	
+	Privater Verbrauch im Inland	
+	Vorratsveränderung	
+	Ausfuhr	
=	Gesamte Verwendung	(≡ Gesamtes Aufkommen)

Aus Sicht der Input-Output-Rechnung wird somit für jeden der 58 Produktionsbereiche wie auch für die Privaten Haushalte die Energieinputstruktur nach den 29

Energieträgern gezeigt. Die monetären Angaben der Energieträgerrechnung sind direkt als zusätzliche Zeilen der Input-Output-Tabelle verwendbar, wie es in Abbildung 3 durch die graue Schicht im 1. und 2. Quadranten der abgebildeten dreidimensionalen Input-Output-Tabelle angedeutet wird. Die Verwendung dieses Datensatzes im Modell PANTA RHEI erlaubt die konsistente Verknüpfung der Energieträgerrechnung mit der Input-Output-Rechnung.

Abbildung 3: Die Verbindung der Energieträgerrechnung mit der Input-Output-Tabelle in der Historie und im Prognosezeitraum

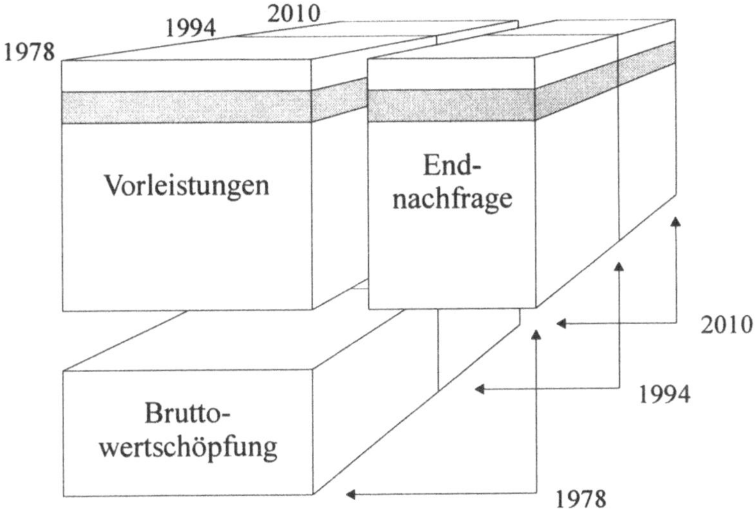

Die genaue Zuordnung der 29 Energieträger zu den Gütergruppen der Input-Output-Rechnung ist aus Tabelle 5 ersichtlich. Dabei sind die fünf Energie-Gütergruppen (Elektrizität/Dampf/Warmwasser, Gase, Kohle, Erdöl/Erdgas und Mineralölerzeugnisse) durch die ihnen zugeordneten Energieträger vollständig definiert. Dagegen repräsentiert der Energieträger Kernbrennstoffe nur einen kleinen Ausschnitt der Gütergruppe Chemische Erzeugnisse und der Energieträger Hochofengas nur einen kleinen Teil der Gütergruppe Eisen/Stahl. Für den Energieträger Sonstige feste Brennstoffe (Brennholz, Brenntorf und Klärschlamm) ist die Zuordnung nicht eindeutig: Während Brennholz zur Gütergruppe Forstwirtschaftliche/ Fischereiprodukte und Brenntorf zur Gütergruppe Erze/Salz/Torf gerechnet wird, gibt es für Klärschlamm keine entsprechende Position in der Input-Output-Rechnung. Auch für den Energieträger Wasserkraft fehlt eine solche Zuordnung.

Nimmt man einen Vergleich der Energieträgerrechnung mit den Energiebilanzen für Deutschland (Arbeitsgemeinschaft Energiebilanzen 1997) vor, so fallen insbesondere die Unterschiede in der Gliederung der Statistiken und bei der Verbuchung der Gase auf. Die weiteren Unterschiede sind in den methodischen Hinweisen zur Input-Output-Rechnung beschrieben (Statistisches Bundesamt 1997b, S. 69).

Tabelle 5: Die Zuordnung der 29 Energieträger zu den 58 Gütergruppen der Input-Output-Tabelle und im Modell PANTA RHEI

	Energieträger		Gütergruppe
1	Elektrizität	3	Elektrizität/Dampf/Warmwasser
2	Fernwärme		
3	Verteilte Gase	4	Gase
4	Klärgas/Biogas/Deponiegas		
5	Steinkohle	6	Kohle
6	Steinkohlenkoks		
7	Steinkohlenbriketts		
8	Rohbraunkohle		
9	Staub-/Trockenkohle		
10	Hartbraunkohle		
11	Braunkohlenbriketts/-koks		
12	Grubengas		
13	Kokereigas		
14	Erdöl	8	Erdöl/Erdgas
15	Erdgas/Erdölgas		
16	Motorenbenzin	10	Mineralölerzeugnisse
17	Dieselkraftstoff		
18	Flugkraftstoffe		
19	Leichtes Heizöl		
20	Schweres Heizöl		
21	Flüssiggas		
22	Raffineriegas		
23	Rohbenzin		
24	Schmierstoffe		
25	Andere Mineralölprodukte		
26	Kernbrennstoffe	9	Chemische Erzeugnisse
27	Sonstige feste Brennstoffe	2	Forstwirtschaftliche/Fischereiprodukte
		7	Erze/Salze/Torf
		/	
28	Hochofengas	16	Eisen/Stahl
29	Wasserkraft	/	

Grundsätzlich stützt sich die Energieträgerrechnung auf die Ergebnisse der Energiebilanzen. Insbesondere werden bei der Berechnung der Angaben in Wärmeeinheiten (Joule) die Eckwerte der Energiebilanz übernommen. Der Unterschied zwischen den beiden Statistiken hinsichtlich der Darstellung besteht darin, daß in den Energiebilanzen auf der obersten Gliederungsebene die Primärenergiebilanz, die Umwandlungsbilanz und die Endenergiebilanz mit jeweils unterschiedlicher Bereichsgliederung gebildet werden, während in der Energieträgerrechnung die Verwendung der Energieträger durchgehend und in der Bereichsgliederung der Input-Output-Tabelle gezeigt wird.

Neben dem unterschiedlichen Aufbau der beiden Rechenwerke bestehen auch konzeptbedingte Abweichungen bei den Ergebnissen. Besonders wichtig ist dabei die unterschiedliche Verbuchung der Verwendung von Gasen. Während die Gase in den Energiebilanzen *netto*, d. h. unter Ausschaltung der Gasverteilung über das öffentliche Netz, nachgewiesen werden, werden sie in der Energieträgerrechnung des Statistischen Bundesamtes *brutto*, d. h. doppelt verbucht. Die vom Produktionsbereich Erdöl/Erdgasgewinnung geförderten und die importierten Gase werden hier - soweit sie über das öffentliche Netz geleitet werden - zusätzlich als Input des Produktionsbereichs Gasversorgung erfaßt. Schließlich wird auch die Verwendung dieser Gase beim Produktionsbereich Gasversorgung bzw. beim Energieträger Verteilte Gase gezeigt. Insofern wird im Gesamten Aufkommen und in der Gesamten Verwendung von Energie eine Doppelverbuchung vorgenommen.

Um vom Energieverbrauch auf die Luftschadstoffemissionen schließen zu können, verwendet man das Konzept des *emissionsrelevanten* Energieverbrauchs. Die (energiebedingten) Emissionen stehen, analysiert auf der Ebene des einzelnen Verbrennungsprozesses, in einer technischen Relation zum emissionsrelevanten Energieeinsatz, formal beschreibbar durch einen *Emissionsfaktor*.

Um vom gesamten zum emissionsrelevanten Energieeinsatz zu gelangen, muß der nicht emissionsrelevante Energieeinsatz in Abzug gebracht werden. Neben den energiebedingten gibt es auch die *nicht verbrennungsbedingten* oder auch *prozeßbedingten* Luftschadstoffemissionen, die allerdings für die im Rahmen dieser Studie betrachteten Schadstoffe CO_2, SO_2 und NO_x von untergeordneter quantitativer Bedeutung sind. Im Jahr 1991 betrug der Anteil der nicht verbrennungsbedingten an den gesamten Emissionen in Deutschland bei CO_2 2.5 vH, bei SO_2 1.8 vH und bei NO_x sogar nur 0.4 vH (Umweltbundesamt 1994, S. 225ff).

In der Sache handelt es sich beim nicht emissionsrelevanten Energieeinsatz erstens um den *nichtenergetischen* Energieeinsatz. Eine solche Rolle als Rohstoff spielt die Energie insbesondere in der Petrochemie zur Erzeugung von organischen Primärchemikalien, in der Kunststoffverarbeitung, im Straßenbau in Form von Bitumen sowie in Industrie und Verkehr als Schmierstoff. Etwa 88 vH des nichtenergetischen Energieverbrauchs entfallen auf die Mineralölprodukte, daneben werden auch Gase sowie Steinkohle und Braunkohle nichtenergetisch eingesetzt (Schiffer 1995, S. 243; Prognos 1996, S. 333).

Zweitens ist auch die Verwendung von Energie für die Komponenten Vorratsveränderung und Ausfuhr nicht emissionsrelevant. Im Fall der Energieausfuhr führt die Anwendung des Inlandskonzeptes zur Nichtberücksichtigung, wie ja spiegelbildlich die Energieeinfuhr in der Inlandsverwendung enthalten ist.

Drittens entstehen energiebedingte Luftschadstoffemissionen nur bei der Verbrennung von Energieträgern. Damit werden in der Energieträgerrechnung des Statistischen Bundesamtes viele Energieträger als nicht oder nur zum Teil emissionsrelevant behandelt. In Tabelle 6 ist zusammenfassend die Emissionsrelevanz der einzelnen Energieträger gemäß dieser Statistik aufgestellt. Sie wird durch den

Anteil des emissionsrelevanten am gesamten Energieeinsatz gemessen. Über alle Energieträger ergibt sich ein Durchschnittswert von 47.2 vH, d. h. nur knapp die Hälfte des gesamten Energieeinsatzes nach der Energieträgerrechnung ist relevant für den Ausstoß von Luftschadstoffen.

Tabelle 6: Emissionsrelevanter und gesamter Energieverbrauch nach Energieträgern im Jahr 1991 gemäß Energieträgerrechnung des Statistischen Bundesamtes - in Petajoule -

	Energieträger	emissions-relevant	gesamt	Anteil in vH
1	Elektrizität	0	1809	0.0
2	Fernwärme	0	387	0.0
3	Verteilte Gase	2350	2431	96.7
4	Klärgas/Biogas/Deponiegas	10	10	100.0
5	Steinkohle	1700	2340	72.7
6	Steinkohlenkoks	275	454	60.6
7	Steinkohlenbriketts	17	84	20.4
8	Rohbraunkohle	1957	2494	78.5
9	Staub-/Trockenkohle	86	90	95.9
10	Hartbraunkohle	33	33	100.0
11	Braunkohlenbriketts/-koks	419	421	99.4
12	Grubengas	12	13	92.9
13	Kokereigas	101	141	72.2
14	Erdöl	0	3915	0.0
15	Erdgas/Erdölgas	77	2444	3.2
16	Motorenbenzin	1342	1482	90.5
17	Dieselkraftstoff	974	993	98.1
18	Flugkraftstoffe	149	216	69.1
19	Leichtes Heizöl	1539	1618	95.1
20	Schweres Heizöl	380	639	59.4
21	Flüssiggas	96	146	65.7
22	Raffineriegas	148	178	83.0
23	Rohbenzin	0	621	0.0
24	Schmierstoffe	0	132	0.0
25	Andere Mineralölprodukte	25	359	6.9
26	Kernbrennstoffe	0	1387	0.0
27	Sonstige feste Brennstoffe	127	132	96.2
28	Hochofengas	101	160	63.6
29	Wasserkraft	0	138	0.0
	Alle Energieträger	11922	25265	47.2

Die Analyse nach Energieträgern erklärt dieses Gesamtergebnis. Weil nur die Verbrennungsprozesse emissionsrelevant sind, wird beispielsweise nicht der Verbrauch von Elektrizität, sondern nur der entsprechende Verbrauch von Primärenergie bei der Erzeugung der Elektrizität als emissionsrelevant verbucht. Entsprechendes gilt für den Energieträger Fernwärme. Im Fall des Energieträgers Erdöl wird nicht der (emissionsfreie) Input bei der Herstellung der Mineralölerzeugnisse, sondern die Freisetzung der Emissionen bei der Verbrennung dieser Produkte erfaßt. Auch bei den Gasen treten die Emissionen erst nach der Verteilung beim Energieträger Verteilte Gase auf. Dementsprechend ist der Wert für die Emissionsrelevanz des Energieträgers Erdöl/Erdölgas konzeptionsbedingt niedrig. Die allein für nichtenergetische Verwendungen eingesetzten Energieträger Rohbenzin und Schmierstoffe haben dementsprechend überhaupt keine Emissionsrelevanz. Der Einsatz von Kernbrennstoffen und von Wasserkraft bei der Stromproduktion erfolgt ebenfalls emissionsfrei.

Der emissionsrelevante Energieeinsatz wird in der Energieträgerrechnung des Statistischen Bundesamtes als Matrix (nach Energieträgern und Produktionsbereichen/Privaten Haushalten) in Joule parallel zur Matrix des gesamten Energieverbrauchs ausgewiesen. Die Aufgliederung nach Energieträgern und Verwendungssektoren trägt der Tatsache Rechnung, daß die Verwendung ein und desselben Energieträgers in verschiedenen Prozessen eine unterschiedliche Emissionsrelevanz bezüglich eines bestimmten Luftschadstoffs aufweisen kann. Beispielsweise ist die Relevanz von Steinkohle bezüglich der Schwefeldioxidemissionen in den verschiedenen Produktionsbereichen sehr unterschiedlich: So entstehen beim Einsatz von einem Petajoule Steinkohle in der Baustoffindustrie 92.7 t SO_2, während beim Einsatz der gleichen Menge Steinkohle in der Eisen-/Stahlindustrie mit 615.5 t SO_2 mehr als das Sechsfache an SO_2-Emissionen frei wird.

Ausgehend von der Matrix des emissionsrelevanten Energieverbrauchs stellt die Energieträgerrechnung des Statistischen Bundesamtes schließlich auch Matrizen der energiebedingten Luftschadstoffemissionen nach Energieträgern und Produktionsbereichen/Privaten Haushalten für die verschiedenen Luftschadstoffe zur Verfügung, wobei als Ausgangspunkt in der Regel Angaben über noch tiefer disaggregierte Verbrennungsprozesse dienen. Diese sogenannte *Emittentenstruktur* (Thomas 1993; 1996; Statistisches Bundesamt 1997c; 1998) ergibt sich für einen konkreten Schadstoff, indem die emissionsrelevanten Energieeinsatzmengen in Joule mit den jeweiligen Emissionsfaktoren (Dimension: Tonnen Schadstoffausstoß je Petajoule Energieeinsatz) multipliziert werden. Je Schadstoff ist also eine nach Energieträgern und Produktionsbereichen/Privaten Haushalten gegliederte Emissionsmengenmatrix verfügbar. Zusammen mit der Matrix des emissionsrelevanten Energieeinsatzes läßt sich aus dieser Matrix die zugrundeliegende Matrix der Emissionsfaktoren ableiten. Eine ähnlich angelegte Emissionsstrukturrechnung für Deutschland wird beim ZEW (Hohmeyer/Vögele/Bräutigam/Finger 1998) geführt.

2.3.3 Die Arbeitsvolumenrechnung

Als ein dritter wichtiger Baustein der Modelldatenbasis wird hier abschließend die *Arbeitsvolumenrechnung nach Produktionsbereichen* vorgestellt. Sie ist im Rahmen dieser Studie berechnet und in das Modell PANTA RHEI integriert worden. Der Datensatz basiert auf den Ergebnissen der Input-Output-Rechnung, die passend zu den funktionell gegliederten Input-Output-Tabellen Angaben über Erwerbstätige und Beschäftigte Arbeitnehmer nach 58 Produktionsbereichen bereitstellt (Statistisches Bundesamt 1997b, S. 67f). Diese Angaben wurden mit den Ergebnissen der sektoralen Jahresarbeitszeitrechnung des Instituts für Arbeitsmarkt- und Berufsforschung (IAB) kombiniert (Kohler 1997). Auch für diesen Teil der Modelldatenbasis gilt bis einschließlich 1990 der Gebietsstand Westdeutschland und danach der Gebietsstand Deutschland.

Die Anzahl der Beschäftigten Arbeitnehmer nach den 58 Produktionsbereichen der Input-Output-Rechnung konnte mit Ausnahme der Jahre 1987, 1989, 1992 und 1994 direkt vom Statistischen Bundesamt (1989; 1990; 1994; 1995; 1997b) übernommen werden. Die Angaben für das Berichtsjahr 1987 (Statistisches Bundesamt 1990) wurden unter Berücksichtigung der Beschäftigtenzahlen nach Wirtschaftsbereichen (institutionelle Gliederung), die im Rahmen der Inlandsproduktsberechnung (Fachserie 18, Reihe 1.3) laufend publiziert werden, korrigiert, um sie mit den aktualisierten Angaben für die Jahre 1986 und 1988 (Statistisches Bundesamt 1994) kompatibel zu machen. Für die nicht verfügbaren Berichtsjahre 1989, 1992 und 1994 wurden die Ergebnisse der Inlandsproduktsberechnung in tiefer Gliederung mit Hilfe von Kreuztabellen in die funktionelle Gliederung der Input-Output-Rechnung überführt.

Die damit für den Zeitraum 1978 bis 1994 durchgängig verfügbaren Zeitreihen der Beschäftigten Arbeitnehmern in den 58 Produktionsbereichen wurden anschließend mit den durchschnittlichen jährlichen Arbeitszeiten - gemessen in Stunden - multipliziert, die vom IAB als Zeitreihe für die Jahre 1970 bis 1992 nach 55 Sektoren zur Verfügung gestellt worden sind. Da für die Jahre 1993 und 1994 nur Angaben nach 10 aggregierten Bereichen vorliegen, wurden die in tiefer Gliederung vorliegenden Angaben für 1992 mit den Veränderungsraten der Jahresarbeitszeit im zugehörigen übergeordneten Bereich fortgeschrieben. Abschließend wurde der sich als Summe über alle 58 Produktionsbereiche ergebende Wert für das gesamtwirtschaftliche Arbeitsvolumen auf die gesamtwirtschaftliche Angabe des IAB normiert, indem die Jahresarbeitszeiten für alle Sektoren proportional angepaßt wurden.

Der Berechnung der hier verwendeten durchschnittlichen jährlichen Arbeitszeiten des IAB liegt ein umfassendes Konzept zugrunde (Kohler 1997). Für jeden Sektor werden dabei die im folgenden aufgeführten Komponenten individuell berücksichtigt:

- Kalendervorgaben,
- Tarifliche Arbeitszeitvereinbarungen,
- Krankenstand,
- Mehrarbeitsstunden,
- Kurzarbeit,
- Schlechtwettervereinbarungen,
- Arbeitskampfeffekte,
- Teilzeitarbeit,
- Erziehungsurlaub.

Zusammenfassend sollen noch zwei wesentliche Eigenschaften des hier verwendeten Datensatzes hervorgehoben werden. Erstens erscheint die Verwendung von Arbeitsvolumina (Stunden) anstelle von Personen für eine differenzierte Analyse der Rolle des Inputfaktors Arbeit im Produktionsprozeß unerläßlich. Die Effekte der fortschreitenden Verkürzung der Arbeitszeit können damit isoliert werden. Beispielsweise wird zusätzlich zur Arbeitsproduktivität je Beschäftigten Arbeitnehmer, in der alle oben genannten Effekte mit gemessen werden, der schärfere Indikator Arbeitsproduktivität je Stunde verfügbar. Bei der ökonometrischen Analyse lassen sich somit verbesserte Schätzwerte für die Reagibilität der Beschäftigung in Abhängigkeit von den Arbeitskosten ableiten.

Die im Modell PANTA RHEI ebenfalls realisierte Verwendung von funktionell anstelle von institutionell gegliederten Arbeitsmarktdaten bedeutet einen zweiten konzeptionellen Vorteil, da auch die Input-Output-Tabellen entsprechend dem funktionellen Darstellungskonzept gegliedert sind. Die ansonsten übliche Berechnung von Arbeitsproduktivitätskennziffern, bei denen der Produktionsoutput funktionell und der Inputfaktor Arbeit institutionell gemessen wird, kann zu ernsthaften Fehlschlüssen führen.

2.4 Die historische Simulation für die Jahre 1980 bis 1990

PANTA RHEI ist als Prognose- und Simulationsmodell in erster Linie für die ex ante-Analyse konzipiert. Dennoch ist eine notwendige Bedingung für die Validität eines ökonometrischen Modells die hinreichend genaue Erklärung der historischen Entwicklung. In diesem Abschnitt ist die Qualität der ex post-Anpassung des Modells PANTA RHEI beschrieben. Die Ergebnisse der sogenannten *historischen Simulation* für den Zeitraum von 1980 bis 1990 zeigen, daß das Modell diese Eignungsprüfung besteht.

Eine historische Simulation findet innerhalb des Schätzzeitraums statt. Zudem entsprechen die Werte der exogenen Variablen den historisch realisierten Werten. Dagegen gehen die zeitverzögerten endogenen Variablen mit ihren vom Modell für die Vorperiode berechneten Werten ein. Die historische Simulation stellt die klassische Form der Anpassungsprüfung ökonometrischer Modelle dar (Pindyck/ Rubinfeld 1998, S. 383).

Im Abschnitt 2.4.1 wird der ausgewählte Simulationszeitraum begründet. Danach wird die Qualität der historischen Simulation anhand von Grafiken für einige Makro- und Sektorvariablen dargestellt. Die üblichen statistischen Prognosemaße werden im Abschnitt 2.4.3 gezeigt.

2.4.1 Zur Auswahl des Simulationszeitraums

Es wäre theoretisch zwar möglich gewesen, den Anpassungstest auf den gesamten Schätzzeitraum von 1978 bis 1994 auszudehnen. Dies ist jedoch nicht zweckmäßig. So wird mit der historischen Simulation erst im Jahr 1980 begonnen, da aufgrund von verzögerten Variablen in den Schätzgleichungen frühestens in diesem Jahr alle erklärenden Variablen zur Verfügung stehen.

Der Grund für die Beendigung der historischen Simulation im Jahr 1990 besteht in dem Strukturbruch, den die Datenbasis von 1990 auf 1991 durch die Wiedervereinigung Deutschlands erfahren hat. So liegen die Daten bis einschließlich 1990 nur für die *alte* Bundesrepublik (Westdeutschland) vor. Ab 1991 existieren Daten für Gesamtdeutschland.

Bei der Darstellung der nachfolgenden Ergebnisse wird sogar zu erkennen sein, daß schon die Öffnung der deutsch-deutschen Grenze im November 1989 in einigen Zeitreihen zu leichten Strukturbrüchen im Jahr 1990 geführt hat. Im Jahr der *Datenwiedervereinigung* 1991 gibt es für fast alle Variablen deutliche Niveauverschiebungen. So sprang der Wert des preisbereinigten Bruttoinlandsprodukts von 2520.4 Mrd. DM im Jahr 1990 um 13.2 vH auf 2853.6 Mrd. DM im Jahr 1991, der Private Verbrauch erhöhte sich sogar um 18.9 vH. Es ist klar, daß solch ein Prozeß wie der Gebietsstandssprung nicht mit einem dynamischen ökonometrischen Modell abgebildet werden kann.

Es besteht ein Problem darin, daß in sehr vielen Schätzgleichungen verzögerte Variablen enthalten sind. Diese verschieben in einigen Gleichungen den Sprung in der historischen Simulation von 1991 auf 1992. Dadurch erfaßt ein Modellauf einige Strukturbrüche recht ordentlich, wogegen andere kaum wiedergegeben werden können. Somit wird hier auf die Darstellung der Simulationsergebnisse für die Jahre 1991 und 1992 verzichtet.

Auch die Möglichkeit, die historische Simulation nur für die Jahre 1993 und 1994 darzustellen, macht keinen Sinn, da sie in diesem Fall nur Ergebnisse für zwei Jahre liefern würde. Damit könnten kaum Aussagen über die Modellqualität getroffen werden. Dennoch können mit diesem Modell ex ante-Prognosen erstellt werden, da die oben genannten Probleme ab 1993 nicht mehr vorhanden sind. Durch die Einbeziehung der Input-Output-Tabellen für Deutschland insgesamt ist auch der vereinigungsbedingte Strukturwandel in das Modell integriert.

2.4.2 Die Gegenüberstellung der historischen Simulation und der tatsächlichen Daten

Die Abbildungen 4 bis 12 geben einen Eindruck von der Qualität der historischen Simulation für die Jahre 1980 bis 1990 für wesentliche Makrovariablen und Emissionsdaten:

- Bruttoinlandsprodukt,
- Arbeitslosenquote,
- Lohnquote,
- Staatsquote,
- Außenhandelsüberschuß,
- Inflationsrate,
- CO_2-Emissionen,
- NO_x-Emissionen,
- SO_2-Emissionen.

Die Entwicklung der gesamtwirtschaftlichen Variablen wird gut getroffen. So liegt der Absolutbetrag der durchschnittlichen relativen Abweichung beim Bruttoinlandsprodukt zum Beispiel nur bei 1.0 vH. Der mittelfristige Verlauf mit der Stagnationsphase zu Beginn der achtziger Jahre und der anschließenden kräftigen Wachstumsphase wird vom Modell sehr gut nachgezeichnet. Die durchschnittliche Jahreswachstumsrate betrug über den gesamten Zeitraum historisch 2.5 vH und in der Modellrechnung 2.2 vH (vgl. Abbildung 4).

Von ähnlicher Qualität sind auch die Ergebnisse für die anderen Variablen. So können auch die Arbeitslosenquote, die Lohnquote und die Staatsquote sehr gut nachgezeichnet werden (vgl. Abbildung 5 bis 7). Bemerkenswert sind sicherlich die hervorragenden Anpassungen für den Außenhandelsüberschuß (Abbildung 8) und die Inflationsrate (Abbildung 9). Beide Variablen sind als Saldo beziehungsweise als Veränderungsrate besonders schwierig zu prognostizieren. Beim Außenhandelsüberschuß tritt die einzige größere Abweichung in dem durch politische und ökonomische Schocks gekennzeichneten Jahr 1990 auf. Bei der Inflationsrate kommt zusätzlich das Jahr 1980 durch den Ölpreisschock hinzu.

Die Emissionen sind allesamt auf den emissionsrelevanten Energieverbrauch zurückzuführen. Die Unterschiede im Verlauf zwischen den drei Emissionsvariablen ergeben sich durch die unterschiedlichen Emissionsfaktoren. Die CO_2-Emissionen sind bis 1985 um maximal 2.9 vH zu niedrig simuliert. Von 1986 bis 1989 liegen die Werte der historischen Simulation geringfügig zu hoch, und im Jahr 1990 werden die tatsächlichen CO_2-Emissionen fast exakt getroffen (vgl. Abbildung 10). Aus den Abbildungen 11 und 12 ergibt sich ein ähnliches Bild bei den NO_x- und den SO_2-Emissionen. Sie werden beide in den ersten Jahren der historischen Simulation zu niedrig und in den letzten Jahren zu hoch bewertet.

Von den Sektorvariablen kann nur ein kleiner Ausschnitt dargestellt werden. Dazu werden folgende sektorale Variablen betrachtet:

- der Vorleistungspreisindex des Energieträgers Motorenbenzin,
- der Vorleistungspreisindex für Chemische Erzeugnisse aus dem Inland,
- die Inputkoeffizienten der Elektrizität im Produktionsbereich Chemische Industrie, des Motorenbenzins im Produktionsbereich Sonstiges Dienstleistungsgewerbe und der NE-Metalle im Produktionsbereich Straßenfahrzeugbau,
- der Bruttoproduktionswert im Straßenfahrzeugbau,
- die Beschäftigten Arbeitnehmer im Produktionsbereich Großhandel.

Der in Abbildung 13 dargestellte Vorleistungspreisindex des Energieträgers Motorenbenzin wird unter anderem über den Einfuhrpreisindex des internationalen INFORUM-Systems bestimmt. Die Ergebnisse der historischen Simulation zeichnen den Verlauf der tatsächlichen Werte sehr gut nach. So wird der Preisanstieg bis 1982, die Phase hoher Energiepreise von 1982 bis 1985, der nachfolgende Preisverfall im Jahr 1986 sowie das Verharren auf diesem Niveau bis 1988 gut erfaßt. Der auf Steuererhöhungen zurückzuführende Preisanstieg im Jahr 1989 wird ebenfalls gut wiedergegeben.

Abbildung 4: Die tatsächliche und die simulierte Entwicklung des Bruttoinlandsprodukts - in Mrd. DM in Preisen von 1991, Westdeutschland -

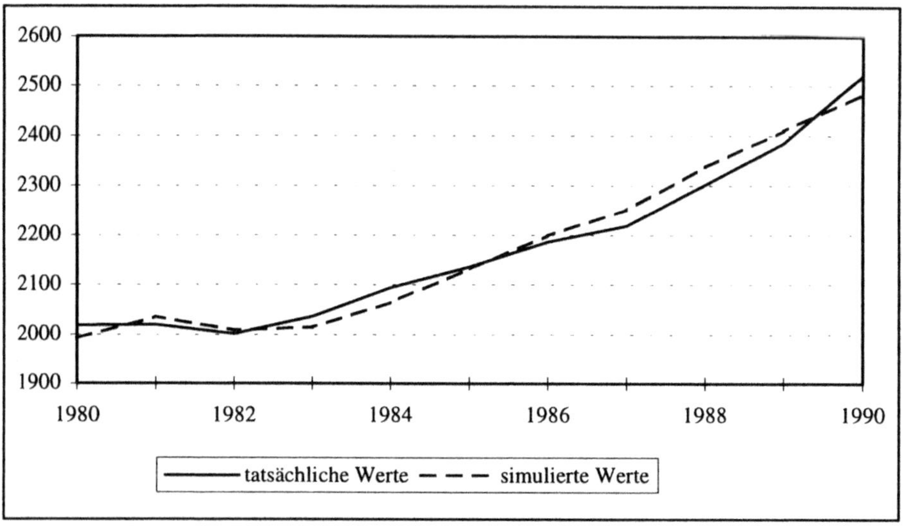

Abbildung 5: Die tatsächliche und die simulierte Entwicklung der Arbeitslosenquote - in vH, Westdeutschland -

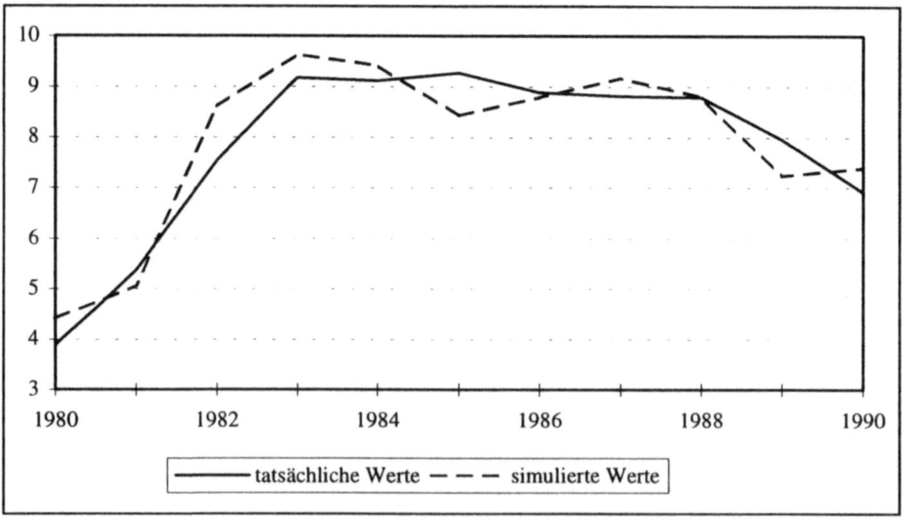

Abbildung 6: Die tatsächliche und die simulierte Entwicklung der Lohnquote - in vH, Westdeutschland -

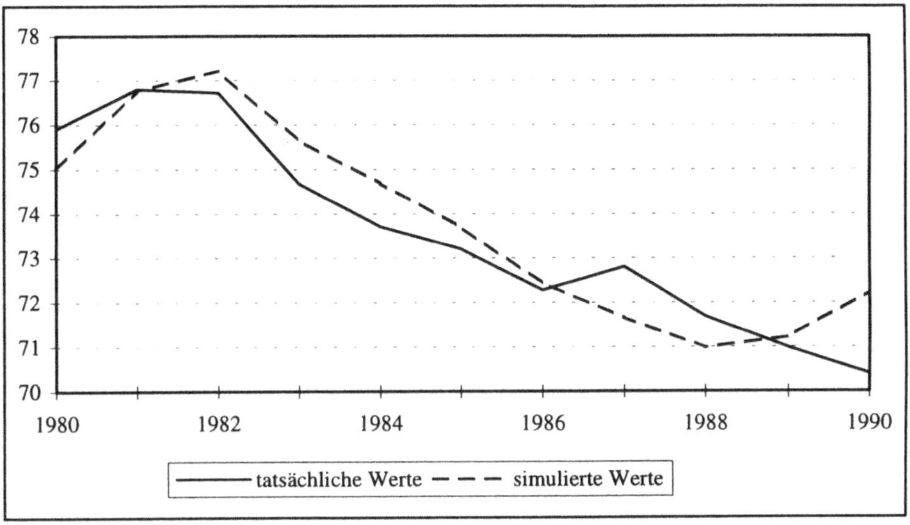

Abbildung 7: Die tatsächliche und die simulierte Entwicklung der Staatsquote - in vH, Westdeutschland -

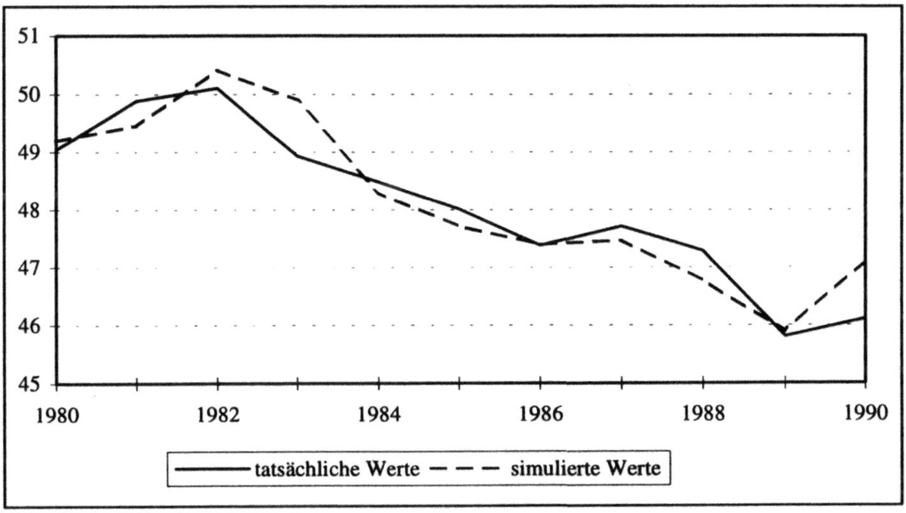

Abbildung 8: Die tatsächliche und die simulierte Entwicklung des Außenhandelsüberschusses - in Mrd. DM in Preisen von 1991, Westdeutschland -

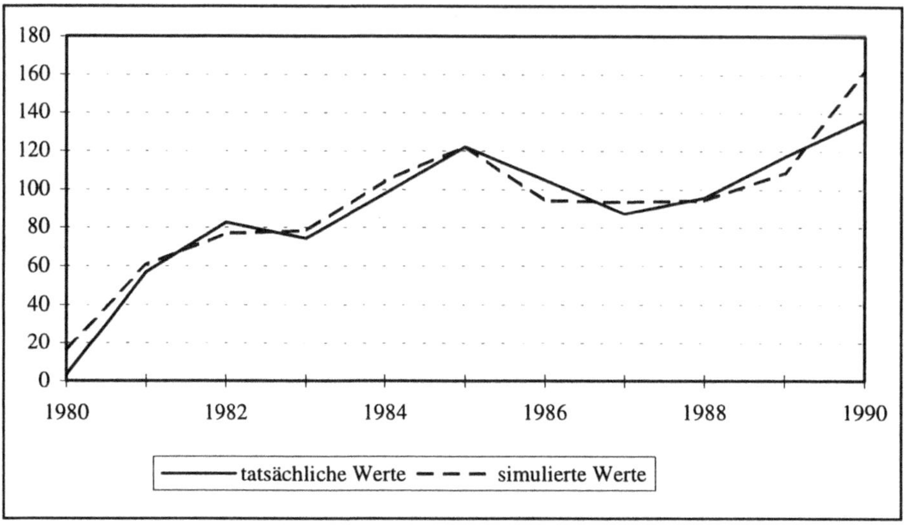

Abbildung 9: Die tatsächliche und die simulierte Entwicklung der Inflationsrate - in vH, Westdeutschland -

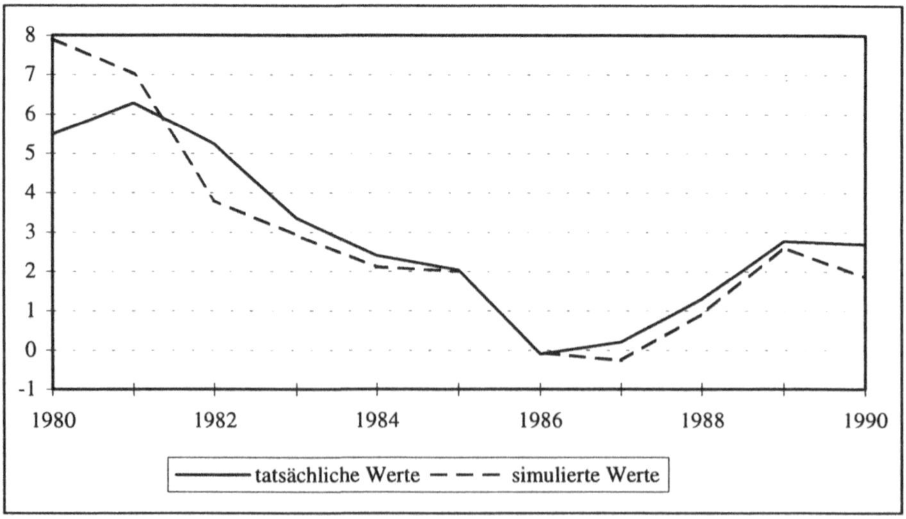

Abbildung 10: Die tatsächliche und die simulierte Entwicklung der CO_2-Emissionen - in Mio. Tonnen, Westdeutschland -

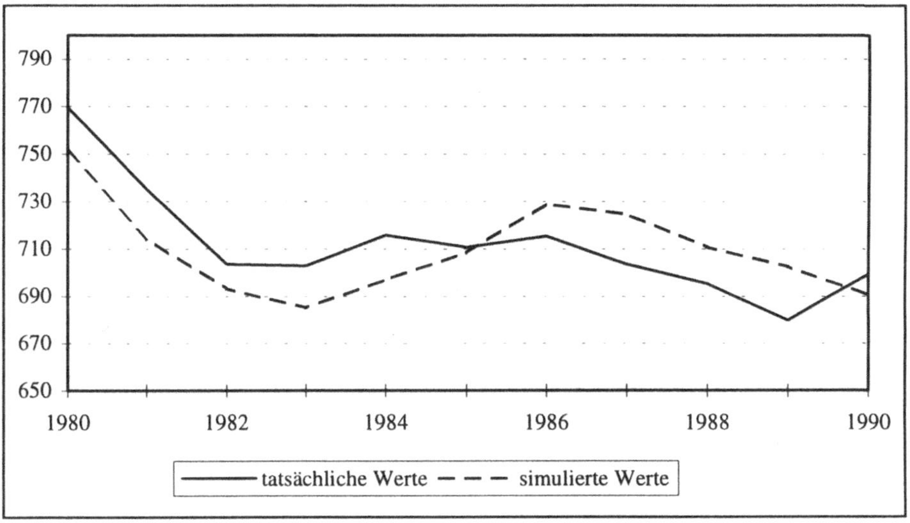

Abbildung 11: Die tatsächliche und die simulierte Entwicklung der NO_x-Emissionen - in Tsd. Tonnen, Westdeutschland -

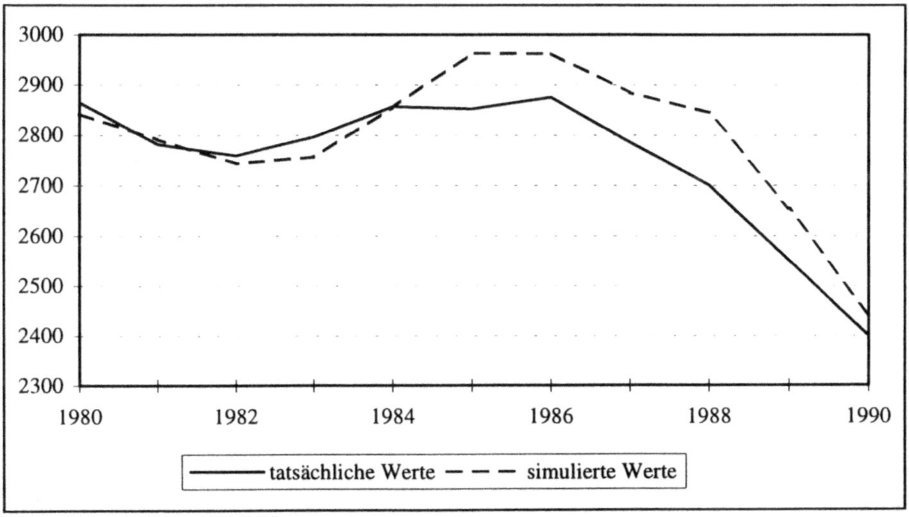

Abbildung 12: Die tatsächliche und die simulierte Entwicklung der SO_2-Emissionen - in Tsd. Tonnen, Westdeutschland -

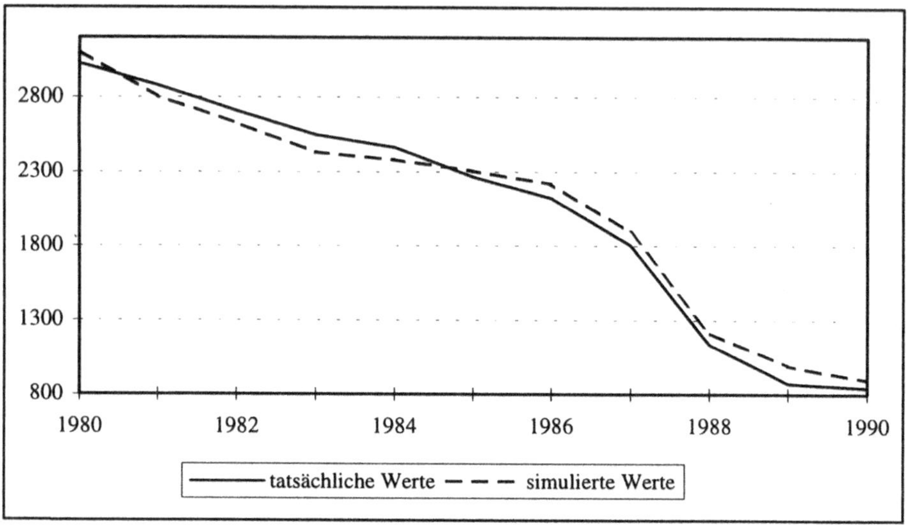

Abbildung 13: Die tatsächliche und die simulierte Entwicklung des Vorleistungspreisindexes des Energieträgers Motorenbenzin - 1991 = 100, Westdeutschland -

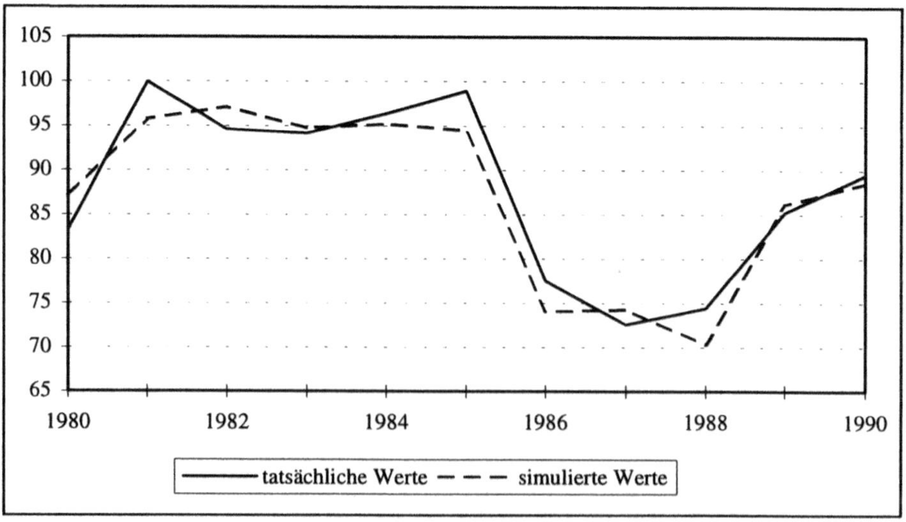

Abbildung 14: Die tatsächliche und die simulierte Entwicklung des Vorleistungspreisindexes für Chemische Erzeugnisse aus dem Inland - 1991 = 100, Westdeutschland -

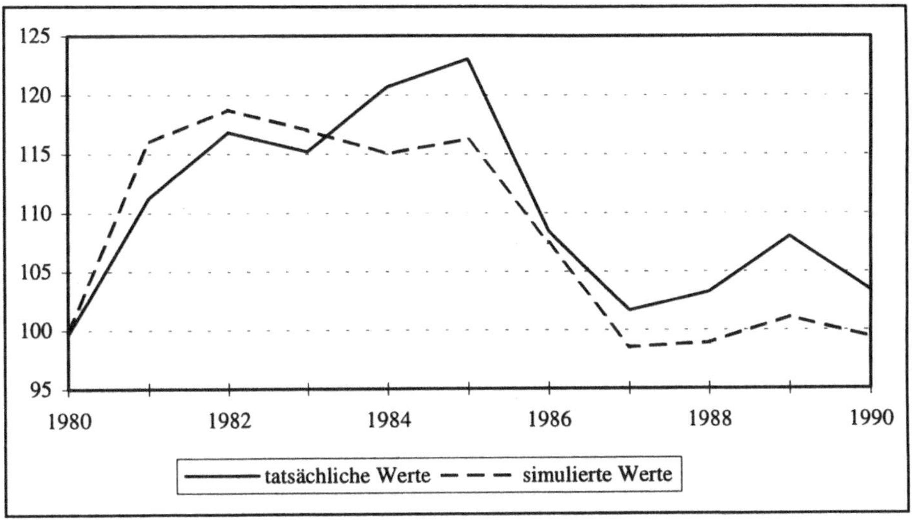

Abbildung 15: Die tatsächliche und die simulierte Entwicklung des Inputkoeffizienten der Elektrizität im Produktionsbereich Chemische Industrie - in vH, Westdeutschland -

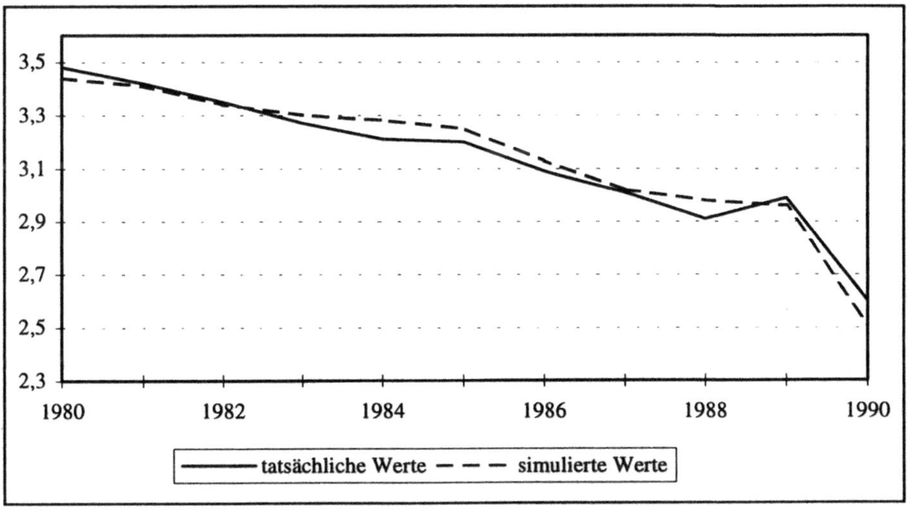

Abbildung 16: Die tatsächliche und die simulierte Entwicklung des Inputkoeffizienten des Motorenbenzins im Produktionsbereich Sonstiges Dienstleistungsgewerbe - in vH, Westdeutschland -

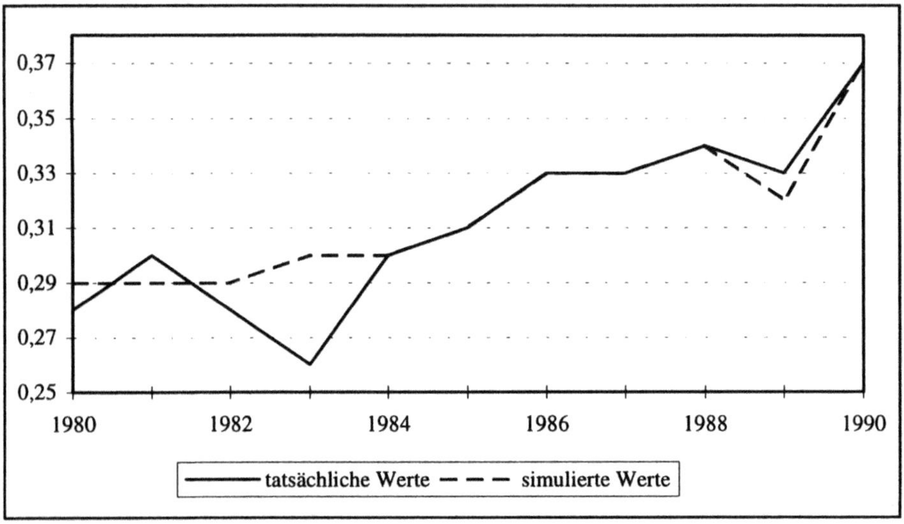

Abbildung 17: Die tatsächliche und die simulierte Entwicklung des Inputkoeffizienten der NE-Metalle im Produktionsbereich Straßenfahrzeugbau - in vH, Westdeutschland -

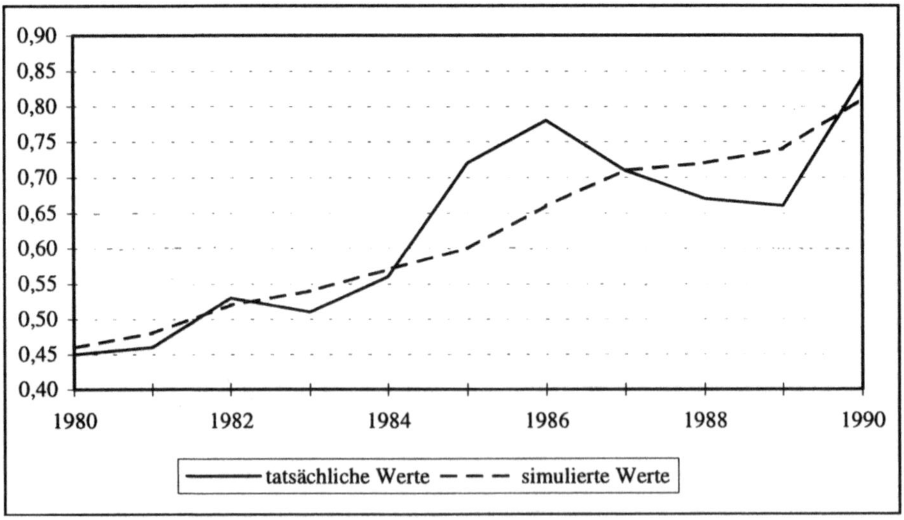

Abbildung 18: Die tatsächliche und die simulierte Entwicklung des Bruttoproduktionswertes des Produktionsbereichs Straßenfahrzeugbau - in Mrd. DM in Preisen von 1991, Westdeutschland -

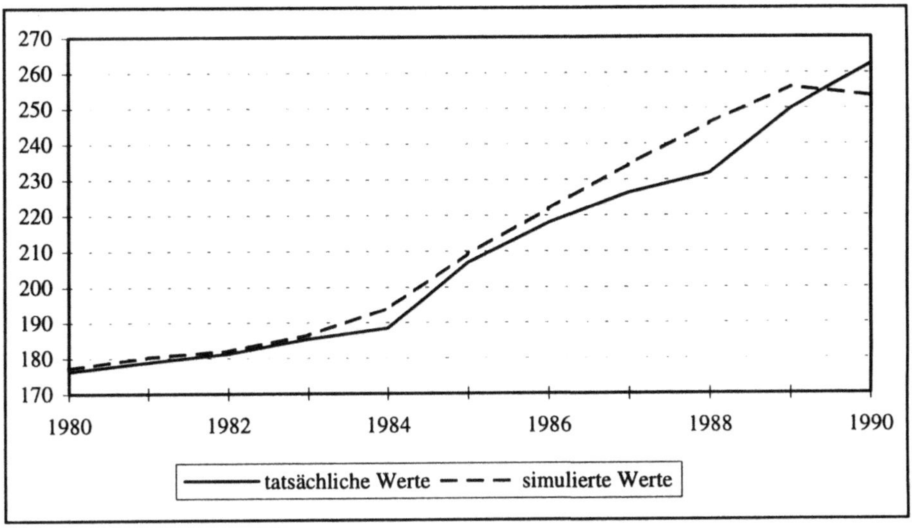

Abbildung 19: Die tatsächliche und die simulierte Entwicklung der Beschäftigten Arbeitnehmer im Produktionsbereich Großhandel - in Tsd., Westdeutschland -

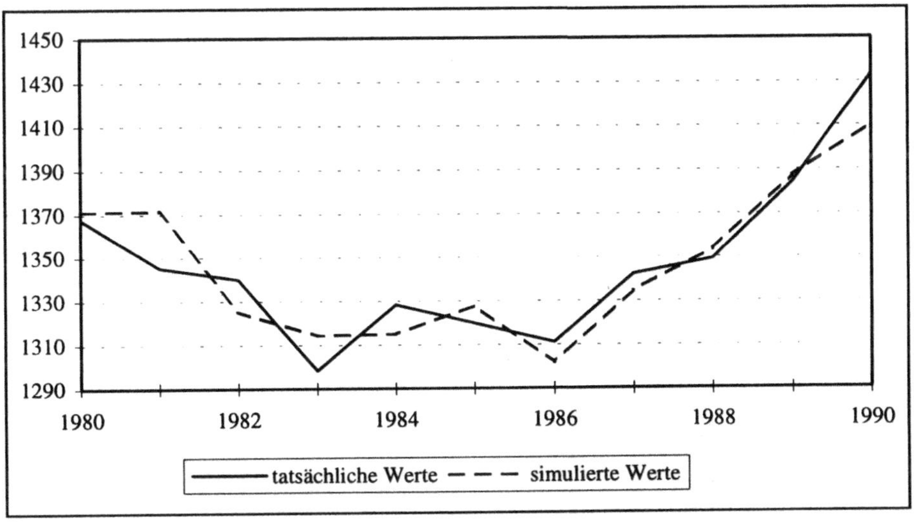

Der Vorleistungspreisindex für Chemische Erzeugnisse aus dem Inland wird über die Stückkosten und den Einfuhrpreisindex dieses Sektors bestimmt. Dieser Preis verläuft ähnlich wie der Motorenbenzinpreis mit hohen Werten bis Mitte der achtziger Jahre und einem niedrigeren Verlauf ab 1986. In der historischen Simulation werden beide Phasen erfaßt. Dennoch kommt es dabei in der zweiten Phase zu einer geringfügigen Unterschätzung (vgl. Abbildung 14).

Der Inputkoeffizient der Elektrizität im Produktionsbereich Chemische Industrie und der Inputkoeffizient des Motorenbenzins im Produktionsbereich Sonstiges Dienstleistungsgewerbe werden über Preisrelationen bestimmt. In der historischen Simulation wird der erste Koeffizient gut wiedergegeben. Beim zweiten Koeffizienten gibt es eine deutliche Abweichung im Jahr 1983, die jedoch von der fast exakten Anpassung in den Jahren von 1984 bis 1990 mehr als kompensiert wird (vgl. Abbildungen 15 und 16).

Auch der Inputkoeffizient der NE-Metalle im Produktionsbereich Straßenfahrzeugbau wird mittels Preisrelationen bestimmt. Die Anpassung ist, abgesehen von der leichten Unterschätzung in den Jahren 1985 und 1986, als ordentlich zu bezeichnen (vgl. Abbildung 17).

Beim Bruttoproduktionswert im Straßenfahrzeugbau sind die Ergebnisse der historischen Simulation ebenfalls zufriedenstellend. Es gibt zwar eine kontinuierliche Überschätzung bis zum Jahr 1989. Dennoch beträgt der mittlere absolute prozentuale Fehler für den gesamten Zeitraum nur 2.2 vH (vgl. Abbildung 18 und Tabelle 7).

Die Anzahl der Beschäftigten Arbeitnehmer im Produktionsbereich Großhandel sank von 1.37 Mio. im Jahr 1980 auf 1.30 Mio. im Jahr 1983. Danach erfolgten Einstellungen, so daß die Beschäftigung auf 1.43 Mio. im Jahr 1990 stieg. In der historischen Simulation kann sowohl die Schrumpfung bis 1983 als auch die Steigerung bis zum Jahr 1990 nachgezeichnet werden. Die größeren Abweichungen in den Jahren 1981 und 1990 betragen absolut weniger als 2 vH (vgl. Abbildung 19 und Tabelle 7).

2.4.3 Statistische Prüfmaße der Prognosequalität

Die Unterschiede zwischen der tatsächlichen Entwicklung und den Ergebnissen der historischen Simulation sind neben den grafischen Darstellungen auch anhand geeigneter Prüfmaße zu vergleichen (Pindyck/Rubinfeld 1998, S. 384ff). Dazu sind in den Tabellen 7 und 8 die folgenden sieben Prüfmaße ausgewiesen:

- MAE mittlerer absoluter Fehler (*mean absolute error*),
- RMSE Wurzel aus dem mittleren quadratischen Fehler, (*root mean square error*),
- MAPE mittlerer absoluter prozentualer Fehler (*mean absolute percent error*),
- RMSPE Wurzel aus dem mittleren quadratischen prozentualen Fehler (*root mean square percent error*),

- U1 Theilscher Verzerrungsanteil,
- U2 Theilscher Varianzanteil,
- U3 Theilscher Kovarianzanteil.

Die beiden ersten Maße stellen auf die absolute Abweichung zwischen den tatsächlichen Daten und der historischen Simulation über den Zeitraum von 1980 bis 1990 ab, wogegen der MAPE und der RMSPE die Fehler der durchschnittlichen relativen Abweichungen messen. Der Unterschied zwischen den Fehlermaßen, die auf den einfachen Abweichungen basieren (MAPE bzw. MAE), und denen, die auf den quadrierten Abweichungen beruhen (RMSPE bzw. RMSE), besteht darin, daß große Fehler in einzelnen Perioden bei den letzteren jeweils stärker bestraft werden. Aus einem Vergleich zwischen den Ausprägungen der korrespondierenden Prüfmaße für eine bestimmte Modellvariable können somit weitere Rückschlüsse auf die Qualität der Anpassung gezogen werden.

Mit Hilfe der Theilschen Ungleichheitsproportionen U1 bis U3 läßt sich der von den übrigen Maßen erfaßte globale Simulationsfehler in drei charakteristische Anteile zerlegen, die sich zu eins ergänzen. Sowohl der Verzerrungsanteil U1, der auf einen systematischen Niveaufehler hinweist, als auch der Varianzanteil U2, der auf einen systematischen Fehler bezüglich der Schwankungsstärke hinweist, haben den Idealwert null. Der Kovarianzanteil U3 zeigt an, inwieweit der Simulationsfehler zufällig ist. Er sollte idealerweise eins betragen.

Aus Tabelle 7 kann man entnehmen, daß der mittlere absolute prozentuale Simulationsfehler (MAPE) in den meisten der angegebenen Variablen gering ist. So liegt er beim Bruttoinlandsprodukt bei 1.03 vH und bei den Emissionen zwischen 2.17 vH und 4.92 vH. Dies ist gleichzeitig der maximale Wert der hier angegebenen Niveaugrößen. Dagegen ist der mittlere absolute prozentuale Simulationsfehler beim Außenhandelsüberschuß und bei der Inflationsrate mit jeweils über 40 vH sehr groß. Dies liegt einerseits daran, daß diese Größen als Differenz beziehungsweise als Veränderungsrate bestimmt werden. Andererseits entstehen diese hohen Fehler in Jahren, in denen die tatsächlichen Werte sehr klein sind. So beträgt die größte prozentuale Abweichung beim Außenhandelsüberschuß 425 vH im Jahr 1980. Die absolute Differenz ist im Jahr 1990 wesentlich größer, die prozentuale Differenz liegt in diesem Jahr jedoch nur bei 18 vH (vgl. Abbildung 8). Ähnliches gilt für die Inflationsrate, deren größte prozentuale Abweichung sich im Jahr 1987 ergibt, wogegen die absoluten Abweichungen in anderen Jahren wesentlich darüber liegen. Dieser Zusammenhang wird auch in Abbildung 9 und bei den nicht prozentual bemessenen Fehlermaßen MAE und RMSE deutlich. Bei diesen Maßen hängt die Größe des Fehlers direkt mit der Dimension der betrachteten Zeitreihe zusammen.

Bei den Sektorvariablen betragen die mittleren absoluten prozentualen Fehler bei den hier betrachteten Preisen etwa 3 vH und bei den angegebenen Inputkoeffizienten liegen sie zwischen 1.35 vH und 6.48 vH. Der Fehler beträgt beim Bruttoproduktionswert im Straßenfahrzeugbau 2.16 vH, wogegen er bei den Beschäftigten Arbeitnehmern im Großhandel mit 0.87 vH sehr gering ist.

Tabelle 7: Prognosefehler in der historischen Simulation für ausgewählte Variablen

	MAE	RMSE	MAPE	RMSPE
Bruttoinlandsprodukt (Mrd. DM in Preisen von 1991)	22.76	25.25	1.03	1.13
Arbeitslosenquote (vH)	0.47	0.56	6.52	7.85
Lohnquote (vH)	0.72	0.88	0.99	1.21
Staatsquote (vH)	0.38	0.49	0.79	1.03
Außenhandelsüberschuß (Mrd. DM in Preisen von 1991)	7.75	10.11	45.04	128.64
Inflationsrate (vH)	0.66	0.95	40.17	74.57
CO_2-Emissionen (Mio. Tonnen)	15.46	16.55	2.17	2.33
NO_x-Emissionen (Tsd. Tonnen)	61.48	77.08	2.26	2.83
SO_2-Emissionen (Tsd. Tonnen)	82.95	85.92	4.92	5.81
Vorleistungspreisindex des Energieträgers Motorenbenzin (1991 = 100)	2.53	2.91	2.92	3.37
Vorleistungspreisindex für Chemische Erzeugnisse aus dem Inland (1991 = 100)	3.70	4.28	3.32	3.82
Inputkoeffizient der Elektrizität im Produktionsbereich Chemische Industrie (vH)	0.04	0.05	1.35	1.65
Inputkoeffizient des Motorenbenzins im Produktionsbereich Sonstiges Dienstleistungsgewerbe (vH)	0.01	0.01	2.63	5.07
Inputkoeffizient der NE-Metalle im Produktionsbereich Straßenfahrzeugbau (vH)	0.04	0.06	6.48	8.50
Bruttoproduktionswert im Straßenfahrzeugbau (Mrd. DM in Preisen von 1991)	4.84	6.30	2.16	2.73
Beschäftigte Arbeitnehmer im Großhandel (Tsd.)	11.75	13.90	0.87	1.03

Auch die Theilschen Ungleichheitsproportionen in Tabelle 8 zeigen die gute Qualität der historischen Simulation für die makroökonomischen Variablen. So werden in den meisten Fällen die idealen Theilschen Werte fast genau getroffen. Nur bei der Inflationsrate und den SO_2-Emissionen ist der Varianzanteil etwas höher, d. h. in beiden Fällen schwankt die Prognose stärker als die tatsächlichen Daten. Eine leichte Verzerrung ist bei den NO_x-Emissionen zu beobachten.

Bei den sektoralen Variablen haben der Vorleistungspreisindex des Energieträgers Motorenbenzin, der Inputkoeffizient der Elektrizität im Produktionsbereich Chemische Industrie, der Inputkoeffizient der NE-Metalle im Produktionsbereich Straßenfahrzeugbau sowie die Zahl der Beschäftigten Arbeitnehmer im Großhandel sehr gute Theilsche Maße. Bei den anderen der hier angegeben Größen ist entweder der Theilsche Verzerrungsanteil oder der Theilsche Varianzanteil geringfügig erhöht.

Tabelle 8: Theilsche Ungleichheitsproportionen für ausgewählte Variablen der historischen Simulation

	Theilscher Verzerrungs-anteil	Theilscher Varianz-anteil	Theilscher Kovarianz-anteil
Bruttoinlandsprodukt (Mrd. DM in Preisen von 1991)	0.001	0.032	0.966
Arbeitslosenquote (vH)	0.039	0.002	0.959
Lohnquote (vH)	0.060	0.000	0.940
Staatsquote (vH)	0.024	0.003	0.973
Außenhandelsüberschuß (Mrd. DM in Preisen von 1991)	0.086	0.000	0.914
Inflationsrate (vH)	0.007	0.276	0.717
CO_2-Emissionen (Mio. Tonnen)	0.018	0.056	0.925
NO_x-Emissionen (Tsd. Tonnen)	0.374	0.000	0.626
SO_2-Emissionen (Tsd. Tonnen)	0.043	0.291	0.666
Vorleistungspreisindex des Energieträgers Motorenbenzin (1991 = 100)	0.078	0.000	0.922
Vorleistungspreisindex für Chemische Erzeugnisse aus dem Inland (1991 = 100)	0.240	0.021	0.739
Inputkoeffizient der Elektrizität im Produktionsbereich Chemische Industrie (vH)	0.029	0.088	0.883
Inputkoeffizient des Motorenbenzins im Produktionsbereich Sonstiges Dienstleistungsgewerbe (vH)	0.073	0.207	0.720
Inputkoeffizient der NE-Metalle im Produktionsbereich Straßenfahrzeugbau (vH)	0.014	0.063	0.923
Bruttoproduktionswert im Straßenfahrzeugbau (Mrd. DM in Preisen von 1991)	0.256	0.006	0.738
Beschäftigte Arbeitnehmer im Großhandel (Tsd.)	0.002	0.040	0.958

Aufgrund der Zufallsauswahl der analysierten Sektorvariablen kann über die Qualität aller Sektorvariablen nichts gesagt werden. Aber die sehr guten Ergebnisse für die Makrovariablen lassen das Modell prognosefähig erscheinen. Dabei muß bedacht werden, daß das Modell einen sehr hohen Endogenisierungsgrad aufweist. Zudem ist es hochgradig interdependent, nichtlinear und dynamisch. Die für solche Modelle häufig beobachteten Stabilitätsprobleme sind bei PANTA RHEI nicht gegeben.

3 Die PANTA RHEI-Basisprognose bis zum Jahr 2010

3.1 Zur Methode der Modellprognose und -simulation

Mit dem Modell PANTA RHEI III wird nun zunächst eine *Basisprognose* berechnet, die in der Literatur zuweilen auch als Referenz- oder als business as usual-Prognose bezeichnet wird. Die Basisprognose beruht auf dem *Basisszenario* (auch: Referenz- oder business as usual-Szenario). Ein Szenario besteht dabei ganz allgemein aus einem vollständigen und in sich konsistenten Bündel an Annahmen für die Werte der exogenen Modellvariablen im Prognosezeitraum. Gemäß diesem Sprachgebrauch enthält ein Szenario also nur die Annahmen einer Modellrechnung, nicht aber ihre Ergebnisse (Pindyck/Rubinfeld 1998, S. 379ff).

Das Basisszenario beschreibt den aus der Sicht des Modellbauers wahrscheinlichsten Satz an Werten für die exogenen Modellvariablen im Prognosezeitraum ohne den zu simulierenden politischen Instrumenteneinsatz. Die Lösung des Modells mit diesen Annahmen liefert dann die Basisprognose, die die Entwicklung der Volkswirtschaft, des Energieverbrauchs und des Luftschadstoffausstoßes bei Fortführung der bisherigen Politik (*business as usual*) beschreibt.

Die Ergebnisse der Basisprognose dienen anschließend als Vergleichsmaßstab für die Ergebnisse einer oder mehrerer *Alternativprognosen* bzw. *-simulationen*. Diese Alternativprognosen werden mit demselben Modell generiert, wobei allerdings das Basisszenario jeweils durch die Aufnahme einer spezifischen umweltpolitischen Maßnahme, z. B. einer CO_2-Steuer, in ein *Alternativszenario* abgewandelt wird. Alle übrigen Annahmen des Basisszenarios bleiben unverändert gültig.

3.2 Das Basisszenario

Das in dieser Studie verwendete PANTA RHEI-Basisszenario (Stand: Frühjahr 1998) enthält Annahmen für die exogenen Modellvariablen bis zum Jahr 2010, insbesondere über das Verhalten der Öffentlichen Haushalte. Daneben beschreibt es auch die Entwicklung der internationalen Rahmenbedingungen, des Arbeitsangebots, der Tarifpolitik und wichtiger energiepolitischer Rahmenbedingungen im Prognosezeitraum.

Zunächst zu den Vorgaben für die *Entwicklung auf den Weltmärkten*, die dem *linked run* des internationalen INFORUM-Modellsystems vom Herbst 1997 entnommen sind. Dabei wird für die internationalen Finanzmärkte eine langfristig stabile Entwicklung vorgegeben. Der langfristige US-Zinssatz fällt, ausgehend von 6.7 vH im Jahr 1998, zunächst bis auf 6.4 vH in 2001, um dann bis zum Jahr 2010 weiter auf 6.3 vH zurückzugehen. Bezüglich der Wechselkurse zwischen den 13 Ländern des INFORUM-Systems findet bis zum Jahr 2010 die *no change*-Annahme gegenüber dem Stand im Frühjahr 1998 Anwendung. Für die europäischen Währungen wird damit die Einführung des Euro quasi vorweggenommen. Von den übrigen Währungen werden z. B. der Kurs des US-Dollar auf 1.75 DM und der für 100 Japanische Yen auf 1.45 DM fixiert.

Unter diesen Vorgaben berechnet das INFORUM-Welthandelsmodell eine moderate Erhöhung der deutschen Importpreise für die Jahre 1998 bis Jahr 2010 über alle Warengruppen um durchschnittlich 2.2 vH jährlich. Für die Gütergruppe Kohle beträgt die prognostizierte Preissteigerungsrate der Importe 2.2 vH, für Erdöl/ Erdgas und für Mineralölerzeugnisse jeweils 3.0 vH per annum.

Die Weltimportnachfrage wird sich im Durchschnitt über alle Produktgruppen in diesem Zeitraum gemäß der INFORUM-Modellprognose um durchschnittlich 3.8 vH über die Jahre weiterhin kräftig erhöhen. Für die Gütergruppe Straßenfahrzeuge entspricht dabei die Steigerungsrate mit 3.8 vH beispielsweise genau dem Durchschnitt, während sich für Chemische und für Elektrotechnische Erzeugnisse leicht überdurchschnittliche 4.1 vH und für Maschinenbauerzeugnisse unterdurchschnittliche 3.2 vH pro Jahr ergeben.

Eine weitere exogene Größe des Modells PANTA RHEI ist das *Arbeitsangebot*, welches durch das Erwerbspersonenpotential repräsentiert wird. Die in der Basisprognose und allen Simulationen vorgegebene Entwicklung bis zum Jahre 2010 entspricht einer Projektion des Instituts für Arbeitsmarkt- und Berufsforschung der Bundesanstalt für Arbeit (IAB 1997). Demzufolge steigt das Erwerbspersonenpotential von 41.6 Mio. in 1998 auf 42.0 Mio. Personen in 2010 leicht an.

In Bezug auf das Verhalten der Tarifpartner auf dem Arbeitsmarkt geht das Basisszenario von einer zurückhaltenden Lohnpolitik in den Jahren 1998 bis 2002 aus, bei der spürbare Abschläge von der produktivitätsorientierten Lohnleitlinie (Reallohnzuwachs = Arbeitsproduktivitätswachstum) realisiert werden.

Bezüglich der nationalen *Energiepolitik* geben wir im PANTA RHEI-Basisszenario vier Eckpunkte vor: Erstens wird bei der Steinkohle eine Fortführung der mit dem Kohlekompromiß eingeleiteten Subventionsabbaupolitik unterstellt, zweitens wird der Anteil des mit Kernenergie erzeugten Stroms konstant gehalten und drittens wird die absolute Menge des mit Wasserkraft erzeugten Stroms sowie der Einsatz weiterer erneuerbarer Energieträger (Solarenergie, Windenergie etc.) konstant gehalten. Viertens werden die Mineralölsteuer und die Kraftfahrzeugsteuer in der bisherigen Form weiter erhoben.

Die für den Energieverbrauch bedeutsame Jahresdurchschnittstemperatur - im Modell berücksichtigt durch die sogenannte Gradtagszahl - setzen wir im Prognosezeitraum auf ihren langjährigen Durchschnittswert fest.

Das unterstellte *Verhalten der Öffentlichen Haushalte* ist gekennzeichnet von dem Vorsatz, den *schlanken Staat* zu realisieren. Als zentrale Variable fungiert dabei auf der Ausgabenseite die Beschäftigung bei den Gebietskörperschaften. Das exogen vorgegebene Arbeitsvolumen in Stunden wächst in diesem Produktionsbereich nur sehr langsam: Es steigt von 8.33 Mrd. Stunden in 1998 um 0.1 vH jährlich auf 8.48 Mrd. Stunden in 2010. Für die Einnahmenseite der Öffentlichen Haushalte geht das Basisszenario von *business as usual*, von einer unveränderten Steuerpolitik aus.

Insbesondere mit Blick auf die moderate Tarifpolitik der Arbeitnehmer und das Eindämmen des Ausgabenwachstums der Öffentliche Haushalte läßt sich das Basisszenario zusammenfassend als ein *Konsolidierungsszenario* charakterisieren.

3.3 Die gesamtwirtschaftliche Entwicklung

Unter diesen Voraussetzungen errechnet das Modell PANTA RHEI für den Zeitraum 1998 bis 2010 eine durchschnittliche Wachstumsrate des Bruttoinlandsprodukts in konstanten Preisen von 1.7 vH jährlich. Zum Vergleich sind in Abbildung 20 zusätzlich zu den Werten für den Prognosezeitraum 1998 bis 2010 auch die historisch beobachteten durchschnittlichen Jahreswachstumsraten für die Zeiträume 1978 bis 1990 (Westdeutschland) und die Jahre nach der deutschen Wiedervereinigung (1991 bis 1998) dargestellt.

Abbildung 20: Die Entwicklung des Bruttoinlandsprodukts und seiner Komponenten in der Basisprognose - in Preisen von 1991, durchschnittliche Wachstumsraten p. a. in vH -

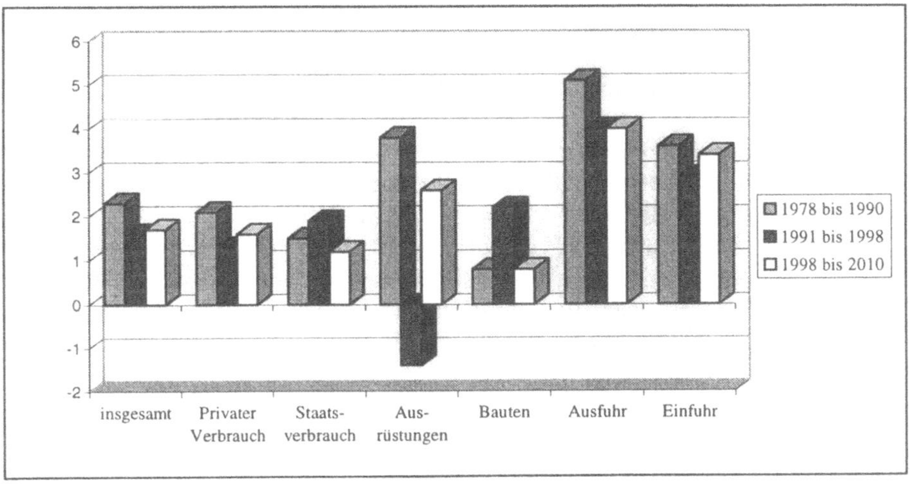

Mit 1.7 vH jährlich wird der Wachstumspfad im Prognosezeitraum deutlich flacher verlaufen als für die Jahre 1978 bis 1990 in Westdeutschland, für die durchschnittlich 2.3 vH jährlich gemessen wurden. Andererseits verläuft die Entwicklung in

der Basisprognose aber zumindest ein wenig dynamischer als im Durchschnitt der Jahre 1991 bis 1998, für die 1.6 vH jährlich zu Buche stehen.

Wie Abbildung 20 weiter zeigt, nehmen die einzelnen Komponenten des Bruttoinlandsprodukts in der Basisprognose eine zum Teil sehr unterschiedliche Entwicklung. Die Ausfuhr leistet mit 4.0 vH jährlich wie schon in der Vergangenheit den stärksten Wachstumsbeitrag, obwohl die Zuwachsraten der 80er Jahre nicht erreicht werden. Das Wachstum der Importe wird mit 3.4 vH pro Jahr nur wenig langsamer vonstatten gehen. Der Außenhandelsüberschuß Deutschlands wird demzufolge auch im Prognosezeitraum weiter ansteigen.

Die übrigen Komponenten des Bruttoinlandsprodukts, die primär binnenwirtschaftlich bestimmt sind, entwickeln sich dagegen eher gemächlich. Der schwächste Zuwachs zeigt sich bei den Bauinvestitionen, die mit durchschnittlich 0.8 vH Wachstum per annum nach dem Wiedervereinigungs-Bauboom wieder auf das langsamere Wachstumstempo der 80er Jahre zurückschwenken. Mitverantwortlich für diese Entwicklung ist die verhältnismäßig langsame Expansion des Verfügbaren Einkommens der Privaten Haushalte.

Die schwache Entwicklung der Kaufkraft der Privaten Haushalte ist auch dafür verantwortlich, daß der Private Verbrauch in der PANTA RHEI-Basisprognose mit durchschnittlich 1.6 vH jährlich langsamer wächst als das Bruttoinlandsprodukt. Damit liegt die Wachstumsrate der privaten Konsumausgaben einerseits deutlich unterhalb der mit 2.1 vH jährlich gemessenen Rate der Jahre 1978 bis 1990 für Westdeutschland. Andererseits liegt sie aber spürbar oberhalb des Wertes von 1.3 vH für die Jahre nach der Wiedervereinigung.

Der Staatsverbrauch entwickelt sich im Prognosezeitraum mit preisbereinigten 1.2 vH Wachstum jährlich noch weniger dynamisch als der Private Verbrauch, verursacht durch den unterstellten Sparkurs der Öffentlichen Haushalte in Zusammenhang mit der zurückhaltenden Lohnpolitik. Die nur leicht steigende Beschäftigung bedeutet bei moderaten Lohnsteigerungen eine fühlbare Verlangsamung des Anstiegs der Personalkosten. Die durchschnittliche Wachstumsrate des Staatskonsums in der Basisprognose liegt mit den genannten 1.2 vH deutlich unter dem Wert von 1.5 vH für die 80er Jahre in Westdeutschland und noch deutlicher unter den in den Jahren 1991 bis 1998 beobachteten 1.9 vH pro Jahr.

Durch den Sparkurs bei den Personalausgaben kann der Finanzierungssaldo des Staates (Nettoneuverschuldung) in der Basisprognose von 127 Mrd. DM im Jahr 1998 auf 17 Mrd. im Jahr 2010 zurückgeführt werden. Das langsame Wachstum des Staatsverbrauchs stellt andererseits die wesentliche Ursache für das langsame Wachstum des Bruttoinlandsprodukts insgesamt dar. Dem Wirtschaftskreislauf wird hier gewissermaßen Schwungmasse entzogen.

Bei den Ausrüstungsinvestitionen zeigt sich in der Basisprognose mit 2.6 vH jährlich eine vergleichsweise kräftige Expansion. Auch hier werden die Wachstumsraten der 80er Jahre (3.8 vH Wachstum pro Jahr zwischen 1978 und 1990) deutlich unterschritten. Andererseits setzt sich aber der Rückgang der Ausrüstungsinvestitionen zwischen den Jahren 1991 bis 1998 (durchschnittlich -1.4 vH pro Jahr, -14.1 vH im Jahr 1993) nicht weiter fort.

Die unterstellte zurückhaltende Lohnpolitik führt zu einem verlangsamten Anstieg der Bruttostundenlöhne in jeweiligen Preisen. Wie Tabelle 9 ausweist, liegt der jährliche Anstieg im Prognosezeitraum gesamtwirtschaftlich mit 3.2 vH deutlich unter den Zuwachsraten der Jahre 1978 bis 1990 in Westdeutschland (4.8 vH) und unter denen der Jahre 1991 bis 1998 (4.7 vH). Damit liegt der Anstieg zwar deutlich oberhalb der Inflationsrate (Wachstumsrate des Preisindex der Lebenshaltung), die im Prognosezeitraum durchschnittlich 2.1 vH beträgt. Das Wachstum des Bruttostundenlohnsatzes liegt somit in Preisen von 1991 bei 1.1 vH jährlich. Die Reallohnzuwächse der 80er Jahre in Westdeutschland (1.8 vH) und die der Jahre 1991 bis 1998 (1.9 vH) werden somit nicht erreicht.

Tabelle 9: Die Entwicklung des Arbeitsmarkts in der Basisprognose

Variable	Ø jährliche Wachstumsraten			Niveauwerte		
	1978 bis 1990	1991 bis 1998	1998 bis 2010	1998	2005	2010
Bruttostundenlohn (DM in jeweiligen Preisen)	4.8	4.7	3.2	35.7	43.9	51.8
Preisindex der Lebenshaltung (1991 = 100)	3.0	2.8	2.1	121.6	138.4	156.4
Bruttostundenlohn (DM in Preisen von 1991)	1.8	1.9	1.1	29.3	31.7	33.1
Arbeitsproduktivität (DM Bruttoproduktionswert in Preisen von 1991 je Stunde)	2.5	3.6	2.3	140.0	165.1	183.0
Arbeitsvolumen (Mrd. Stunden)	0.1	-1.5	0.0	45.3	45.1	45.6
Jahresarbeitszeit (Stunden)	-0.8	-0.2	-0.5	1507	1455	1415
Beschäftigte Arbeitnehmer (Mio. Personen)	0.9	-1.4	0.6	30.1	31.0	32.2
Arbeitslose (Mio. Personen)	—	—	—	4.6	3.9	3.4
Arbeitslosenquote (vH)	—	—	—	13.3	11.3	9.5

Die Arbeitsproduktivität je Stunde steigt im Prognosezeitraum mit 2.3 vH jährlich etwas langsamer als in der Periode 1978 bis 1990 (Westdeutschland), in der durchschnittlich 2.5 vH zu beobachten waren. Die kräftige Rationalisierungswelle der Jahre nach der Wiedervereinigung, für die jährlich 3.6 vH Wachstum der Arbeitsproduktivität zu Buche stehen, findet in der PANTA RHEI-Basisprognose für die Jahre 1998 bis 2010 keine Fortsetzung.

Wie in den beiden Vergleichsperioden wird in der Basisprognose nicht der gesamte Produktivitätszuwachs an die Beschäftigten Arbeitnehmer ausgeschüttet. Die Reallohnsteigerungen betragen mit 1.1 vH jährlich etwa 50 vH des Wachstums der Arbeitsproduktivität von 2.3 vH. Ein Anteil in gleicher Höhe ist auch schon für die Jahre 1991 bis 1998 meßbar und reflektiert die im Basisszenario unterstellte Fortsetzung der zurückhaltenden Lohnpolitik der Arbeitnehmer. Der Vergleichswert für die Jahre 1978 bis 1990 in Westdeutschland liegt bei etwa 70 vH, als die Reallöhne jährlich um durchschnittlich 1.8 vH und die Arbeitsproduktivität jährlich um durchschnittlich 2.5 vH stiegen.

Die Beschäftigung steigt in der Basisprognose leicht an. Zwar verzeichnet das gesamtwirtschaftliche Arbeitsvolumen der Beschäftigten in Deutschland - gemessen in Stunden - mit 45.6 Mrd. Stunden im Jahr 2010 gegenüber 45.3 Mrd. Stunden im Jahr 1998 nur einen sehr leichten Zuwachs. Aufgrund der sich modellendogen ergebenden Senkung der durchschnittlichen Jahresarbeitzeit von 1507 Stunden in 1998 auf 1415 Stunden im Jahr 2010 - das sind 0.5 vH jährlich - erhöht sich die Zahl der Beschäftigten Arbeitnehmer im gleichen Zeitraum von 30.1 auf 32.2 Mio. Im Durchschnitt über die Jahre steigt die Anzahl der Beschäftigten in der Basisprognose somit um 0.6 vH leicht an.

Die 2.1 Mio. zusätzlichen Arbeitsplätze führen aber nicht zu einer entsprechend starken Reduktion der Anzahl der Arbeitslosen. Diese sinkt in der Basisprognose nur um 1.2 Mio. Personen von 4.6 Mio. im Jahr 1998 auf 3.4 Mio. im Jahr 2010. Zum ersten steigt das exogene Erwerbspersonenpotential in diesem Zeitraum um gut 400 Tsd. Personen, zum zweiten schrumpft die Stille Reserve aufgrund der sich bessernden Arbeitsmarktlage beinahe im selben Umfang, so daß die Anzahl der Erwerbspersonen (Erwerbspersonenpotential minus Stille Reserve), die als Basis für die Berechnung der Anzahl der Arbeitslosen dient, um gut 800 Tsd. Personen zunimmt. Die Arbeitslosenquote verringert sich in der Basisprognose von 13.3 vH in 1998 auf 9.5 vH im Jahr 2010.

3.4 Die Entwicklung in den Produktionsbereichen

Die Entwicklung der Inlandsproduktion in der Basisprognose ist für ausgewählte Bereiche in Tabelle 10 dargestellt ist. Neben den Angaben für die Jahre 1998, 2005 und 2010 im rechten Teil der Tabelle sind wiederum die durchschnittlichen jährlichen Wachstumsraten angegeben, und zwar für die Jahre 1978 bis 1990 (Westdeutschland), die Jahre nach der Wiedervereinigung (1991 bis 1998) und für den Zeitraum der Basisprognose (1998 bis 2010).

Im Durchschnitt über alle Produktionsbereiche steigt die Produktion in der Basisprognose mit 2.3 vH jährlich etwas langsamer als in den 80er Jahren in Westdeutschland, für die sich 2.6 vH jährlich ergeben. Auch dieses Ergebnis ist eine Konsequenz des unterstellten Sparkurses der Öffentlichen Haushalte. Das Wachstumstempo der Basisprognose liegt aber dennoch oberhalb der 2.0 vH pro Jahr, die im wiedervereinten Deutschland von 1991 bis 1998 zu Buche stehen.

Tabelle 10: Die Entwicklung des Bruttoproduktionswertes in ausgewählten Produktionsbereichen in der Basisprognose - in Mrd. DM in Preisen von 1991 -

	Produktionsbereich	Ø jährliche Wachstumsraten 1978 bis 1990	1991 bis 1998	1998 bis 2010	Niveauwerte 1998	2005	2010
3	Elektrizitätswirtschaft	2.3	1.4	1.8	112	127	138
4	Gasversorgung	2.3	4.1	2.9	40	48	56
6	Kohlenbergbau	-2.7	-4.1	-1.2	24	22	21
9	Chemische Industrie	3.0	3.4	2.6	271	328	368
10	Mineralölverarbeitung	0.0	3.2	1.6	95	104	115
13	Baustoffindustrie	0.2	1.8	-0.5	62	59	58
15	Glasindustrie	2.4	1.9	0.8	18	19	19
16	Eisen-/Stahlindustrie	-1.4	-1.4	-0.8	86	81	78
21	Maschinenbau	2.0	-1.5	1.3	208	230	245
22	Büromaschinen-/Computerherst.	8.3	-1.3	4.2	29	39	47
23	Straßenfahrzeugbau	3.5	0.0	2.4	290	346	385
26	Elektrotechnik	4.6	2.1	2.0	241	281	306
31	Holzverarbeitung	-0.4	0.4	1.5	56	62	67
36	Textilindustrie	0.5	-1.6	1.0	38	40	43
38	Ernährungsgewerbe	1.5	0.9	1.2	228	247	264
41	Bauhauptgewerbe	0.6	2.0	0.9	236	252	263
42	Ausbaugewerbe	1.4	3.1	1.2	165	180	190
45	Eisenbahnen	1.2	0.8	2.6	22	26	30
47	Postdienst/Fernmeldewesen	5.9	5.1	4.9	101	139	179
48	Speditionen/Fluggesellschaften	4.8	5.0	3.9	196	255	308
49	Kreditinstitute	4.6	4.6	4.0	206	271	328
50	Versicherungen	5.0	4.7	4.9	93	130	165
55	Sonst. Dienstleistungsgewerbe	6.5	4.3	3.5	685	877	1033
	Alle Produktionsbereiche	2.6	2.0	2.3	6341	7448	8336

Absolute Produktionsrückgänge ergeben sich für den Kohlenbergbau, die Baustoffindustrie und für die Eisen-/Stahlindustrie. Bei Kohle und Stahl verringert sich das Abbautempo gegenüber den 80er Jahren. Entsprechend der oben beschriebenen Entwicklung der Bauinvestitionen zeigt sich für die Bauwirtschaft eine deutlich unterdurchschnittliche Entwicklung. Dort werden die kräftigen Wachstumsraten der Wiedervereinigungsjahre bei weitem nicht mehr erreicht. Im Bauhauptgewerbe ergibt sich mit 0.9 vH jährlich für den Zeitraum der Basisprognose allerdings eine höhere Wachstumsrate als für die Jahre 1978 bis 1990 mit 0.6 vH pro

Jahr. Das Ausbaugewerbe wächst in der Basisprognose mit 1.2 vH jährlich - wie schon in der Vergangenheit - etwas schneller als das Bauhauptgewerbe.

Im Bereich der Grundstoffindustrien ist das Bild ziemlich heterogen. Neben den bereits erwähnten schrumpfenden Bereichen der Baustoff- und der Eisen-/Stahlindustrie zeigt sich in der Glasindustrie mit 0.8 vH jährlich eine schwache Entwicklung. Die Chemische Industrie wächst in der Basisprognose mit 2.6 vH pro Jahr etwas schneller als die Gesamtwirtschaft.

Die Energiebranchen verlieren in der Basisprognose relativ zur Gesamtwirtschaft. Neben dem schon erwähnten schrumpfenden Kohlenbergbau weist die Basisprognose für die Elektrizitätswirtschaft und die Mineralölverarbeitung mit 1.8 bzw. 1.6 vH per annum ein leicht unterdurchschnittliches Wachstum aus. Ein überdurchschnittliches Wachstum von 2.9 vH jährlich ergibt sich für die Gasversorgung, die damit schneller wächst als in den Jahren 1978 bis 1990.

Noch deutlicher fallen aufgrund der unterdurchschnittlichen Entwicklung des Privaten Verbrauchs die Verluste für die Konsumgüterindustrien aus. Hier liegt der jährliche Zuwachs zwischen 1.0 vH in der Textilindustrie und 1.5 vH in der Holzverarbeitung. Das quantitativ bedeutsame Ernährungsgewerbe liegt mit 1.2 vH pro Jahr leicht unter dem Durchschnittswert der 80er Jahre.

Für die Investitionsgüterindustrien insgesamt liegt das Wachstumstempo der Basisprognose in der Nähe des gesamtwirtschaftlichen Durchschnitts von 2.3 vH pro Jahr. Deutlich über diesem Wert liegt die Büromaschinen-/Computerherstellung mit 4.2 vH, deutlich darunter dagegen der Maschinenbau mit nur 1.3 vH jährlich. Damit liegt der Produktionszuwachs in diesen Schlüsselsektoren der deutschen Volkswirtschaft weit hinter den entsprechenden Werten der 80er Jahre.

Ein wesentlich helleres Bild zeichnet die PANTA RHEI-Basisprognose für die Dienstleistungsbereiche. Ein weit überdurchnittliches Entwicklungstempo ist im Bereich Verkehr/Nachrichtenübermittlung zu konstatieren, wobei die Eisenbahnen trotz einer Steigerung der jährlichen Wachstumsrate auf 2.6 vH jährlich weiterhin Anteile verlieren, während insbesondere der Bereich Post/Fernmeldewesen mit jährlich 4.9 vH boomt. Auch der Produktionsbereich Speditionen/Fluggesellschaften wächst mit 3.9 vH pro Jahr im Prognosezeitraum beinahe doppelt so schnell wie die Gesamtwirtschaft.

Ähnlich hohe Zuwachsraten zeigt die Basisprognose auch für die Bereiche Kreditinstitute und Versicherungen mit 4.0 bzw. 4.9 vH Jahreswachstum. Eine deutliche Verringerung des Wachstumstempos ist im Sonstigen Dienstleistungsgewerbe zu erwarten, dort halbiert sich die durchschnittliche Wachstumsrate von 6.5 vH für die Jahre 1978 bis 1990 auf immer noch stattliche 3.5 vH jährlich. Der Prozeß des Outsourcing, des Auslagerns von Dienstleistungen wie der Rechts- und Wirtschaftsberatung aus den Unternehmen des Produzierenden Gewerbes in rechtlich selbständige Einheiten, ist offenbar noch nicht abgeschlossen. Der Auslagerungsprozeß scheint aber nur noch mit geringerem Tempo fortgesetzt zu werden.

Ganz grob läßt sich der in der Basisprognose ergebende Wandel der sektoralen Produktionsstruktur als Fortsetzung des Tertiarisierungstrends in der deutschen Volkswirtschaft charakterisieren. Das gegenüber den 80er Jahren in Westdeutschland verlangsamte Wirtschaftswachstum ist außerdem von einem weiterhin sinkenden Anteil des Energiesektors begleitet.

Was bedeutet nun die geschilderte Entwicklung der Produktionsstruktur für die Struktur der Beschäftigung in Deutschland? Zunächst einige Vorbemerkungen: In Tabelle 11 ist die Entwicklung des Arbeitsvolumens in der Basisprognose nach Produktionsbereichen in gleicher Form dargestellt wie in der vorangegangenen Tabelle. Bei der Arbeitsvolumenrechnung wird die Beschäftigung nicht in Personen, sondern in Stunden gemessen. Eine Umrechnung auf die Anzahl der Beschäftigten Personen erfolgt im Modell dann per Definition, indem das sektorale Arbeitsvolumen durch die sektorale durchschnittliche Jahresarbeitszeit dividiert wird. An dieser Stelle werden aus Platzgründen nur die Arbeitsstunden diskutiert. Entsprechende Angaben für die Anzahl der beschäftigten Arbeitnehmer in den einzelnen Produktionsbereichen finden sich bei der Gegenüberstellung der Ergebnisse der Alternativsimulationen mit denen der Basisprognose, insbesondere in Tabelle 33 (S. 147f). Als Anhaltspunkt zur Umrechnung der Stunden in Arbeitsplätze sei gesagt, daß die Jahresarbeitszeit im Durchschnitt über alle Produktionsbereiche im Jahr 1998 etwa 1507 Stunden und im Jahr 2010 etwa 1415 Stunden beträgt.

Im Gegensatz zu Tabelle 10 sind in Tabelle 11 nicht negative, sondern positive Werte für die durchschnittliche jährliche Wachstumsrate in den Jahren 1998 bis 2010 die Ausnahme. Die vorhandenen positiven Einträge treten auch nicht unbedingt in den Bereichen mit den höchsten Produktionswachstumsraten auf. Ein entsprechend starker Anstieg der Arbeitsproduktivität (vgl. dazu die entsprechende Tabelle 12) führt dazu, daß der zusätzliche Output mit gleichbleibendem oder sogar verringertem Arbeitseinsatz hergestellt werden kann.

Wie schon weiter oben beschrieben, bleibt das Arbeitsvolumen im Durchschnitt über alle Produktionsbereiche in der Basisprognose, und ähnlich wie in den Jahren 1978 bis 1990 in Westdeutschland, annähernd konstant. Es steigt von 1998 bis zum Jahr 2010 nur ganz leicht von 45.3 auf 45.6 Mrd. Stunden. Allein der in diesem Zeitraum gegenüber den 80er Jahren etwas langsamere Anstieg der Arbeitsproduktivität je Stunde (durchschnittlich 2.3 statt 2.5 vH jährlich) verhindert einen Rückgang der in der Gesamtwirtschaft geleisteten Arbeitsstunden bis zum Jahr 2010 bei dem beschriebenen Wachstum der Produktion.

Im Energiesektor entwickelt sich die Beschäftigung insgesamt leicht rückläufig. Hier wird die Entwicklung durch die Elektrizitätswirtschaft dominiert, die Jahr für Jahr 0.7 vH ihres Arbeitseinsatzes zurückfährt. Die Gasversorgung stockt zwar ihr Arbeitsvolumen um 0.7 vH pro Jahr auf, dieses macht aber nur etwa ein Achtel der in der Elektrizitätswirtschaft anfallenden Stunden aus. Während im Kohlenbergbau in der Prognose - wie schon in den 80er Jahren in Westdeutschland - die Arbeitsproduktivität je Stunde mit einem Anstieg von nur 0.1 vH pro Jahr beinahe konstant bleibt, realisiert der Produktionsbereich Mineralölverarbeitung ein sehr kräftiges Produktivitätswachstum von 5.9 vH jährlich. In den übrigen energieliefernden Bereichen entwickelt sich die Arbeitsproduktivität in der Nähe des gesamtwirtschaftlichen Durchschnittswerts.

Auch im Bereich der Grundstoffindustrien ist die Beschäftigung rückläufig. Allein die Chemische Industrie erhöht das Arbeitsvolumen, und das auch nur um 0.1 vH pro Jahr. Besonders schnell verläuft der Beschäftigungsabbau in der Basisprognose in der Eisen-/Stahlindustrie mit -3.6 vH, wo die rückläufige Entwicklung der Produktion mit einer leicht überdurchschnittlichen Steigerung der Arbeitsproduktivität gepaart ist.

Tabelle 11: Die Entwicklung des Arbeitsvolumens in ausgewählten Produktionsbereichen in der Basisprognose - in Mio. Stunden -

	Produktionsbereich	Ø jährliche Wachstumsraten 1978 bis 1990	1991 bis 1998	1998 bis 2010	Niveauwerte 1998	2005	2010
3	Elektrizitätswirtschaft	0.3	-2.3	-0.7	425	406	392
4	Gasversorgung	1.1	-5.1	0.7	50	52	54
6	Kohlenbergbau	-2.8	-7.1	-1.3	212	194	182
9	Chemische Industrie	-0.6	-3.8	0.1	834	844	843
10	Mineralölverarbeitung	-2.4	-6.5	-4.0	43	32	26
13	Baustoffindustrie	-3.0	-5.5	-1.7	299	263	243
15	Glasindustrie	-1.8	-3.5	-0.6	97	92	90
16	Eisen-/Stahlindustrie	-4.6	-8.9	-3.6	160	124	103
21	Maschinenbau	-0.3	-5.2	0.0	1590	1596	1589
22	Büromaschinen-/Computerherst.	-0.5	-13.2	-0.1	65	65	64
23	Straßenfahrzeugbau	0.0	-6.1	-0.4	1073	1068	1027
26	Elektrotechnik	-0.4	-6.9	-1.8	1194	1039	959
31	Holzverarbeitung	-1.9	-4.7	-1.5	467	415	392
36	Textilindustrie	-4.1	-8.3	-4.0	196	144	120
38	Ernährungsgewerbe	-1.1	-4.2	-0.3	1079	1043	1038
41	Bauhauptgewerbe	-1.2	-1.2	-1.2	2355	2109	2044
42	Ausbaugewerbe	-0.1	-0.7	-0.5	1299	1221	1230
45	Eisenbahnen	-3.7	-5.9	-4.2	434	322	258
47	Postdienst/Fernmeldewesen	-0.2	-1.7	-0.5	832	805	785
48	Speditionen/Fluggesellschaften	2.2	0.7	0.9	1584	1687	1759
49	Kreditinstitute	1.8	1.1	1.2	1243	1354	1438
50	Versicherungen	0.4	-0.4	-0.3	369	361	356
55	Sonst. Dienstleistungsgewerbe	3.5	2.5	0.7	4297	4419	4686
	Alle Produktionsbereiche	0.1	-1.5	0.0	45298	45108	45557

Mit Ausnahme der Elektrotechnik halten die Branchen des Investitionsgütersektors ihr Arbeitsvolumen zwischen 1998 und 2010 nahezu konstant. Bei der Elektrotechnik übersteigt das Produktivitätswachstum mit 3.9 vH jährlich das Produktionswachstum von 2.0 vH pro Jahr deutlich. Im Maschinenbau wachsen Output und

Produktivität mit nahezu gleicher, niedriger Rate von etwa 1.3 vH jährlich, so daß die Beschäftigung im Prognosezeitraum konstant bleibt. Im Straßenfahrzeugbau liegt die Fortschrittsrate der Arbeitsproduktivität mit 2.8 vH jährlich über dem gesamtwirtschaftlichen Durchschnitt. Aufgrund des etwas geringeren Produktionswachstums von 2.4 vH jährlich geht hier die Beschäftigung - wiederum in Stunden gemessen - mit 0.4 vH jährlich leicht zurück.

Tabelle 12: Die Entwicklung der Arbeitsproduktivität in ausgewählten Produktionsbereichen in der Basisprognose - in DM Bruttoproduktionswert in Preisen von 1991 je Stunde -

		Ø jährliche Wachstumsraten			Niveauwerte		
	Produktionsbereich	1978 bis 1990	1991 bis 1998	1998 bis 2010	1998	2005	2010
3	Elektrizitätswirtschaft	2.0	3.8	2.5	263	312	353
4	Gasversorgung	1.2	9.8	2.2	796	923	1029
6	Kohlenbergbau	0.1	3.3	0.1	113	114	115
9	Chemische Industrie	3.6	7.6	2.5	325	388	436
10	Mineralölverarbeitung	2.5	10.4	5.9	2204	3225	4365
13	Baustoffindustrie	3.2	7.8	1.2	206	226	239
15	Glasindustrie	4.3	5.6	1.4	181	206	215
16	Eisen-/Stahlindustrie	3.3	8.2	2.9	536	655	757
21	Maschinenbau	2.4	3.9	1.4	131	144	154
22	Büromaschinen-/Computerherst.	8.9	13.8	4.3	440	596	727
23	Straßenfahrzeugbau	3.5	6.5	2.8	270	324	374
26	Elektrotechnik	4.9	9.6	3.9	202	270	319
31	Holzverarbeitung	1.5	5.4	3.0	120	150	171
36	Textilindustrie	4.8	7.2	5.2	194	274	357
38	Ernährungsgewerbe	2.6	5.4	1.5	212	237	255
41	Bauhauptgewerbe	1.9	3.3	2.1	100	120	129
42	Ausbaugewerbe	1.5	3.7	1.6	127	147	154
45	Eisenbahnen	5.1	7.2	7.1	51	81	116
47	Postdienst/Fernmeldewesen	6.1	6.9	5.4	122	173	228
48	Speditionen/Fluggesellschaften	2.6	4.3	3.0	124	151	175
49	Kreditinstitute	2.8	3.5	2.7	165	200	228
50	Versicherungen	4.5	5.2	5.3	251	361	465
55	Sonst. Dienstleistungsgewerbe	2.9	1.8	2.7	159	198	220
	Alle Produktionsbereiche	2.5	3.6	2.3	140	165	183

Im Konsumgütersektor ergibt sich in der Basisprognose ein deutlicher Beschäftigungsrückgang. Zu den geringen Wachstumsraten der Produktion gesellt sich im Fall der Holzverarbeitung und insbesondere der Textilindustrie ein überdurchschnittlich hohes Produktivitätswachstum (3.0 bzw. 5.2 vH jährlich). Das quantitativ bedeutsame Ernährungsgewerbe verzeichnet eine vergleichsweise langsame Verringerung des Arbeitseinsatzes von 0.3 vH pro Jahr, weil hier die Arbeitsproduktivität mit 1.5 vH p. a. nur unterdurchschnittlich schnell ansteigt.

In der Bauwirtschaft zeigt sich eine qualitativ ähnliche Entwicklung wie beim Ernährungsgewerbe. Ein langsames Produktwachstum, 0.9 vH pro Jahr im Bauhaupt- und 1.2 vH im Ausbaugewerbe, ist auch hier gekoppelt mit einem relativ langsamen Produktivitätsfortschritt von 2.1 bzw. 1.6 vH pro Jahr. Im Fall des Bauhauptgewerbes bedeutet das unter dem Strich eine Reduktion der geleisteten Arbeitsstunden um 311 Mio. zwischen den Jahren 1998 und 2010 bzw. 1.2 vH pro Jahr. Im Ausbaugewerbe verläuft die Entwicklung mit einem Beschäftigungsrückgang von 0.5 vH jährlich nicht ganz so dramatisch.

Für den Dienstleistungsbereich ergeben sich in der Basisprognose aufgrund der hohen Produktionszuwächse deutlich bessere Beschäftigungsperspektiven als für die Waren produzierenden Bereiche. Das starke Wachstum ist hier auch notwendig, um die durchgängig überdurchschnittlichen Arbeitsproduktivitätszuwächse zu kompensieren. Dieser Befund, der im Widerspruch zu der im Rahmen der Deindustrialisierungsanalyse üblicherweise verwendeten Hypothese eines unterdurchschnittlichen Wachstums der Arbeitsproduktivität im tertiären Sektor steht, läßt sich auch schon für die Jahre 1978 bis 1990 in Westdeutschland nachweisen.

In den relativ kleinen Produktionsbereichen Eisenbahnen und Postdienst/Fernmeldewesen ergibt sich trotz weit überdurchschnittlicher Outputsteigerungsraten jeweils ein Beschäftigungsabbau, weil die Arbeitsproduktivität hier besonders schnell angehoben wird. Bei den Eisenbahnen ergibt sich trotz eines um 2.6 vH jährlich gesteigerten Outputs ein dramatischer Beschäftigungsabbau von 4.2 vH pro Jahr, gemessen in Stunden. Die Arbeitsproduktivität je Stunde steigt in der Basisprognose mit 7.1 vH pro Jahr mit demselben Tempo wie in den Jahren 1991 bis 1998. Im Bereich Postdienst/Fernmeldewesen und bei den Versicherungen fällt der Rückgang des Arbeitsvolumens mit 0.5 bzw. 0.3 vH jährlich deutlich geringer aus als bei den Eisenbahnen, weil hier zum einen die Produktionsentwicklung mit jeweils 4.9 vH Zuwachs pro Jahr deutlich dynamischer verläuft, und zum anderen der Produktivitätsfortschritt mit 5.4 bzw. 5.3 vH etwas langsamer als bei den Eisenbahnen vonstatten geht.

Für die größeren Bereiche des Dienstleistungssektors, die Speditionen/Fluggesellschaften, die Kreditinstitute und das Sonstige Dienstleistungsgewerbe steht demgegenüber in der Basisprognose jeweils eine Ausweitung des Arbeitseinsatzes zu Buche. Zwischen den Jahren 1998 und 2010 steigt das Volumen der Arbeitsstunden hier um 175, 195 bzw. 389 Mio. Stunden. Diesen gut 0.75 Mrd. zusätzlichen Arbeitsstunden stehen die beschriebenen Beschäftigungsverluste im Produzierenden Gewerbe gegenüber. Zur Erinnerung: Gesamtwirtschaftlich gerechnet steigt das Arbeitsvolumen im Prognosezeitraum nur um etwa 300 Mio. Stunden von 45.3 auf 45.6 Mrd. Stunden. Gegenüber der Entwicklung in den 80er Jahren erfolgt der Beschäftigungszuwachs im Dienstleistungsbereich aber mit gebremstem Tempo. Besonders augenfällig ist dieser Effekt beim Sonstigen Dienstleistungsgewerbe, wo aufgrund der beinahe halbierten Wachstumsrate der Produktion statt 3.5 nur noch 0.7 vH zusätzliche Arbeitsstunden pro Jahr anfallen.

Die sich in der PANTA RHEI-Basisprognose ergebende Entwicklung der Beschäftigungsstruktur kann somit wie folgt zusammengefaßt werden: Während sich im Dienstleistungssektor auch weiterhin spürbare, allerdings nicht mehr so spektakuläre Zuwächse wie in den 80er Jahren ergeben, sind im Energiesektor, im Verarbeitenden Gewerbe und beim Bau durchgängig deutliche Beschäftigungsverluste zu beobachten. Innerhalb des Verarbeitenden Gewerbes sind die Grundstoffindustrien und die Konsumgüterbereiche hiervon in besonders starkem Maße betroffen.

3.5 Die Entwicklung im Energiebereich

Die Energiepreise steigen in der Basisprognose allgemein etwas schneller als die Preise der übrigen Güter. Dieses Ergebnis ist in erster Linie darauf zurückzuführen, daß aufgrund der INFORUM-Welthandelsprognose die Energieimportpreise schneller steigen als die Importpreise der anderen Güter.

Als Vergleichsmaßstab für die folgenden Ausführungen sei hier noch einmal angeführt, daß der Preisindex der Lebenshaltung zwischen den Jahren 1998 und 2010 im Durchschnitt um 2.1 vH jährlich ansteigt. Anders formuliert beträgt die Inflationsrate in der Basisprognose durchschnittlich 2.1 vH pro Jahr.

Tabelle 13: Die Entwicklung der Vorleistungspreisindizes ausgewählter Energieträger in der Basisprognose - 1991 = 100 -

		Ø jährliche Wachstumsraten			Niveauwerte		
	Energieträger	1978 bis 1990	1991 bis 1998	1998 bis 2010	1998	2005	2010
1	Elektrizität	3.4	1.8	2.4	113	130	150
3	Verteilte Gase	3.5	-2.5	2.2	84	97	108
5	Steinkohle	2.9	1.5	3.3	111	134	164
8	Rohbraunkohle	5.5	6.0	4.0	150	196	241
16	Motorenbenzin	2.4	2.9	0.9	122	130	136
17	Dieselkraftstoff	1.5	1.7	1.2	113	122	130
18	Flugkraftstoffe	2.0	-0.8	3.9	94	123	149
19	Leichtes Heizöl	3.7	-0.3	4.1	98	131	160
20	Schweres Heizöl	0.9	0.9	4.6	106	145	182

In Tabelle 13 ist die Entwicklung der Preise für ausgewählte Energieträger in der Basisprognose eingetragen. Wie dort abzulesen ist, liegt die jährliche Preissteigerungsrate für Elektrizität mit 2.4 vH etwas über diesem Durchschnittswert. Damit fallen die Strompreissteigerungen durchschnittlich um 1 Prozentpunkt weniger stark aus als in den Jahren 1978 bis 1990 in Westdeutschland, für die 3.4 vH jährlich zu beobachten waren. Eine noch etwas moderatere Preisentwicklung ergibt die PANTA RHEI-Basisprognose für den Energieträger Gas. Hier liegt die Preissteigerungsrate mit durchschnittlich 2.2 vH pro Jahr ebenfalls deutlich unter dem Vergleichswert für die 80er Jahre, der 3.5 vH beträgt.

Für die Energieträger Stein- und Rohbraunkohle ergeben sich in der Basisprognose deutlich kräftigere Preissteigerungen in Höhe von 3.3 bzw. 4.0 vH pro Jahr, wogegen der Zuwachs bei Motorenbenzin und Dieselkraftstoff mit 0.9 bzw. 1.2 vH pro Jahr eher gering ausfällt. Für die übrigen Mineralölerzeugnisse, die Energieträger Flugkraftstoffe, Leichtes Heizöl und Schweres Heizöl, stehen dann wieder höhere jährliche Preissteigerungsraten von etwa 4 vH zu Buche.

Nun zu der Entwicklung des Energieverbrauchs in der Basisprognose, die in Tabelle 14 für die einzelnen Energieträger und für die Gesamtwirtschaft ausgewiesen ist. Es sei ausdrücklich darauf hingewiesen, daß die gesamtwirtschaftlichen Angaben in der letzten Zeile dieser Tabelle nur den emissionsrelevanten Energieverbrauch umfassen. Die Angaben für die einzelnen Energieträger beziehen sich demgegenüber auf den gesamten Energieverbrauch. Ansonsten könnte für die Elektrizität kein mit den Angaben für die anderen Energieträger vergleichbarer Wert ausgewiesen werden.

Gesamtwirtschaftlich wird die Energieeffizienz in der Basisprognose weiterhin gesteigert, die Entkopplung des Energieverbrauchs vom Bruttoinlandsprodukt setzt sich fort. Der durchschnittlichen jährlichen Wachstumsrate des Bruttoinlandsprodukts von 1.7 vH für die Jahre 1998 bis 2010 steht eine Rate von 0.6 vH beim Energieverbrauch gegenüber. Die gesamtwirtschaftliche Energieeffizienz steigt damit jährlich um 1.1 vH. Im Westdeutschland der Jahre 1978 bis 1990 betrug die relative Einsparung pro Jahr mit 3.0 vH mehr als das Doppelte. Die durchschnittliche jährliche Erhöhung des Bruttoinlandsprodukts um 2.3 vH in diesem Zeitraum ging einher mit einer Verringerung des (emissionsrelevanten) Energieeinsatzes um 0.7 vH pro Jahr.

Nun zu den Ergebnissen für die einzelnen Energieträger. Zunächst ist dabei festzustellen, daß der Verbrauch von Strom, Gas und Treibstoffen weiterhin überdurchschnittlich stark zunimmt. Der Stromverbrauch steigt in der Basisprognose mit jährlich 1.6 vH Zuwachs etwas langsamer an als im Vergleichszeitraum 1978 bis 1990 in Westdeutschland, während der Gasverbrauch mit 2.2 statt 1.3 vH Zuwachs jährlich in der Basisprognose deutlich schneller zunimmt als in den 80er Jahren.

Sowohl bei der Steinkohle als auch bei der Braunkohle gehen die Verbrauchsmengen in der Basisprognose absolut zurück. Für die Steinkohle beträgt der prognostizierte Rückgang jährlich 0.9 vH. Im Vergleichszeitraum 1978 bis 1990 war der Steinkohleverbrauch noch ganz leicht angestiegen. Bei der Rohbraunkohle verstärkt sich dagegen das Tempo des Absatzrückgangs. Statt des für die 80er Jahre registrierten Rückgangs von 1.0 vH pro Jahr ergibt sich für die Jahre 1998 bis 2010 ein Rückgang von 1.2 vH.

Trotz überdurchschnittlicher Zuwachsraten steigt der Treibstoffverbrauch in der Basisprognose mit einem gegenüber den 80er Jahren gebremsten Tempo. Der Verbrauch von Motorenbenzin steigt nur noch mit durchschnittlich 1.3 statt mit 2.1 vH pro Jahr. Beim Dieselkraftstoff beträgt die jährliche Steigerungsrate noch 2.2 statt vorher 3.3 vH pro Jahr, und der Verbrauch von Flugkraftstoffen steigt bei einer Rate von 3.7 statt 6.6 vH beinahe mit halbiertem Tempo.

Tabelle 14: Die Entwicklung des gesamten Energieverbrauchs nach ausgewählten Energieträgern in der Basisprognose - in Petajoule -

	Energieträger	∅ jährliche Wachstumsraten			Niveauwerte		
		1978 bis 1990	1991 bis 1998	1998 bis 2010	1998	2005	2010
1	Elektrizität	2.0	0.9	1.6	1931	2177	2348
3	Verteilte Gase	1.3	4.3	2.2	3270	3789	4249
5	Steinkohle	0.1	-2.6	-0.9	1946	1833	1739
8	Rohbraunkohle	-1.0	-7.5	-1.2	1440	1307	1239
16	Motorenbenzin	2.1	0.1	1.3	1492	1636	1750
17	Dieselkraftstoff	3.3	0.6	2.2	1037	1203	1354
18	Flugkraftstoffe	6.6	3.2	3.7	270	349	419
19	Leichtes Heizöl	-3.8	-3.5	-3.4	1263	969	833
20	Schweres Heizöl	-6.2	-1.5	-0.5	577	534	545
	Emissionsrelevanter Energieverbrauch, alle Energieträger	-0.7	-0.9	0.6	11158	11465	11924

Beim Heizöl wird sich der für die Jahre 1978 bis 1990 zu beobachtende kräftige Verbrauchsrückgang in der Basisprognose verlangsamt fortsetzen. Beim Energieträger Leichtes Heizöl wird die durchschnittliche jährliche Schrumpfungsrate von 3.8 auf 3.4 vH zurückgehen. Beim Schweren Heizöl wird der Verbrauch in den Jahren 1998 bis 2010 mit -0.5 vH jährlich nur noch leicht sinken.

Abschließend werden die Ergebnisse der PANTA RHEI-Basisprognose bezüglich des Energieverbrauchs denen des Energiereports II (Prognos 1996) gegenüber. Die in Tabelle 15 eingetragenen Ergebnisse der Prognos-Studie basieren auf den Energiebilanzen für 1992 (historisch) und 2010 (prognostiziert), jeweils für den Gebietsstand Deutschland. Für die einzelnen Energieträger wurde zunächst durch Addition der Positionen „Gewinnung", „Einfuhr" und „Umwandlungsausstoß" das gesamte Aufkommen im Inland berechnet und daraus die durchschnittliche jährliche Wachstumsrate für den Zeitraum 1992 bis 2010 berechnet. Bei der Berechnung der Wachstumsrate für den gesamtwirtschaftlichen Energieverbrauch (Zeile: Alle Energieträger) wurde der Umwandlungsausstoß nicht berücksichtigt.

Die PANTA RHEI-Prognoseergebnisse beziehen sich ebenfalls auf das gesamte Aufkommen im Inland, das dem gesamten Inlandsverbrauch entspricht. Die Ergebnisse in Tabelle 15 beziehen sich ebenfalls auf den Zeitraum 1992 bis 2010 und weichen somit von den in Tabelle 14 ausgewiesenen Ergebnissen für die Jahre 1998 bis 2010 ab. Die Unterschiede zwischen den Tabellen 14 und 15 gehen zum einen darauf zurück, daß in letzterer die Rezession des Jahres 1993 enthalten ist. Zum anderen zeigen sich energieträgerspezifische Entwicklungen. Zwischen den Jahren 1992 und 1998 ist z. B. der Einsatz von Braunkohle schon kräftig verringert und der Gasverbrauch schon deutlich ausgeweitet worden. Das PANTA RHEI-Ergebnis für den gesamtwirtschaftlichen Energieverbrauch (Zeile: Alle Energieträger) bezieht sich wie in Tabelle 14 auf den emissionsrelevanten Energieverbrauch.

Tabelle 15: Die Entwicklung des Energieverbrauchs von 1992 bis 2010 nach ausgewählten Energieträgern im Energiereport II (Prognos 1996) und in der PANTA RHEI-Basisprognose - durchschnittliche Wachstumsraten p. a. in vH -

	Energieträger	Prognos	PANTA RHEI
1	Elektrizität	1.1	1.7
3	Verteilte Gase	1.4	2.8
5	Steinkohle	-0.7	-1.9
8	Rohbraunkohle	-2.2	-2.7
16	Motorenbenzin	-0.1	0.8
17	Dieselkraftstoff	2.0	2.0
18	Flugkraftstoffe	1.7	3.3
19	Leichtes Heizöl	-0.4	-3.5
20	Schweres Heizöl	-0.1	-1.2
	Alle Energieträger	0.0	0.1
	Bruttoinlandsprodukt (in Pr. von 1991)	2.2	1.7

Die in Abschnitt 2.3 genauer beschriebenen konzeptionellen Unterschiede zwischen den beiden Rechenwerken führen zwar dazu, daß die Niveauwerte (in Joule) für das Jahre 1992 nicht übereinstimmen. Durch die Bildung von Wachstumsraten wird aber der Niveaueffekt ausgeschaltet und damit zumindest ein qualitativer Vergleich beider Prognosen möglich.

Zunächst einmal zeigt der Vergleich, daß beide Studien zum gleichen Ergebnis bezüglich der Entwicklung des gesamtwirtschaftlichen Energieverbrauchs kommen. Sowohl in der Prognos- als auch in der PANTA RHEI-Prognose liegt die Verbrauchsmenge im Jahr 2010 nur geringfügig über dem Wert des Jahres 1992. Allerdings ergibt sich der stagnierende Gesamtenergieverbrauch bei Prognos bei einer durchschnittlichen jährlichen Wachstumsrate des Bruttoinlandsprodukts von 2.2 vH, während die Wachstumsrate in der PANTA RHEI-Basisprognose 1.7 vH jährlich beträgt. Die Steigerung der gesamtwirtschaftlichen Energieeffizienz geht somit in der Prognos-Studie mit jährlich 2.2 vH deutlich schneller vonstatten als in der PANTA RHEI-Prognose mit 1.6 vH pro Jahr.

Mit Blick auf die einzelnen Energieträger ergibt die PANTA RHEI-Basisprognose deutlich höhere Wachstumsraten für Gas und Flugkraftstoffe als die Prognos-Studie. Auch bei Elektrizität und Motorenbenzin steigt der Verbrauch gemäß PANTA RHEI-Prognose schneller. Der auffälligste Unterschied zwischen beiden Prognosen zeigt sich beim Energieträger Leichtes Heizöl. Während die Prognos-Studie zu einem sehr langsamen Rückgang der Verbrauchs um 0.4 vH pro Jahr kommt, ergibt sich in der PANTA RHEI-Basisprognose ein kräftiger Rückgang von 3.5 vH jährlich. Auch für die Energieträger Schweres Heizöl, Steinkohle und Rohbraunkohle verläuft der Verbrauchsrückgang in der PANTA RHEI-Prognose deutlich schneller.

3.6 Der Ausstoß von Luftschadstoffen

In einem letzten Schritt werden nun die Ergebnisse der PANTA RHEI-Basisprognose bezüglich der Emissionen der Luftschadstoffe CO_2, SO_2 und NO_x dargestellt. Dabei wird jeweils zunächst die Entwicklung des gesamten energiebedingten Ausstoßes und anschließend die Entwicklung in den Privaten Haushalten und in ausgewählten Bereichen des Unternehmenssektors gezeigt.

Zur Beurteilung der Prognoseergebnisse am aktuellen Rand noch zwei Anmerkungen vorab: Zum einen entsprechen die im Modell PANTA RHEI verwendeten Emissionsdaten aus der Energieträgerrechnung des Statistischen Bundesamtes nicht genau den Zahlen des Umweltbundesamtes, sie liegen tendenziell etwas niedriger. Zum anderen ist zu berücksichtigen, daß die temperaturbedingten Schwankungen des Energieverbrauchs und damit der Emissionen zwar mit Hilfe einer Jahresdurchschnittstemperaturvariable ex post gut erklärt werden können, daß der Temperatureinfluß bei der ex ante-Prognose aber nur mit dem langjährigen Durchschnittswert berücksichtigt werden kann.

In Abbildung 21 ist die Entwicklung der energiebedingten Kohlendioxidemissionen für den Zeitraum 1978 bis 2010 dargestellt. Die Angaben für die Jahre bis 1990 beziehen sich dabei auf den Gebietsstand Westdeutschland. Es ist sichtbar, daß in Anschluß an den zweiten Ölpreisschock der Jahre 1979/80 der Energieverbrauch und damit die Emissionen deutlich eingeschränkt worden sind. Obwohl die Volkswirtschaft mit Ausnahme des Jahres 1982 stets eine positive Wachstumsrate zeigte, lagen die CO_2-Emissionen im Jahr 1990 nicht höher als in 1982. Man bezeichnet diese Entwicklung häufig mit dem Begriff der *Entkopplung* der Emissionen vom Wirtschaftswachstum.

Der sprunghafte Anstieg der CO_2-Emissionen im Jahr 1991 in Abbildung 21 liegt natürlich daran, daß ab 1991 Werte für den Gebietsstand Deutschlands nach der Wiedervereinigung dargestellt sind. Der kräftige Rückgang der Emissionen in den Jahren nach der Wiedervereinigung geht auf den Zusammenbruch vieler Industriezweige in den Neuen Bundesländern zurück. Im Prognosezeitraum ergibt sich ein langsamer Anstieg der energiebedingten CO_2-Emissionen von 850.5 Mio. Tonnen in 1998 auf 880.4 Mio. Tonnen im Jahr 2010.

Abbildung 21: Die Entwicklung der energiebedingten CO_2-Emissionen in der Basisprognose - in Mio. Tonnen -

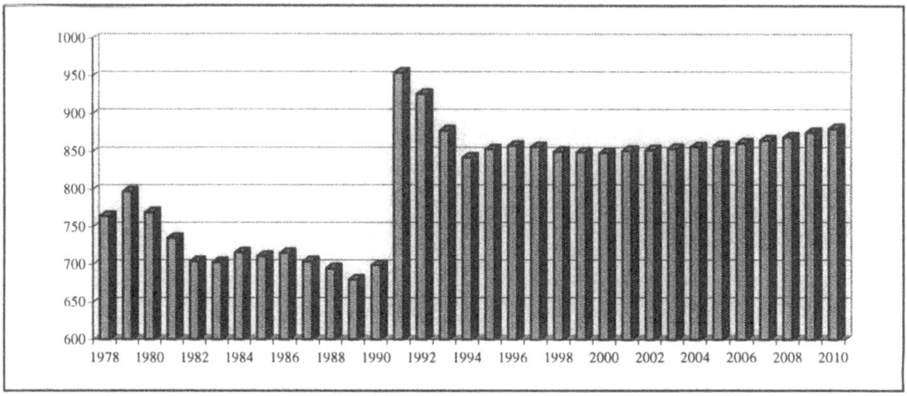

Diese Entwicklung entspricht einer durchschnittlichen jährlichen Wachstumsrate von 0.3 vH. Analysiert man die Prognoseergebnisse für die einzelnen Produktionsbereiche und für die Privaten Haushalte, so zeigt sich dabei zunächst einmal, daß die zusätzlichen Emissionen zum Großteil auf die Privaten Haushalte zurückgehen. In Tabelle 16 sind - wie in der gesamten Studie durchgängig - die sogenannten *direkten* CO_2-Emissionen der einzelnen Bereiche dargestellt. Sie werden so bezeichnet, weil in ihnen die über den Bezug emissionsintensiver Vorleistungen indirekt verursachten Emissionen nicht enthalten sind. Die jährliche Steigerungsrate der in den Privaten Haushalten entstehenden CO_2-Emissionen beträgt im Prognosezeitraum 1998 bis 2010 durchschnittlich 0.7 vH pro Jahr, während im Unternehmenssektor insgesamt (Zeile: Alle Produktionsbereiche) nur 0.1 vH zusätzlich pro Jahr anfallen. Anders ausgedrückt steigt der Anteil der in den Privaten Haushalten anfallenden Emissionen von 27.5 vH im Jahr 1998 auf 28.9 vH in 2010.

Beim Blick in die einzelnen Bereiche des Unternehmenssektors fällt zunächst einmal ins Auge, daß die Elektrizitätswirtschaft trotz der oben beschriebenen Ausweitung der Produktion um 1.8 vH jährlich ihren CO_2-Ausstoß um 0.9 vH jährlich verringert. Verantwortlich für diesen Effizienzgewinn ist der technische Fortschritt bei der Stromproduktion. Damit fällt der Anteil der Elektrizitätswirtschaft an den Emissionen des Unternehmenssektors im Prognosezeitraum von 47.5 auf 42.0 vH. Für die in der Wichtigkeit folgenden Bereiche ist das Bild nicht eindeutig. Neben der Eisen-/Stahlindustrie, die als zweitgrößter Emittent im Jahr 1998 nur etwa ein Achtel der CO_2-Menge der Elektrizitätswirtschaft ausstößt, gehen die Emissionen in der Basisprognose auch in der Baustoffindustrie, im Ernährungsgewerbe und bei den Gebietskörperschaften gegenüber 1998 zurück. Demgegenüber steigt der Ausstoß in den Produktionsbereichen Landwirtschaft, Chemische Industrie, Mineralölverarbeitung, Bauhauptgewerbe, Speditionen/Fluggesellschaften und Sonstiges Dienstleistungsgewerbe. Mit 4.0 vH pro Jahr wachsen dabei die Emissionen des Bereichs Speditionen/Fluggesellschaften auffallend schnell. Noch höhere Wachstumsraten ergibt die Basisprognose für die Bereiche NE-Metallindustrie und Zellstoff-/Papier-/Pappeherstellung.

Tabelle 16: **Die Entwicklung der energiebedingten CO_2-Emissionen ausgewählter Produktionsbereiche und der Privaten Haushalte in der Basisprognose - in Mio. Tonnen -**

	Sektor	Ø jährliche Wachstumsraten 1978 bis 1990	1991 bis 1998	1998 bis 2010	Niveauwerte 1998	2005	2010
1	Landwirtschaft	-1.3	-3.6	0.6	9.9	10.2	10.7
3	Elektrizitätswirtschaft	-0.3	-3.8	-0.9	292.7	273.3	262.9
4	Gasversorgung	-5.4	4.9	1.5	3.7	4.0	4.4
6	Kohlenbergbau	-2.3	-10.7	-1.5	5.4	4.9	4.5
9	Chemische Industrie	-0.5	0.2	0.9	28.8	30.6	31.9
10	Mineralölverarbeitung	-4.6	3.4	2.0	21.2	24.0	26.8
13	Baustoffindustrie	-1.6	-1.6	-1.7	19.6	17.1	15.9
15	Glasindustrie	-1.9	0.3	-1.3	4.5	4.1	3.9
16	Eisen-/Stahlindustrie	-1.9	-2.3	-1.3	35.9	32.6	30.6
17	NE-Metallindustrie	-1.1	2.7	4.2	4.4	6.1	7.3
21	Maschinenbau	-2.7	-4.5	-0.2	5.4	5.2	5.3
23	Straßenfahrzeugbau	-2.8	-0.9	1.1	5.1	5.5	5.8
26	Elektrotechnik	-2.6	-0.2	-0.2	5.0	4.8	4.9
32	Zellstoff-/Papier-/Pappeherst.	1.0	1.2	4.8	8.2	11.1	14.3
38	Ernährungsgewerbe	-2.5	-2.4	-0.7	12.0	11.1	11.1
41	Bauhauptgewerbe	-1.9	0.2	0.4	9.4	9.6	9.9
42	Ausbaugewerbe	-2.6	-0.5	0.8	4.1	4.2	4.5
43	Großhandel	0.8	-5.5	2.1	8.8	10.1	11.3
44	Einzelhandel	0.2	-5.3	0.3	8.0	8.1	8.4
45	Eisenbahnen	-4.3	-2.3	1.3	3.9	4.1	4.5
48	Speditionen/Fluggesellschaften	3.3	2.3	4.0	34.7	45.6	55.3
55	Sonst. Dienstleistungsgewerbe	4.0	3.1	2.8	11.8	14.2	16.4
56	Gebietskörperschaften	-1.3	-0.6	-0.6	22.9	21.7	21.3
	Alle Produktionsbereiche	-0.9	-2.4	0.1	616.6	613.7	625.9
	Private Haushalte	-0.2	0.6	0.7	233.9	244.7	254.6
	Zusammen	-0.7	-1.6	0.3	850.5	858.3	880.4

Nun werden die Schwefeldioxidemissionen betrachtet. In Abbildung 22 ist zunächst wieder die historische Entwicklung seit 1978 zusammen mit der PANTA RHEI-Basisprognose bis zum Jahr 2010 gezeigt. Es ist sichtbar, daß die energiebedingten SO_2-Emissionen in Westdeutschland insbesondere durch die Großfeuerungsanlagenverordnung (Rauchgasentschwefelung) bis 1990 auf etwa ein Viertel der in 1978 emittierten Menge zurückgeführt werden konnten. In den ersten Jahren nach der Wiedervereinigung wurden - vor allem durch die Übertragung der westdeutschen Standards auf die neuen Bundesländer - noch einmal dramatische Reduktionserfolge erzielt. Gegenüber diesen Einsparungen fällt der stetige Rückgang der Emissionen in der Basisprognose von 834.9 Tsd. Tonnen im Jahr 1998 auf 743.5 Tsd. Tonnen im Jahr 2010 kaum noch ins Auge. Diese Entwicklung entspricht aber immerhin einem Rückgang von 1.0 vH jährlich.

Abbildung 22: Die Entwicklung der energiebedingten SO_2-Emissionen in der Basisprognose - in Tsd. Tonnen -

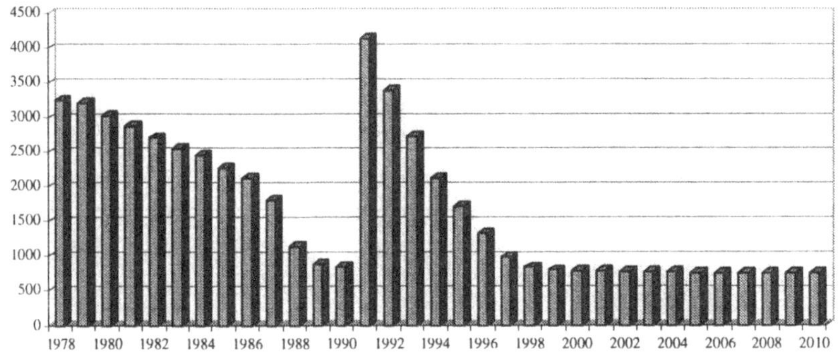

Bei disaggregierter Betrachtung der SO_2-Emissionen zeigt sich in der Basisprognose zunächst einmal, daß die Reduktion bei den Privaten Haushalte mit 1.1 vH jährlich relativ etwas stärker ausfällt als im Unternehmenssektor (vgl. Tabelle 17). Dort beträgt die Einsparung 0.9 vH jährlich. Absolut betrachtet ist aber der Rückgang auf seiten der Unternehmen viel bedeutender als der auf seiten der Privaten Haushalte, da bei letzteren nur etwa ein Achtel der gesamten Schwefeldioxidemissionen anfällt.

Innerhalb des Unternehmenssektor fallen die fünf Produktionsbereiche Chemische Industrie, Mineralölverarbeitung, NE-Metallindustrie, Speditionen/Fluggesellschaften und das Sonstige Dienstleistungsgewerbe ins Auge, da hier - abweichend von der allgemeinen Entwicklung - die emittierten SO_2-Mengen ansteigen. Quantitativ bedeutsam ist dabei vor allem die Steigerung beim zweitgrößten Emittenten, der Mineralölverarbeitung. Der Ausstoß liegt in diesem Bereich in 1998 noch etwas unterhalb, im Jahr 2010 dann aber 45 vH oberhalb des Ausstoßes der Privaten Haushalte.

Die Elektrizitätswirtschaft ist auch bei SO_2 der bei weitem größte Emittent. Ausgehend von einem Anteil von 41.2 vH an den gesamtwirtschaftlichen Emissionen im Jahr 1998 kann sie aber in der Basisprognose diesen Anteil bis zum Jahr

2010 auf 38.9 vH senken. Die Reduktion zwischen 1998 und 2010 beträgt überdurchschnittliche 1.4 vH pro Jahr beziehungsweise 55.3 Tsd. Tonnen.

Tabelle 17: Die Entwicklung der energiebedingten SO_2-Emissionen ausgewählter Produktionsbereiche und der Privaten Haushalte in der Basisprognose - in Tsd. Tonnen -

	Sektor	Ø jährliche Wachstumsraten			Niveauwerte		
		1978 bis 1990	1991 bis 1998	1998 bis 2010	1998	2005	2010
1	Landwirtschaft	-7.0	-12.4	-0.2	5.0	4.8	4.8
3	Elektrizitätswirtschaft	-13.6	-26.0	-1.4	344.8	307.9	289.5
6	Kohlenbergbau	-4.3	-24.0	-2.7	35.4	26.8	25.6
9	Chemische Industrie	-5.9	-16.1	0.3	51.8	51.8	53.4
10	Mineralölverarbeitung	-8.0	-0.5	2.2	100.0	114.8	130.2
13	Baustoffindustrie	-6.8	-22.1	-3.9	14.0	9.9	8.7
15	Glasindustrie	-5.7	-4.4	-7.1	9.1	5.4	3.8
16	Eisen-/Stahlindustrie	-4.1	0.5	-2.6	49.5	41.9	36.0
17	NE-Metallindustrie	-8.0	-5.4	3.6	4.5	5.8	6.8
21	Maschinenbau	-10.7	-23.0	-4.4	7.9	5.3	4.6
23	Straßenfahrzeugbau	-15.3	-25.1	-1.2	3.2	2.8	2.8
26	Elektrotechnik	-11.1	-10.6	-5.3	2.9	1.9	1.5
32	Zellstoff-/Papier-/Pappeherst.	-6.0	-9.6	-0.7	13.3	11.8	12.2
36	Textilindustrie	-11.0	-15.0	-3.8	2.8	2.0	1.8
37	Bekleidungsindustrie	-11.1	-15.6	-1.8	3.2	2.5	2.5
38	Ernährungsgewerbe	-8.9	-15.9	-4.4	19.8	13.4	11.6
41	Bauhauptgewerbe	-7.8	-14.0	-1.6	5.8	5.0	4.8
42	Ausbaugewerbe	-8.7	-12.2	-1.5	3.2	2.8	2.7
48	Speditionen/Fluggesellschaften	-3.8	-11.1	3.9	10.9	14.3	17.3
55	Sonst. Dienstleistungsgewerbe	-4.9	-10.7	0.6	2.2	2.2	2.4
56	Gebietskörperschaften	-10.4	-17.3	-4.4	13.0	9.0	7.6
	Alle Produktionsbereiche	-10.8	-21.2	-0.9	732.4	666.7	653.7
	Private Haushalte	-8.5	-11.7	-1.1	102.5	91.2	89.8
	Zusammen	-10.6	-20.4	-1.0	834.9	757.9	743.5

Spürbare quantitative Fortschritte erzielen auch der Kohlenbergbau, die Eisen-/ Stahlindustrie und das Ernährungsgewerbe mit 9.8, 13.5 respektive 8.2 Tsd. Tonnen. Die stärkste relative Einsparung ergibt sich für die Glasindustrie mit 7.1 vH jährlich. Ihr Anteil am Gesamtausstoß liegt aber schon in 1998 nur bei 1.1 vH. Deutlich überdurchschnittliche relative Reduktionen ergeben sich auch in den Produktionsbereichen Baustoffindustrie, Maschinenbau, Elektrotechnik, Textilindustrie und Gebietskörperschaften. Auch hier handelt es sich aber um eher unbedeutende Sektoren: Der mit Blick auf die SO_2-Emissionen größte dieser fünf Bereiche, die Baustoffindustrie, tätigt in 1998 nur 1.7 vH der gesamten Emissionen.

Abschließend werden die Stickoxide betrachtet. Abbildung 23 veranschaulicht die historische Entwicklung der energiebedingten Emissionen in Deutschland seit 1978. Die dargestellten Werte bis einschließlich 1990 beziehen sich wieder auf das frühere Bundesgebiet.

Abbildung 23: Die Entwicklung der energiebedingten NO_x-Emissionen in der Basisprognose - in Tsd. Tonnen -

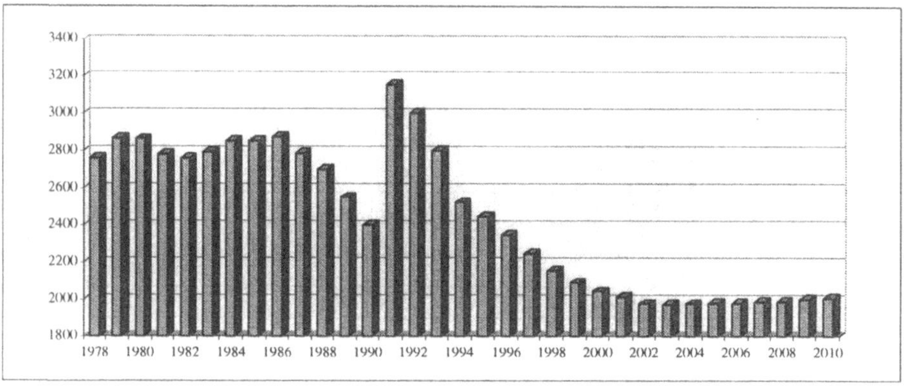

Die Abbildung zeigt, daß zum Ende der 80er Jahre aufgrund der Großfeuerungsanlagenverordnung und der Einführung von zuerst steuerlichen Anreizen zur Verwendung von Katalysatoren in den benzinbetriebenen Pkw fühlbare Reduktionserfolge bezüglich NO_x erzielt worden sind, nachdem in den Jahren zuvor die Emissionen pro Jahr stets in der Nähe von 2800 Tsd. Tonnen gelegen hatten. Diese Reduktionsinstrumente führten dann in den Jahren nach der Wiedervereinigung (Emissionen in 1991: 3157 Tsd. Tonnen) nochmals zu einer signifikanten Verminderung des Schadstoffausstoßes insbesondere in Ostdeutschland. Seit Anfang der 90er Jahre gelten für den Straßenverkehr einheitliche EU-Abgasnormen. Für den Lkw-Verkehr, der seit der weitgehenden Ausstattung der Pkw mit geregelten Katalysatoren für über ein Drittel des NO_x-Ausstoßes verantwortlich ist, werden darin schärfere Emissionsgrenzwerte festgeschrieben. In der Basisprognose sinkt das Niveau der Emissionen dadurch zunächst noch, ausgehend von 2153 Tsd. Tonnen im Jahr 1998, bis auf einen Wert von 1971 Tsd. Tonnen im Jahre 2003 ab. In dieser Phase läuft die Wirkung der erwähnten umweltpolitischen Reduktionsmaßnahmen aus. In der zweiten Phase der Basisprognose steigt der NO_x-Ausstoß in Deutschland bis zum Jahr 2010 ganz leicht wieder auf 2003 Tsd. Tonnen an. Über den gesamten Zeitraum der Basisprognose von 1998 bis 2010 berechnet beträgt die Reduktion im Durchschnitt 0.6 vH pro Jahr.

Die sektorale Analyse ergibt zunächst, daß die Einsparungen seitens der Privaten Haushalte deutlich stärker sind als die der Unternehmen. Während letztere in der Basisprognose jährlich nur 0.2 vH weniger Stickoxide emittieren, reduzieren die Privaten Haushalte ihren Ausstoß Jahr für Jahr um 1.7 vH, wie Tabelle 18 ausweist. Damit sinkt der Anteil der Privaten Haushalte an den gesamten NO_x-Emissionen im Prognosezeitraum von 27.1 auf 23.7 vH.

Tabelle 18: Die Entwicklung der energiebedingten NO_x-Emissionen ausgewählter Produktionsbereiche und der Privaten Haushalte in der Basisprognose - in Tsd. Tonnen -

	Sektor	Ø jährliche Wachstumsraten 1978 bis 1990	1991 bis 1998	1998 bis 2010	Niveauwerte 1998	2005	2010
1	Landwirtschaft	-0.7	-6.6	-1.6	77.9	68.5	64.0
3	Elektrizitätswirtschaft	-6.7	-8.1	-1.0	323.3	299.4	286.6
6	Kohlenbergbau	-5.2	-11.1	-1.7	13.9	12.3	11.4
9	Chemische Industrie	-3.1	-1.7	0.5	40.2	41.7	42.8
10	Mineralölverarbeitung	-5.0	2.7	1.9	34.9	39.2	43.7
13	Baustoffindustrie	-1.1	-1.9	-2.0	94.8	81.2	74.1
15	Glasindustrie	1.2	-1.8	-1.6	25.8	23.0	21.2
16	Eisen-/Stahlindustrie	-5.1	0.1	-2.1	32.4	28.0	25.0
17	NE-Metallindustrie	-3.3	0.9	4.0	5.1	6.9	8.2
21	Maschinenbau	-1.3	-7.0	-0.9	12.4	11.2	11.1
26	Elektrotechnik	-1.8	-3.1	-0.9	11.2	10.3	10.1
32	Zellstoff-/Papier-/Pappeherst.	-2.4	-1.6	3.9	10.1	12.7	16.0
38	Ernährungsgewerbe	-1.3	-4.1	-1.8	34.7	30.0	27.9
39	Getränkeherstellung	0.3	-5.3	-2.5	16.5	13.8	12.2
41	Bauhauptgewerbe	0.0	-2.7	-1.8	68.7	59.1	55.4
42	Ausbaugewerbe	-1.6	-5.6	-0.9	16.9	14.9	15.2
43	Großhandel	2.4	-8.4	-0.4	87.1	83.7	83.2
44	Einzelhandel	1.4	-9.4	-1.5	37.9	32.4	31.4
45	Eisenbahnen	-2.9	-4.5	-0.2	31.8	30.6	30.9
46	Schiffahrt/Häfen	-2.5	-2.8	-4.9	29.2	20.3	15.9
47	Postdienst/Fernmeldewesen	-0.2	2.9	1.3	8.9	9.5	10.4
48	Speditionen/Fluggesellschaften	2.8	-0.2	1.5	378.1	421.1	452.9
55	Sonst. Dienstleistungsgewerbe	4.7	-4.0	0.8	46.7	45.1	51.5
56	Gebietskörperschaften	0.8	-1.6	-0.7	44.2	41.3	40.5
	Alle Produktionsbereiche	-2.0	-4.4	-0.2	1570.3	1518.1	1527.8
	Private Haushalte	0.9	-7.5	-1.7	582.7	457.5	475.2
	Zusammen	-1.2	-5.3	-0.6	2153.0	1975.5	2003.0

Im Unternehmenssektor gibt es bedeutsame Emittenten, die Elektrizitätswirtschaft mit 15.0 vH und die Speditionen/Fluggesellschaften mit 17.6 vH des Gesamtausstoßes im Jahr 1998. Die Entwicklung der Emissionen in den beiden Produktionsbereichen ist in der Basisprognose gegenläufig. Während die NO_x-Emissionen der Elektrizitätswirtschaft im Zeitraum 1998 bis 2010 mit einer durchschnittlichen jährlichen Rate von 1.0 vH abnehmen, steigen die Emissionen der Speditionen/Fluggesellschaften jährlich um 1.5 vH. Diese gegenläufige Entwicklung war schon für die 80er Jahren in Westdeutschland zu beobachten, dort allerdings bei einem wesentlich höheren Tempo.

Neben den Speditionen/Fluggesellschaften ergibt die Basisprognose auch für die Produktionsbereiche Chemische Industrie, Mineralölverarbeitung, NE-Metallindustrie, Zellstoff-/Papier-/Pappeherstellung, Postdienst/Fernmeldewesen und das Sonstige Dienstleistungsgewerbe eine Steigerung des Schadstoffausstoßes. Allerdings sind diese Bereiche nicht besonders wichtig für die gesamte Emissionsbilanz. Der Anteil des größten Emittenten in dieser Gruppe, des Sonstigen Dienstleistungsgewerbes, an den bundesweiten Emissionen beträgt 2.2 vH im Jahr 1998 und 2.6 vH im Jahr 2010. Auffällig hoch liegen die Zuwachsraten mit 4.0 bzw. 3.9 vH pro Jahr in den stark wachsenden Bereichen NE-Metallindustrie und Zellstoff-/Papier-/Pappeherstellung.

Auf der anderen Seite der Bilanz stehen zum einen drei Produktionsbereiche mit einem etwas höheren Anteil an den Gesamtemissionen, die ihren NO_x-Ausstoß in der Basisprognose überdurchschnittlich stark drosseln. Die Landwirtschaft (Anteil in 1998: 3.6 vH) reduziert ihre Emissionen um 1.6 vH jährlich, die Baustoffindustrie (Anteil in 1998: 4.4 vH) um 2.0 jährlich und das Bauhauptgewerbe (Anteil in 1998: 3.2 vH) um 1.8 vH pro Jahr.

Zum anderen gibt es eine Vielzahl kleinerer Bereiche, die bei den Stickoxiden für die sich insgesamt ergebende Reduktion mitverantwortlich sind. Beispielsweise liegt in den Produktionsbereichen Kohlenbergbau, Glasindustrie, Eisen-/Stahlindustrie, Ernährungsgewerbe, Getränkeindustrie und Schiffahrt/Häfen die jahresdurchschnittliche Reduktionsrate bei über 1.5 vH.

3.7 Zusammenfassung

Ausgehend von einem *Konsolidierungsszenario*, in dem eine moderate Tarifpolitik der Arbeitnehmer und eine konsequente Eindämmung des Ausgabenwachstum der Öffentlichen Haushalte unterstellt ist, ergibt die PANTA RHEI-Basisprognose eine durchschnittliche jährliche Wachstumsrate des Bruttoinlandsprodukts von 1.7 vH bis zum Jahr 2010. Auf dem Arbeitsmarkt ergibt sich eine leichte Belebung: Bei einem kaum steigenden Volumen an Arbeitsstunden kann aufgrund kürzerer Arbeitszeiten die Arbeitslosenzahl bis zum Jahr 2010 auf 3.4 Mio. zurückgeführt werden. Der sich in der Basisprognose ergebende Wandel der Produktions- und Beschäftigungsstruktur läßt sich als eine Fortsetzung des Tertiarisierungstrends der Volkswirtschaft charakterisieren.

Der Energieverbrauch erhöht sich im Prognosezeitraum mit 0.6 vH jährlich leicht, d. h. die gesamtwirtschaftliche Effizienz des Energieeinsatzes steigt - bezogen auf das Bruttoinlandsprodukt - pro Jahr um 1.1 vH. Die energiebedingten CO_2-Emissionen wachsen mit einer Rate von 0.1 vH jährlich ganz schwach. Für die Luftschadstoffe SO_2 und NO_x ergibt sich demgegenüber eine Reduktion, ihr Ausstoß verringert sich in der Basisprognose um 1.0 bzw. um 0.6 vH pro Jahr.

4 Die Auswirkungen einer CO_2-Steuer

Wie bereits in Kapitel 1 dargestellt wurde, gibt es verschiedenste Varianten einer Öko-Steuer. Während eine allgemeine Energiesteuer jeglichen Energieeinsatz gleich belastet, einige Varianten lassen erneuerbare Energieträger unbelastet, hängt die Belastung bei einer CO_2-Steuer vom Kohlenstoffgehalt der fossilen Energieträger ab. In Abschnitt 4.1 werden zunächst die Annahmen dargestellt, die der hier simulierten CO_2-Steuer zugrunde liegen. Anschließend wird ihre Abbildung im Modell PANTA RHEI erklärt. Da jede Steuer mit Einnahmen des Staates verbunden ist, ist in Abschnitt 4.2 als nächstes die Frage zu klären, wozu der Staat das zusätzliche Steueraufkommen einsetzen sollte. Dabei führt der Einsatz zur Senkung der Arbeitgeberbeiträge zur Sozialversicherung zu den besten Ergebnissen, die in Abschnitt 4.3 ausführlich dargestellt werden. Insbesondere ist auf die sektoralen Effekte einzugehen, die für die Akzeptanz und politische Durchsetzbarkeit einer solchen Politikmaßnahme von herausragender Bedeutung sind. Da der Staat als bedeutender Arbeitgeber in dieser Politikvariante zusätzlich entlastet wird, ist in Abschnitt 4.4 der Frage nachzugehen, welche Möglichkeiten diese Mittel der Politik bieten. Der Abschnitt 4.5 liefert eine kurze Zusammenfassung des Kapitels.

4.1 Die Modellierung der Steuer

4.1.1 Das Szenario

Ziel der CO_2-Steuer ist die Verringerung der Emissionen, die in Deutschland zu über 97 vH verbrennungsbedingt sind. Da sich die politischen CO_2-Minderungsziele in der Regel nur auf die verbrennungsbedingten Emissionen beziehen, werden im weiteren ausschließlich diese energiebedingten Emissionen betrachtet. Eine Einbindung der nichtenergiebedingten Emissionen wäre aber grundsätzlich möglich (vgl. Meyer/Bockermann/Ewerhart/Lutz 1998, S. 87ff).

Um mögliche Ausweichreaktionen zu vermeiden, sollte die Steuer direkt am Verbrennungsprozeß ansetzen. Werden nur die Produzenten und Importeure fossiler Energieträger besteuert, kann der Verwaltungsaufwand bei nur einigen hundert Steuersubjekten gering bleiben. Dabei wird unterstellt, daß die Produzenten und Importeure fossiler Energieträger die Steuerzahlungen auf dieser ersten Stufe vollständig auf ihre Preise überwälzen. Das bedeutet aber nicht, daß beim Endverbraucher genau dieser Preisaufschlag erhoben wird. Denn in PANTA RHEI wird die gesamte Lieferverflechtung in der Volkswirtschaft abgebildet, wobei für die

Weiterverarbeitung bzw. Lieferung von Energieträgern die jeweils in der Vergangenheit gemessenen Preiselastizitäten und damit das Preisüberwälzungsverhalten abgebildet werden. Beispielsweise wird der Endverbrauchspreis von Gas auch durch Verteilungskosten wie Netzkosten und die Löhne der in der Gasversorgung Beschäftigten Arbeitnehmer bestimmt.

Der CO_2-Steuersatz wird im Jahr 1999 mit 10 DM/t CO_2 eingeführt und steigt in den Folgejahren bis zum Jahr 2010 um jeweils 20 auf schließlich 230 DM/t CO_2 an. Damit sinkt bei absolut gleicher Belastungszunahme die relative jährliche Zusatzbelastung auf die verbrannten fossilen Energieträger im Zeitverlauf.

Elektrizität wird in diesem Szenario folgerichtig nicht besteuert, weil lediglich die vorgeschaltete - und steuerpflichtige - Verbrennung fossiler Energieträger im Kraftwerk zu CO_2-Emissionen führt. Damit werden aber auch zwei zentrale Probleme der CO_2-Steuer offensichtlich. Zum einen könnte Strom in Zukunft verstärkt emissionsfrei in Kernkraftwerken erzeugt werden, was aber politisch wohl nicht durchsetzbar sein wird, zumal die Minderung der Klimaerwärmung mit zusätzlichem radioaktiven Abfall erkauft wird. Deshalb wird im weiteren unterstellt, daß der Anteil der Kernenergie an der deutschen Stromerzeugung im Simulationszeitraum bis zum Jahr 2010 konstant bleibt, die bereits laufenden Kernkraftwerke also weiter betrieben werden.

Zum zweiten stellt sich die Frage der Behandlung von Stromimporten aus dem Ausland, die von der Besteuerung ausgenommen sind. Damit könnte die Steuer unterlaufen werden, ohne daß das globale Klimaproblem entschärft wird. Deshalb sind solche zusätzlichen Stromimporte in der Simulation ausgeschlossen. Damit wird einerseits unterstellt, daß die CO_2-Steuer europaweit erhoben wird. So würde z. B. in tschechischen Kohlekraftwerken produzierter Strom gegenüber deutschem Strom keine Preisvorteile gewinnen. Trotzdem könnte aber noch von der Steuer unbelasteter Strom aus französischen oder belgischen Kernkraftwerken die gesamte inländische Stromproduktion ersetzen. Eine solche Verlagerung der Stromproduktion mit all ihren Risiken ins Ausland kann aber nicht Ziel einer nachhaltigen Energie- und Umweltpolitik sein. Deshalb impliziert das unterstellte Szenario andererseits, daß im Ausland aus Kernenergie erzeugter Strom vergleichbar verteuert wird. Ähnliche Überlegungen sind in dem Vorschlag der EG-Kommission (1992) zur CO_2-/Energiesteuer von Anfang der 90er Jahre enthalten.

Auch der verstärkte Einsatz erneuerbarer Energieträger, die durch die Belastung der CO_2-Emissionen mit Sicherheit wettbewerbsfähiger werden, wird ausgeklammert. Die Stromgewinnung aus Wasserkraft bleibt konstant. Andere erneuerbare Energieträger bleiben unberücksichtigt.

4.1.2 Die Einbindung der Steuer in das Modell

Gemäß (178) werden die CO_2-Emissionen ECO_{lj} nach 29 Energieträgern und 58 Produktionsbereichen sowie für die Privaten Haushalte bestimmt. Durch Multiplikation mit dem Steuersatz STC ergibt sich die Steuerbelastung KCO_{lj}, die durch die Verbrennung der einzelnen Energieträger l in den einzelnen Produktionsbereichen j und den Privaten Haushalten (j = 60) anfällt:

$$KCO_{lj}(t) = \overline{STC(t)} \cdot ECO_{lj}(t), \qquad l = 1, \ldots, 29 \text{ und } j = 1, \ldots, 58, 60. \tag{C1}$$

KCO_{lj}	CO_2-Steuerbelastung in jeweiligen Preisen, Energieträger l im PB j
STC	CO_2-Steuersatz in DM/t CO_2
ECO_{lj}	CO_2-Emissionen, Energieträger l im Produktionsbereich j

Diese Steuerbelastung erhöht im Modell die Energieträgerpreisindizes für Vorleistungen, Privaten Verbrauch und Einfuhren. Der Aufschlagssatz ist als Steueraufkommen des Energieträgers pro spezifische Einheit (Liter, Kubikmeter, ...) dividiert durch den Preis der spezifischen Einheit im Jahr 1998 berechnet. Der relative Preisaufschlag auf die einzelnen Energieträger ist jeweils vom Preisindex ohne Steueraufschlag nach (141) abhängig. Vor Einführung der CO_2-Steuer durch die Mineralölsteuer bereits hoch belastete Energieträger wie Dieselkraftstoff werden deshalb relativ weniger verteuert als Leichtes Heizöl, das denselben Kohlenstoffgehalt hat. Für die beiden anderen Preisindizes (Privater Konsum, Importe) ist das Vorgehen entsprechend.

$$pvge_l^C(t) = pvge_l(t) \cdot \left(1 + \sum_{j=1}^{58} \left(\frac{KCO_{lj}(t)}{ENS_{lj}(t)} \cdot \frac{\overline{ENS_{lj}(1998)}}{\overline{ENN_{lj}(1998)}} \right)\right), \qquad l = 1, \ldots, 29. \tag{C2}$$

$pvge_l^C$	Preisindex Vorleistungslieferungen einschließlich CO_2-Steuerbelastung, ET l
$pvge_l$	Preisindex Vorleistungslieferungen, Energieträger l
KCO_{lj}	CO_2-Steuerbelastung in jeweiligen Preisen, Energieträger l im PB j
ENS_{lj}	Energieeinsatz in spezifischen Einheiten, Energieträger l im PB j
ENN_{lj}	Energieeinsatz in jeweiligen Preisen, Energieträger l im PB j

Da die Steuer von den energieliefernden Produktionsbereichen zu entrichten ist, die hier aus Darstellungsgründen ausnahmsweise mit m indiziert sind, ergibt sich deren Steuerbelastung $entg$ als Summe der auf den von ihnen bereitgestellten Energieträgern l (vgl. Tabelle 5, S. 76) lastenden CO_2-Steuer:

$$entg_m(t) = \sum_{l(m)} \left(\sum_{j=1}^{58} KCO_{lj}(t) + KCO_{l,60}(t) \right), \qquad m = 3, 4, 6, 8, 10 \tag{C3}$$

$entg_m$	CO_2-Steuerbelastung in jeweiligen Preisen, Produktionsbereich m
KCO_{lj}	CO_2-Steuerbelastung in jeweiligen Preisen, Energieträger l im Sektor j

Die Elektrizitätswirtschaft (3) muß wie die Nicht-Energie-Produktionsbereiche keine Steuerzahlungen leisten. Dagegen sind die Gasversorgung (4), der Kohlenbergbau (6) und die Mineralölverarbeitung (10) die in erster Linie betroffenen Produktionsbereiche. Der Produktionsbereich Erdöl/Erdgas (8) ist kaum belastet, weil seine Produktion erst nach Weiterverarbeitung bzw. Verteilung emissionsrelevant wird. Die gesamte CO_2-Steuerbelastung ergibt sich als Summe:

$$ENTG(t) = entg_3(t) + entg_4(t) + entg_6(t) + entg_8(t) + entg_{10}(t). \tag{C4}$$

$ENTG$	CO_2-Steuerbelastung in jeweiligen Preisen, alle Produktionsbereiche
$entg_j$	CO_2-Steuerbelastung in jeweiligen Preisen, Produktionsbereich j

Das CO_2-Steueraufkommen wird in PANTA RHEI analog zu den Produktionssteuern und damit wie eine zusätzliche Komponente der Bruttowertschöpfung behandelt. Sie reduziert gegenüber (252) die residual bestimmten Einkommen aus Unternehmertätigkeit und Vermögen, die die Produktionssteuern enthalten (vgl. Abschnitt 2.3.1, S. 70f):

$$gg_j^C(t) = bwg_j(t) - dg_j(t) - lg_j(t) - entg_j(t), \qquad j = 1, \ldots, 58. \tag{C5}$$

gg_j^C	Einkommen aus Unternehmertätigkeit und Vermögen in jew. Pr., PB j
bwg_j	Bruttowertschöpfung in jeweiligen Preisen, Produktionsbereich j
dg_j	Abschreibungen in jeweiligen Preisen, Produktionsbereich j
lg_j	Einkommen aus unselbständiger Arbeit in jeweiligen Preisen, PB j
$entg_j$	CO_2-Steuerbelastung in jeweiligen Preisen, Produktionsbereich j

Gleichzeitig fließt das Steueraufkommen *ENTG* wie andere Produktionssteuern der Unternehmen *ZUA05* dem Staat zu und erhöht seine Einnahmen:

$$ZSE14^C(t) = ZUA05(t) + ENTG(t). \tag{C6}$$

$ZSE14^C$	Vom Staat empf. Produktionsst. einschl. CO_2-Steuer von Untern., in jew. Pr.
$ZUA05$	Von Unternehmen geleistete Produktionssteuern an den Staat, in jew. Pr.
$ENTG$	CO_2-Steuerbelastung in jeweiligen Preisen, alle Produktionsbereiche

Diese direkten Effekte werden im Verlauf des Iterationsprozesses durch Sekundäreffekte überlagert. Insbesondere werden die Energiepreise gemäß (C2) steigen und dadurch im Modell vielfältige Wirkungen auslösen.

4.2 Die Rolle der Kompensation

Bei fast allen Öko-Steuervorschlägen der letzten Jahre wird wegen der geringen Preiselastizität der Energienachfrage ein hohes Steueraufkommen erzielt. Anders formuliert: Zum gewollten Lenkungseffekt tritt ein zunächst ungewollter Einnahmeneffekt (Ewringmann 1997). Waren bei den ersten Vorschlägen die Aussagen zur Verwendung dieser zusätzlichen Staatseinnahmen noch diffus, hat sich seit einigen Jahren insbesondere durch von Weizsäcker (1994) die Formel der Aufkommensneutralität auch deshalb durchgesetzt, weil in Zeiten historisch hoher Staatsquoten eine weitere Zunahme der staatlichen Eingriffe politisch nicht mehr vermittelbar ist. Aufkommensneutralität bedeutet in der dabei vorherrschenden partialanalytischen Sichtweise, daß der Staat die Einnahmen voll an die Bürger zurückgibt und quasi automatisch die Staatsquote konstant gehalten werden kann. Einige Möglichkeiten der Kompensation werden im folgenden diskutiert.

4.2.1 Verschiedene Verwendungsmöglichkeiten der zusätzlichen Steuereinnahmen

Schwerpunktmäßig wird in den letzten Jahren eine Entlastung der Lohnnebenkosten aus dem Steueraufkommen diskutiert. Denkbar sind dabei eine Senkung der Sozialversicherungsbeiträge, was zu einer gleichmäßigen Entlastung von Arbeitgebern und Arbeitnehmern führen würde, aber auch eine stärkere, oder sogar einseitige Senkung nur der Arbeitgeber- oder nur der Arbeitnehmerbeiträge zur Sozialversicherung. Angesichts der hohen Staatsverschuldung und laufenden Neuverschuldung ist aber auch ein Einsatz der Mittel zur Senkung der Staatsverschuldung denkbar. Schließlich ist es aus theoretischer Sicht interessant, den reinen Steuereffekt zu analysieren. Die Steuereinnahmen verschwinden in diesem Fall aus dem Wirtschaftskreislauf, werden demnach vom Staat gehortet oder thesauriert.

Die Senkung der Sozialversicherungsbeiträge ist in PANTA RHEI III einfach abzubilden. In (226) und (227) werden die Arbeitgeber- *AGSOZ* und Arbeitnehmerbeiträge *ANSOZ* explizit ermittelt, so daß sie einfach um das Steueraufkommen *ENTG* insgesamt oder um Teile davon reduziert werden können:

$$AGSOZ^C(t) = AGSOZ(t) - \alpha \cdot ENTG(t). \tag{C7}$$

$$ANSOZ^C(t) = ANSOZ(t) - \beta \cdot ENTG(t). \tag{C8}$$

$AGSOZ^C$	Arbeitgeberbeiträge zur Sozialvers. in jew. Pr. nach der Kompensation
$AGSOZ$	Arbeitgeberbeiträge zur Sozialvers. in jew. Preisen (ohne Kompensation)
α	Anteil des CO_2-Steueraufkommens zur Entlastung der Arbeitgeberbeiträge
$ENTG$	CO_2-Steuerbelastung in jeweiligen Preisen
$ANSOZ^C$	Arbeitnehmerbeiträge zur Sozialvers. in jew. Preisen nach der Kompensation
$ANSOZ$	Arbeitnehmerbeiträge zur Sozialvers. in jew. Preisen (ohne Kompensation)
β	Anteil des CO_2-Steueraufkommens zur Entlastung der Arbeitnehmerbeiträge

Bei einer aufkommensneutralen Senkung der Sozialversicherungsbeiträge gilt α plus β gleich eins. Bei einer Senkung nur der Arbeitgeberbeiträge bleiben die Brutto- und Nettolöhne der Privaten Haushalte unverändert, während die Arbeitskosten der Unternehmen fallen. Werden dagegen die Arbeitnehmerbeiträge reduziert, bleiben die Arbeitskosten der Unternehmen konstant, und es erhöhen sich die Nettolöhne der Privaten Haushalte.

Soll dagegen die Staatsverschuldung gesenkt werden, setzt der Staat die Steuereinnahmen zur Senkung seiner Defizite ein. In PANTA RHEI steigt damit der Finanzierungssaldo des Staates um das CO_2-Steueraufkommen.

Im letzten zu untersuchenden Fall der Thesaurierung der Einnahmen, die den reinen Steuereffekt beschreibt, ist zu beachten, daß die Steuereinnahmen im Staatshaushalt nicht wirksam werden. Deshalb sind die Steuereinnahmen nicht wie in (C6) beschrieben als zusätzliche Unternehmenssteuern zu verbuchen. Statt dessen gilt wieder wie im Basisszenario ohne CO_2-Steuer:

$$ZSE14(t) = ZUA05(t). \tag{C9}$$

$ZSE14$	Vom Staat empfangene Produktionssteuern von Unternehmen, in jew. Pr.
$ZUA05$	Von Unternehmen geleistete Produktionssteuern an den Staat, in jew. Pr.

Selbstverständlich sind auch beliebige Kombinationen der verschiedenen Kompensationsvarianten modellierbar. Alle Kompensationsvarianten sind wegen der vollständigen und differenzierten Erfassung des Einkommenskreislaufs in PANTA RHEI einfach und angemessen abbildbar.

4.2.2 Ergebnisse bei den verschiedenen Kompensationsformen

Bei einem von 10 DM/t CO_2 im Jahr 1999 auf 230 DM/t CO_2 im Jahr 2010 jährlich um 20 DM/t CO_2 steigenden Steuersatz erreicht das Steueraufkommen im Endjahr ein Volumen in Abhängigkeit von den CO_2-Emissionen bei den einzelnen Kompensationsarten von etwa 170 Mrd. DM. In Preisen des Jahres 1998 liegt das Steueraufkommen zwischen 119 Mrd. im Fall der Thesaurierung und 130 Mrd. DM bei Senkung der Arbeitgeberbeiträge zur Sozialversicherung. Es ist damit deutlich höher als das Mineralölsteueraufkommen in der zweiten Hälfte der 90er Jahre.

Im Vergleich zur Basisprognose liegt das Bruttoinlandsprodukt im Jahr 2010 in Preisen des Jahres 1991 bei allen Kompensationsarten deutlich niedriger. Der Unterschied schwankt zwischen 4.3 vH bei Senkung der Arbeitgeberbeiträge zur Sozialversicherung und über 9 vH bei Thesaurierung bzw. Senkung der Staatsverschuldung (vgl. Tabelle 19). Die umgekehrte Reihenfolge zeigt sich beim Preisindex der Lebenshaltung, der durch die CO_2-Steuer in jedem Fall über dem Niveau der Basisprognose liegt.

Bei anderen gesamtwirtschaftlichen Größen ergibt sich ein differenzierteres Bild. Eine Entlastung der Arbeitgeberbeiträge zur Sozialversicherung führt zu einer Beschäftigungszunahme, die selbst im Fall der parallelen Senkung der Arbeitgeber- und Arbeitnehmerbeiträge noch beachtlich ist. Der Effekt auf die Beschäftigten Arbeitnehmer ist dabei immer größer als auf die Zahl der Arbeitslosen, weil die zusätzlichen Beschäftigten auch aus der Stillen Reserve stammen.

Die Staatsquote sinkt in erster Linie bei Senkung der Arbeitgeberbeiträge. Überraschend ist zunächst der Vergleich der Nettoneuverschuldung in den verschiedenen Simulationen. Hierbei führt der Rückgang der Arbeitslosenzahlen über niedrigere staatliche Transferzahlungen sogar zu einer Entschuldung des Staates, die annähernd so hoch ist wie bei der direkten Senkung der Staatsverschuldung mit dem Steueraufkommen. Gerade an dieser Stelle zeigt sich die Notwendigkeit eines komplexen, in sich geschlossenen Modellierungsansatzes, der Sekundäreffekte im Wirtschaftskreislauf mit berücksichtigt.

Die Emissionen wichtiger energiebedingter Luftschadstoffe gehen gegenüber der Basisprognose deutlich stärker zurück als das Bruttoinlandsprodukt. Nach Herausrechnung dieses Niveaueffektes führen die veränderte Wirtschaftsstruktur und emissionssparender technischer Fortschritt zu einer Senkung der CO_2-Emissionen um etwa 10 vH. Der Rückgang der Stickoxidemissionen (NO_x) ist geringer, weil der Energieeinsatz im Straßenverkehrsbereich unterdurchschnittlich sinkt. Dagegen ist der stärkere Rückgang der Schwefeldioxidemissionen (SO_2) auf Struktureffekte in der Elektrizitätswirtschaft hin zu CO_2- und besonders SO_2-armen Energieträgern zurückzuführen.

Damit deuten verschiedene gesamtwirtschaftliche Größen darauf hin, daß eine Entlastung der Arbeitgeberbeiträge zur Sozialversicherung den anderen Kompensationsarten überlegen ist. Die Güterversorgung - gemessen am Bruttoinlandsprodukt - ist besser als in den anderen Kompensationsvarianten. Allerdings drängt sich dabei die Frage auf, ob diese positiven Effekte auf der Makroebene mit einer deutlichen Änderung der Verteilungsstruktur zwischen Erwerbseinkommen und Gewinneinkommen verbunden ist, und die Lasten dieser Politikvariante einseitig von den Privaten Haushalten zu tragen sind.

Tabelle 19: Gesamtwirtschaftliche Größen in der Basisprognose und bei der CO_2-Steuer mit unterschiedlichen Kompensationsarten im Jahr 2010

	Basis	AG-Beiträge	AG-/AN-Beiträge	AN-Beiträge	Staats-versch.	Thesau-rierung
Bruttoinlandsprodukt (Mrd. DM in Preisen von 1991)	3926.5	3760.0	3731.1	3701.9	3571.8	3560.6
Privater Verbrauch (Mrd. DM in Preisen von 1991)	2140.9	2020.3	2023.1	2024.5	1881.7	1877.0
Privater Verbrauch/ Bruttoinlandsprodukt (vH)	54.5	53.7	54.2	54.7	52.7	52.7
Beschäftigte (Mio.)	32.2	33.1	32.4	31.7	31.3	31.3
Arbeitslose (Mio.)	3.4	2.7	3.2	3.7	4.0	4.0
Preisindex der Lebenshaltung (1991 = 100)	156.4	163.0	165.9	168.6	168.4	168.4
Staatsquote (vH)	46.0	45.2	45.6	45.9	46.2	46.2
Lohnquote (vH)	69.0	68.0	69.8	70.9	71.2	71.3
Verfügbares Einkommen der Privaten Haushalte (Mrd. DM in Preisen von 1991)	2334.0	2199.9	2204.4	2207.4	2045.9	2040.8
Finanzierungssaldo des Staates (Mrd. DM in jew. Preisen)	-17.3	+67.1	+20.6	-25.8	+78.9	-82.0
CO_2-Emissionen (Mio. t)	880.4	756.1	750.1	744.3	719.4	718.5
NO_x-Emissionen (Tsd. t)	2003.0	1815.1	1798.6	1782.6	1720.1	1717.9
SO_2-Emissionen (Tsd. t)	743.5	579.6	570.1	561.2	544.5	544.9

AG-Beiträge:	Senkung der Arbeitgeberbeiträge zur Sozialversicherung
AG-/AN-Beiträge:	Parallele Senkung der Arbeitgeber- und Arbeitnehmerbeiträge zur Sozialversicherung
AN-Beiträge:	Senkung der Arbeitnehmerbeiträge zur Sozialversicherung
Staatsversch.:	Senkung der Staatsverschuldung
Thesaurierung:	Steuereinnahmen werden stillgelegt

Die Betrachtung der Lohnquote - definiert als Anteil des Einkommens aus unselbständiger Arbeit am Nettoinlandsprodukt zu Faktorkosten - zeigt auch, daß die Lohnquote bei Senkung der Arbeitgeberbeiträge zur Sozialversicherung von allen Simulationsrechnungen am niedrigsten ist. Auch der Anteil des Privaten Verbrauchs am Bruttoinlandsprodukt ist in dieser Variante geringer als bei stärkerer Entlastung der Arbeitnehmerbeiträge. Allerdings ist der Unterschied zur Basisprognose nicht dramatisch. Beim Vergleich der absoluten Größen des Privaten Verbrauchs der Privaten Haushalte in Preisen von 1991 wird deutlich, daß dieser Rückgang der Lohnquote durch das höhere Niveau des Bruttoinlandsprodukts im Vergleich zur Senkung der Arbeitnehmerbeiträge fast völlig ausgeglichen wird. Da zusätzlich die Zahl der Beschäftigten - und schon diese Tatsache stellt einen gesellschaftlichen Wert an sich dar - größer ist, kann zwischen den Privaten Haushalten sogar von einer größeren Verteilungsgerechtigkeit ausgegangen werden. Denn die Erwerbseinkommen verteilen sich in diesem Fall auf mehr Köpfe.

Zusammengefaßt dominiert die Kompensation der Steuer durch Senkung der Arbeitgeberbeiträge zur Sozialversicherung die anderen Kompensationsarten. Die *doppelte Dividende* - mehr Beschäftigung bei weniger Umweltbelastung - ist hier am größten. Diese Variante wird aus diesem Grund im folgenden Abschnitt 4.3 ausführlich in ihren sektoralen Wirkungen dargestellt. Da auch das Staatsdefizit um über 2 vH des Bruttoinlandsprodukt günstiger liegt, bietet diese Variante gegenüber der Basisprognose sogar noch zusätzliche Handlungsspielräume, die in Abschnitt 4.4 untersucht werden.

4.3 Ergebnisse bei Reduktion der Arbeitgeberbeiträge zur Sozialversicherung

Die CO_2-Steuer führt im Jahr 2010 bei einem Steuersatz von 230 DM/Tonne CO_2 und Emissionen von 756 Mio. Tonnen zu einem Steueraufkommen von 173.2 Mrd. DM. In gleicher Höhe werden die Arbeitgeberbeiträge zur Sozialversicherung entlastet, die damit um 30 vH gesenkt werden können. Der Beitragssatz der Arbeitgeber zur Sozialversicherung liegt dadurch im Jahr 2010 um fast sieben Prozentpunkte unter dem Wert des Jahres 1998. Der Arbeitnehmerbeitrag macht dann 23.3 vH der Bruttolohn- und -gehaltsumme aus, und der Arbeitgeberbeitrag liegt bei 17.2 vH. Welche Auswirkungen hat nun diese Politikmaßnahme aber im einzelnen?

4.3.1 Die gesamtwirtschaftliche Entwicklung

Beim Vergleich der CO_2-Steuer bei gleichzeitiger Senkung der Arbeitgeberbeiträge zur Sozialversicherung mit der Basisprognose werden Vor- und Nachteile beider Politikvarianten deutlich. Das preisbereinigte Bruttoinlandsprodukt liegt im Fall der CO_2-Steuer am Ende des Simulationszeitraums um 4.2 vH niedriger als in der Basisprognose. Die durchschnittliche jährliche Wachstumsrate geht von 1.7 vH auf 1.4 vH zurück. Im Vergleich zum Jahr 1998 ist der Gesamtwert der zur letzten Verwendung bestimmten Güter und Dienstleistungen aber immerhin um 17.9 vH höher (vgl. Abbildung 24).

Abbildung 24: Zeitliche Entwicklung des Bruttoinlandsprodukts in der Basisprognose und nach Einführung der CO_2-Steuer mit Reduktion der Arbeitgeberbeiträge zur Sozialversicherung - in Mrd. DM in Preisen von 1991 -

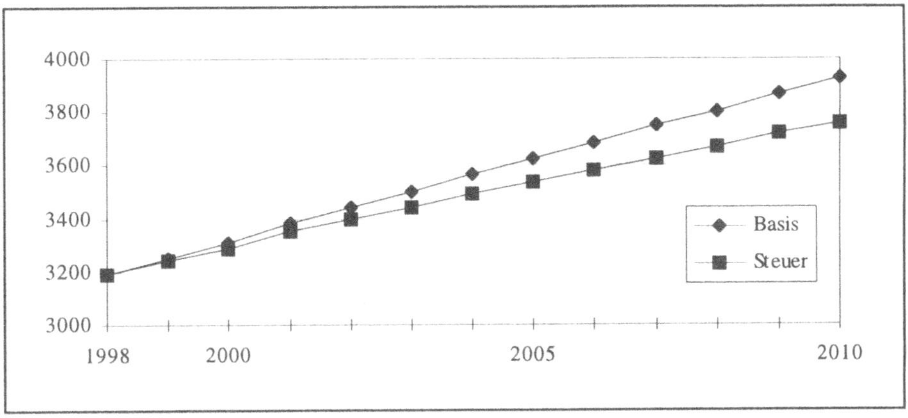

Interessant ist auch ein Blick auf die Verwendungsseite des Bruttoinlandsprodukts (vgl. Tabelle 20). Der Konsum der Privaten Haushalte, aufgrund der sinkenden Personalkosten der Konsum des Staates und die Ausrüstungsinvestitionen gehen im Vergleich zur Basisprognose stärker zurück als das Bruttoinlandsprodukt. Dagegen sind die Bauinvestitionen und der Export kaum betroffen, während die Importe fast proportional zum Bruttoinlandsprodukt niedriger liegen. Damit verbessert sich die Außenhandelsposition der deutschen Volkswirtschaft. Alle wichtigen Komponenten des Bruttoinlandsprodukts wachsen weiter und liegen auch bei Einführung der CO_2-Steuer über dem Niveau von 1998.

Tabelle 20: Das Bruttoinlandsprodukt und seine Komponenten in der Basisprognose und nach Einführung der CO_2-Steuer mit Reduktion der Arbeitgeberbeiträge zur Sozialversicherung - in Mrd. DM in Preisen von 1991 -

	1998	2010			1998 - 2010 Ø jährliche Wachstumsraten	
		Basis	Steuer	Δ in vH	Basis	Steuer
Bruttoinlandsprodukt	3189.7	3926.5	3760.0	-4.2	1.7	1.4
Privater Verbrauch	1776.9	2140.9	2020.3	-5.6	1.6	1.1
Staatsverbrauch	631.5	729.0	677.7	-7.0	1.2	0.6
Ausrüstungen	277.2	378.9	354.0	-6.6	2.6	2.1
Bauten	408.4	450.7	447.7	-0.7	0.8	0.8
Vorratsveränderung	32.2	28.9	30.1	4.0	-0.9	-0.6
Ausfuhr	938.9	1507.7	1493.8	-0.9	4.0	3.9
Einfuhr	875.3	1309.7	1263.6	-3.5	3.4	3.1

Weitere Wirkungen der CO_2-Steuer auf gesamtwirtschaftlicher Ebene faßt Tabelle 21 zusammen. Die Beschäftigungseffekte der CO_2-Steuer sind positiv. Die Zahl der Beschäftigten Arbeitnehmer steigt um rund 900 Tsd. an. Die Zahl der Arbeitslosen geht um 200 Tsd. weniger zurück, weil auch die Stille Reserve (vgl. S. 58) sinkt. Damit wird eine doppelte Dividende in Form höherer Beschäftigung bei gesunkener Umweltbelastung erzielt.

Tabelle 21: Ausgewählte gesamtwirtschaftliche Größen in der Basisprognose und nach Einführung der CO_2-Steuer mit Reduktion der Arbeitgeberbeiträge zur Sozialversicherung

	1998	2010			1998 - 2010 ∅ jährliche Wachstumsraten	
		Basis	Steuer	Δ in vH	Basis	Steuer
Bruttoinlandsprodukt (Mrd. DM in Preisen von 1991)	3189.7	3926.5	3760.0	-4.2	1.7	1.4
Beschäftigte Arbeitnehmer (Mio.)	30.1	32.2	33.1	2.9	0.6	0.8
Arbeitslose (Mio.)	4.6	3.4	2.7	-21.0	-2.6	-4.5
Preisindex der Lebenshaltung (1991 = 100)	121.6	156.4	163.0	4.2	2.1	2.5
Staatsquote (vH)	50.2	46.0	45.3	—	—	—
Finanzierungssaldo des Staates (Mrd. DM)	-125.7	-17.3	67.1	—	—	—
CO_2-Emissionen (Mio. t)	850.5	880.4	756.1	-14.1	0.3	-1.0
NO_x-Emissionen (Tsd. t)	2153.0	2003.0	1815.1	-9.4	-0.6	-1.4
SO_2-Emissionen (Tsd. t)	834.9	743.5	579.6	-22.0	-1.0	-3.0

Die Lebenshaltungskosten liegen im Jahr 2010 um 4.2 vH höher als in der Basisprognose. Über 12 Jahre bedeutet dies einen zusätzlichen jährlichen Preisschub von knapp 0.4 Prozentpunkten. Der Preisindex des Bruttoinlandsprodukts ist im Jahr 2010 nur 2.4 vH höher als in der Basisprognose und legt demnach wie die Produzentenpreise langsamer zu als die Preise des Privaten Konsums.

Der Staatseinfluß auf die Volkswirtschaft, der auch in der Basisprognose gegenüber dem sehr hohen Niveau des Jahres 1998 zurückgeht, wird noch etwas stärker zurückgedrängt. Der Finanzierungssaldo des Staates wird wegen der niedrigeren Personalkosten sogar positiv, so daß der hohe Stand der Staatsverschuldung gesenkt werden kann.

Die Emissionen verschiedener energiebedingter Luftschadstoffe können reduziert werden. Warum aber die nicht von einer Steuer belasteten Schwefeldioxidemissionen stärker zurückgehen als die CO_2-Emissionen, während gleichzeitig die NO_x-Emissionen deutlich weniger sinken, kann erst die Analyse der Sektorstruktur und ihrer Veränderung nachvollziehbar erklären.

Abbildung 25 veranschaulicht abschließend die zeitliche Entwicklung des Bruttoinlandsprodukts und seiner Komponenten - mit Ausnahme der unbedeutenden Vorratsveränderung - in der CO_2-Steuersimulation gegenüber der Basisprognose. Die Bauinvestitionen steigen in den ersten Jahren aufgrund der höheren Preissteigerungen gegenüber der Basisprognose sogar leicht an. Die Differenz des Bruttoinlandsprodukts im Vergleich zur Basisprognose erhöht sich im Zeitverlauf weitgehend linear. Die Unterschiede bei seinen Komponenten entwickeln sich dazu fast proportional. Aus diesen beiden Gründen ist es im folgenden ausreichend, nur auf das Jahr 2010 einzugehen, denn die Einbeziehung der anderen Jahre würde keine wesentlichen Zusatzinformationen liefern.

Abbildung 25: Änderung des Bruttoinlandsprodukts und seiner Komponenten nach Einführung der CO_2-Steuer mit Reduktion der Arbeitgeberbeiträge zur Sozialversicherung gegenüber der Basisprognose - in vH -

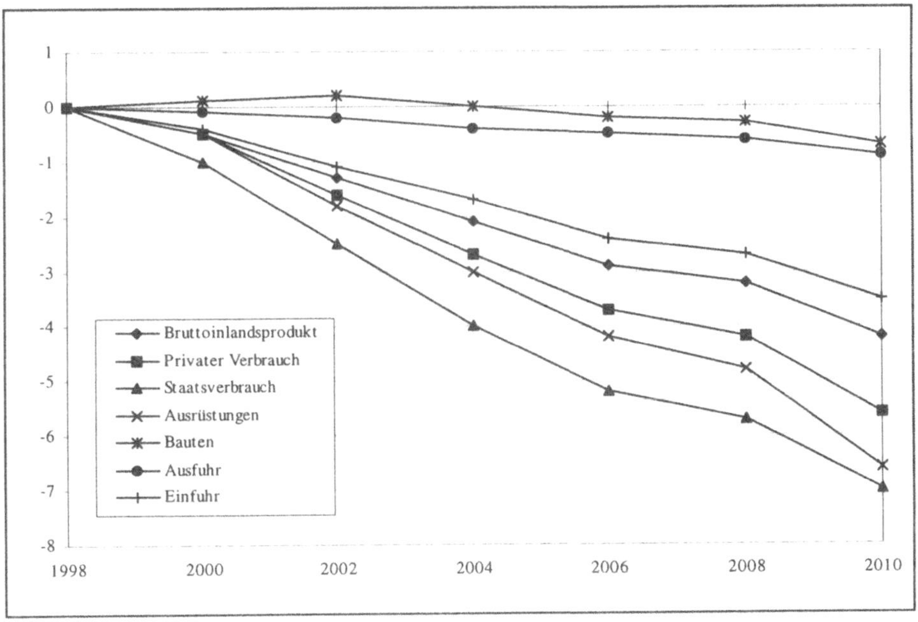

4.3.2 Die Preise

Die Steuerbelastung der fossilen Energieträger führt nach (C2) zu einer Erhöhung der Energieträgerpreise. Mit dem steigenden Steuersatz nimmt die Differenz zwischen dem Preis der Basisprognose und dem der CO_2-Steuersimulation bei allen Energieträgern zu. Warum sind die Unterschiede der Preisaufschläge zwischen den einzelnen Energieträgern nach Tabelle 22 aber so groß?

Zwei Gründe sind für dieses Auseinanderdriften der Energieträgerpreise verantwortlich. Zum einen gibt es Unterschiede im Kohlenstoffgehalt und damit auch zwischen den Emissionsfaktoren der einzelnen Energieträger, d. h. den Emissionen pro verbrannter Energieeinheit in Joule. Zwischen Kohle, Mineralölprodukten und Gasen liegen diese Relationen ungefähr bei 4:3:2, wobei Rohbraunkohle zu den mit Abstand höchsten Emissionen pro eingesetzter Energieeinheit führt. Zum anderen werden bisher die Energieträger stark unterschiedlich belastet. Auf die meisten Mineralölprodukte, dabei insbesondere auf Motorenbenzin und Dieselkraftstoff, werden hohe Verbrauchsteuern erhoben. Auch Gase werden dem Leichten Heizöl vergleichbar belastet werden. Dagegen subventioniert der Staat die heimische Steinkohle massiv. Wegen des unterschiedlichen Basisniveaus führt deshalb eine gleiche absolute Steuerbelastung bei zwei Energieträgern zu verschiedenen relativen Preissteigerungen.

Tabelle 22: Vorleistungspreisindizes ausgewählter Energieträger in der Basisprognose und nach Einführung der CO_2-Steuer mit Reduktion der Arbeitgeberbeiträge zur Sozialversicherung - 1991 = 100 -

		1998	2010			1998 - 2010 Ø jährliche Wachstumsraten	
	Energieträger		Basis	Steuer	Δ in vH	Basis	Steuer
1	Elektrizität	113.1	150.0	214.6	43.1	2.4	5.5
2	Fernwärme	111.6	170.8	293.2	71.6	3.6	8.4
3	Verteilte Gase	83.6	107.9	232.2	115.1	2.2	8.9
5	Steinkohle	110.9	163.9	562.1	243.0	3.3	14.5
6	Steinkohlenkoks	119.7	167.0	428.6	156.7	2.8	11.2
8	Rohbraunkohle	150.2	240.9	1234.6	412.5	4.0	19.2
11	Braunkohlenbriketts/-koks	145.6	231.3	699.4	202.4	3.9	14.0
16	Motorenbenzin	122.1	136.2	189.2	38.9	0.9	3.7
17	Dieselkraftstoff	112.5	129.6	218.1	68.3	1.2	5.7
18	Flugkraftstoffe	94.3	149.1	333.1	123.3	3.9	11.1
19	Leichtes Heizöl	98.2	159.6	381.7	139.2	4.1	12.0
20	Schweres Heizöl	106.5	181.7	407.6	124.3	4.6	11.8
21	Flüssiggas	84.6	121.6	244.0	100.6	3.1	9.2

Beide Faktoren führen zu dem enormen Preisanstieg der Rohbraunkohle auf mehr als das Vierfache des Preisniveaus der Basisprognose. Steinkohle wird *nur* um das Zweieinhalbfache teurer. Schwächer ist der Preisanstieg von Gasen und Leichtem Heizöl, deren Preise sich mehr als verdoppeln. Dagegen ist der Preisaufschlag auf Elektrizität und Motorenbenzin mit rund 40 vH bescheiden. Bei Benzin liegt dies am hohen Mineralölsteuersatz schon in der Basisprognose. Bei Elektrizität ist zu bedenken, daß nicht der Strom, sondern die eingesetzten Brennstoffe besteuert werden und andere Kostenkomponenten für Kraftwerksbau und Netzbetrieb nicht betroffen sind. Fast ein Drittel des Stroms wird sogar CO_2-frei gewonnen.

Mit den Energieträgerpreisen steigen auch die Güterpreise der energieliefernden Produktionsbereiche nach der Input-Output-Gliederung. Andere Güterpreise werden dagegen nur indirekt über verteuerte Energieeinsätze erhöht. Gleichzeitig führen die durch die Reduktion der Arbeitgeberbeiträge niedrigeren Arbeitskosten zu einer Entlastung der Unternehmen. Deshalb sind keineswegs alle Gütergruppen von Preissteigerungen betroffen.

Tabelle 23: Preisindizes der Bruttoproduktion ausgewählter Gütergruppen in der Basisprognose und nach Einführung der CO_2-Steuer mit Reduktion der Arbeitgeberbeiträge zur Sozialversicherung - 1991 = 100 -

		1998	2010			1998 - 2010 ∅ jährliche Wachstumsraten	
	Gütergruppe		Basis	Steuer	Δ in vH	Basis	Steuer
3	Elektrizität/Dampf/Warmwasser	107.3	134.5	180.7	34.3	1.9	4.4
4	Gase	97.7	125.5	243.2	93.8	2.1	7.9
6	Kohle	117.7	177.5	682.9	284.7	3.5	15.8
9	Chemische Erzeugnisse	99.5	120.2	120.8	0.5	1.6	1.6
10	Mineralölerzeugnisse	104.3	138.7	223.3	61.0	2.4	6.6
16	Eisen/Stahl	102.3	143.9	153.8	6.9	2.9	3.5
17	NE-Metalle	90.3	120.4	133.3	10.7	2.4	3.3
21	Maschinenbauerzeugnisse	119.0	161.0	158.2	-1.8	2.6	2.4
23	Straßenfahrzeuge	111.9	135.7	134.1	-1.2	1.6	1.5
26	Elektrotechnische Erzeugnisse	100.6	119.4	121.2	1.5	1.4	1.6
38	Nahrungsmittel	98.6	113.7	116.4	2.4	1.2	1.4
45	Schienenverkehrsdienste	94.0	86.1	87.4	1.5	- 0.7	- 0.6
48	Straßen-/Luftverkehrsdienste	105.8	118.4	121.7	2.8	0.9	1.2
55	Sonstige Marktbestimmte DL	120.6	149.0	152.6	2.4	1.8	2.0
	Alle Gütergruppen	112.2	141.0	145.6	3.3	1.9	2.2

Kohle ist nach Einführung der CO_2-Steuer fast viermal so teuer wie in der Basisprognose. Der Preisaufschlag auf Gase und Mineralölerzeugnisse ist schwächer, wobei der schwache Anstieg der Treibstoffpreise zu dem im Vergleich geringeren Anstieg der Mineralölerzeugnisse führt. Beim Preis für Elektrizität/Dampf/Warmwasser ist die Zunahme mit 34.3 vH am geringsten.

Auch einige energieintensive Gütergruppen wie Eisen/Stahl und NE-Metalle verteuern sich durch die CO_2-Steuer. Für die anderen Gütergruppen sind die Preissteigerungen aber kaum meßbar, was bei der Betrachtung der durchschnittlichen jährlichen Wachstumsraten deutlich wird. Im Durchschnitt aller Gütergruppen ist der Preisauftrieb mit 3.3 vH in 12 Jahren gering. Für einige Güter überwiegt der

Kostensenkungseffekt der Reduktion der Arbeitgeberbeiträge zur Sozialversicherung sogar die Energiepreiserhöhungen.

Zentral für die internationale Wettbewerbsfähigkeit der deutschen Volkswirtschaft ist der Effekt auf die Schlüsselsektoren Maschinenbau, Straßenfahrzeugbau, Elektrotechnik und Chemische Industrie, die weit über die Hälfte der deutschen Exporte sowie der Forschungs- und Entwicklungsaktivitäten auf sich vereinigen. In keinem dieser Bereiche ist die Position deutscher Unternehmen auf dem Weltmarkt bedroht. Selbst Chemische Erzeugnisse müssen nicht teurer produziert werden, wobei mit Sicherheit energieintensive Grundstoffbereiche mehr betroffen sein werden, als etwa die Pharmaindustrie. Außerdem muß an dieser Stelle nochmals betont werden, daß nur die verbrannten Energieträger besteuert werden. In der Chemischen Industrie werden aber Mineralöle und Gase vor allem zur nichtenergetischen Weiterverarbeitung eingesetzt, was nicht der Besteuerung unterliegt.

Im Verkehrsbereich sind die Preiseffekte ebenfalls gering. Da Straßen-/Luftverkehrsdienste gegenüber Schienenverkehrsdiensten keine nennenswerten Preisnachteile erleiden, sind kaum Effekte auf die Güterverkehrsleistung insgesamt und Marktanteilsänderungen zu erwarten.

Tabelle 24: Preisindizes des Privaten Verbrauchs ausgewählter Energieträger in der Basisprognose und nach Einführung der CO_2-Steuer mit Reduktion der Arbeitgeberbeiträge zur Sozialversicherung - 1991 = 100 -

		1998	2010			1998 - 2010 Ø jährliche Wachstumsraten	
	Energieträger		Basis	Steuer	Δ in vH	Basis	Steuer
1	Elektrizität	112.2	143.0	205.9	43.9	2.0	5.2
2	Fernwärme	114.3	165.4	221.4	33.9	3.1	5.7
3	Verteilte Gase	101.5	136.5	284.6	108.4	2.5	9.0
5	Steinkohle	112.5	123.5	392.3	217.8	0.8	11.0
11	Braunkohlenbriketts/-koks	123.9	199.6	698.8	250.0	4.1	15.5
16	Motorenbenzin	123.7	162.8	228.0	40.1	2.3	5.2
17	Dieselkraftstoff	114.9	142.5	239.7	68.3	1.8	6.3
19	Leichtes Heizöl	91.5	146.0	349.1	139.0	4.0	11.8

Die Energieträgerpreise für den Konsum der Privaten Haushalte entwickeln sich ähnlich wie die Preise für Vorleistungsgüter (vgl. Tabelle 24). Diesel wird vom niedrigeren Niveau in der Basisprognose aus relativ stärker belastet als Benzin. Elektrizität, Fernwärme und aufgrund des niedrigeren Kohlenstoffgehalts Gase gewinnen gegenüber Leichtem Heizöl zusätzliche Preisvorteile zum Heizen und für die Bereitstellung von Warmwasser.

Die Lebenshaltungskosten steigen dagegen etwas stärker an als die Preise der Bruttoproduktion, schon weil die Energieträger am Verbrauch der Privaten Haushalte einen höheren Anteil haben als an der Güterproduktion. Im Jahr 2010 liegt der Preisindex der Lebenshaltung um 4.2 vH über dem Niveau in der Basisprognose. Pro Jahr entspricht dies einem zusätzlichen Preisanstieg von 0.3 vH.

4.3.3 Der Energieverbrauch und die Emissionen

Aufgrund der steigenden Energiepreise gehen die Einsätze der einzelnen Energieträger im Vergleich zur Basisprognose zurück. Bis auf den Einsatz von Kohle und Leichtem sowie Schwerem Heizöl, die auch in der Basisprognose in Zukunft weniger eingesetzt werden, nimmt aber der Verbrauch der anderen Energieträger in absoluten Zahlen trotzdem weiter zu. Insbesondere Flugkraftstoffe und Diesel, aber auch Gase werden weiterhin vermehrt eingesetzt. Der nicht emissionsrelevante Elektrizitätsverbrauch wird hier ebenfalls ausgewiesen, weil sonst die Analyse der Energieverbrauchsentwicklung unvollständig bleibt.

Tabelle 25: Emissionsrelevanter Energieverbrauch nach ausgewählten Energieträgern und Elektrizitätsverbrauch in der Basisprognose und nach Einführung der CO_2-Steuer mit Reduktion der Arbeitgeberbeiträge zur Sozialversicherung - in Petajoule -

		1998	2010			1998 - 2010 Ø jährliche Wachstumsraten	
	Energieträger		Basis	Steuer	Δ in vH	Basis	Steuer
3	Verteilte Gase	3144.5	4101.6	3590.6	-12.5	2.2	1.1
5	Steinkohle	1496.6	1354.3	1252.8	-7.5	-0.8	-1.5
6	Steinkohlenkoks	192.3	196.9	170.2	-13.5	0.2	-1.0
8	Rohbraunkohle	1241.9	1063.1	800.9	-24.7	-1.3	-3.6
11	Braunkohlenbriketts/-koks	362.9	342.5	217.9	-36.4	-0.5	-4.2
16	Motorenbenzin	1341.8	1569.9	1376.4	-12.3	1.3	0.2
17	Dieselkraftstoff	1018.9	1339.4	1237.5	-7.6	2.3	1.6
18	Flugkraftstoffe	189.6	290.0	271.1	-6.5	3.6	3.0
19	Leichtes Heizöl	1101.5	630.5	572.5	-9.2	-4.5	-5.3
20	Schweres Heizöl	263.1	196.3	170.2	-13.3	-2.4	-3.6
	Alle Energieträger	11158.3	11924.4	10344.2	-13.3	0.6	-0.6
1	*nicht emissionsrelevant:* Elektrizität	1931.4	2348.0	1978.4	- 15.7	1.5	0.2

Auf den ersten Blick mögen die relativen Veränderungen der Energieeinsätze in Tabelle 25 überraschend erscheinen. Der Preisaufschlag auf Steinkohle ist größer als der auf Gase oder Leichtes Heizöl. Dieselkraftstoff wird im Vergleich zu Benzin teurer. Warum sind dann die Verbrauchsrückgänge in beiden Fällen geringer?

Auch für die Beantwortung dieser Frage zeigt sich die Notwendigkeit einer sektoralen Analyse der großen Energieverbraucher Elektrizitätswirtschaft und Private Haushalte, in denen jeweils etwa 30 vH der gesamten Energie verbraucht werden, und der übrigen Produktionsbereiche. Denn nicht alle Energieträger können in allen Sektoren eingesetzt werden oder andere Energieträger ersetzen.

Abbildung 26: Die Struktur des Brennstoffeinsatzes in der Elektrizitätswirtschaft in der Basisprognose und nach Einführung der CO_2-Steuer mit Reduktion der Arbeitgeberbeiträge zur Sozialversicherung - in Petajoule in vH -

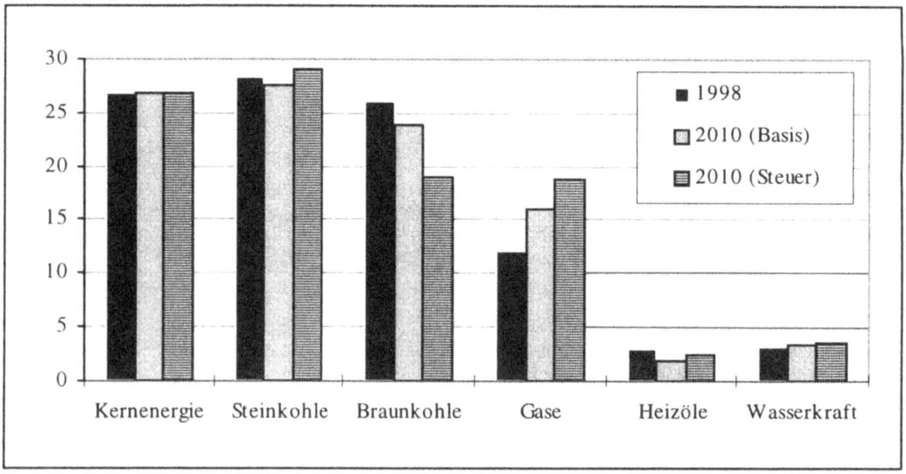

Tabelle 26: Emissionsrelevanter Energieverbrauch im Produktionsbereich Elektrizitätswirtschaft nach ausgewählten Energieträgern in der Basisprognose und nach Einführung der CO_2-Steuer mit Reduktion der Arbeitgeberbeiträge zur Sozialversicherung - in Petajoule -

		1998	2010			1998 - 2010 Ø jährliche Wachstumsraten	
	Energieträger		Basis	Steuer	Δ in vH	Basis	Steuer
3	Verteilte Gase	530.2	640.8	705.0	10.0	1.6	2.4
5	Steinkohle	1235.0	1107.6	1078.3	-2.6	-0.9	-1.1
8	Rohbraunkohle	1134.4	959.6	708.9	-26.1	-1.4	-3.8
19	Leichtes Heizöl	60.7	52.8	72.3	37.1	-1.2	1.5
20	Schweres Heizöl	64.8	23.4	20.0	-14.2	-8.1	-9.3
	Alle Energieträger	3246.5	2980.6	2735.5	-8.2	-0.7	-1.4

Im Produktionsbereich Elektrizitätswirtschaft stehen neben Kohlekraftwerken nur begrenzt Kapazitäten für die Verstromung von Gasen und Heizölen bereit. Da der Anteil der in Kernkraftwerken erzeugten Elektrizität annahmegemäß an den gesamten Energieeinsatz gekoppelt ist, ausländische Stromimporte nicht möglich sind und zusätzlicher mit Wasserkraft oder anderen erneuerbaren Energieträgern erzeugter Strom nicht berücksichtigt wird, sehen die Stromerzeuger auch wegen der langen Laufzeiten der bestehenden Kraftwerke keine Notwendigkeit einer grundlegenden Änderung des Kraftwerksparks. Der Einsatz von Steinkohle wird wegen des noch stärkeren Preisanstiegs der Braunkohle kaum reduziert. Gase werden verstärkt zur Verstromung eingesetzt, aber Kohle und Kernenergie bleiben auch nach Einführung der CO_2-Steuer die tragenden Säulen der deutschen Elektrizitätsversorgung (vgl. Abbildung 26). Der Einsatz von Heizölen spielt in allen Fällen nur eine untergeordnete Rolle (vgl. Tabelle 26).

Die Privaten Haushalte benötigen Energie in erster Linie für den Verkehr und das Heizen. Die Bereitstellung von Warmwasser, die weitgehend mit dem Heizen verbunden ist, und Elektrizität zum Betrieb von Haushaltsgeräten spielen nur eine untergeordnete Rolle. Beim Heizen ändert die CO_2-Steuer das Verhältnis von Gasen zu Leichtem Heizöl leicht zugunsten der Gasnutzung, weil die Gaspreise schwächer steigen als die Heizölpreise (vgl. Tabelle 27).

Tabelle 27: Emissionsrelevanter Energieverbrauch nach ausgewählten Energieträgern und Elektrizitätsverbrauch der Privaten Haushalte in der Basisprognose und nach Einführung der CO_2-Steuer mit Reduktion der Arbeitgeberbeiträge zur Sozialversicherung - in Petajoule -

		1998	2010			1998 - 2010 Ø jährliche Wachstumsraten	
	Energieträger		Basis	Steuer	Δ in vH	Basis	Steuer
3	Verteilte Gase	1048.3	1578.7	1449.3	-8.2	3.5	2.7
16	Motorenbenzin	1112.2	1242.7	1129.4	-9.1	0.9	0.1
17	Dieselkraftstoff	195.5	219.5	139.6	-36.4	1.0	-2.8
19	Leichtes Heizöl	640.1	345.8	307.7	-11.0	-5.0	-5.9
	Alle Energieträger	3347.2	3752.2	3253.4	-13.3	1.0	-0.2
1	*nicht emissionsrelevant:* Elektrizität	523.8	601.4	450.3	-25.1	1.1	-1.2

Der Dieselverbrauch sinkt, weil der relative Preisanstieg vom niedrigeren Niveau der Basisprognose aus größer ist als bei Motorenbenzin. Würde hier unterstellt, daß wie in der Vergangenheit zum Ausgleich die Kfz-Steuer angepaßt wird, könnte der Anteil des Dieselverbrauchs am Treibstoffverbrauch konstant gehalten werden, ohne daß die Tendenz der anderen Ergebnisse davon betroffen wäre.

Insgesamt geht der emissionsrelevante Energieverbrauch der Privaten Haushalte ebenso stark zurück wie der gesamte emissionsrelevante Energieverbrauch. Der nicht emissionsrelevante Stromverbrauch wird durch die CO_2-Steuer noch stärker reduziert als der emissionsrelevante Energieverbrauch insgesamt. Er liegt im Jahr 2010 um 25 vH unter dem Wert der Basisprognose. Zum einen, weil der Einsatz von Elektrogeräten im Haushalt gegenüber anderen Konsummöglichkeiten - oder dem Kauf neuer stromsparsamer Geräte - teurer wird. Zum anderen, weil die Einsparpotentiale in diesem Bereich größer sind und einfacher erreicht werden können als etwa beim Heizen (vgl. Tabelle 27).

Für die übrigen Produktionsbereiche ohne die Elektrizitätswirtschaft sind folgende Tendenzen sichtbar. Die starke Zunahme des Gaseinsatzes, die in der Basisprognose zu beobachten ist, setzt sich nicht fort. Gase sind aber mit deutlichem Abstand vor Elektrizität, deren Einsatz im Jahr 2010 gegenüber der Basisprognose um 12.5 vH niedriger liegt, wichtigster Energieträger zum Heizen und für Industrieprozesse. Der Verbrauch von Dieselkraftstoff sinkt dagegen wegen der schwierigen Substituierbarkeit im Verkehrsgewerbe nur wenig. Insgesamt geht der Energieeinsatz mit 16.5 vH gegenüber der Basisprognose stärker zurück als bei den Privaten Haushalten. Dies geht zurück auf die niedrigeren Energiepreise für Unternehmen im Vergleich zu den Privaten Haushalten, was zu zu einem höheren relativen Preisaufschlag durch die CO_2-Steuer führt.

Tabelle 28: CO_2-Emissionen nach ausgewählten Energieträgern in der Basisprognose und nach Einführung der CO_2-Steuer mit Reduktion der Arbeitgeberbeiträge zur Sozialversicherung - in Mio. Tonnen -

		1998	2010			1998 - 2010 ∅ jährliche Wachstumsraten	
	Energieträger		Basis	Steuer	Δ in vH	Basis	Steuer
3	Verteilte Gase	176.1	229.7	201.1	-12.5	2.2	1.1
5	Steinkohle	137.7	124.6	115.3	-7.5	-0.8	-1.5
6	Steinkohlenkoks	20.2	20.7	17.9	-13.5	0.2	-1.0
8	Rohbraunkohle	136.6	116.9	88.1	-24.7	-1.3	-3.6
11	Braunkohlenbriketts/-koks	35.2	33.2	21.1	-36.4	-0.5	-4.2
16	Motorenbenzin	97.2	113.8	99.7	-12.4	1.3	0.2
17	Dieselkraftstoff	75.4	99.1	91.6	-7.6	2.3	1.6
18	Flugkraftstoffe	13.7	21.0	19.6	-6.6	3.6	3.0
19	Leichtes Heizöl	81.5	46.7	42.4	-9.2	-4.5	-5.3
20	Schweres Heizöl	20.5	15.3	13.3	-13.3	-2.4	-3.6
	Alle Energieträger	850.5	880.4	756.1	-14.1	0.3	-1.0

Da annahmegemäß die CO_2-Emissionsfaktoren bis zum Ende des Simulationszeitraums wegen fehlender Rückhaltetechniken konstant bleiben, entwickeln sich die

CO_2-Emissionen, die bei der Verbrennung der einzelnen Energieträger entstehen, proportional zu den emissionsrelevanten Energieverbräuchen. Die drei letzten Spalten der Tabellen 25 bis 27 gelten deshalb auch für die CO_2-Emissionen nach Energieträgern in einzelnen Sektoren. Nur die Summen in der jeweils letzten Zeile weichen ab, weil die Emissionsfaktoren der einzelnen Energieträger unterschiedlich sind. Nach Tabelle 28 führt der sinkende Anteil der emissionsintensiven Braunkohle bei gleichzeitiger Zunahme des Anteils von Mineralölprodukten zu einem geringfügig stärkeren Rückgang der Gesamtemissionen als des emissionsrelevanten Energieverbrauchs.

Abbildung 27 veranschaulicht die Wirkung der CO_2-Steuer auf die Emissionen in der zeitlichen Entwicklung. Mit der abnehmenden relativen Zusatzbelastung der Emissionen im Zeitablauf wird auch die zusätzliche CO_2-Reduktion Jahr für Jahr geringer.

Abbildung 27: Zeitliche Entwicklung der CO_2-Emissionen in der Basisprognose und nach Einführung der CO_2-Steuer mit Reduktion der Arbeitgeberbeiträge zur Sozialversicherung - in Mio. Tonnen -

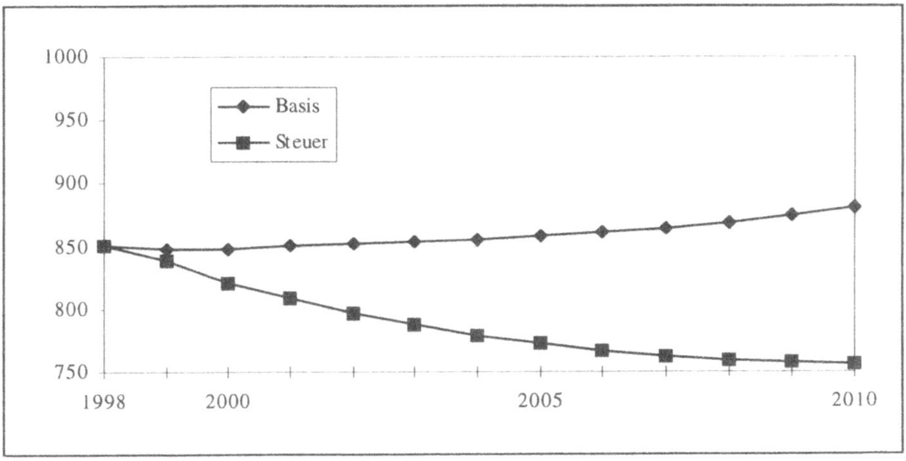

In der Elektrizitätswirtschaft ist der oben beschriebene Substitutionseffekt deutlicher ausgeprägt. Sehr kohlenstoffhaltige Braunkohle wird in erster Linie durch den CO_2-ärmsten fossilen Energieträger Verteilte Gase ersetzt. Bei den Privaten Haushalten steigt der Anteil der Gase ebenfalls auf Kosten von Mineralölprodukten und in geringem Umfang von Kohle an. In den meisten anderen Produktionsbereichen, von denen in Tabelle 29 nur die mengenmäßig bedeutenden dargestellt sind, gehen die Emissionen deutlich zurück. Eine Ausnahme bilden die Speditionen/Fluggesellschaften. Erstens wächst dieser Bereich trotz CO_2-Steuer mit 3.6 vH weiterhin schnell (vgl. Tabelle 32, S. 145). Zweitens ist die relative Zusatzbelastung auf Dieselkraftstoff niedriger als auf die meisten anderen Energieträger. Schließlich ist die Preiselastizität der Diesel- und Flugkraftstoffnachfrage gering.

Tabelle 29: CO_2-Emissionen nach ausgewählten Sektoren in der Basisprognose und nach Einführung der CO_2-Steuer mit Reduktion der Arbeitgeberbeiträge zur Sozialversicherung - in Mio. Tonnen -

	1998	2010			1998 - 2010 Ø jährliche Wachstumsraten	
Sektor		Basis	Steuer	Δ in vH	Basis	Steuer
Elektrizitätswirtschaft	292.7	262.9	233.0	-11.4	-0.9	-1.9
Chemische Industrie	28.8	31.9	25.0	-21.6	0.9	-1.2
Baustoffindustrie	19.6	15.9	13.5	-15.1	-1.7	-3.1
Eisen-/Stahlindustrie	35.9	30.6	24.2	-21.1	-1.3	-3.2
Speditionen/Fluggesellsch.	34.7	55.3	53.3	-3.6	3.6	3.4
Gebietskörperschaften	22.9	21.3	16.7	-13.9	-0.6	-2.6
Alle Produktionsbereiche	616.5	625.8	539.1	-14.8	0.1	-1.1
Private Haushalte	233.9	254.6	217.0	-14.8	0.7	-0.6
Zusammen	850.4	880.4	756.0	-14.1	0.3	-1.0

Auch die Entwicklung anderer energiebedingter Luftschadstoffemissionen wird durch den emissionsrelevanten Energieverbrauch bestimmt. Da sich die Emissionsfaktoren von Stickoxiden und Schwefeldioxid annahmegemäß unabhängig von den Energiepreisen dem Basisszenario entsprechend entwickeln (vgl. Abschnitt 2.2.4), ergeben sich Abweichungen der Emissionen von der Basisprognose nur durch den veränderten Energiemix und die veränderte sektorale Produktionsstruktur. Denn die Verbrennung eines Energieträgers kann in unterschiedlichen Produktionsbereichen zu ganz verschiedenen Emissionen pro eingesetzter Energieeinheit führen.

Da NO_x in erster Linie von Fahrzeugen emittiert wird, und der Verbrauch vor allem der Lkw, die die höchsten Emissionen pro Energieeinheit verursachen, nur geringfügig zurückgeht, sinken auch die NO_x-Emissionen durch die Einführung der CO_2-Steuer weniger als der emissionsrelevante Energieverbrauch. Beim Dieseleinsatz führen die Verbrauchsverschiebungen (vgl. Tabellen 25 und 27) von den Privaten Haushalten zu den Produktionsbereichen und damit zum Lkw-Einsatz sogar zu zunehmenden NO_x-Emissionen pro eingesetztem Liter Dieselkraftstoff (vgl. Tabellen 25 und 30).

Dagegen entwickeln sich die SO_2-Emissionen gemäß Tabelle 31 günstiger als der emissionsrelevante Energieverbrauch, weil Mineralölprodukte mit Ausnahme von Schwerem Heizöl deutlich weniger Schwefeldioxidemissionen pro verbrannter Energieeinheit verursachen als Braunkohle. Außerdem führt beispielsweise der Einsatz von Steinkohlenkoks in verschiedenen Produktionsbereichen zu ganz unterschiedlichen Emissionen pro Energieeinheit, so daß durch eine veränderte Einsatzstruktur der Rückgang der Emissionen viel größer ist als der Rückgang des emissionsrelevanten Energieverbrauchs.

Tabelle 30: **NO_x-Emissionen nach ausgewählten Energieträgern in der Basisprognose und nach Einführung der CO_2-Steuer mit Reduktion der Arbeitgeberbeiträge zur Sozialversicherung - in Tsd. Tonnen -**

		1998	2010			1998 - 2010 ∅ jährliche Wachstumsraten	
	Energieträger		Basis	Steuer	Δ in vH	Basis	Steuer
3	Verteilte Gase	150.9	174.1	153.2	-12.0	1.2	0.1
5	Steinkohle	199.9	176.4	160.2	-9.2	-1.0	-1.8
6	Steinkohlenkoks	14.2	14.3	7.9	-44.8	0.0	-4.8
8	Rohbraunkohle	112.3	95.6	69.9	-26.8	-1.3	-3.9
11	Braunkohlenbriketts/-koks	37.5	35.2	21.7	-38.2	-0.5	-4.4
16	Motorenbenzin	528.6	454.0	398.0	-12.3	-1.3	-2.3
17	Dieselkraftstoff	855.3	792.4	768.7	-3.0	-0.6	-0.9
18	Flugkraftstoffe	68.8	111.73	104.4	-6.5	4.1	3.5
19	Leichtes Heizöl	56.4	32.45	32.0	-0.9	-4.5	-4.6
20	Schweres Heizöl	42.6	29.96	26.4	-11.7	-2.9	-3.9
	Alle Energieträger	2153.0	2003.0	1815.1	-9.4	-0.6	-1.4

Tabelle 31: **SO_2-Emissionen nach ausgewählten Energieträgern in der Basisprognose und nach Einführung der CO_2-Steuer mit Reduktion der Arbeitgeberbeiträge zur Sozialversicherung - in Tsd. Tonnen -**

		1998	2010			1998 - 2010 ∅ jährliche Wachstumsraten	
	Energieträger		Basis	Steuer	Δ in vH	Basis	Steuer
3	Verteilte Gase	1.6	2.0	1.8	-12.3	2.3	1.1
5	Steinkohle	222.0	207.2	171.0	-17.5	-0.6	-2.2
6	Steinkohlenkoks	29.7	35.3	26.5	-25.0	1.4	-1.0
8	Rohbraunkohle	164.2	133.9	96.4	-28.0	-1.7	-4.3
11	Braunkohlenbriketts/-koks	67.9	45.6	28.7	-37.0	-3.3	-6.9
16	Motorenbenzin	6.2	7.2	6.3	-12.3	1.3	0.2
17	Dieselkraftstoff	23.4	30.8	28.5	-7.6	2.3	1.6
18	Flugkraftstoffe	4.5	7.0	6.5	-6.5	3.6	3.0
19	Leichtes Heizöl	51.8	29.6	26.9	-9.2	-4.5	-5.3
20	Schweres Heizöl	169.0	143.8	125.6	-12.7	-1.3	-2.4
	Alle Energieträger	834.9	743.5	579.6	-22.0	-1.0	-3.0

4.3.4 Die inländische Produktion

Bei der inländischen Produktion werden die Effekte der CO_2-Steuer bei gleichzeitiger Senkung der Arbeitgeberbeiträge zur Sozialversicherung auf die Branchenstruktur sichtbar. Erwartungsgemäß sind die Unterschiede zwischen Basisprognose und CO_2-Steuersimulation auf einige energieliefernden Produktionsbereiche konzentriert. Der Kohlenbergbau, die Mineralölverarbeitung und auch die Elektrizitätswirtschaft weisen im Jahr 2010 zweistellige Produktionsrückgänge im Vergleich zur Basisprognose auf. Der Anteil der Gasversorgung an der gesamten Energieversorgung steigt dagegen wegen relativer Preisvorteile gegenüber anderen fossilen Energieträgern weiter an.

Tabelle 32: Bruttoproduktion nach Produktionsbereichen in der Basisprognose und nach Einführung der CO_2-Steuer mit Reduktion der Arbeitgeberbeiträge zur Sozialversicherung - in Mrd. DM in Preisen von 1991 -

		1998	2010			1998 - 2010 Ø jährliche Wachstumsraten	
	Produktionsbereich		Basis	Steuer	Δ in vH	Basis	Steuer
1	Landwirtschaft	75.6	86.6	82.2	-5.1	1.1	0.7
2	Forstwirtschaft/Fischerei	14.7	17.3	16.5	-4.5	1.4	1.0
3	Elektrizitätswirtschaft	111.6	138.3	123.0	-11.0	1.8	0.8
4	Gasversorgung	39.6	55.8	52.7	-5.6	2.9	2.4
5	Wasserversorgung	10.5	12.2	10.9	-10.8	1.2	0.3
6	Kohlenbergbau	24.0	20.8	13.3	-36.2	-1.2	-4.8
7	Erz-/Salzbergbau	4.6	6.4	6.0	-6.5	2.8	2.2
8	Erdöl-/Erdgasgewinnung	6.1	7.7	6.9	-10.6	1.9	1.0
9	Chemische Industrie	270.8	368.0	361.8	-1.7	2.6	2.4
10	Mineralölverarbeitung	94.9	114.7	93.7	-18.3	1.6	-0.1
11	Kunststoffverarbeitung	83.9	129.3	128.6	-0.5	3.7	3.6
12	Gummiverarbeitung	17.6	20.0	19.7	-1.5	1.1	0.9
13	Baustoffindustrie	61.7	58.2	56.7	-2.6	-0.5	-0.7
14	Feinkeramische Industrie	5.3	6.4	6.0	-5.4	1.5	1.0
15	Glasindustrie	17.5	19.3	17.3	-10.5	0.8	-0.1
16	Eisen-/Stahlindustrie	85.8	77.9	70.8	-9.2	-0.8	-1.6
17	NE-Metallindustrie	45.4	79.1	72.1	-8.9	4.7	3.9
18	Gießereien	18.5	21.0	20.7	-1.3	1.0	0.9
19	Ziehereien/Kaltwalzwerke	57.9	67.2	65.9	-1.9	1.2	1.1
20	Metall-/Schienenfahrzeugbau	48.9	52.8	52.8	0.0	0.6	0.6
21	Maschinenbau	208.4	244.7	243.1	-0.7	1.3	1.3
22	Büromaschinen-/Computerherst.	28.7	46.8	43.7	-6.6	4.2	3.6
23	Straßenfahrzeugbau	290.0	384.6	381.5	-0.8	2.4	2.3

Fortsetzung von Tabelle 32

		1998	2010			1998 - 2010 Ø jährliche Wachstumsraten	
	Produktionsbereich		Basis	Steuer	Δ in vH	Basis	Steuer
24	Wasserfahrzeugbau	7.8	7.1	7.0	-1.5	-0.7	-0.8
25	Luft-/Raumfahrzeugbau	16.5	30.0	28.3	-5.6	5.1	4.6
26	Elektrotechnik	240.6	306.2	299.8	-2.1	2.0	1.8
27	Feinmechanik/Optik/Uhrenherst.	30.7	33.4	32.6	-2.2	0.7	0.5
28	Eisen-/Blech-/Metallwarenherst.	76.0	97.5	94.2	-3.4	2.1	1.8
29	Musikinstr.-/Sportgeräteherst.	11.0	13.7	13.3	-2.7	1.9	1.6
30	Holzbearbeitung	17.5	21.3	20.7	-2.6	1.6	1.4
31	Holzverarbeitung	55.9	66.9	63.8	-4.6	1.5	1.1
32	Zellstoff-/Papier-/Pappeherst.	29.1	47.2	46.5	-1.5	4.1	4.0
33	Papier-/Pappeverarbeitung	35.5	49.1	48.3	-1.7	2.7	2.6
34	Druckerei/Vervielfältigung	53.5	80.2	79.1	-1.4	3.4	3.3
35	Ledergewerbe	5.3	2.9	2.3	-19.6	-5.0	-6.7
36	Textilindustrie	38.0	42.7	39.6	-7.3	1.0	0.4
37	Bekleidungsindustrie	23.4	29.8	28.0	-5.8	2.0	1.5
38	Ernährungsgewerbe	228.4	264.2	253.1	-4.2	1.2	0.9
39	Getränkeherstellung	39.4	41.0	39.0	-4.9	0.3	-0.1
40	Tabakverarbeitung	24.2	23.0	22.1	-3.6	-0.4	-0.7
41	Bauhauptgewerbe	236.2	263.0	261.1	-0.7	0.9	0.8
42	Ausbaugewerbe	165.0	189.6	184.9	-2.5	1.2	1.0
43	Großhandel	232.2	311.0	309.9	-0.4	2.5	2.4
44	Einzelhandel	184.7	208.2	193.4	-7.1	1.0	0.4
45	Eisenbahnen	22.2	30.1	29.8	-1.0	2.6	2.5
46	Schiffahrt/Häfen	21.4	22.5	20.7	-8.3	0.4	-0.3
47	Postdienst/Fernmeldewesen	101.1	178.7	174.4	-2.4	4.9	4.6
48	Speditionen/Fluggesellschaften	195.7	308.2	298.4	-3.2	3.9	3.6
49	Kreditinstitute	205.7	328.2	316.1	-3.7	4.0	3.6
50	Versicherungen	92.7	165.4	157.8	-4.6	4.9	4.5
51	Gebäude-/Wohnungswirtschaft	433.2	580.2	553.8	-4.6	2.5	2.1
52	Gaststätten-/Hotelgewerbe	99.9	129.2	125.2	-3.1	2.2	1.9
53	Wissenschaft/Kultur/Verlage	103.0	173.5	173.5	0.0	4.4	4.4
54	Gesundheits-/Veterinärwesen	110.1	145.2	149.4	2.9	2.3	2.6
55	Sonst. Dienstleistungsgewerbe	684.7	1033.2	998.6	-3.3	3.5	3.2
56	Gebietskörperschaften	551.0	634.1	574.3	-9.4	1.2	0.3
57	Sozialversicherung	220.4	273.5	273.3	0.0	1.8	1.8
58	Kirchen/Parteien/Vereine	126.6	171.4	162.9	-5.0	2.6	2.1
	Alle Produktionsbereiche	6340.8	8336.4	8021.1	-3.8	2.3	2.0

Ein Blick auf die durchschnittlichen jährlichen Wachstumsraten zeigt im übrigen, daß lediglich der Kohlenbergbau die Produktion gegenüber 1998 deutlich einschränken muß. Gasversorgung und auch Elektrizitätswirtschaft können dagegen weiterhin mit wachsendem Produktionsvolumen rechnen. Die Mineralölverarbeitung kann immerhin das Niveau des Jahres 1998 bis zum Ende des Simulationszeitraums halten.

Von den übrigen Produktionsbereichen sind einige energieintensiven Bereiche der Grundstoffindustrie wie Glasindustrie, Eisen-/Stahlindustrie und NE-Metallindustrie merklich von der CO_2-Steuer betroffen. Trotzdem wächst etwa die NE-Metallindustrie weiterhin kräftig, während sich bei der Eisen-/Stahlindustrie der negative Trend der Basisprognose verstärkt. In den meisten anderen Bereichen des Produzierenden Gewerbes setzen sich die Wachstumsentwicklungen der Basisprognose leicht abgeschwächt fort. Lediglich der fast bedeutungslose Bereich des Ledergewerbes muß mit relativ drastischen Einbußen rechnen.

Auf den ersten Blick überraschend verläuft die Entwicklung in den Schlüsselbereichen Maschinenbau, Straßenfahrzeugbau, Elektrotechnik und Chemische Industrie. Denn insbesondere der letzte Bereich wird häufig als Verlierer einer ökologischen Steuerreform betrachtet. Zu bedenken ist aber, daß die Güterpreise der Bereiche durch die Entlastung der Arbeitgeberbeiträge zur Sozialversicherung im Vergleich zur Basisprognose nicht ansteigen, im Maschinenbau und im Straßenfahrzeugbau sogar leicht zurückgehen. Damit können diese stark exportorientierten Bereiche ihre Position auf dem Weltmarkt halten. Dieses Ergebnis ist entscheidend für die Güte der diskutierten Kompensationsvariante, denn aus diesen Schlüsselsektoren müssen die neuen Technologien für einen Wandel hin zu einer nachhaltigeren Wirtschaftsweise - nicht nur in und für Deutschland - kommen. Schließlich ist die Reduktion der CO_2-Emissionen um 25 vH bis 2010 nach Ansicht der Enquete-Kommission SE (1995) erst der Einstieg in eine nachhaltige Zukunft.

Bei den Dienstleistungsbereichen setzen sich ebenfalls die Trends der Basisprognose fort. Der Dienstleistungssektor insgesamt wächst schneller als das Produzierende Gewerbe. Wissenschaft/Kultur/Verlage und das Gesundheits-/Veterinärwesen können das Produktionsniveau der Basisprognose sogar halten bzw. leicht ausbauen.

Abschließend ist auf die Entwicklung beim Staat einzugehen. Da die Gebietskörperschaften die Arbeitsstunden ihrer Beschäftigten annahmegemäß gegenüber der Basisprognose nicht ändern, also die eingesparten Personalkosten nicht für die Schaffung zusätzlicher Stellen nutzen, geht die Produktion in diesem Bereich gegenüber der Basisprognose um fast 10 vH zurück. Der Staat wird durch die CO_2-Steuer gegenüber der Basisprognose noch einmal schlanker. Allerdings liegt das Niveau der staatlichen Leistungen trotzdem noch höher als 1998. Die Leistungen der Sozialversicherung bleiben interessanterweise von der CO_2-Steuer unberührt. Denn das Verfügbare Einkommen des Staates, von dem ein bestimmter Anteil in das Sozialversicherungssystem fließt, bleibt in Preisen von 1991 unverändert.

Zusammengenommen führen diese sektoralen Entwicklungen zu einem um 3.8 vH niedrigeren Produktionswert als in der Basisprognose. Die Bruttoproduktion in Preisen des Jahres 1991 wächst aber weiterhin mit durchschnittlich 2.0 vH jährlich und liegt in 2010 immerhin um 26.5 vH über dem Niveau des Jahres 1998.

4.3.5 Die Beschäftigung

Die Entwicklung der Zahl der Beschäftigten Arbeitnehmer in den einzelnen Produktionsbereichen wird durch das Produktionsvolumen und die realen Arbeitskosten sowie die Jahresarbeitszeiten pro Beschäftigten bestimmt. Die sektorale Produktionsentwicklung ist im Abschnitt 4.3.4 bereits dargestellt worden. Von ihr gehen tendenziell negative Beschäftigungseffekte aus. Dagegen reduzieren sich die Arbeitskosten der Unternehmen pro Stunde durch die Senkung der Arbeitgeberbeiträge zur Sozialversicherung. Der Stundenlohnsatz einschließlich Sozialleistungen in Preisen von 1991 liegt beispielsweise im Straßenfahrzeugbau im Jahr 2010 um 9.7 vH niedriger als in der Basisprognose. Die Bruttostundenlöhne der Beschäftigten liegen in diesem Bereich wegen der niedrigeren Produktivitätsfortschritte immerhin noch um 5.1 vH niedriger. Die durchschnittlichen Jahresarbeitszeiten pro Beschäftigten Arbeitnehmer gehen schließlich durch die geringeren an die Beschäftigten bezahlten Bruttostundenlöhne bei der simulierten CO_2-Steuer weniger stark zurück als in der Basisprognose, so daß von ihnen die Beschäftigungsentwicklung in Köpfen ebenfalls leicht negativ beeinflußt wird.

Insgesamt ist die Beschäftigungsentwicklung durch die Einführung der CO_2-Steuer sehr positiv. Die Beschäftigungsverluste in den energieliefernden Bereichen, in erster Linie im Kohlenbergbau, sind unvermeidlich. In fast allen anderen Bereichen liegt die Beschäftigtenzahl im Jahr 2010 entweder höher oder die Beschäftigungszunahme in den Jahren 1998 bis 2010 verläuft lediglich langsamer als in der Basisprognose. Beide Fälle sind keine Hindernisse für einen politisch gesteuerten Strukturwandel. Zwei Produktionsbereiche bilden die Ausnahme: In der Eisen-/Stahlindustrie fallen bis zum Jahr 2010 zusätzlich 7600 Arbeitsplätze weg. Die Beschäftigungseffekte in dem rückläufigen Bereich des Ledergewerbes sind in absoluten Zahlen unbedeutend.

Damit konzentrieren sich die absoluten Beschäftigungsverluste gegenüber 1998 auf den Kohlenbergbau und die Eisen-/Stahlindustrie, die regional stark konzentriert sind. An dieser Stelle wäre ein kleiner Teil der staatlichen Einsparungen, die durch die sinkenden Personalkosten der Gebietskörperschaften entstehen, sinnvoll verwendet.

Die zusätzlichen Arbeitsplätze entstehen zu einem großen Teil in wenigen Bereichen. Allen voran kann das Sonstige Dienstleistungsgewerbe über 400 Tsd. Beschäftigte aufnehmen, das Bauhauptgewerbe fast 200 Tsd., wobei aber gegenüber 1998 keine zusätzlichen Arbeitsplätze entstehen, und das Ausbaugewerbe gut 100 Tsd. Beschäftigte. Erwähnenswert sind schließlich noch die Zuwächse im Maschinenbau mit 46 Tsd., im Straßenfahrzeugbau mit 52 Tsd., in der Elektrotechnik mit über 80 Tsd., im Einzelhandel mit gut 50 Tsd. und in der Sozialversicherung mit 56 Tsd. Beschäftigten Arbeitnehmern.

Tabelle 33: Beschäftigte Arbeitnehmer nach Produktionsbereichen in der Basisprognose und nach Einführung der CO_2-Steuer mit Reduktion der Arbeitgeberbeiträge zur Sozialversicherung - in Tsd. -

		1998	2010			1998 - 2010 Ø jährliche Wachstumsraten	
	Produktionsbereich		Basis	Steuer	Δ in vH	Basis	Steuer
1	Landwirtschaft	221.4	226.7	243.2	7.2	0.2	0.8
2	Forstwirtschaft/Fischerei	151.7	158.2	166.1	5.0	0.4	0.8
3	Elektrizitätswirtschaft	249.9	239.5	215.5	-10.0	-0.4	-1.2
4	Gasversorgung	28.8	32.4	31.5	-2.6	1.0	0.7
5	Wasserversorgung	38.4	38.1	41.7	9.5	-0.1	0.7
6	Kohlenbergbau	160.3	147.0	84.0	-42.9	-0.7	-5.2
7	Erz-/Salzbergbau	12.7	18.2	19.7	8.5	3.1	3.8
8	Erdöl-/Erdgasgewinnung	8.7	9.9	9.6	-3.5	1.1	0.8
9	Chemische Industrie	545.7	579.0	597.2	3.1	0.5	0.8
10	Mineralölverarbeitung	26.3	16.9	16.8	-0.6	-3.6	-3.6
11	Kunststoffverarbeitung	328.6	371.5	378.7	1.9	1.0	1.2
12	Gummiverarbeitung	75.7	72.1	77.7	7.8	-0.4	0.2
13	Baustoffindustrie	175.8	154.3	173.0	12.1	-1.1	-0.1
14	Feinkeramische Industrie	39.2	27.4	32.1	17.1	-2.9	-1.7
15	Glasindustrie	63.7	61.3	67.1	9.3	-0.3	0.4
16	Eisen-/Stahlindustrie	113.0	76.6	69.0	-9.9	-3.2	-4.0
17	NE-Metallindustrie	49.6	40.5	41.8	3.1	-1.7	-1.4
18	Gießereien	91.5	72.9	76.9	5.5	-1.9	-1.4
19	Ziehereien/Kaltwalzwerke	232.6	238.6	253.8	6.4	0.2	0.7
20	Metall-/Schienenfahrzeugbau	215.4	210.2	214.5	2.1	-0.2	0.0
21	Maschinenbau	1089.5	1190.9	1236.9	3.9	0.7	1.1
22	Büromaschinen-/Computerherst.	45.6	48.0	50.1	4.4	0.4	0.8
23	Straßenfahrzeugbau	747.3	758.4	810.3	6.8	0.1	0.7
24	Wasserfahrzeugbau	63.8	34.3	37.3	8.7	-5.0	-4.4
26	Elektrotechnik	844.2	727.8	808.6	11.1	-1.2	-0.4
27	Feinmechanik/Optik/Uhrenherst.	214.2	210.3	220.3	4.8	-0.2	0.2
28	Eisen-/Blech-/Metallwarenherst.	313.4	357.8	385.9	7.9	1.1	1.7
29	Musikinstr.-/Sportgeräteherst.	39.1	29.8	32.6	9.3	-2.3	-1.5
30	Holzbearbeitung	44.5	37.4	39.4	5.1	-1.4	-1.0
31	Holzverarbeitung	306.1	274.6	299.2	8.9	-0.9	-0.2
32	Zellstoff-/Papier-/Pappeherst.	46.2	45.5	47.8	5.1	-0.1	0.3
33	Papier-/Pappeverarbeitung	123.5	135.7	139.5	2.7	0.8	1.0
34	Druckerei/Vervielfältigung	295.6	299.5	315.2	5.2	0.1	0.5
35	Ledergewerbe	24.0	3.7	3.6	-4.6	-14.3	-14.7
36	Textilindustrie	135.6	88.7	89.1	0.4	-3.5	-3.4

Fortsetzung von Tabelle 33

		1998	2010			1998 - 2010 Ø jährliche Wachstumsraten	
	Produktionsbereich		Basis	Steuer	Δ in vH	Basis	Steuer
37	Bekleidungsindustrie	113.6	91.6	99.0	8.1	-1.8	-1.1
38	Ernährungsgewerbe	659.3	679.5	694.0	2.1	0.3	0.4
39	Getränkeherstellung	77.9	54.8	60.4	10.3	-2.9	-2.1
40	Tabakverarbeitung	14.2	8.8	9.3	5.7	-3.9	-3.4
41	Bauhauptgewerbe	1428.5	1241.3	1426.2	14.9	-1.2	0.0
42	Ausbaugewerbe	833.3	822.7	925.3	12.5	-0.1	0.9
43	Großhandel	1641.6	1691.1	1692.8	0.1	0.2	0.3
44	Einzelhandel	2401.3	2322.5	2373.8	2.2	-0.3	-0.1
45	Eisenbahnen	278.3	176.8	184.5	4.3	-3.7	-3.4
46	Schiffahrt/Häfen	37.3	21.0	21.6	2.7	-4.7	-4.5
47	Postdienst/Fernmeldewesen	555.9	563.9	565.4	0.3	0.1	0.1
48	Speditionen/Fluggesellschaften	946.5	1131.6	1095.1	-3.2	1.5	1.2
49	Kreditinstitute	818.4	1017.4	1007.3	-1.0	1.8	1.7
50	Versicherungen	236.2	243.9	245.6	0.7	0.3	0.3
51	Gebäude-/Wohnungswirtschaft	101.8	129.6	125.6	-3.1	2.0	1.8
52	Gaststätten-/Hotelgewerbe	858.7	1030.2	1018.2	-1.2	1.5	1.4
53	Wissenschaft/Kultur/Verlage	419.6	659.3	655.5	-0.6	3.8	3.8
54	Gesundheits-/Veterinärwesen	814.6	1036.3	1060.9	2.4	2.0	2.2
55	Sonst. Dienstleistungsgewerbe	2989.8	3511.7	3925.9	11.8	1.3	2.3
56	Gebietskörperschaften	5391.9	5716.6	5691.4	-0.4	0.5	0.5
57	Sozialversicherung	356.6	383.3	439.4	14.6	0.6	1.8
58	Kirchen/Parteien/Vereine	1850.1	2520.7	2397.7	-4.9	2.6	2.2
	Alle Produktionsbereiche	30064.6	32188.9	33137.9	2.9	0.6	0.8

4.3.6 Der Private Verbrauch

Auch die Privaten Haushalte reagieren auf die veränderten Preisrelationen des Warenkorbs. Steigende Energiepreise führen zu einem Rückgang ihrer Nachfrage nach Energieträgern gegenüber der Basisprognose. Die deutliche Senkung des Stromverbrauchs ist wegen der hohen, bereits am Markt verfügbaren und kurzfristig realisierbaren Einsparpotentiale bei Elektrogeräten nicht überraschend (vgl. Enquete-Kommission SE 1995, S. 278). Der Gasverbrauch sinkt weniger deutlich, weil Gas im Vergleich zu Leichtem Heizöl billiger wird, dessen Einsatz stark zurückgeht. Weil aber der Treibstoffeinsatz nur wenig auf steigende Preise reagiert, liegen die Ausgaben für Mineralöle preisbereinigt gerade 11.6 vH niedriger als in der Basisprognose.

Für die meisten anderen Gütergruppen senken die Privaten Haushalte ihre Konsumausgaben weitgehend den Gesamtausgaben entsprechend. Der weit überdurchschnittliche Rückgang der Ausgaben für Straßenfahrzeuge ist auf die hohe Einkommensabhängigkeit der Automobilnachfrage zurückzuführen. Warum die Fahrzeugproduktion trotzdem durch die CO_2-Steuer kaum eingeschränkt werden muß, wird im folgenden Abschnitt deutlich.

Tabelle 34: Privater Verbrauch nach ausgewählten Gütergruppen in der Basisprognose und nach Einführung der CO_2-Steuer mit Reduktion der Arbeitgeberbeiträge zur Sozialversicherung - in Mrd. DM in Preisen von 1991 -

		1998	2010			1998 - 2010 ∅ jährliche Wachstumsraten	
	Gütergruppe		Basis	Steuer	Δ in vH	Basis	Steuer
3	Elektrizität/Dampf/Warmwasser	37.2	42.6	32.7	-23.3	1.1	-1.1
4	Gase	17.5	26.3	24.1	-8.2	3.5	2.7
10	Mineralölerzeugnisse	50.3	52.5	46.4	-11.6	0.4	-0.7
23	Straßenfahrzeuge	101.8	129.8	116.4	-10.3	2.0	1.1
38	Nahrungsmittel	139.2	141.7	133.9	-5.5	0.1	-0.3
44	Einzelhandel	161.3	177.7	164.1	-7.6	0.8	0.1
48	Straßen-/Luftverkehrsdienste	44.8	56.0	54.0	-3.5	1.9	1.6
51	Gebäude-/Wohnungsnutzung	287.1	327.9	309.2	-5.7	1.1	0.6
	Alle Gütergruppen	1606.1	1921.7	1813.2	-5.6	1.5	1.0

Die Konsumausgaben in Preisen des Jahres 1991 verwischen bei der stark unterschiedlichen Entwicklung der Güterpreise die tatsächlich zu leistenden Ausgaben für die Privaten Haushalte. Der Konsum von Energie in jeweiligen Preisen steigt schneller an als der gesamte Konsum. Insbesondere für Gase, Kohle und leichtes Heizöl, d. h. zum Heizen, geben die Privaten Haushalte sehr viel mehr aus. Bei Strom und Treibstoffen verläuft die Ausgabensteigerung moderater. Die gesamten Ausgaben für Energie erreichen im Jahr 2010 bei der CO_2-Steuer 8.8 vH der Gesamtausgaben. Das ist zwar mehr als die 6.3 vH im Jahr 1998 und im Jahr 2010 in der Basisprognose, angesichts weiter steigender Konsumausgaben aber keine dramatische Entwicklung. Problematisch ist allerdings der drastische Anstieg der Heizungskosten, den sozial schwache Bevölkerungsgruppen nicht durch Wärmedämmung oder neue Heizungsanlagen abfedern können. Für sie sollten begleitende spezifische Maßnahmen ergriffen werden (vgl. Tabelle 35).

Was heißt dies nun für die bekannten Preise an der Tankstelle oder auf der Stromrechnung? Ein Liter Benzin wird im Jahr 2010 nach Einführung der CO_2-Steuer 2.76 DM kosten, statt 1.97 DM in der Basisprognose. Für Dieselkraftstoff liegt der Literpreis bei 2.29 DM anstelle von 1.36 DM. Heizöl verteuert sich noch stärker. Ist der Liter in der Basisprognose noch für 0.80 DM zu haben, müssen in der CO_2-Steuersimulation 1.90 DM/l bezahlt werden. Der Strompreis erhöht sich auf 42 Pf/kWh und Gas kostet 14 Pf/kWh. In der Basisprognose steigen diese Preise dagegen von 23 bzw. 5 Pf/kWh im Jahr 1998 nur leicht auf 29 bzw. knapp 7 Pf/kWh im Jahr 2010 an.

Tabelle 35: Anteile am Privaten Verbrauch nach ausgewählten Gütergruppen und Energieträgern in der Basisprognose und nach Einführung der CO_2-Steuer mit Reduktion der Arbeitgeberbeiträge zur Sozialversicherung - in vH in jeweiligen Preisen -

		1998	2010	
	Gütergruppe		Basis	Steuer
3	Elektrizität/Dampf/Warmwasser	2.2	2.1	2.3
4	Gase	0.9	1.2	2.4
6	Kohle	0.2	0.2	0.3
10	Mineralölerzeugnisse	3.0	2.8	3.8
	davon: Motorenbenzin	2.4	2.4	3.1
	Dieselkraftstoff	0.3	0.2	0.3
	Leichtes Heizöl	0.3	0.2	0.4
	Alle Energieträger	6.3	6.3	8.8

4.3.7 Der Außenhandel

Zum Abschluß der sektoralen Betrachtung wird näher auf die positive Entwicklung des Außenhandels eingegangen, die im Widerspruch zu der häufig geäußerten Furcht vor einer Abwanderung ganzer Industriezweige steht. Die beispielsweise in Dänemark geltenden Ausnahmeregelungen von der allgemeinen Energiebesteuerung für energieintensive und exportabhängige Bereiche könnten auf sehr wenige Teilbereiche begrenzt bleiben.

Die deutschen Exporte werden durch die gesamtwirtschaftliche und sektorale Entwicklung der wichtigen Handelspartnerländer Deutschlands und die Entwicklung der deutschen Exportpreise relativ zu den Preisen der auf den Weltmärkten konkurrierenden Staaten bestimmt. Die Weltmarktpreise ändern sich annahmegemäß durch die Einführung der CO_2-Steuer in Deutschland nicht. Auch die Weltimportnachfrage nach einzelnen Gütern ist davon unbeeinflußt. Änderungen der Ausfuhren können folglich nur aus geänderten deutschen Exportpreisen resultieren. Da diese aber nach Abschnitt 4.3.2 nur in den energieliefernden Produktionsbereichen und wenigen energieintensiven Produktionsbereichen ansteigen, gehen die Exporte insgesamt kaum zurück. Wie aber verläuft die Entwicklung in den einzelnen Bereichen, insbesondere in den energieintensiven?

Die Exporte der energieintensiven Gütergruppen Eisen/Stahl und NE-Metalle liegen durch die CO_2-Steuer im Jahr 2010 deutlich niedriger als in der Basisprognose. Trotzdem nehmen sie gegenüber 1998 weiter zu. Ihr Anteil an den gesamten Exporten ist aber gering, so daß die Auswirkungen auf die Exporte insgesamt als unerheblich zu bezeichnen sind. Viel wichtiger ist die Entwicklung in den exportstarken Schlüsselsektoren, deren Produkte über 50 vH der deutschen Exporte ausmachen. Entgegen vielen Erwartungen bleibt aber selbst die Exportdynamik bei Chemischen Erzeugnissen ungebrochen. Maschinenbauerzeugnisse, Straßenfahrzeuge - mit einem Ausfuhranteil von fast 60 vH - und Elektrotechnische Erzeugnisse aus inländischer Produktion finden weiterhin ungebremsten Absatz im Ausland.

Tabelle 36: Exporte nach ausgewählten Gütergruppen in der Basisprognose und nach Einführung der CO_2-Steuer mit Reduktion der Arbeitgeberbeiträge zur Sozialversicherung - in Mrd. DM in Preisen von 1991 -

		1998	2010			1998 - 2010 Ø jährliche Wachstumsraten	
	Gütergruppe		Basis	Steuer	Δ in vH	Basis	Steuer
9	Chemische Erzeugnisse	126.8	203.0	202.4	-0.3	4.0	4.0
16	Eisen/Stahl	19.2	22.4	20.6	-8.0	1.3	0.6
17	NE-Metalle	16.9	33.2	31.3	-5.6	5.8	5.3
21	Maschinenbauerzeugnisse	106.2	126.7	127.2	0.4	1.5	1.5
23	Straßenfahrzeuge	139.2	224.8	225.4	0.3	4.1	4.1
26	Elektrotechnische Erzeugnisse	108.1	176.5	176.2	-0.2	4.2	4.2
	Alle Gütergruppen	892.4	1447.6	1434.4	-0.9	4.1	4.0

Auf der Importseite nehmen insbesondere die Kohleeinfuhren zu. Da sowohl die inländische als auch die eingeführte Kohle von der CO_2-Steuer verteuert werden, wird der relative Preisvorteil der subventionierten heimischen Ware geringer. Spiegelbildlich zu den Exporten entwickeln sich die Importe in den energieintensiven Produktionsbereichen. Weil ausländische Produkte Preisvorteile gewinnen, steigen die Importe von Glas, Eisen/Stahl und NE-Metallen.

Bei den anderen Gütergruppen führt in erster Linie die im Vergleich zur Basisprognose geringere Konsumnachfrage der Privaten Haushalte zu einer niedrigeren Einfuhr. Der Rückgang bei Straßenfahrzeugen ist besonders groß, weil auch die Inlandsnachfrage nach Abschnitt 4.3.6 deutlich zurückgeht. Für fast alle Gütergruppen ist die Dynamik des zunehmenden Außenhandels aber ungebrochen. Die gesamten Einfuhren gehen im Vergleich zur Basisprognose weniger zurück als das Bruttoinlandsprodukt. Da die Abnahme der Exporte jedoch noch geringer ist, verbessert sich die deutsche Außenhandelsposition durch die CO_2-Steuer sogar.

Tabelle 37: Importe nach ausgewählten Gütergruppen in der Basisprognose und nach Einführung der CO_2-Steuer mit Reduktion der Arbeitgeberbeiträge zur Sozialversicherung - in Mrd. DM in Preisen von 1991 -

		1998	2010			1998 - 2010 Ø jährliche Wachstumsraten	
	Gütergruppen		Basis	Steuer	Δ in vH	Basis	Steuer
6	Kohle	3.3	5.0	12.1	140.4	3.5	11.4
9	Chemische Erzeugnisse	77.7	115.0	113.1	-1.6	3.3	3.2
10	Mineralölerzeugnisse	29.2	42.3	36.8	-13.0	3.1	1.9
15	Glas	4.4	7.8	8.4	6.7	5.0	5.6
16	Eisen/Stahl	15.7	15.4	16.2	5.1	-0.1	0.3
17	NE-Metalle	17.5	19.6	20.8	6.1	0.9	1.4
21	Maschinenbauerzeugnisse	41.0	64.6	63.2	-2.1	3.9	3.7
23	Straßenfahrzeuge	73.3	125.4	112.1	-10.6	4.6	3.6
26	Elektrotechnische Erzeugnisse	97.5	177.4	171.2	-3.5	5.1	4.8
	Alle Gütergruppen	825.4	1247.2	1204.8	-3.4	3.5	3.2

4.3.8 Ergebnisse bei Variation des Steuersatzes

Bisher wurden ausschließlich Ergebnisse für den Fall dargestellt, daß die CO_2-Emissionen durch die CO_2-Steuer gegenüber dem Jahr 1990 um 25 vH bis 2010 gesenkt werden. Daneben ist aber auch die Frage interessant, mit welchen Effekten weniger anspruchsvolle Umweltziele erreicht werden können bzw. welche Auswirkungen niedrigere Steuersätze haben, die zumindest einen Einstieg in eine nachhaltigere Wirtschaftsentwicklung bedeuten. Dazu werden die Ergebnisse von vier zusätzlichen Simulationsrechnungen betrachtet. Einziger Unterschied zur bisher betrachteten Steuersimulation ist der weniger schnelle Anstieg des Steuersatzes pro Tonne CO_2 von jeweils 10 DM auf 46, 92, 138 bzw. 184 DM im Jahr 2010. Auf sektorale Ergebnisse wird nicht eingegangen.

Die qualitativen Ergebnisse entsprechen denen der oben dargestellten Simulation mit einem Steuersatz im Endjahr von 230 DM/t CO_2 (vgl. Tabelle 38). Das Steueraufkommen erhöht sich mit dem Steuersatz. Das Bruttoinlandsprodukt sinkt annähernd linear mit dem steigenden Steuersatz. Dagegen nehmen Beschäftigung, Preisniveau und Finanzierungssaldo des Staates mit dem Steuersatz zu. Die Emissionen der betrachteten Luftschadstoffe gehen bei steigenden Steuersätzen anfangs deutlich zurück. Mit zunehmenden Steuersätzen und sinkender relativer Zusatzbelastung werden die Emissionsrückgänge immer geringer.

Die grafische Darstellung in Abbildung 28 faßt die wichtigsten gesamtwirtschaftlichen Effekte der kompensierten CO_2-Steuer für die verschieden hohen Steuersätze zusammen. Das äußere der fünf gestrichelt eingezeichneten Rechtecke stellt die Abweichungen der bisher diskutierten CO_2-Steuer - 230 DM/t CO_2 im Jahr 2010 - bei Bruttoinlandsprodukt, Beschäftigung, Preisniveau und Emissionen im Vergleich zur Basisprognose dar. Der Rückgang der CO_2-Emissionen um 14.1 vH gegenüber der Basisprognose ist mit einem um 4.2 vH niedrigeren Bruttoinlandsprodukt, einem um 2.4 vH höheren Preisindex des Bruttoinlandsprodukts und einer um 2.9 vH höheren Zahl von Beschäftigten verbunden. Die anderen vier Rechtecke stellen die Effekte bei niedrigeren Steuersätzen dar, wobei die innere Linie den Steuersatz von 46 DM/t im Jahr 2010 repräsentiert, die nächste den Steuersatz von 92 DM/t etc.

Tabelle 38: Gesamtwirtschaftliche Größen im Jahr 2010 in der Basisprognose und nach Einführung der CO_2-Steuer mit Reduktion der Arbeitgeberbeiträge zur Sozialversicherung bei unterschiedlichen Steuersätzen

	Basis	Steuersimulationen				
Steuersatz (DM/t im Jahr 2010)	0.0	46.0	92.0	138.0	184.0	230.0
Steueraufkommen (Mrd. DM)	0.0	38.5	74.5	108.7	141.5	173.2
Bruttoinlandsprodukt (Mrd. DM in Preisen von 1991)	3926.5	3889.7	3855.8	3823.0	3791.1	3760.0
Beschäftigte Arbeitnehmer (Mio.)	32.2	32.4	32.5	32.7	32.9	33.1
Arbeitslose (Mio.)	3.4	3.3	3.1	2.9	2.8	2.7
Preisindex des Bruttoinlandsprodukts (1991 = 100)	145.5	146.5	147.2	147.9	148.5	149.0
Finanzierungssaldo des Staates (Mrd. DM)	-17.3	2.5	20.2	36.6	52.2	67.1
CO_2-Emissionen (Mio. t)	880.4	842.9	814.1	792.6	773.7	756.1
NO_x-Emissionen (Tsd. t)	2003.0	1952.7	1911.0	1876.7	1844.2	1815.1
SO_2-Emissionen (Tsd. t)	743.5	675.0	639.8	614.8	595.0	579.6

Am Verlauf der Kurven, die in Abbildung 28 die Eckpunkte der Rechtecke miteinander verbinden, lassen sich die im Modell ermittelten Zielkonflikte zwischen verschiedenen wirtschaftspolitischen Zielen ablesen. Im linken unteren Quadranten zeigt sich der *trade off* zwischen Wirtschaftswachstum auf der einen Seite und Emissionsminderung auf der anderen. Diese Kurve ist als makroökonomische Vermeidungskostenkurve interpretierbar. Die ersten Reduktionsschritte sind mit nur geringen Einbußen beim Bruttoinlandsprodukt verbunden. Weitere Emissionsminderungen führen dann zu immer höheren marginalen gesamtwirtschaftlichen Vermeidungskosten. Auch zwischen Preisniveaustabilität und Emissionsminderung besteht ein Zielkonflikt, während der Beschäftigungsstand mit dem Steueraufkommen und der damit ermöglichten Senkung der Arbeitgeberbeiträge zur Sozialversicherung zumindest bis zu einem Steuersatz von 230 DM/t zunimmt.

Abbildung 28: Abweichungen gesamtwirtschaftlicher Größen im Jahr 2010 nach Einführung der CO_2-Steuer mit Reduktion der Arbeitgeberbeiträge zur Sozialversicherung bei unterschiedlichen Steuersätzen gegenüber der Basisprognose - in vH -

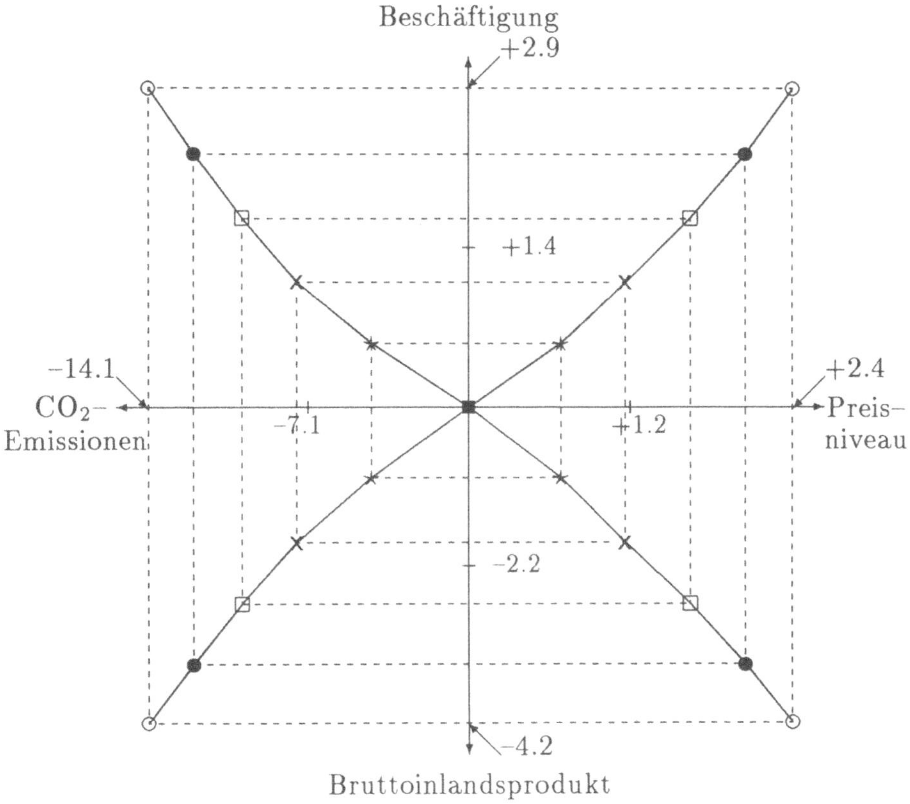

★ : Steuersatz im Jahr 2010: 46 DM pro t CO_2–Emissionen
× : Steuersatz im Jahr 2010: 92 DM pro t CO_2–Emissionen
□ : Steuersatz im Jahr 2010: 138 DM pro t CO_2–Emissionen
● : Steuersatz im Jahr 2010: 184 DM pro t CO_2–Emissionen
○ : Steuersatz im Jahr 2010: 230 DM pro t CO_2–Emissionen

4.4 Die Bedeutung der Personalkostenentlastung beim Staat

Der Vergleich der gesamtwirtschaftlichen Ergebnisse der CO_2-Steuer bei verschiedenen Kompensationsvarianten in Abschnitt 4.2 hat gezeigt, daß der Einsatz der CO_2-Steuereinnahmen zur Senkung der Arbeitgeberbeiträge zur Sozialversicherung den Finanzierungssaldo des Staates gegenüber der Basisprognose um etwa 84 Mrd. DM allein im Jahr 2010 entlastet. Eine Verwendungsmöglichkeit der zusätzlichen Einnahmen ist die Rückführung der Staatsverschuldung, die in Abschnitt 4.3 unterstellt ist. Viele andere Varianten sind im Modell PANTA RHEI abbildbar.

Bevor auf eine dieser anderen Verwendungsmöglichkeiten näher eingegangen wird, ist zunächst die Frage zu klären, warum der Staatshaushalt im Vergleich zur Basisprognose entlastet wird. Eine wichtige Rolle spielt dabei die Abbildung der Beschäftigung bei den Gebietskörperschaften im Modell. Da unterstellt ist, daß das Arbeitsvolumen bei den Gebietskörperschaften in Stunden unabhängig ist von der gesamtwirtschaftlichen Entwicklung, kann die Beschäftigung bei sinkenden Lohnkosten anders als in den anderen Produktionsbereichen nicht ansteigen. Der Staat wird aus diesem Grund in seiner Rolle als Arbeitgeber durch die sinkenden Arbeitgeberbeiträge zur Sozialversicherung stark entlastet, sein Finanzierungsspielraum steigt. Außerdem entlastet auch die Verminderung der Arbeitslosigkeit das Budget.

4.4.1 Die Politikgestaltungsmöglichkeiten

An Ideen zur Ausgabe staatlicher Mittel besteht nun wahrlich kein Mangel, so daß dieser Punkt nicht überbetont werden sollte. Da dem Staat aber gegenüber der Basisprognose zusätzliche Mittel zur Verfügung stehen, soll an dieser Stelle geklärt werden, welche Einsatzmöglichkeiten die politische Durchsetzbarkeit einer kompensierten CO_2-Steuer erhöhen. Zum einen könnten unerwünschte regionale Wirkungen wie die Arbeitsplatzverluste im Kohlenbergbau und in der Eisen-/ Stahlindustrie durch regionalpolitische Fördermaßnahmen abgemildert werden. Zum zweiten überfordern die stark steigenden Verbraucherpreise für Energie die Anpassungsfähigkeit eines Teils der Privaten Haushalte, die aufgrund fehlender finanzieller Möglichkeiten, oder weil sie als Mieter nur begrenzte Wahlmöglichkeiten haben, nicht ausreichend mit Energiesparmaßnahmen darauf reagieren können. Förder- und Unterstützungsprogramme in beiden Bereichen können die Akzeptanz der CO_2-Steuer erhöhen.

Von politischer Seite wird immer wieder ein gezielter Einsatz des Steueraufkommens zu einer ökologischen Umgestaltung der Wirtschaft, der Energieversorgung, des Verkehrs oder ähnliches gefordert. Sicherlich wird es in vielen Bereichen sinnvolle staatliche Maßnahmen geben wie etwa Verkehrsinfrastrukturinvestitionen, Forschungsförderung regenerativer Energieträger usw. Allerdings ist zumindest zweifelhaft, ob staatliche Entscheidungsträger immer über die Einsatzchancen neuer Techniken besser informiert sind als Marktteilnehmer. Da aber die Energiepreise durch die CO_2-Steuer bereits deutlich angestiegen sind, sollte die Änderung der relativen Preise in vielen Fällen ausreichen, neue Technologien und Verhaltensweisen anzustoßen, die sich am Markt durchsetzen können.

Eine weitere Verwendungsmöglichkeit der zusätzlichen Mittel ist die Entlastung der Privaten Haushalte mit der Absicht, die in Abschnitt 4.2 beschriebene Verschiebung der Verteilungsstruktur von Lohneinkommen zu Gewinneinkommen auszugleichen. Im folgenden werden deshalb auch die Arbeitnehmerbeiträge zur Sozialversicherung entsprechend (C8) entlastet, was die politische Akzeptanz und Durchsetzbarkeit der CO_2-Steuer sicherlich verbessern würde. Empfänger von Transferzahlungen werden dabei - anders als im Falle eines Pro-Kopf-Bonus (vgl. dazu z. B. DIW 1994) - nicht direkt entlastet.

4.4.2 Ergebnisse einer Simulation zur zusätzlichen Entlastung der Privaten Haushalte: Die doppelte Kompensation

Wie hoch soll nun die Entlastung aber sein? In verschiedenen Simulationsrechnungen hat sich herausgestellt, daß der Staat nicht nur die gut 84 Mrd. DM, die er allein im Jahr 2010 gegenüber der Basisprognose einspart, sondern sogar mehr als das Doppelte zur Senkung der Arbeitnehmerbeiträge - nämlich genau soviel wie zur Senkung der Arbeitgeberbeiträge - einsetzen kann, ohne daß die Verschuldung höher liegt als in der Basisprognose. Grund sind die Multiplikatoreffekte der höheren Nettoeinkommen der Privaten Haushalte, die über den steigenden Privaten Konsum die Nachfrage ankurbeln, eine größere Produktion ermöglichen und eben auch wieder zu höheren Steuereinnahmen des Staates führen.

Auf gesamtwirtschaftlicher Ebene führt diese *doppelte Kompensation*, deren Ergebnisse im folgenden dargestellt werden, zu einem Anstieg des Verfügbaren Einkommens der Privaten Haushalte auf das Niveau der Basisprognose. Da die Zahl der Beschäftigten höher ist, dürfte die Einkommensverteilung innerhalb des Sektors Private Haushalte gleichmäßiger sein. Das Bruttoinlandsprodukt steigt gegenüber der einfachen Kompensation der Arbeitgeberbeiträge, liegt im Jahr 2010 aber immer noch deutlich unter dem Niveau der Basisprognose. Der Finanzierungssaldo des Staates ist dagegen ähnlich hoch, ebenso das Preisniveau. Durch die höhere wirtschaftliche Leistung werden aber auch die verschiedenen Luftschadstoffe vermehrt ausgestoßen (vgl. Tabelle 39).

Das Niveau der anderen gesamtwirtschaftlichen Größen im Vergleich zur einfachen Kompensation bedarf einer Erklärung. Das höhere Bruttoinlandsprodukt sollte auf den ersten Blick auch zu einem Anstieg der Beschäftigung führen. Da aber mit dem höheren gesamtwirtschaftlichen Niveau auch stärkere Produktivitätsfortschritte verbunden sind, die höhere Lohnabschlüsse mit sich bringen, verringert sich die Arbeitsnachfrage. Per saldo geht die Arbeitslosigkeit deshalb nicht zurück.

Auch die Entwicklung der Lohnquote ist nicht sofort einsichtig. Sie ist definiert als Anteil der Einkommen aus unselbständiger Arbeit einschließlich Sozialversicherungsbeiträgen der Arbeitnehmer und Arbeitgeber am Nettoinlandsprodukt. Da die Arbeitnehmerbeiträge zur Sozialversicherung reduziert werden, geht die (Brutto-) Lohnquote zurück. Die Verfügbaren Einkommen sind davon aber nicht betroffen.

Der im Vergleich zur einfachen Kompensation weitere Rückgang der Staatsquote ergibt sich durch die Annahme eines konstanten Beschäftigungsvolumens beim Staat. Dabei wird ein großes Maß an Haushaltsdisziplin unterstellt. Im jeweils laufenden Budget werden mögliche Ausgaben zugunsten zukünftiger Ausgaben bzw. einer niedrigeren Verschuldung zurückgestellt.

Tabelle 39: Ausgewählte gesamtwirtschaftliche Größen in der Basisprognose, nach Einführung der CO_2-Steuer mit Reduktion der Arbeitgeberbeiträge zur Sozialversicherung und nach Einführung der CO_2-Steuer mit doppelter Kompensation

	1998	2010		
	Basis	Basis	AG-Beiträge	AG- und AN-Beiträge
Bruttoinlandsprodukt (Mrd. DM in Preisen von 1991)	3189.7	3926.5	3760.0	3822.4
Beschäftigte Arbeitnehmer (Mio.)	30.1	32.2	33.1	33.1
Arbeitslose (Mio.)	4.6	3.4	2.7	2.7
Preisindex der Lebenshaltung (1991 = 100)	121.6	156.4	163.0	163.5
Staatsquote (vH)	50.2	46.0	45.2	44.3
Lohnquote (vH)	70.6	69.0	68.0	67.9
Verfügbares Einkommen der Privaten Haushalte (Mrd. DM in Preisen von 1991)	2029.9	2334.0	2199.9	2334.2
Finanzierungssaldo des Staates (Mrd. DM)	-125.7	-17.3	67.1	-8.7
CO_2-Emissionen (Mio. t)	850.5	880.4	756.1	773.0
NO_x-Emissionen (Tsd. t)	2153.0	2003.0	1815.1	1856.9
SO_2-Emissionen (Tsd. t)	834.9	743.5	579.6	590.3

AG-Beiträge:	Senkung der Arbeitgeberbeiträge zur Sozialversicherung
AG- und AN-Beiträge:	Parallele Senkung der Arbeitgeber- und Arbeitnehmerbeiträge zur Sozialversicherung: Doppelte Kompensation

Bei der Betrachtung der Komponenten des Bruttoinlandsprodukts nach seiner Verwendung wird in Tabelle 40 sichtbar, daß in erster Linie der niedrigere Staatsverbrauch und geringere Ausrüstungsinvestitionen für das gegenüber der Basisprognose kleinere Bruttoinlandsprodukt verantwortlich sind. Der Private Konsum und als Folge auch die Importe verändern sich aber anders als im Fall der einfachen Kompensation der Arbeitgeberbeiträge kaum. Der Konsumanteil am Bruttoinlandsprodukt steigt deutlich an. Das Bruttoinlandsprodukt wächst um 1.5 vH durchschnittlich pro Jahr und liegt in 2010 nur 2.7 vH unter dem Wert der Basisprognose.

Tabelle 40: Das Bruttoinlandsprodukt und seine Komponenten in der Basisprognose und nach Einführung der CO_2-Steuer mit doppelter Kompensation - in Mrd. DM in Preisen von 1991 -

	1998	2010			1999 - 2010 ∅ jährliche Wachstumsraten	
		Basis	Steuer	Δ in vH	Basis	Steuer
Bruttoinlandsprodukt	3189.7	3926.5	3822.4	-2.7	1.7	1.5
Privater Verbrauch	1776.9	2140.9	2137.5	-0.2	1.6	1.6
Staatsverbrauch	631.5	729.0	659.7	-9.5	1.2	0.4
Ausrüstungen	277.2	378.9	360.1	-5.0	2.6	2.2
Bauten	408.4	450.7	449.3	-0.3	0.8	0.8
Vorratsveränderung	32.2	28.9	30.0	3.8	-0.9	-0.6
Ausfuhr	938.9	1507.7	1490.9	-1.1	4.0	3.9
Einfuhr	875.3	1309.7	1305.1	-0.4	3.4	3.4

Abschließend ist an dieser Stelle auf den zumindest in PANTA RHEI nicht völlig auflösbaren Zielkonflikt zwischen wirtschaftlichem Wachstum und der Verminderung der CO_2-Emissionen in den Steuersimulationen einzugehen. Denn eine bessere Kompensation steigert das Bruttoinlandsprodukt und auch die Emissionen. Um das Minderungsziel von 25 vH des Wertes von 1990 doch zu erreichen, müßten folglich die Steuersätze noch weiter erhöht werden, was wiederum das Wirtschaftswachstum einschränken würde. Eine *dreifache Dividende* in Form höheren Wachstums, niedrigerer Emissionen und höherer Beschäftigung wirft der ausgelöste Strukturwandel nicht ab. Wohl aber steigen die Beschäftigtenzahlen bei geringerer Umweltbelastung.

4.5 Zusammenfassung

Wegen der tiefen Disaggregation nach Sektoren und Energieträgern läßt sich die CO_2-Steuer angemessen in PANTA RHEI abbilden. Entscheidend für die Ergebnisse der Steuersimulationen ist die Verwendung der Steuereinnahmen. Wenn die Arbeitskosten durch Senkung der Arbeitgeberbeiträge zur Sozialversicherung entlastet werden, werden die günstigsten gesamtwirtschaftlichen Ergebnisse erreicht, ohne daß die Privaten Haushalte übermäßig belastet werden.

Zwar liegt das Bruttoinlandsprodukt in diesem Fall im Jahr 2010 um 4.2 vH unter dem Niveau der Basisprognose. Diese Abschwächung des Wachstums auf

1.4 vH im Jahresdurchschnitt führt aber zu einem Anstieg der Beschäftigung und einem Rückgang der CO_2-Emissionen um 25 vH gegenüber 1990. Die Zahl der Arbeitslosen liegt im Jahr 2010 um 700 Tsd. niedriger als ohne Einführung der CO_2-Steuer. Erklärbar ist diese *doppelte Dividende* mit den sektoralen Auswirkungen der Erhöhung der Energiepreise auf der einen Seite und der Kostenentlastung des Faktors Arbeit auf der anderen Seite. Die überwiegende Zahl der Produktionsbereiche, darunter insbesondere auch die Schlüsselsektoren und die arbeitsintensiven Dienstleistungsbereiche der deutschen Volkswirtschaft, muß nicht mit steigenden Stückkosten rechnen. Deshalb bleibt auch der Preisauftrieb gering, obwohl die Energie-Produktionsbereiche und einige energieintensive Bereiche ihre Preise zum Teil deutlich anheben müssen. Die internationale Wettbewerbsfähigkeit Deutschlands wird nicht beeinträchtigt.

Die Senkung der Arbeitgeberbeiträge führt auch zu einer Entlastung der öffentlichen Haushalte. Damit besteht ein zusätzliches Finanzierungspolster für das Abfedern nicht vermeidbarer regionaler und persönlicher Härten. Setzt der Staat die Mittel zur zusätzlichen Entlastung der Sozialversicherungsbeiträge der Arbeitnehmer ein, lassen sich durch diese doppelte Kompensation die Effekte der CO_2-Steuer weiter verbessern und mögliche - letztlich unbegründete - Vorwürfe von Verteilungsungerechtigkeiten vermeiden.

Damit bleibt festzuhalten, daß eine CO_2-Steuer bei richtiger Mittelverwendung zwar kein Wundermittel ist, das gleichzeitig das Wirtschaftswachstum steigert, die Arbeitslosigkeit verringert und die Umweltbelastung vermindert. Sehr wohl ergibt sich aber die *doppelte Dividende* von mehr Beschäftigung bei weniger Emissionen, die mit geringen Wachstumsverlusten erkauft wird.

5 Die Auswirkungen einer Mineralölsteuererhöhung

Neben einer allgemeinen Energie- und einer CO_2-Steuer wird im Zusammenhang mit einer ökologischen Steuerreform immer wieder eine Erhöhung der Mineralölsteuersätze diskutiert. Allerdings handelt es sich meistens um einen Aufschlag auf die Steuersätze von Benzin und Diesel, was zu einer Belastung der Kraftstoffverbraucher führt. Das bislang steuerfreie Flugbenzin wird in diesen Vorschlägen häufig ebenso ausgeklammert wie der Dieseleinsatz in der Landwirtschaft und in der Schiffahrt sowie Heizöle und die übrigen Mineralölprodukte.

Für ein solches Vorgehen spricht aus ökologischer Sicht, daß insbesondere der motorisierte Straßenverkehr nicht nur CO_2-Emissionen hervorruft, sondern auch zu weiteren Umweltbelastungen beiträgt. Beim Ausstoß anderer Luftschadstoffe wie den Stickoxiden und den flüchtigen organischen Verbindungen (VOC), die zur Versauerung von Luft, Boden und Gewässern und zur Entstehung von Photosmog beitragen, kommt dem Straßenverkehr eine entscheidende Bedeutung zu. Auch beim Flächenverbrauch, der Zerstückelung und Zersiedlung der Landschaft sowie der Entstehung von Lärm spielt der Straßenverkehr eine wichtige Rolle. Daß die bisherige Steuerbelastung der Treibstoffe diese und andere externe Kosten nicht ausgleicht, ist an anderer Stelle umfassend dargestellt worden (z. B. EG-Kommission 1995; Infras/Econcept/Prognos 1996).

In Deutschland streben im Bundestagswahlkampf 1998 verschiedene politische Gruppierungen die Erhöhung der Mineralölsteuersätze an, die in diesem Jahrzehnt zur Finanzierung der Deutschen Einheit schon deutlich angehoben wurden. In anderen Ländern wie Großbritannien wird die Mineralölsteuer bereits seit einiger Zeit langfristig Jahr für Jahr um 5 bis 6 vH angehoben.

In Abschnitt 5.1 wird die Abbildung der erhöhten Mineralölsteuer in PANTA RHEI erläutert. Wie im Fall der CO_2-Steuer stellt sich die Frage, in welcher Form das Steueraufkommen verwendet werden soll. Es bieten sich wieder die in Abschnitt 4.2 diskutierten Varianten an. Die Verwendung des Aufkommens zur Senkung der Arbeitgeberbeiträge zur Sozialversicherung führt erneut zu den besten Ergebnissen, die in Abschnitt 5.2 dargestellt werden.

5.1 Die Modellierung der Steuer

5.1.1 Der Vorschlag von Bündnis 90/Die Grünen

Im folgenden wird eine Erhöhung der Steuersätze auf Motorenbenzin und Dieselkraftstoff abgebildet. Die bisher von der Steuer befreiten Einsätze in der Landwirtschaft und in der Schiffahrt werden ebenfalls mit dem Steueraufschlag belastet, denn jede Ausnahme führt zu Preisverzerrungen und mindert den Umwelteffekt. In Anlehnung an einen heftig umstrittenen Vorschlag von Bündnis 90/Die Grünen von ihrem Magdeburger Parteitag im Frühjahr 1998 beträgt der Steueraufschlag 0.50 DM/l im Jahr 1999 und in den folgenden Jahren bis 2009 jeweils 0.30 DM/l. Dann wird der Preis für einen Liter Treibstoff bei etwa 5 DM liegen. Dieser Vorschlag wird im übrigen deshalb modelliert, weil er anders als bei anderen Parteien konkrete Steuersätze für die nächsten Jahre benennt. Über die Einschätzung seiner Güte und Sinnhaftigkeit ist damit noch nichts ausgesagt.

Eine Erhöhung der bereits bestehenden Steuersätze auf Benzin und Diesel führt zu keinen Durchführungsproblemen. Deshalb ist auch mit keinem zusätzlichen Verwaltungsaufwand bei der Steuererhebung zu rechnen. Ein stärker zu beachtendes Problem stellt der Tanktourismus dar. Insbesondere in grenznahen Regionen lohnt sich ab einer bestimmten Differenz zum Auslandspreis die Fahrt zur Tankstelle über die Grenze. Aus diesem Grund ist die Mineralölsteuererhöhung zwar national einführbar, aber ein koordiniertes Vorgehen auf EU-Ebene kann auch bezüglich der Umweltbelastung ungewolltes Ausweichverhalten verhindern bzw. eindämmen.

5.1.2 Die Einbindung der Steuer in das Modell

In PANTA RHEI werden die Energieverbräuche nach 29 Energieträgern und 58 Produktionsbereichen sowie den Privaten Haushalten in spezifischen Einheiten, d. h. in Liter, m³ etc. gemäß (137) bestimmt. Somit kann eine Erhöhung des Steuersatzes auf den Einsatz der Energieträger Motorenbenzin (l = 16) und Dieselkraftstoff (l = 17) einfach abgebildet werden. Die zusätzlichen Mineralölsteuerbelastungen der einzelnen Sektoren j ergeben sich aus der eingesetzten Treibstoffmenge in Litern *ENS* und dem Steueraufschlag *MOA* in DM/Liter:

$$MKO_{lj}(t) = \overline{MOA(t)} \cdot ENS_{lj}(t), \qquad l = 16, 17 \text{ und } j = 1, \ldots, 58, 60. \qquad \text{(M1)}$$

MKO_{lj}	Mineralölsteuerbelastung in jeweiligen Preisen, Energieträger l im Sektor j
MOA	Mineralölsteueraufschlag in DM/Liter
ENS_{lj}	Energieeinsatz in spezifischen Einheiten, Energieträger l im Sektor j

Die Steuer ist vom Produktionsbereich Mineralölverarbeitung an den Staat abzuführen. Das gesamte Steueraufkommen ergibt sich als Summe aus den Zahlungen für Benzin und Diesel:

$$MOST(t) = \sum_{j=1}^{58,60} MKO_{16,j}(t) + \sum_{j=1}^{58,60} MKO_{17,j}(t). \qquad \text{(M2)}$$

$MOST$	Zusätzliche Mineralölsteuerbelastung in jeweiligen Preisen
MKO_{lj}	Zusätzliche Mineralölsteuerbelastung in jew. Pr., Energieträger l im Sektor j

Diese Steuerbelastung erhöht im Modell die Energieträgerpreisindizes von Motorenbenzin und Dieselkraftstoff für Vorleistungen (*pvge*), Privaten Verbrauch (*pcge*) und Importe (*pmge*) entsprechend, wobei beispielhaft die Vorleistungspreise in (M3) dargestellt sind. Für Motorenbenzin wird im Jahr 1998 ein Preis *pdm* von 1.50 DM/l unterstellt, für Dieselkraftstoff wird er mit 1.10 DM/l angenommen. Bei einem Steueraufschlag von 0.50 DM/l im Jahr 1999 liegt der Benzinpreis folglich um ein Drittel höher als ohne den Aufschlag, bei Diesel beträgt der Preisunterschied in diesem Jahr sogar 45.5 vH.

$$pvge_l^M(t) = pvge_l(t) \cdot \left(1 + \frac{\overline{MOA(t)}}{pdm_l(1998)}\right), \qquad l = 16, 17. \qquad \text{(M3)}$$

$pvge_l^M$	Preisindex Vorleistungslieferungen einschl. Mineralölsteueraufschlag, ET l
$pvge_l$	Preisindex Vorleistungslieferungen, Energieträger l
MOA	Mineralölsteueraufschlag in DM/Liter
pdm_l	Vorleistungspreis in DM/l, Energieträger l

Die Einkommen aus Unternehmertätigkeit und Vermögen der Mineralölverarbeitung (j = 10), die die Steuer abzuführen hat, werden anders als in (252) um die gesamte zusätzliche Mineralölsteuerzahlung gemindert:

$$gg_{10}^M(t) = bwg_{10}(t) - dg_{10}(t) - lg_{10}(t) - MOST(t). \qquad \text{(M4)}$$

gg_{10}^M	Eink. aus Unternehmert. u. Vermögen in jew. Pr., PB Mineralölverarbeitung
bwg_{10}	Bruttowertschöpfung in jew. Pr., Produktionsbereich Mineralölverarbeitung
dg_{10}	Abschreibungen in jew. Preisen, Produktionsbereich Mineralölverarbeitung
lg_{10}	Einkommen aus unselbständiger Arbeit in jew. Pr., PB Mineralölverarbeitung
$MOST$	Zusätzliches Mineralölsteueraufkommen in jeweiligen Preisen

Gleichzeitig fließt das Steueraufkommen *MOST* wie bei der CO_2-Steuer dem Staat zu und erhöht seine Einnahmen:

$$ZSE14^M(t) = ZUA05(t) + MOST(t). \qquad \text{(M5)}$$

$ZSE14^M$	Vom Staat empfangene Produktionssteuern von Unternehmen, in jew. Pr.
$ZUA05$	Von Unternehmen geleistete Produktionssteuern an den Staat, in jew. Pr.
$MOST$	Zusätzliches Mineralölsteueraufkommen in jeweiligen Preisen

Für die Kompensation der Steuereinnahmen gilt das in Abschnitt 4.2.1 für die CO_2-Steuer Gesagte. Insbesondere eine Senkung der Sozialversicherungsbeiträge, aber auch eine Rückführung der Staatsverschuldung oder eine Thesaurierung der Einnahmen durch den Staat können (C7) bis (C9) entsprechend abgebildet werden. Weitere Varianten wie ein Pro-Kopf-Bonus, eine Rückführung anderer direkter oder indirekter Steuern sowie die spezifische Förderung anderer Verkehrsträger oder energieärmerer Motoren könnten im Modellzusammenhang ebenfalls durchgespielt werden.

Der Vergleich der verschiedenen Simulationsrechnungen führt zu einem ähnlichen Bild wie bei der CO_2-Steuer. Die Senkung der Arbeitgeberbeiträge zur Sozialversicherung bringt die günstigsten Ergebnisse, insbesondere eine Zunahme der Beschäftigung. Der Abbau der Staatsverschuldung hat dagegen einen stark kontraktiven Effekt. Insgesamt sind die gesamtwirtschaftlichen Unterschiede zwischen den Kompensationsvarianten nicht überraschend, weil im Vergleich zur CO_2-Steuer zwar die sektorale Einnahmenerzielung eine andere ist, die Wirkungen der kompensatorischen Staatsausgaben aber ähnlich sind.

5.2 Ergebnisse bei Reduktion der Arbeitgeberbeiträge zur Sozialversicherung

Die Erhöhung der Mineralölsteuer auf Motorenbenzin und Dieselkraftstoff führt im Jahr 2010 bei einem Aufschlag von 3.50 DM/Liter Treibstoff zu einem zusätzlichen Steueraufkommen von 198.3 Mrd. DM gegenüber 173.2 Mrd. DM im Fall der CO_2-Steuer. Mit dem Aufkommen werden die Arbeitgeberbeiträge zur Sozialversicherung entlastet. Der Beitragssatz liegt dadurch im Jahr 2010 um über 8 Prozentpunkte unter dem Wert der Basisprognose.

5.2.1 Die gesamtwirtschaftliche Entwicklung

Beim Vergleich der Simulationsergebnisse mit der Basisprognose zeigen sich Vor- und Nachteile dieser Politikmaßnahme. Das preisbereinigte Bruttoinlandsprodukt liegt im Fall der Mineralölsteuererhöhung im Jahr 2010 um 3.8 vH niedriger als in der Basisprognose. Die durchschnittliche jährliche Wachstumsrate geht von 1.7 vH auf 1.4 vH zurück (vgl. Abbildung 29).

Abbildung 29: Zeitliche Entwicklung des Bruttoinlandsprodukts in der Basisprognose und nach Erhöhung der Mineralölsteuer mit Reduktion der Arbeitgeberbeiträge zur Sozialversicherung - in Mrd. DM in Preisen von 1991 -

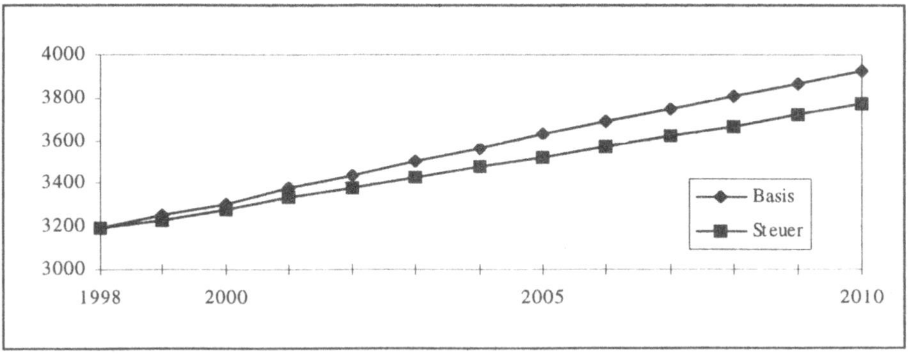

Die Komponenten des Bruttoinlandsprodukts entwickeln sich nach Tabelle 41 ähnlich wie im Fall der CO_2-Steuer. Wieder ist der Rückgang des Konsums der Privaten Haushalte, des Konsums des Staates und der Ausrüstungsinvestitionen im Vergleich zur Basisprognose stärker als der Rückgang des Bruttoinlandsprodukts. Dagegen sind die Bauinvestitionen und der Export kaum betroffen, während die Importe etwas stärker zurückgehen. Die Außenhandelsposition der deutschen Volkswirtschaft verbessert sich. Das Wachstum aller wichtigen Komponenten des Bruttoinlandsprodukts bleibt aber trotz höherer Mineralölsteuersätze bis zum Jahr 2010 ungebrochen.

Tabelle 41: Das Bruttoinlandsprodukt und seine Komponenten in der Basisprognose und nach Erhöhung der Mineralölsteuer mit Reduktion der Arbeitgeberbeiträge zur Sozialversicherung - Mrd. DM in Preisen von 1991 -

	1998	2010			1998 - 2010 ∅ jährliche Wachstumsraten	
		Basis	Steuer	Δ in vH	Basis	Steuer
Bruttoinlandsprodukt	3189.7	3926.5	3776.3	-3.8	1.7	1.4
Privater Verbrauch	1776.9	2140.9	2043.4	-4.6	1.6	1.2
Staatsverbrauch	631.5	729.0	674.4	-7.5	1.2	0.5
Ausrüstungen	277.2	378.9	361.6	-4.6	2.6	2.2
Bauten	408.4	450.7	451.2	0.1	0.8	0.8
Vorratsveränderung	32.2	28.9	29.5	1.9	-0.9	-0.7
Ausfuhr	938.9	1507.7	1494.0	-0.9	4.0	3.9
Einfuhr	875.3	1309.7	1277.8	-2.4	3.4	3.2

Die Beschäftigungseffekte der erhöhten Mineralölsteuer sind sehr positiv, wenn mit dem Steueraufkommen die Arbeitgeberbeiträge zur Sozialversicherung gesenkt werden. Die Zahl der Beschäftigten Arbeitnehmer steigt um rund 1.5 Mio. an. Die Zahl der Arbeitslosen geht um 1.1 Mio. zurück, weil wie im Fall der CO_2-Steuer die Stille Reserve aufgrund der verbesserten Arbeitsmarktlage schrumpft.

Tabelle 42: Ausgewählte gesamtwirtschaftliche Größen in der Basisprognose und nach Erhöhung der Mineralölsteuer mit Reduktion der Arbeitgeberbeiträge zur Sozialversicherung

	1998	2010			1998 - 2010 ∅ jährliche Wachstumsraten	
		Basis	Steuer	Δ in vH	Basis	Steuer
Bruttoinlandsprodukt (Mrd. DM in Preisen von 1991)	3189.7	3926.5	3776.3	-3.8	1.7	1.4
Beschäftigte Arbeitnehmer (Mio.)	30.1	32.2	33.7	4.7	0.6	0.9
Arbeitslose (Mio.)	4.6	3.4	2.3	-32.8	-2.6	-5.8
Preisindex der Lebenshaltung (1991 = 100)	121.6	156.4	165.7	6.0	2.1	2.6
Staatsquote (vH)	50.2	46.0	44.8	—	—	—
Finanzierungssaldo des Staates (Mrd. DM)	-125.7	-17.3	114.9	—	—	—
CO_2-Emissionen (Mio. t)	850.5	880.4	811.1	-7.9	0.3	-0.4
NO_x-Emissionen (Tsd. t)	2153.0	2003.0	1792.2	-10.5	-0.6	-1.5
SO_2-Emissionen (Tsd. t)	834.9	743.5	640.4	-13.9	-1.0	-2.2

Der Preisindex der Lebenshaltung steigt bis zum Jahr 2010 um 6.0 vH stärker an als in der Basisprognose. Über 12 Jahre bedeutet dies einen zusätzlichen jährlichen Preisschub von fast 0.5 Prozentpunkten. Die Staatsquote geht noch etwas stärker zurück als in der Basisprognose. Der Finanzierungssaldo des Staates wird sogar deutlich positiv, so daß der hohe Stand der Staatsverschuldung gesenkt werden kann.

Die Emissionen der energiebedingten Luftschadstoffe CO_2, NO_x und SO_2 werden reduziert. Bis auf die überwiegend verkehrsbedingten NO_x-Emissionen ist der Rückgang aber viel geringer als bei der CO_2-Steuer. Und auch bei den NO_x-Emissionen zeigt sich ein geringer Zusammenhang von Mineralölsteuerbelastung und Emissionsmenge (vgl. Tabelle 42).

5.2.2 Die Preise

Die erhöhte Mineralölsteuerbelastung der Treibstoffe führt nach (M3) zu einer Zunahme der Preise dieser Energieträger. Dieselkraftstoff verteuert sich vom niedrigeren Niveau der Basisprognose aus stärker, bleibt aber pro Liter billiger als Motorenbenzin. Die anderen Energieträger sind dagegen unbelastet. Die auf den ersten Blick überraschenden Änderungen der Kohlepreise erklären sich durch Sekundäreffekte wie ihre Abhängigkeit von der Lohnentwicklung im Bergbau und der Entwicklung der Güterpreise insgesamt (vgl. Tabelle 43).

Tabelle 43: Vorleistungspreisindizes ausgewählter Energieträger in der Basisprognose und nach Erhöhung der Mineralölsteuer mit Reduktion der Arbeitgeberbeiträge zur Sozialversicherung - 1991 = 100 -

		1998	2010			1998 - 2010 Ø jährliche Wachstumsraten	
	Energieträger		Basis	Steuer	Δ in vH	Basis	Steuer
1	Elektrizität	113.1	150.0	147.3	-1.8	2.7	2.5
2	Fernwärme	111.6	170.8	166.1	-2.7	4.4	4.1
3	Verteilte Gase	83.6	107.9	107.7	-0.2	2.4	2.4
5	Steinkohle	110.9	163.9	174.9	6.7	4.0	4.8
6	Steinkohlenkoks	119.7	167.0	176.5	5.7	3.3	4.0
8	Rohbraunkohle	150.2	240.9	213.0	-11.6	5.0	3.5
11	Braunkohlenbriketts/-koks	145.6	231.3	207.2	-10.4	4.9	3.5
16	Motorenbenzin	122.1	136.2	421.0	209.3	1.0	20.4
17	Dieselkraftstoff	112.5	129.6	487.5	276.2	1.3	27.8
18	Flugkraftstoffe	94.3	149.1	149.2	0.0	4.8	4.8
19	Leichtes Heizöl	98.2	159.6	160.3	0.4	5.2	5.3
20	Schweres Heizöl	106.5	181.7	181.7	0.0	5.9	5.9
21	Flüssiggas	84.6	121.6	121.4	-0.2	3.7	3.6

Mit den Energieträgerpreisen steigt auch der Preisindex des Produktionsbereichs Mineralölverarbeitung. Andere Güterpreise werden dagegen nur indirekt über verteuerte Treibstoffeinsätze erhöht. Gleichzeitig entlasten die niedrigeren Arbeitgeberbeiträge zur Sozialversicherung die Unternehmen. Deshalb sind die meisten Gütergruppen nicht von Preissteigerungen betroffen (vgl. Tabelle 44).

Tabelle 44: Preisindizes der Bruttoproduktion ausgewählter Gütergruppen in der Basisprognose und nach Erhöhung der Mineralölsteuer mit Reduktion der Arbeitgeberbeiträge zur Sozialversicherung - 1991 = 100 -

		1998	2010			1998 - 2010 Ø jährliche Wachstumsraten	
	Gütergruppe		Basis	Steuer	Δ in vH	Basis	Steuer
1	Landwirtschaftliche Erzeugnisse	88.1	92.0	111.6	21.3	0.4	2.0
3	Elektrizität/Dampf/Warmwasser	107.3	134.5	132.5	-1.5	1.9	1.8
4	Gase	97.7	125.5	125.3	-0.1	2.1	2.1
6	Kohle	117.7	177.5	177.1	-0.2	3.5	3.5
9	Chemische Erzeugnisse	99.5	120.2	120.4	0.1	1.6	1.6
10	Mineralölerzeugnisse	104.3	138.7	467.3	236.9	2.4	13.3
21	Maschinenbauerzeugnisse	119.0	161.0	158.0	-1.9	2.6	2.4
23	Straßenfahrzeuge	111.9	135.7	133.9	-1.3	1.6	1.5
26	Elektrotechnische Erzeugnisse	100.6	119.4	121.6	1.8	1.4	1.6
38	Nahrungsmittel	98.6	113.7	118.5	4.2	1.2	1.5
45	Schienenverkehrsdienste	94.0	86.1	88.4	2.7	- 0.7	-0.5
46	Schiffahrts-/Hafendienste	84.3	105.9	127.5	20.3	1.9	3.5
48	Straßen-/Luftverkehrsdienste	105.8	118.4	131.0	10.6	0.9	1.8
55	Sonstige Marktbestimmte DL	120.6	149.0	156.2	4.8	1.8	2.2
	Alle Gütergruppen	112.2	141.0	146.5	3.9	1.9	2.2

In einigen verkehrsintensiven Produktionsbereichen erhöhen sich die Güterpreise gegenüber der Basisprognose aber deutlich. In der Landwirtschaft und als Folge in abgeschwächter Form auch bei Nahrungsmitteln verteuern sich die Güter. Die Schiffahrt wird durch die steigenden Dieselpreise belastet, während im Schienenverkehr die Preise wegen der sinkenden Lohnnebenkosten fast unverändert bleiben. Die Entwicklung in der Gütergruppe Straßen-/Luftverkehrsdienste ist mit Vorsicht zu interpretieren. Da Flugkraftstoffe nicht von der Steuererhöhung betroffen sind, wäre eine getrennte Betrachtung von Straßen- und Luftverkehrsdiensten angemessen. Straßenverkehrsdienste würden sich im Fall einer solchen tiefer disaggregierten Modellierung gegenüber der Basisprognose um mehr als 10.6 vH verteuern. Dieseleinsatz und Emissionen - insbesondere von Stickoxiden - dürften bei einer solchen Modellierung stärker zurückgehen als in der hier beschriebenen Simulation.

Insgesamt steigen die gewichteten Güterpreise über alle Gütergruppen jährlich um durchschnittlich 0.3 vH schneller an als in der Basisprognose. Bis zum Jahr 2010 liegen die Güterpreise somit um 3.9 vH über dem Wert der Basisprognose. Die Preise des Privaten Verbrauchs nach Energieträgern entwickeln sich nahezu parallel zu den Vorleistungspreisen, so daß sie nicht im Detail betrachtet werden müssen. Der Dieselpreis steigt auch hier etwas stärker an als der Preis für Benzin. Die anderen Energieträgerpreise ändern sich kaum gegenüber der Basisprognose.

5.2.3 Der Energieverbrauch und die Emissionen

Die steigenden Treibstoffpreise reduzieren die Nachfrage nach Benzin und Dieselkraftstoff im Vergleich zur Basisprognose. Da die Mengenreaktion der Privaten Haushalte, die einen Großteil des Benzins verbrauchen, stärker ausfällt als die der Unternehmen, die einen Großteil des Dieselkraftstoffs verbrauchen, ist der Rückgang bei Dieselkraftstoff trotz der relativ größeren Preissteigerung geringer. Der Dieseleinsatz wächst sogar gegenüber dem Jahr 1998 weiter mit durchschnittlich 1.3 vH pro Jahr. Insgesamt liegt der Treibstoffeinsatz im Jahr 2010 damit auf dem Niveau des Jahres 1998.

Tabelle 45: Emissionsrelevanter Energieverbrauch nach ausgewählten Energieträgern und Elektrizitätsverbrauch in der Basisprognose und nach Erhöhung der Mineralölsteuer mit Reduktion der Arbeitgeberbeiträge zur Sozialversicherung - in Petajoule -

		1998	2010			1998 - 2010 ∅ jährliche Wachstumsraten	
	Energieträger		Basis	Steuer	Δ in vH	Basis	Steuer
3	Verteilte Gase	3144.5	4101.6	4027.5	-1.8	2.2	2.1
5	Steinkohle	1496.6	1354.3	1276.9	-5.7	-0.8	-1.3
8	Rohbraunkohle	1241.9	1063.1	1134.9	6.8	-1.3	-0.7
16	Motorenbenzin	1341.8	1569.9	1147.7	-26.9	1.3	-1.3
17	Dieselkraftstoff	1018.9	1339.4	1189.2	-11.2	2.3	1.3
18	Flugkraftstoffe	189.6	290.0	270.8	-6.6	3.6	3.0
19	Leichtes Heizöl	1101.5	630.5	595.4	-5.6	-4.5	-5.0
	Alle Energieträger	11158.3	11924.4	10929.0	-8.3	0.6	-0.2
1	*nicht emissionsrelevant*: Elektrizität	1931.4	2348.0	2306.0	-1.8	1.5	1.3

Die anderen Energieeinsätze ändern sich nur begrenzt (vgl. Tabelle 45). Da Braunkohle relativ zu Steinkohle etwas billiger wird, wird im Vergleich zur Basisprognose mehr Rohbraunkohle und weniger Steinkohle zur Verstromung eingesetzt.

Der niedrigere Einsatz an Flugkraftstoffen ergibt sich durch das geringere Produktionsniveau der Speditionen/Fluggesellschaften. Insgesamt liegt der emissionsrelevante Energieeinsatz im Jahr 2010 um 8.3 vH unter dem Niveau der Basisprognose und ist damit niedriger als im Jahr 1998.

Die CO_2-Emissionen gehen in etwa gleichem Maße gegenüber der Basisprognose zurück und liegen somit im Jahr 2010 bei 811.1 Mio. Tonnen. Das sind etwa 19 vH weniger als im Jahr 1990 und immerhin 7.9 vH weniger als in der Basisprognose. In der zeitlichen Entwicklung zeigt sich, daß die Rückgänge in den ersten Jahren wegen der höheren relativen Zusatzbelastung gegenüber der Basisprognose recht groß sind. In den Folgejahren werden weitere Minderungen gegenüber der Basisprognose immer schwieriger. In beiden Fällen sind im übrigen die Veränderungen im Vergleich zu den Jahren 1990 bis 1998, die durch drastische Emissionsrückgänge in Ostdeutschland geprägt waren, gering. Das CO_2-Minderungsziel der Bundesregierung, das bei etwa 750 Mio. Tonnen CO_2 liegt (-25 vH gegenüber 1990), wird jedoch deutlich verfehlt (vgl. Abbildung 30).

Abbildung 30: Zeitliche Entwicklung der CO_2-Emissionen in der Basisprognose und nach Erhöhung der Mineralölsteuer mit Reduktion der Arbeitgeberbeiträge zur Sozialversicherung - in Mio. Tonnen -

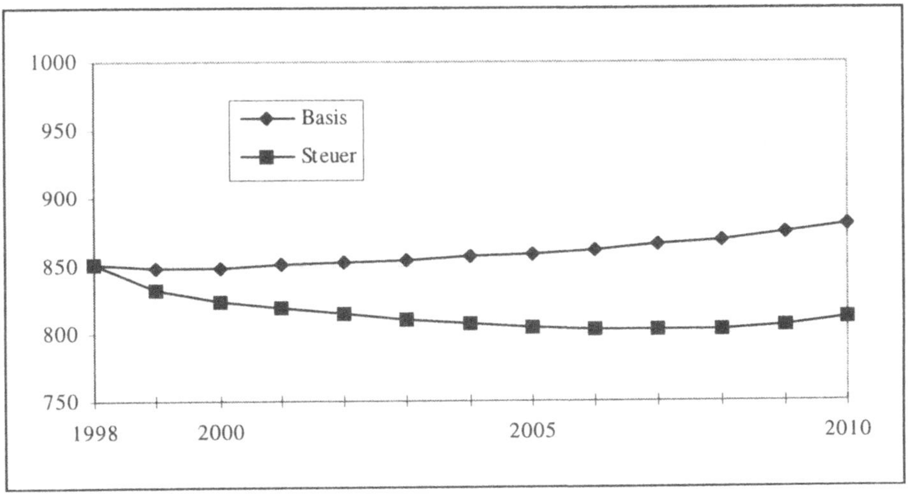

Nach Tabelle 46 tragen sowohl die Privaten Haushalte als auch einige Produktionsbereiche zu diesem Rückgang bei. Die letztlich geringe Emissionsminderung im Produktionsbereich Speditionen/Fluggesellschaften erklärt sich zum einen mit der geringen Preiselastizität der Dieselnachfrage bei Speditionen und zum anderen damit, daß Flugbenzin nicht besteuert wird. In anderen Bereichen wie der Chemischen Industrie oder der Eisen-/Stahlindustrie spielt der Treibstoffeinsatz keine bedeutende Rolle. Die Emissionen der Elektrizitätswirtschaft bleiben wegen des erhöhten Einsatzes von Braunkohle, der zu den höchsten CO_2-Emissionen pro Energieeinheit führt, einerseits und der geringeren Stromerzeugung andererseits unverändert.

Tabelle 46: CO_2-Emissionen nach ausgewählten Sektoren in der Basisprognose und nach Erhöhung der Mineralölsteuer mit Reduktion der Arbeitgeberbeiträge zur Sozialversicherung - in Mio. Tonnen -

	1998	2010			1998 - 2010 Ø jährliche Wachstumsraten	
Sektor		Basis	Steuer	Δ in vH	Basis	Steuer
Elektrizitätswirtschaft	292.7	262.9	263.1	0.1	-0.9	-0.9
Chemische Industrie	28.8	31.9	31.6	-0.8	0.9	0.8
Baustoffindustrie	19.6	15.9	15.3	-3.9	-1.7	-2.0
Eisen-/Stahlindustrie	35.9	30.6	30.5	-0.3	-1.3	-1.3
Speditionen/Fluggesellschaften	34.7	55.3	51.5	-6.9	3.6	3.1
Gebietskörperschaften	22.9	21.3	19.0	-10.9	-0.6	-1.5
Alle Produktionsbereiche	616.5	625.8	586.9	-6.2	0.1	-0.4
Private Haushalte	233.9	254.6	224.2	-11.9	0.7	-0.4
Zusammen	850.4	880.4	811.1	-7.9	0.3	-0.4

Die NO_x-Emissionen liegen gegenüber der Basisprognose im Endjahr um 10.5 vH niedriger. Ein noch deutlicherer Rückgang wäre möglich, wenn auch der Dieselverbrauch der Lkw, der die mit Abstand größten spezifischen Emissionen hervorruft, stärker rückläufig wäre. Die Mineralölsteuer allein kann demnach die Stickoxidemissionen nicht in dem von vielen Seiten geforderten Maß senken. Der Rat von Sachverständigen für Umweltfragen (SRU 1995, S. 166) hält z. B. eine Minderung des NO_x-Ausstoßes von 1987 bis zum Jahr 2005 um 80 vH für notwendig.

Die SO_2-Emissionen sind im Jahr 2010 um 13.9 vH niedriger als in der Basisprognose. Wie bei der CO_2-Steuer ist der Rückgang dieses nicht steuerlich belasteten Schadstoffs am stärksten.

5.2.4 Die inländische Produktion

Die Betrachtung der inländischen Produktion in Tabelle 47 verdeutlicht die Wirkungen der Mineralölsteuererhöhung bei gleichzeitiger Senkung der Arbeitgeberbeiträge zur Sozialversicherung auf die Branchenstruktur. Erwartungsgemäß ist die Differenz zur Basisprognose bei der Mineralölverarbeitung am größten. Auch die inländische Erdöl-/Erdgasgewinnung geht auf niedrigem Niveau stark zurück. In den anderen Energie-Produktionsbereichen und den energieintensiven Produktionsbereichen des Produzierenden Gewerbes sind die Unterschiede zur Basisprognose gering. Dafür verlangsamt sich der Produktionsanstieg in den verkehrsintensiven Produktionsbereichen Landwirtschaft, Speditionen/Fluggesellschaften und

Gebietskörperschaften. Bei Schiffahrt/Häfen verstärkt sich der Produktionsrückgang der Basisprognose. In den übrigen Produktionsbereichen sind die Unterschiede zur CO_2-Steuer klein und es gilt das in Abschnitt 4.3.4 Gesagte. Insgesamt verringert sich das Produktionswachstum um 0.3 vH jährlich. Es liegt dennoch bei 2.0 vH im Jahresdurchschnitt. Im Vergleich zur CO_2-Steuer, die zu einem geringeren Aufkommen führt, und bei der somit auch die Unternehmen durch die Kompensation weniger entlastet werden, sind die Produktionseffekte etwas günstiger.

Tabelle 47: Bruttoproduktion nach Produktionsbereichen in der Basisprognose und nach Erhöhung der Mineralölsteuer mit Reduktion der Arbeitgeberbeiträge zur Sozialversicherung - in Mrd. DM in Preisen von 1991 -

		1998	2010			1998 - 2010 ∅ jährliche Wachstumsraten	
	Produktionsbereich		Basis	Steuer	Δ in vH	Basis	Steuer
1	Landwirtschaft	75.6	86.6	80.5	-7.0	1.1	0.5
2	Forstwirtschaft/Fischerei	14.7	17.3	16.7	-3.3	1.4	1.1
3	Elektrizitätswirtschaft	111.6	138.3	135.3	-2.2	1.8	1.6
4	Gasversorgung	39.6	55.8	54.8	-1.8	2.9	2.7
5	Wasserversorgung	10.5	12.2	10.9	-10.8	1.2	0.3
6	Kohlenbergbau	24.0	20.8	20.8	-0.2	-1.2	-1.2
7	Erz-/Salzbergbau	4.6	6.4	6.3	-1.8	2.8	2.6
8	Erdöl-/Erdgasgewinnung	6.1	7.7	5.4	-30.5	1.9	-1.1
9	Chemische Industrie	270.8	368.0	364.5	-0.9	2.6	2.5
10	Mineralölverarbeitung	94.9	114.7	64.2	-44.0	1.6	-3.2
11	Kunststoffverarbeitung	83.9	129.3	129.8	0.4	3.7	3.7
12	Gummiverarbeitung	17.6	20.0	19.9	-0.7	1.1	1.0
13	Baustoffindustrie	61.7	58.2	58.4	0.3	-0.5	-0.5
14	Feinkeramische Industrie	5.3	6.4	6.1	-4.9	1.5	1.1
15	Glasindustrie	17.5	19.3	18.0	-6.8	0.8	0.2
16	Eisen-/Stahlindustrie	85.8	77.9	77.8	-0.1	-0.8	-0.8
17	NE-Metallindustrie	45.4	79.1	78.8	-0.4	4.7	4.7
18	Gießereien	18.5	21.0	20.9	-0.3	1.0	1.0
19	Ziehereien/Kaltwalzwerke	57.9	67.2	66.5	-0.9	1.2	1.2
20	Metall-/Schienenfahrzeugbau	48.9	52.8	52.5	-0.6	0.6	0.6
21	Maschinenbau	208.4	244.7	245.2	0.2	1.3	1.4
22	Büromaschinen-/Computerherst.	28.7	46.8	45.3	-3.2	4.2	3.9
23	Straßenfahrzeugbau	290.0	384.6	384.0	-0.2	2.4	2.4
24	Wasserfahrzeugbau	7.8	7.1	6.9	-2.7	-0.7	-0.9
25	Luft-/Raumfahrzeugbau	16.5	30.0	26.7	-11.2	5.1	4.1
26	Elektrotechnik	240.6	306.2	303.3	-0.9	2.0	1.9
27	Feinmechanik/Optik/Uhrenherst.	30.7	33.4	33.2	-0.7	0.7	0.6

Fortsetzung von Tabelle 47

		1998	2010			1998 - 2010 Ø jährliche Wachstumsraten	
	Produktionsbereich		Basis	Steuer	Δ in vH	Basis	Steuer
28	Eisen-/Blech-/Metallwarenherst.	76.0	97.5	95.2	-2.4	2.1	1.9
29	Musikinstr.-/Sportgeräteherst.	11.0	13.7	13.4	-2.4	1.9	1.7
30	Holzbearbeitung	17.5	21.3	21.0	-1.2	1.6	1.5
31	Holzverarbeitung	55.9	66.9	62.9	-5.9	1.5	1.0
32	Zellstoff-/Papier-/Pappeherst.	29.1	47.2	47.0	-0.4	4.1	4.1
33	Papier-/Pappeverarbeitung	35.5	49.1	48.6	-0.9	2.7	2.7
34	Druckerei/Vervielfältigung	53.5	80.2	80.0	-0.3	3.4	3.4
35	Ledergewerbe	5.3	2.9	2.1	-26.7	-5.0	-7.4
36	Textilindustrie	38.0	42.7	39.2	-8.2	1.0	0.3
37	Bekleidungsindustrie	23.4	29.8	27.7	-7.0	2.0	1.4
38	Ernährungsgewerbe	228.4	264.2	253.3	-4.1	1.2	0.9
39	Getränkeherstellung	39.4	41.0	39.1	-4.6	0.3	-0.1
40	Tabakverarbeitung	24.2	23.0	22.3	-3.2	-0.4	-0.7
41	Bauhauptgewerbe	236.2	263.0	262.3	-0.3	0.9	0.9
42	Ausbaugewerbe	165.0	189.6	187.2	-1.3	1.2	1.1
43	Großhandel	232.2	311.0	311.2	0.1	2.5	2.5
44	Einzelhandel	184.7	208.2	196.2	-5.8	1.0	0.5
45	Eisenbahnen	22.2	30.1	29.4	-2.3	2.6	2.4
46	Schiffahrt/Häfen	21.4	22.5	19.0	-15.7	0.4	-1.0
47	Postdienst/Fernmeldewesen	101.1	178.7	176.3	-1.3	4.9	4.7
48	Speditionen/Fluggesellschaften	195.7	308.2	291.8	-5.3	3.9	3.4
49	Kreditinstitute	205.7	328.2	317.6	-3.2	4.0	3.7
50	Versicherungen	92.7	165.4	158.6	-4.1	4.9	4.6
51	Gebäude-/Wohnungswirtschaft	433.2	580.2	558.2	-3.8	2.5	2.1
52	Gaststätten-/Hotelgewerbe	99.9	129.2	125.9	-2.6	2.2	1.9
53	Wissenschaft/Kultur/Verlage	103.0	173.5	176.3	1.6	4.4	4.6
54	Gesundheits-/Veterinärwesen	110.1	145.2	155.0	6.7	2.3	2.9
55	Sonst. Dienstleistungsgewerbe	684.7	1033.2	1007.4	-2.5	3.5	3.3
56	Gebietskörperschaften	551.0	634.1	565.8	-10.8	1.2	0.2
57	Sozialversicherung	220.4	273.5	280.9	2.7	1.8	2.0
58	Kirchen/Parteien/Vereine	126.6	171.4	164.2	-4.2	2.6	2.2
	Alle Produktionsbereiche	6340.8	8336.4	8067.5	-3.2	2.3	2.0

5.2.5 Die Beschäftigung

Die Beschäftigungssituation in den einzelnen Produktionsbereichen ist von Produktionsvolumen und Arbeitskosten sowie den Jahresarbeitszeiten je Beschäftigten abhängig. Da der Beitragssatz der Arbeitgeber zur Sozialversicherung im Jahr 2010 gegenüber der Basisprognose um über 8 Prozentpunkte niedriger liegt, gehen auch die Arbeitskosten in Abhängigkeit von der Beschäftigungsintensität der Sektoren im Vergleich zur Basisprognose zurück. Die Jahresarbeitszeiten sind wegen der niedrigeren Bruttolöhne geringfügig höher.

Tabelle 48: Beschäftigte Arbeitnehmer nach Produktionsbereichen in der Basisprognose und nach Erhöhung der Mineralölsteuer mit Reduktion der Arbeitgeberbeiträge zur Sozialversicherung - in Tsd. -

		1998	2010			1998 - 2010 Ø jährliche Wachstumsraten	
	Produktionsbereich		Basis	Steuer	Δ in vH	Basis	Steuer
1	Landwirtschaft	221.4	226.7	255.6	12.7	0.2	1.2
9	Chemische Industrie	545.7	579.0	597.8	3.2	0.5	0.8
21	Maschinenbau	1089.5	1190.9	1242.8	4.4	0.7	1.1
23	Straßenfahrzeugbau	747.3	758.4	812.2	7.1	0.1	0.7
26	Elektrotechnik	844.2	727.8	826.7	13.6	-1.2	-0.2
38	Ernährungsgewerbe	659.3	679.5	703.2	3.5	0.3	0.5
41	Bauhauptgewerbe	1428.5	1241.3	1479.4	19.2	-1.2	0.3
42	Ausbaugewerbe	833.3	822.7	949.2	15.4	-0.1	1.1
45	Eisenbahnen	278.3	176.8	185.8	5.1	-3.7	-3.3
46	Schiffahrt/Häfen	37.3	21.0	22.0	4.6	-4.7	-4.3
48	Speditionen/Fluggesellsch.	946.5	1131.6	1077.2	-4.8	1.5	1.1
55	Sonst. Dienstleistungsgew.	2989.8	3511.7	4093.5	16.6	1.3	2.7
56	Gebietskörperschaften	5391.9	5716.6	5693.5	-0.4	0.5	0.5
	Alle Produktionsbereiche	30064.6	32188.9	33672.6	4.6	0.6	0.9

Insgesamt ist die Beschäftigungszunahme mit fast 1.5 Mio. sehr positiv. Nicht nur in den Schlüsselsektoren des Produzierenden Gewerbes der deutschen Volkswirtschaft, sondern auch z. B. im Baugewerbe ist die Zahl der Beschäftigten Arbeitnehmer im Jahr 2010 durch die kompensierte Mineralölsteuererhöhung größer. Ebenso positiv verläuft die Entwicklung in der Landwirtschaft, wo die Substitution menschlicher Arbeitskraft durch Energieeinsatz langsamer vonstatten geht, und im Ernährungsgewerbe. Nur bei Speditionen/Fluggesellschaften ist die Zahl der Beschäftigten niedriger als in der Basisprognose, steigt aber gegenüber 1998 weiter. Das größte Beschäftigungsplus entsteht im Sonstigen Dienstleistungsgewerbe mit etwa einem Drittel der zusätzlichen Arbeitsplätze. Szenariobedingt bleibt die Beschäftigung bei den Gebietskörperschaften fast unverändert. In keinem Produktionsbereich kommt es zu nennenswerten Beschäftigungsverlusten im Vergleich zum Jahr 1998 (vgl. Tabelle 48).

5.2.6 Der Private Verbrauch

Wie reagieren nun die Privaten Haushalte auf die Verteuerung der Treibstoffe? Der Einsatz von Mineralölprodukten ist am deutlichsten rückläufig. Auch die Nachfrage nach einigen stark vom Verfügbaren Einkommen abhängigen Gütergruppen wie Straßenfahrzeuge oder nach verkehrsintensiven Gütergruppen wie Straßen-/Luftverkehrsdienste geht gegenüber der Basisprognose überdurchschnittlich stark zurück. Der Verbrauch anderer Güter ist dagegen kaum rückläufig. Zusammengefaßt sinkt der Private Verbrauch mit 4.7 vH gegenüber der Basisprognose etwas deutlicher als das Bruttoinlandsprodukt, gegenüber 1998 legt er aber Jahr für Jahr um durchschnittlich 1.1 vH zu (vgl. Tabelle 49).

Tabelle 49: Privater Verbrauch nach ausgewählten Gütergruppen in der Basisprognose und nach Erhöhung der Mineralölsteuer mit Reduktion der Arbeitgeberbeiträge zur Sozialversicherung - in Mrd. DM in Preisen von 1991 -

		1998	2010			1998 - 2010 Ø jährliche Wachstumsraten	
	Gütergruppe		Basis	Steuer	Δ in vH	Basis	Steuer
3	Elektrizität/Dampf/Warmwasser	37.2	42.6	42.6	-0.1	1.1	1.1
4	Gase	17.5	26.3	25.9	-1.6	3.5	3.3
10	Mineralölerzeugnisse	50.3	52.5	41.7	-20.7	0.4	-1.5
23	Straßenfahrzeuge	101.8	129.8	119.0	-8.3	2.0	1.3
38	Nahrungsmittel	139.2	141.7	134.8	-4.9	0.1	-0.3
44	Einzelhandel	161.3	177.7	166.1	-6.6	0.8	0.2
48	Straßen-/Luftverkehrsdienste	44.8	56.0	49.9	-10.9	1.9	0.9
51	Gebäude-/Wohnungsnutzung	287.1	327.9	312.0	-4.8	1.1	0.7
	Alle Gütergruppen	1606.1	1921.7	1830.7	-4.7	1.5	1.1

Der Private Konsum in jeweiligen Preisen macht deutlich, welchen Teil ihrer Ausgaben die Privaten Haushalte für den Energieeinsatz leisten (vgl. Tabelle 50). Im Fall der Mineralölsteuer sind es 9.4 vH ihrer gesamten Konsumausgaben, gegenüber 6.3 vH in der Basisprognose. Allein 5.3 vH machen die Ausgaben für Benzin aus.

5.2.7 Der Außenhandel

Der deutsche Außenhandel verändert sich durch die erhöhte Mineralölsteuer kaum. Da die Güterpreise der exportstarken Produktionsbereiche von denen der Basisprognose nur wenig abweichen, bleiben auch die Exporte in Preisen des Jahres 1991 fast unverändert. Deutliche Preissteigerungen gibt es in wenigen Produktionsbereichen, die aber wie Landwirtschaft oder Schiffahrt/Häfen nur begrenzt der ausländischen Konkurrenz ausgesetzt sind.

Tabelle 50: Anteile am Privaten Verbrauch in jeweiligen Preisen nach ausgewählten Gütergruppen und Energieträgern in der Basisprognose und nach Erhöhung der Mineralölsteuer mit Reduktion der Arbeitgeberbeiträge zur Sozialversicherung im Jahr 2010 - in vH -

		1998	2010	
	Gütergruppe (Energieträger)		Basis	Steuer
3	Elektrizität/Dampf/Warmwasser	2.2	2.1	2.0
4	Gase	0.9	1.2	1.2
6	Kohle	0.1	0.2	0.1
10	Mineralölerzeugnisse	3.1	2.8	6.0
	davon: Motorenbenzin	2.5	2.4	5.3
	Dieselkraftstoff	0.3	0.2	0.5
	Leichtes Heizöl	0.3	0.2	0.2
	Alle Energieträger	6.3	6.3	9.4

Auf der Importseite verläuft die Entwicklung ebenfalls ähnlich wie nach Einführung der CO_2-Steuer. Insbesondere die Nachfrage nach ausländischen Straßenfahrzeugen, die stark einkommensabhängig ist, geht gegenüber der Basisprognose zurück. Leicht zulegen können dagegen - auf allerdings niedrigem absoluten Niveau - die Importe landwirtschaftlicher Erzeugnisse. Die aus dem Ausland bezogenen Straßen-/Luftverkehrsdienste gehen gegenüber der Basisprognose weniger stark zurück als die inländische Produktion. Drastische Produktionsverlagerungen ins Ausland lassen sich aber nicht beobachten.

Zum Abschluß ist hier nochmals auf das Problem des Tanktourismus einzugehen, das in der Modellierung nicht erfaßbar ist. Im Fall eines nationalen Alleingangs ist aber zumindest in den grenznahen Regionen mit einer Zunahme von unter Umweltgesichtspunkten unerwünschten Tankfahrten ins Ausland zu rechnen. Ein koordiniertes europäisches Vorgehen könnte diese Probleme verhindern. Auch für die Mineralölsteuererhöhung gilt deshalb, allerdings nicht mit derselben Dringlichkeit wie bei der CO_2-Steuer, daß ein gemeinsames europäisches Vorgehen ein Unterlaufen der Steuerbelastung ausschließen kann.

5.3 Zusammenfassung

Eine schrittweise Erhöhung der Mineralölsteuersätze auf Benzin und Diesel um insgesamt 3.50 DM/Liter bis zum Jahr 2010 läßt sich in PANTA RHEI angemessen abbilden. Wird das gesamte zusätzliche Steueraufkommen zur Senkung der

Arbeitgeberbeiträge zur Sozialversicherung eingesetzt, ergeben sich wie im Fall der CO_2-Steuer die günstigsten gesamtwirtschaftlichen Effekte: Der Wachstumspfad des Bruttoinlandsprodukts schwächt sich leicht von 1.7 vH auf 1.4 vH im Jahresdurchschnitt ab. Gleichzeitig geht die Arbeitslosigkeit wegen der niedrigeren Arbeitskosten um über 1 Mio. zurück. Die Lebenshaltungskosten steigen zusätzlich um 0.5 vH im Jahresdurchschnitt. Die Auswirkungen auf die Luftschadstoffemissionen sind insgesamt geringer als im Fall der CO_2-Steuer. Die CO_2-Emissionen liegen im Jahr 2010 um knapp 8 vH unter dem Niveau der Basisprognose. Und auch die überwiegend verkehrsbedingten NO_x-Emissionen gehen mit 10.5 vH nur unwesentlich stärker zurück.

Somit kann auch eine Erhöhung der Mineralölsteuer bei richtiger Verwendung des Steueraufkommens zu einer *doppelten Dividende* von mehr Beschäftigung bei geringerer Umweltbelastung führen. Allerdings sind trotz des hohen Steueraufkommens weder die Wirkungen auf die CO_2-Emissionen noch auf die spezifischen Umwelteffekte des Straßenverkehrs so groß, daß von einer Lösung der damit verbundenen Umweltprobleme ausgegangen werden kann. Im Vergleich zum Lenkungseffekt der Mineralölsteuer ist der Einnahmeneffekt sehr hoch.

6 Eine weitere Option: CO_2-Zertifikate

Bei einer Umweltsteuer gibt der Staat Preissignale und setzt darauf, daß die Reaktionen der Wirtschaftssubjekte zu einer geringeren Umweltbelastung führen. Bei dem Instrument der Umweltzertifikate ist es umgekehrt: Der Staat gibt die zugelassene Umweltbeeinträchtigung vor und das ökonomische System paßt sich in dezentralen, durch Preismechanismen gesteuerten Prozessen an.

Umweltzertifikate gehen auf Dales (1968) zurück. Der Staat bringt im Umfang der zugelassenen Umweltbeeinträchtigung handelbare Emissionsrechte in Umlauf. Diskutiert werden Versteigerungen (*auctioned permits*) oder eine freie Vergabe an die Altemittenten (*grandfathering*) (vgl. zu den einzelnen Varianten z. B. Endres 1994, S. 106ff; Cansier 1996, S. 187ff). Auf dem Zertifikatsmarkt stellt sich dann ein markträumender Preis ein.

Zertifikatslösungen werden in von der theoretischen Konzeption stark abgewandelter Form in den USA in der praktischen Umweltpolitik bereits seit langem angewendet (vgl. Tietenberg 1985, S. 113ff; Endres/Schwarze 1994, S. 19ff; Weimann 1995, S. 246ff). Ein Konzept für die Bundesrepublik Deutschland wurde von Heister/Michaelis (1991) ausgearbeitet.

6.1 Die Auswahl des Zertifikatstyps

Zertifikate stellen Eigentumsrechte dar. In der Form der hier gewählten handelbaren Emissionsrechte verbrieft der Staat das Recht, eine Einheit des genannten Schadstoffes auszustoßen. Die Gesamtsumme der Emissionszertifikate und damit die Gesamtmenge der Emissionen legt der Staat fest.

Einigkeit besteht in allen Vorschlägen für Systeme handelbarer Emissionsrechte über die Bedeutung eines funktionierenden Marktes. In die Preisbildung fließt das dezentral vorhandene Wissen der Marktteilnehmer ein, so daß die vorgegebene Gesamtemissionsmenge kosteneffizient erreicht wird. Jeder Marktteilnehmer prüft, ob sich beim Zertifikatspreis die Vermeidung von Emissionen entsprechend den eigenen Grenzvermeidungskosten lohnt oder nicht (Lutz 1998, S. 145).

Umstritten ist insbesondere das Ausgabeverfahren der Emissionszertifikate. Zum einen kann der Staat die Emissionsrechte wiederkehrend meistbietend versteigern. Dieses Ausgabeverfahren wird im folgenden als *Auktionsvariante* bezeichnet. Es wird von Bonus (1981), Heister/Michaelis (1991), Maier-Rigaud (1994), Scheelhase (1994, S. 237) und anderen bevorzugt. Eine weitere Möglichkeit ist die von Binswanger (1980; 1981) vorgeschlagene freie Ausgabe an die Altemittenten entsprechend den Emissionen einer Basisperiode. Diese Variante wird als *grandfathering* bezeichnet und zum Beispiel von Cansier (1991, S. 63ff), Krendlesberger (1996) und mit geringfügigen Modifikationen auch von Kabelitz (1981, S. 330ff) bevorzugt. Im ersten Fall erzielt der Staat zusätzliche Einnahmen, während im zweiten Fall die Altemittenten profitieren.

In der *Auktionsvariante* werden von einer der Bundesbank vergleichbaren Zertifikatsbehörde die Emissionsscheine versteigert. Sie können innerhalb einer Periode (in der Regel innerhalb eines Jahres) im Staatsgebiet regional unbegrenzt eingesetzt werden. Die jährliche Gesamtemissionsmenge wird als Ziel politisch vorgegeben und von der Zertifikatsbehörde über Mechanismen feingesteuert, die den traditionellen Instrumenten der Geldpolitik wie Offenmarkt- und Diskontpolitik entsprechen. Der Zertifikatshandel könnte an einer deutschen Börse unter Ausnutzung aller dort üblichen Verfahren und derivativen Instrumente erfolgen (Heister/Michaelis 1991, S. 110ff). Brennstoffexporte und der nichtenergetische Verbrauch von Brennstoffen sind von der Zertifikatspflicht ausgenommen.

Die *Auktionsvariante* wurde mit dem Modell PANTA RHEI I für CO_2 (Meyer/Ewerhart 1998) und mit dem Modell PANTA RHEI II für CO_2, NO_x und SO_2 (Lutz 1998, S. 161ff) bereits umfassend behandelt. Dabei wurde festgestellt, daß sich die Ergebnisse kaum von denen der simulierten Steuer unterscheiden (Meyer/Bockermann/Ewerhart/Lutz 1998, S. 60). Es wird somit deutlich, daß in der *Auktionsvariante* der Zertifikatspreis dem Steuersatz für eine vorgegebene Emissionsmenge entspricht oder anders formuliert: Man setzt einen den Zertifikatsmarkt räumenden Steuersatz. Aus diesen Gründen wird auf eine weitere Darstellung dieser Variante verzichtet.

Beim *grandfathering* werden die Zertifikate vom Staat gratis an die Altemittenten ausgegeben. Diese freie Vergabe garantiert den Bestandsschutz der bestehenden Anlagen. Die Altemittenten - vor allem diejenigen, die bisher wenig in emissionssparende Techniken investiert haben - werden begünstigt. Zwar kann diese Bevorzugung zur Finanzierung von Emissionseinsparmaßnahmen möglicherweise erwünscht sein (Kemper 1989, S. 48), mit Sicherheit kommt es aber zu einer Diskriminierung neuer Anlagen bzw. Unternehmen. Außerdem bestehen Anreize für alle Emittenten, in der letzten Periode vor der Ausgabe möglichst viel zu emittieren beziehungsweise überhöhte Angaben zur Emissionsmenge zu machen (Siebert 1995, S. 139).

Beim *grandfathering* ist sowohl eine Zertifikatspflicht der Anbieter von fossilen Brennstoffen als auch eine Zertifikatspflicht der Nachfrager, den Verursachern von CO_2-Emissionen, denkbar. Mit PANTA RHEI III wurden beide Varianten modelliert.

Bei den Ergebnissen der Modellierung der *Zertifikatspflicht der Anbieter* - also der Importeure und der Produzenten fossiler Brennstoffe - wird sehr deutlich, daß aufgrund des Besitzstandsprinzips alte Angebotsstrukturen konserviert werden. Die Anbieter fossiler Energie erhalten die Eigentumsrechte an dem bislang unentgeltlich genutzten Naturvermögen. Damit wird die Produktion der emissionsreichen Energieträger massiv begünstigt wird und die der emissionsarmen entsprechend behindert. So ist z. B. wegen des CO_2-Gehalts durch die Einführung des Zertifikatsmarktes die Preissteigerung von Kohle deutlich höher als bei Gasen, wodurch wesentlich weniger Kohle eingesetzt wird. Somit wird der Kohlenbergbau zum Verkäufer von Zertifikaten. Aufgrund des relativen Mehreinsatzes von Gasen wird die Gasversorgung zum Zertifikatskäufer. Dies hat zur Konsequenz, daß der Kohlenbergbau zwar immer weniger produziert, aber aufgrund des Zertifikatsverkaufs sehr hohe Gewinne beziehungsweise Renteneinkommen erzielen kann. Ein umgekehrtes Ergebnis stellt sich in der Gasversorgung ein.

Ein weiteres Problem dieser Variante sieht Maier-Rigaud (1994, S. 95) darin, daß die durch einen Zertifikatsverkauf anfallenden Erlöse nicht den Emittenten zufallen, sondern den Anbietern von Brennstoffen. Die Emittenten könnten mit den Erlösen Emissionsvermeidungsmaßnahmen durchführen, wogegen die Anbieter von Brennstoffen daran kein Interesse haben werden.

In dieser Studie wird statt dessen die *Zertifikatspflicht der Nachfrager* in Verbindung mit dem *grandfathering* modelliert. Dabei wird von einer Identität von Emittenten und Teilnehmern am Zertifikatsmarkt ausgegangen. Somit unterliegen die Nachfrager von emissionsrelevanter Energie der Zertifikatspflicht. Eine ähnliche Variante wurde von Conrad/Wang (1994) im Rahmen eines allgemeinen Gleichgewichtsmodells simuliert.

Im einzelnen wird dabei für die Modellierung mit PANTA RHEI III folgendes unterstellt:

- Zertifikatspflichtig sind die Verbraucher fossiler Energieträger für die bei der Verbrennung der Energieträger anfallenden Emissionen. Energieexporte und der nichtenergetische Verbrauch von Energieträgern bleiben unbelastet.
- Die Zertifikatskosten belasten die Stückkosten der Verbraucher fossiler Energieträger, Zertifikatserlöse mindern diese. Bei den Privaten Haushalten stellen die Zertifikatskäufe eine weitere Ausgabenkategorie dar, wogegen Zertifikatsverkäufe mit umgekehrtem Vorzeichen in diese Kategorie eingehen.
- Die Zertifikate werden nach der Methode des *grandfathering* gemäß der Verteilung einer Basisperiode einmalig an die Energieverbraucher aufgeteilt. Für den Staat ergeben sich daraus keine Einnahmen. Folglich ergeben sich im Gegensatz zu den Steuervarianten kein Aufkommen und keine Kompensationszahlungen.
- Eine Erhöhung von Emissionen in der Basisperiode vor der Einführung von Zertifikaten findet nicht statt.
- Das mit jedem Papier verbundene Emissionsrecht reduziert sich von Periode zu Periode.
- Spekulationen mit Zertifikaten werden bei den Simulationen nicht berücksichtigt.
- Zusätzliche Elektrizitätsimporte gegenüber der Basisprognose sind nicht zugelassen. Denn dann wäre ein Unterlaufen des Konzepts durch Stromlieferungen aus dem benachbarten Ausland sehr einfach möglich, da Emissionen im Ausland nicht belastet werden.

Die Details dieser Modellierung werden im folgenden Abschnitt dargestellt.

6.2 Die Modellierung des Grandfathering-Konzeptes

Kern der *grandfathering-Modellierung* ist die Ausstattung aller Emittenten mit einem Anfangsbestand an handelbaren Verschmutzungsrechten. Der Wert dieses Anfangsbestandes - gemessen in Tonnen CO_2-Emissionen - verringert sich dann im Zeitablauf, um ein vorgegebenes Reduktionsziel zu erreichen. Damit ist das jährlich sinkende *gesamtwirtschaftliche Angebot* an Zertifikaten bestimmt. Jede einzelne Wirtschaftseinheit (Produktionsbereiche oder die Privaten Haushalte) kann nun Anbieter oder Nachfrager auf diesem Zertifikatsmarkt sein. Dies wird als *sektorales Angebot* oder *sektorale Nachfrage* bezeichnet. Sie hängen davon ab, ob der sektorale Jahresanfangsbestand einer Wirtschaftseinheit mit Zertifikaten größer oder kleiner als die CO_2-Emissionen sind, die die Wirtschaftseinheit verursacht.

Jede Wirtschaftseinheit wird neben dem Marktpreis für die Energieträger für ihre Dispositionen kalkulatorische Preise für die verschiedenen Energieträger berechnen, die sich um die anteiligen Kosten beziehungsweise Erträge für den Kauf oder Verkauf von Zertifikaten von den Marktpreisen unterscheiden. Diese kalkulatorischen Aufschläge enthalten neben den kassenrelevanten Größen auch die Opportunitätskosten des Haltens von Zertifikaten.

Der Zertifikatspreis wird dann in jedem Jahr iterativ bestimmt, bis die durch die Nachfragedispositionen bestimmten CO_2-Emissionen schließlich der Vorgabe der gesamten CO_2-Emissionen - also dem Angebot - für das Jahr entsprechen. Um die Darstellung des iterativen Verfahrens zu verdeutlichen, wird der Iterationsindex $\tau = 1, \dots, T$ eingeführt. Er wird jedoch nur bei den Variablen notiert, deren Wert sich im Laufe des Iterationsprozesses ändert.

Es werden im Jahr 1999 einmalig von einer Zertifikatsbehörde gratis Lizenzen ausgegeben, die zur Emission von 834 Mio. t CO_2 berechtigen. Diese ursprüngliche Zertifikatsausstattung entspricht 98 vH der CO_2-Emissionen des vorhergehenden Jahres. Somit erhält jede Wirtschaftseinheit gemäß dem *grandfathering*-Prinzip im Jahr 1999 Zertifikate in Höhe von 98 vH ihrer CO_2-Emissionen des Jahres 1998. Diese Zertifikate unterliegen einer jährlichen linearen Minderung der mit dem Papier verbundenen CO_2-Emissionsrechte. So sinken die Emissionsrechte bis zum Jahr 2010 auf insgesamt 750 Mio. t CO_2. Dieses entspricht etwa einer jährlichen Verminderung von 1.1 vH der gesamten CO_2-Emissionen.

Formal wird der sektorale Jahresanfangsbestand an Zertifikaten eines Produktionsbereichs wie folgt festgelegt:

$$zecg_j(t) = \frac{\overline{ZMC(t)}}{ECOZ(t-1)} \cdot ecog_j(t-1), \qquad j = 1, \dots, 58. \qquad \text{(Z1)}$$

$zecg_j$	Jahresanfangsbestand an Zertifikaten, Produktionsbereich j
ZMC	Gesamtwirtschaftliches Angebot an Zertifikaten
$ECOZ$	CO_2-Emissionen, insgesamt
$ecog_j$	CO_2-Emissionen, Produktionsbereich j

Dabei ändert sich der sektorale Jahresanfangsbestand an Zertifikaten der Produktionsbereiche im Verlauf der Iterationen nicht. In gleicher Weise wird der sektorale

Jahresanfangsbestand der auf die Privaten Haushalte entfallenden Zertifikate bestimmt:

$$ZECK(t) = \frac{\overline{ZMC(t)}}{ECOZ(t-1)} \cdot ECOK(t-1). \qquad \text{(Z2)}$$

ZECK	Jahresanfangsbestand an Zertifikaten, Private Haushalte
ZMC	Gesamtwirtschaftliches Angebot an Zertifikaten
ECOZ	CO_2-Emissionen, insgesamt
ECOK	CO_2-Emissionen, Private Haushalte

Auch der sektorale Jahresanfangsbestand an Zertifikaten der Privaten Haushalte bleibt im Verlauf eines Jahres über die Iterationen konstant.

Aufgrund der Minderung der mit jedem Zertifikat verbundenen CO_2-Emissionsrechte und den zu Beginn des Iterationsprozesses unverminderten CO_2-Emissionen eines Produktionsbereichs ergibt sich ein Nachfrageüberschuß nach CO_2-Zertifikaten. Dieser ist als Differenz zwischen den benötigten Verschmutzungsrechten eines Produktionsbereichs und dem von diesem Produktionsbereich gehaltenen sektoralen Jahresanfangsbestand an Zertifikaten definiert:

$$zdcg_j(t,\tau) = ecog_j(t,\tau) - zecg_j(t), \qquad j = 1, \dots, 58. \qquad \text{(Z3)}$$

Analog geschieht diese Berechnung für die Privaten Haushalte:

$$ZDCK(t,\tau) = ECOK(t,\tau) - ZECK(t). \qquad \text{(Z4)}$$

$zdcg_j$	Nachfrageüberschuß nach Zertifikaten, Produktionsbereich *j*
$ecog_j$	CO_2-Emissionen, Produktionsbereich *j*
$zecg_j$	Jahresanfangsbestand an Zertifikaten, Produktionsbereich *j*
ZDCK	Nachfrageüberschuß der Privaten Haushalte nach Zertifikaten
ECOK	CO_2-Emissionen, Private Haushalte
ZECK	Jahresanfangsbestand an Zertifikaten, Private Haushalte

Zu Beginn des Zertifikatshandels besteht in der Regel sowohl eine gesamtwirtschaftliche als auch eine sektorale Nachfragelücke nach Zertifikaten. Die Variablen *zdcg* und *ZDCK* sind während des Zertifikatshandels - also über die Iterationen - als Angebot und Nachfrage der Sektoren an Zertifikaten und nach Handelsschluß in der letzten Iteration als sektorale Käufe und Verkäufe an Zertifikaten zu interpretieren.

Der *Zertifikatspreis* wird über das gesamtwirtschaftliche Angebot und die gesamtwirtschaftliche Nachfrage berechnet. Das gesamtwirtschaftliche Angebot an Zertifikaten ist exogen vorgegeben. Die gesamtwirtschaftliche Nachfrage nach Zertifikaten ergibt sich aus den aggregierten CO_2-Emissionen der Produktionsbereiche und der Privaten Haushalte.

Der Zertifikatspreis wird unter der Vorgabe eines Startwertes iterativ bis zum Ausgleich von Angebot und Nachfrage bestimmt. Sind die gesamten CO_2-Emissionen höher als das exogen vorgegebene gesamtwirtschaftliche Angebot an Zertifikaten, besteht gesamtwirtschaftlich eine Nachfragelücke. In diesem Fall wird der Zertifikatspreis erhöht. Bei einem Angebotsüberschuß wird der Zertifikatspreis gesenkt. In beiden Fällen ist die Abweichung zwischen den gesamten CO_2-Emissionen und dem gesamtwirtschaftlichen Zertifikatsangebot relativ zum gesamtwirtschaftlichen Zertifikatsangebot der Maßstab, mit dem der Zertifikatspreis gesenkt oder erhöht wird. Der Parameter μ ist eine Stellgröße, mit der die Lösungsgeschwindigkeit und somit die notwendige Anzahl der Iterationen bestimmt wird, um zu dem Gleichgewichtspreis der Zertifikate zu kommen. Somit wird der Zertifikatspreis berechnet als:

$$ZPC(t,\tau) = ZPC(t,\tau-1) \cdot \left(1 + \left(\mu \cdot \frac{ECOZ(t,\tau) - \overline{ZMC(t)}}{\overline{ZMC(t)}}\right)\right). \tag{Z5}$$

ZPC	Zertifikatspreis je Tonne CO_2
ZMC	Gesamtwirtschaftliches Angebot an Zertifikaten
$ECOZ$	CO_2-Emissionen, insgesamt
μ	Stellgröße

Anhand dieser Formel ist auch das *Abbruchkriterium* für die Iterationen leicht zu erklären. Der Iterationsprozeß wird beendet, wenn die prozentuale Abweichung zwischen den gegebenen Zertifikaten und den gesamten Emissionen - absolut betrachtet - einen gegebenen Wert ε nicht mehr übersteigt:

$$\left| \frac{ECOZ(t,\tau) - \overline{ZMC(t)}}{\overline{ZMC(t)}} \right| \leq \varepsilon. \tag{Z6}$$

$ECOZ$	CO_2-Emissionen, insgesamt
ZMC	Gesamtwirtschaftliches Angebot an Zertifikaten
ε	Grenzwert

Die sektoralen Zertifikatskosten werden in *kassenrelevante Kosten* und *Opportunitätskosten* unterschieden. Die *kassenrelevanten Zertifikatskosten* beziehungsweise die *Zertifikatserlöse* in den Produktionsbereichen ergeben sich durch Multiplikation des Zertifikatspreises mit den sektoralen Nachfrageüberschüssen nach Zertifikaten:

$$zkg_j(t,\tau) = ZPC(t,\tau) \cdot zdcg_j(t,\tau), \qquad j = 1, \ldots, 58. \tag{Z7}$$

Für die Privaten Haushalte wird dies analog durchgeführt:

$$ZKGK(t,\tau) = ZPC(t,\tau) \cdot ZDCK(t,\tau). \tag{Z8}$$

zkg_j	Zertifikatskosten beziehungsweise Zertifikatserlose, Produktionsbereich j
ZPC	Zertifikatspreis je Tonne CO_2
$zdcg_j$	Nachfrageüberschuß nach Zertifikaten, Produktionsbereich j
$ZKGK$	Zertifikatskosten beziehungsweise Zertifikatserlöse der Privaten Haushalte
$ZDCK$	Nachfrageüberschuß der Privaten Haushalte nach Zertifikaten

Die kassenrelevanten Zertifikatskosten beziehungsweise Zertifikatserlöse vermindern beziehungsweise erhöhen die Einkommen aus Unternehmertätigkeit und Vermögen der Produktionsbereiche. Diese werden dann nicht mehr über (252) bestimmt, sondern ergeben sich aus:

$$gg_j^Z(t,\tau) = bwg_j(t,\tau) - dg_j(t,\tau) - lg_j(t,\tau) - zkg_j(t,\tau), \qquad j = 1, \ldots, 58. \tag{Z9}$$

gg_j^Z	Einkommen aus Unternehmertätigkeit und Vermögen in jew. Pr., PB j
bwg_j	Bruttowertschöpfung in jeweiligen Preisen, Produktionsbereich j

dg_j	Abschreibungen in jeweiligen Preisen, Produktionsbereich *j*
lg_j	Einkommen aus unselbständiger Arbeit in jeweiligen Preisen, PB *j*
zkg_j	Zertifikatskosten beziehungsweise Zertifikatserlöse, Produktionsbereich *j*

Die geänderten Einkommen aus Unternehmertätigkeit und Vermögen verändern anschließend die Stückkosten der Produktionsbereiche über (254). Diese gehen dann wie üblich in die Preise und somit letztlich in alle Modellvariablen ein. Bei den Privaten Haushalten stellen die kassenrelevanten Zertifikatskosten einen weitere Kategorie des gesamten Konsums dar.

Das gesamtwirtschaftliche Angebot an Zertifikaten ist in (Z5) für jede Periode vorgegeben. Um zu einem Gleichgewicht von Zertifikatsangebot und -nachfrage zu kommen, muß es zu einer Verminderung der gesamtwirtschaftliche Zertifikatsnachfrage, also den gesamten CO_2-Emissionen kommen. Dieser Rückgang der gesamtwirtschaftlichen Nachfrage erfolgt über die Verringerung der sektoralen Nachfrage nach Zertifikaten beziehungsweise des damit verbundenen emissionsrelevanten Energieverbrauchs, der von relativen Preisen abhängig ist. Das heißt, die Relativpreisverhältnisse - insbesondere die Energiepreise - müssen sich verändern.

Auf der Nachfrageseite des Zertifikatsmarktes wird unterstellt, daß die Wirtschaftssubjekte die *Kosten des Energieverbrauchs* vollständig dem jeweiligen Energieträger anlasten: Es werden deshalb kalkulatorische Preise für die Energieträger eingeführt, die auch die Basis der Energienachfragedispositionen der Wirtschaftssubjekte sind. Diese kalkulatorischen Preise enthalten gegenüber den Marktpreisen einen Aufschlag, der den anteiligen Wert der für diesen Energieträger benötigten Zertifikate berücksichtigt.

Diese Kosten sind einerseits tatsächlich anfallende kassenrelevante Zertifikatskosten beziehungsweise -erlöse für die zu kaufenden oder zu verkaufenden Zertifikate entsprechend (Z7). Auf der anderen Seite sind dies die Opportunitätskosten für die gehaltenen, nicht verkauften Zertifikate (Cansier 1996, S. 193). Zusammen ergeben sie die gesamten sektoralen Zertifikatskosten der Produktionsbereiche:

$$ZPC(t,\tau)\cdot ecog_j(t,\tau) = ZPC(t,\tau)\cdot\left(zdcg_j(t,\tau) + zecg_j(t)\right), \quad j = 1, \ldots, 58. \qquad (Z10)$$

Für die Privaten Haushalte ergeben sich die sektoralen Zertifikatskosten analog:

$$ZPC(t,\tau)\cdot ECOK(t,\tau) = ZPC(t,\tau)\cdot\left(ZDCK(t,\tau) + ZECK(t)\right). \qquad (Z11)$$

ZPC	Zertifikatspreis je Tonne CO_2
$ecog_j$	CO_2-Emissionen, Produktionsbereich *j*
$zdcg_j$	Nachfrageüberschuß nach Zertifikaten, Produktionsbereich *j*
$zecg_j$	Jahresanfangsbestand an Zertifikaten, Produktionsbereich *j*
$ECOK$	CO_2-Emissionen, Private Haushalte
$ZDCK$	Nachfrageüberschuß der Privaten Haushalte nach Zertifikaten
$ZECK$	Jahresanfangsbestand an Zertifikaten der Privaten Haushalte

Die Kosten variieren über die 58 Produktionsbereiche und die Privaten Haushalte, aber auch über die 29 Energieträger. Unter Berücksichtigung dieser Kosten läßt sich somit eine Matrix von kalkulatorischen Energiepreisen berechnen. Diese ergibt sich aus den Energiepreisen und einem multiplikativen Aufschlag.

Dieser Aufschlag für die Produktionsbereiche ist von den Zertifikatskosten - also der mit dem Zertifikatspreis multiplizierten Anzahl der sektoral benötigten Zertifikate - abhängig. Weil grundsätzlich davon auszugehen ist, daß die Zertifikatskosten - kassenrelevante Kosten plus Opportunitätskosten - von den Wirtschaftssubjekten genau so wie Energiekosten in die Kalkulation eingebracht werden, steigen die kalkulatorischen Preise im Verhältnis von Zertifikatskosten zu den gesamten Energiekosten eines Produktionsbereichs.

Ein Gewichtungsfaktor spiegelt dabei den unterschiedlichen CO_2-Gehalt der Energieträger wider. Er setzt sich zusammen aus dem konstanten CO_2-Emissionsfaktor eines Energieträger dividiert durch den durchschnittlichen Emissionsfaktor aller Energieträger eines Produktionsbereichs. Dementsprechend liegt dieser Gewichtungsfaktor in der Nähe von eins. Für den Energieträger Steinkohle ist der Gewichtungsfaktor überdurchschnittlich groß und für Verteilte Gase ist er kleiner als eins. Es besteht also auch eine Variation der kalkulatorischen Preise über die Energieträger.

Für die 58 Produktionsbereiche und die 29 Energieträger wird die Matrix der kalkulatorischen Energievorleistungspreise somit berechnet mittels:

$$PENK_{lj}(t,\tau) = pvge_l(t,\tau) \cdot \left(1 + \left(\overline{GFCO_{lj}(1991)} \cdot \frac{ZPC(t,\tau) \cdot ecog_j(t,\tau)}{enng_j(t,\tau)} \right) \right),$$

$$j = 1, \dots, 58 \text{ und } l = 1, \dots, 29. \qquad \text{(Z12)}$$

Analog werden die kalkulatorischen Konsumenergiepreise berechnet:

$$PENK_{l,60}(t,\tau) = pcge_l(t,\tau) \cdot \left(1 + \left(\overline{GFCO_{l,60}(1991)} \cdot \frac{ZPC(t,\tau) \cdot ECOK(t,\tau)}{ECPN(t,\tau)} \right) \right),$$

$$l = 1, \dots, 29, \qquad \text{(Z13)}$$

mit: $$\overline{GFCO_{lj}(1991)} = \frac{\overline{FCO_{lj}(1991)}}{\overline{FCO_{30,j}(1991)}}, \quad j = 1, \dots, 58, 60 \text{ und } l = 1, \dots, 29.$$

$PENK_{lj}$	Kalkulatorischer Preis, Energieträger l im Produktionsbereich j
$pvge_l$	Preisindex Vorleistungslieferungen, Energieträger l
$GFCO_{lj}$	Gewichtungsfaktor, Energieträger l im Produktionsbereich j
ZPC	Zertifikatspreis je Tonne CO_2
$ecog_j$	CO_2-Emissionen, Produktionsbereich j
$enng_j$	Energievorleistungsnachfrage in jeweiligen Preisen, PB j
FCO_{lj}	CO_2-Emissionsfaktor, Energieträger l im Produktionsbereich j
$FCO_{30,j}$	Durchschnittlicher CO_2-Emissionsfaktor, über alle Energieträger, PB j
$PENK_{l,60}$	Kalkulatorischer Preis, Energieträger l in den Privaten Haushalten
$pcge_l$	Preisindex Privater Verbrauch, Energieträger l
$GFCO_{l,60}$	Gewichtungsfaktor, Energieträger l in den Privaten Haushalten
$ECOK$	CO_2-Emissionen, Private Haushalte
$ECPN$	Privater Verbrauch in jeweiligen Preisen, alle Energieträger
$FCO_{l,60}$	CO_2-Emissionsfaktor, Energieträger l in den Privaten Haushalten
$FCO_{30,60}$	Durchschnittlicher CO_2-Emissionsfaktor, über alle ET, Private Haushalte

Da in einige Energieinputkoeffizienten die verzögerten Relativpreise als erklärende Variablen eingehen, werden auch die kalkulatorischen Energiepreise des Vorjahres auf die oben beschriebene Art bestimmt.

Die kalkulatorischen Energiekonsumpreise gehen nun anstelle der Marktpreise in die Berechnung der Energienachfrage und damit der Energiekonsumquoten in (37) ein. Die nachfolgende Bewertung der Konsumausgaben für Energie in jeweiligen Preisen in (44) erfolgt mit den Marktpreisen. An der Berechnung der übrigen Größen der Endnachfrage wird keine Veränderung vorgenommen.

Nach der Bestimmung der gesamten Endnachfrage werden die Energieinputkoeffizienten in Preisen von 1991 über (134) berechnet. Auch in deren Berechnung gehen jetzt anstelle der Energievorleistungspreise die kalkulatorischen Energievorleistungspreise ein. Die Berechnung der Energieinputkoeffizienten in jeweiligen Preisen über (135) erfolgt wiederum mit den Marktpreisen. Diese fließen dann wie üblich durch Aggregation in die Berechnung der Inputkoeffizienten in jeweiligen Preisen der Energie-Produktionsbereiche ein.

6.3 Ergebnisse

Die kalkulatorischen Energiepreise geraten in der Zertifikatssimulation sehr viel stärker in Bewegung als die Marktpreise in der Steuersimulation. Somit wird in der Zertifikatssimulation der durch die Nachfrageelastizitäten gegebene Substitutionsspielraum zwischen den Energieträgern stärker ausgeschöpft und der Energieverbrauch insgesamt stärker eingeschränkt als in der Steuersimulation.

Im Überblick ist festzustellen, daß die Einführung der CO_2-Zertifikate im Hinblick auf die gesamtwirtschaftlichen Größen fast neutral ist. Die Ursache liegt darin, daß die kalkulatorischen Preise und nicht die Marktpreise die Allokation steuern und somit die dämpfenden Wirkungen des Liquiditätsentzugs im Vergleich zur Steuervariante ausbleiben.

6.3.1 Die gesamtwirtschaftliche Entwicklung

Die Einführung der CO_2-Zertifikate hat eine geringfügig positive Wirkung auf das Bruttoinlandsprodukt, das nach Tabelle 51 im Jahr 2010 um 0.4 vH höher ist als in der Basisprognose. In absoluten Werten sind dies 15.9 Mrd. DM im Jahr 2010. Insgesamt steigt das Bruttoinlandsprodukt in der Basisprognose um 1.73 vH und in der Zertifikatssimulation um 1.76 vH jährlich. [1]

Der positive Effekt auf das Bruttoinlandsprodukt ist auf den Staatsverbrauch und den Außenhandel zurückzuführen. Zwar verändert sich die Ausfuhr nicht, aber die Einfuhr geht mit 1.1 vH deutlich zurück, weil die Energieimporte mit dem verringerten Energieverbrauch sinken. Damit steigt der Außenhandelsüberschuß gegenüber der Basisprognose um 7.4 vH im Jahr bzw. absolut um 15.1 Mrd. DM.

[1] Die in Abschnitt 6.2 beschriebenen Änderungen des Modells zur Einbeziehung des CO_2-Zertifikatsmarktes haben bei der Basisprognose aus technischen Gründen eine geringfügige Änderung der Modellstruktur erfordert. Dies erklärt die marginalen Abweichungen zu der in Kapitel 3 dargestellten und in den Kapiteln 4 und 5 verwendeten Basisprognose.

Diese Summe entspricht fast der Veränderung des Bruttoinlandsprodukts. Bei der Betrachtung der anderen Komponenten des Bruttoinlandsprodukts stellt sich heraus, daß die Einführung der Zertifikate kaum Einfluß hat.

Tabelle 51: Das Bruttoinlandsprodukt und seine Komponenten in der Basisprognose und nach Einführung der CO_2-Zertifikate - in Mrd. DM in Preisen von 1991 -

	1998	2010			1998 - 2010 ∅ jährliche Wachstumsraten	
		Basis	Zerti	Δ in vH	Basis	Zerti
Bruttoinlandsprodukt	3190.1	3918.1	3934.0	0.4	1.7	1.8
Privater Verbrauch	1777.2	2136.4	2135.8	0.0	1.5	1.5
Staatsverbrauch	631.3	726.7	730.1	0.5	1.2	1.2
Ausrüstungen	276.3	372.2	370.9	-0.4	2.5	2.5
Bauten	408.7	450.7	450.3	-0.1	0.8	0.8
Vorratsveränderung	32.1	28.8	28.6	-0.8	-0.9	-1.0
Ausfuhr	938.5	1506.1	1506.2	0.0	4.0	4.0
Einfuhr	874.0	1302.8	1287.8	-1.1	3.4	3.3

Aus Tabelle 52 ist zu entnehmen, daß durch diese Politikvariante gegenüber der Basisprognose keine neuen Arbeitsplätze geschaffen werden. Durch Einführung der Zertifikate gibt es sogar 0.4 vH weniger Beschäftigte als in der Basisprognose. Somit geht der Abbau der Arbeitslosigkeit bis zum Jahr 2010 etwas langsamer vonstatten.

Auch auf den Preisindex der Lebenshaltung hat die Einführung der CO_2-Zertifikate nur einen geringen Einfluß. Im Jahr 2010 ist dieser Preisindex in der Zertifikatssimulation um 0.2 vH niedriger als in der Basisprognose. Auf die Staatsquote, die Lohnquote und das Verfügbare Einkommen der Privaten Haushalte wirkt sich die Einführung der Zertifikate ebenfalls kaum aus.

Die Nettoneuverschuldung geht in der Zertifikatsvariante ebenfalls deutlich zurück. Das Defizit verringert sich in beiden Berechnungen von 124.9 Mrd. DM im Jahr 1998 deutlich. In der Basisprognose sinkt es auf 16.7 Mrd. DM und in der Zertifikatssimulation auf 24.0 Mrd. DM im Jahr 2010.

Die CO_2-Emissionen gehen entsprechend dem vorgegebenen Emissionspfad auf 749.9 Mio. Tonnen zurück. Sie liegen damit 12 vH unter dem Niveau von 1998 und 25 vH unter dem Niveau von 1990.

Wegen des dadurch verringerten und veränderten Brennstoffeinsatzes sinken die NO_x-Emissionen im Jahr 2010 auf 1.71 Mio. Tonnen und sind damit 15.6 vH niedriger als in der Basisprognose. Bei den SO_2-Emissionen beträgt der entsprechende Absolutbetrag 618.7 Tsd. Tonnen und die relative Minderung 17.3 vH im Jahr 2010.

Tabelle 52: Ausgewählte gesamtwirtschaftliche Größen in der Basisprognose und nach Einführung der CO_2-Zertifikate

	1998	2010			1998 - 2010 ∅ jährliche Wachstumsraten	
		Basis	Zerti	Δ in vH	Basis	Zerti
Bruttoinlandsprodukt (Mrd. DM in Preisen von 1991)	3190.1	3918.1	3934.0	0.4	1.7	1.8
Beschäftigte Arbeitnehmer (Mio.)	30.1	32.2	32.1	-0.4	0.6	0.5
Arbeitslose (Mio.)	4.6	3.3	3.4	2.8	-2.6	-2.4
Preisindex der Lebenshaltung (1991 = 100)	121.6	156.7	156.4	-0.2	2.1	2.1
Staatsquote (vH)	50.2	46.0	46.0	—	—	—
Lohnquote (vH)	70.6	69.0	69.1	—	—	—
Verfügbares Einkommen der Privaten Haushalte (Mrd. DM in Preisen von 1991)	2030.2	2329.0	2331.2	0.1	1.2	1.2
Finanzierungssaldo des Staates (Mrd. DM)	-124.9	-16.7	-24.0	—	—	—
CO_2-Emissionen (Mio. t)	850.8	881.2	749.9	-14.9	0.3	-1.0
NO_x-Emissionen (Tsd. t)	2176.3	2025.6	1709.6	-15.6	-0.6	-2.0
SO_2-Emissionen (Tsd. t)	840.0	748.5	618.7	-17.3	-1.0	-2.5
Zertifikatspreis pro Tonne CO_2-Emissionen (DM)	—	—	1833.2	—	—	—

6.3.2 Der Zertifikatshandel

Der Preis für ein Zertifikat, das zur Emission einer Tonne CO_2 berechtigt, beträgt 1833.20 DM im Jahr 2010 (vgl. Tabelle 52 und Abbildung 31). Dieser hohe Preis mag im ersten Moment etwas verwundern, da in der Steuersimulation[2] das Emissionsziel von 750 Mio. t bereits mit einem Steuersatz von 230 DM/t nahezu erreicht wird. Mit diesem Steuersatz werden jedoch alle CO_2-Emissionen belastet, wogegen der Zertifikatspreis nur die gehandelten Zertifikate betrifft. Das aus den Modellrechnungen resultierende Handelsvolumen beträgt im Jahr 2010 jedoch nur 4.33 Mio. Zertifikate - also 4.33 Mio. t CO_2 (vgl. Tabelle 53). Dies sind weniger als 0.58 vH des gesamten CO_2-Ausstoßes. Es wird somit nochmals deutlich, daß sich der Zertifikatspreis aus dem intersektoralen Handel mit CO_2 ergibt. Der intrasektorale Handel innerhalb der Sektoren des Modells wird gar nicht erfaßt. Dagegen ist die CO_2-Steuer auf alle CO_2-Emissionen zu entrichten.

---

[2] Wenn in diesem Kapitel von Steuersimulationen gesprochen wird, sind immer die CO_2-Steuersimulationen aus Kapitel 4 gemeint. Ist von *der* Steuersimulation die Rede, bezieht sich dies auf die CO_2-Steuersimulation mit Kompensation der Arbeitgeberbeiträge zur Sozialversicherung.

In Abbildung 31 ist die Entwicklung des Zertifikatspreises im Zeitablauf dargestellt. Es ist festzustellen, daß er bei der vorgegebenen linearen CO_2-Reduktion exponentiell ansteigt.

Abbildung 31: Die Entwicklung des Zertifikatspreises für CO_2-Emissionen - in DM/Tonne CO_2 -

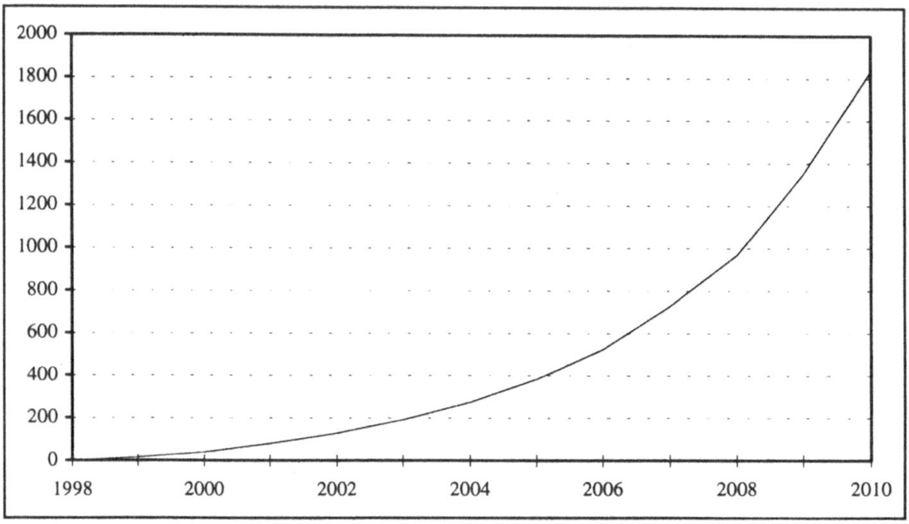

Um die geringen gesamtwirtschaftlichen Abweichungen von der Basisprognose nachvollziehen zu können, ist es notwendig, sektorale Ergebnisse im Detail zu betrachten. Zunächst ist bei dieser Modellierung zu fragen, welche Produktionsbereiche Käufer und welche Produktionsbereiche Verkäufer der Zertifikate sind. Die Käufe und Verkäufe sowie das gesamte Handelsvolumen der Zertifikate sind in der Tabelle 53 gegenübergestellt. Die Zertifikatsverkäufe sind mit einem negativen und die Zertifikatskäufe mit einem positiven Vorzeichen versehen. Betrachtet werden die Werte für die Jahre 2000, 2005 und 2010. Zudem sind die arithmetischen Mittelwerte über den kompletten Simulationszeitraum von 1999 bis 2010 angegeben.

Es ist zweckmäßig, die über die Jahre gemittelten Käufe und Verkäufe zu betrachten, da Produktionsbereiche existieren, die in einigen Jahren Zertifikate nachfragen und in anderen Jahren wieder Zertifikate anbieten können. Beispiele dafür sind die Eisen-/Stahlindustrie und der Einzelhandel, die im Jahr 2000 als Verkäufer und in den Jahren 2005 und 2010 als Käufer auftreten oder die Elektrizitätswirtschaft mit umgekehrtem Verhalten. Im Jahresdurchschnitt werden 5.23 Mio. Zertifikate im Wert von einer Tonne CO_2 gehandelt. Dieses Volumen sinkt über die Jahre vom maximalen Handelsvolumen im Jahr 1999 in Höhe von 6.15 Mio. Zertifikaten auf 4.33 Mio. Zertifikate im Jahr 2010.

Der wichtigste Zertifikatsverkäufer ist die Baustoffindustrie. Mit einem durchschnittlichen Verkauf von 1.28 Mio. Zertifikaten pro Jahr hat sie einen Marktanteil von 24 vH. An zweiter Stelle rangiert die Eisen-/Stahlindustrie mit einem Anteil von 14 vH, die durchschnittlich 0.71 Mio. Zertifikate veräußert. Danach folgen die Gebietskörperschaften mit durchschnittlich 0.49 Mio. verkauften Zertifikaten und das Bauhauptgewerbe (0.42 Mio.). All diesen Produktionsbereichen fällt es offensichtlich leichter, emissionsrelevante Energie einzusparen, als den Zertifikatskäufern.

Tabelle 53: Käufe und Verkäufe von Zertifikaten ausgewählter Produktionsbereiche und der Privaten Haushalte in den Jahren 2000, 2005 und 2010 - in Millionen Tonnen CO_2 -

	Sektor	2000	2005	2010	Mittelwert 1999-2010
	Zertifikatsverkäufer				
2	Forstwirtschaft/Fischerei	-0.15	-0.11	-0.03	-0.11
3	Elektrizitätswirtschaft	-1.99	0.34	0.30	-0.16
6	Kohlenbergbau	-0.27	-0.21	-0.09	-0.16
13	Baustoffindustrie	-1.53	-1.30	-0.42	-1.28
16	Eisen-/Stahlindustrie	0.07	-0.99	-1.30	-0.71
18	Gießereien	-0.32	-0.18	-0.01	-0.18
21	Maschinenbau	-0.23	-0.15	-0.12	-0.18
39	Getränkeherstellung	-0.08	-0.13	-0.13	-0.12
41	Bauhauptgewerbe	-0.03	-0.52	-0.45	-0.42
42	Ausbaugewerbe	-0.17	-0.25	-0.01	-0.19
44	Einzelhandel	0.04	-0.09	-0.36	-0.13
54	Gesundheits-/Veterinärwesen	-0.07	-0.20	-0.15	-0.16
56	Gebietskörperschaften	-0.46	-0.56	-0.47	-0.49
	Gesamtwirtschaft	-6.00	-5.10	-4.33	-5.23
	Zertifikatskäufer				
9	Chemische Industrie	0.34	0.21	0.06	0.21
10	Mineralölverarbeitung	0.34	0.39	0.37	0.35
17	NE-Metallindustrie	0.15	0.14	0.14	0.15
26	Elektrotechnik	0.03	0.02	0.02	0.03
32	Zellstoff-/Papier-/Pappeherst.	0.27	0.30	0.36	0.31
48	Speditionen/Fluggesellschaften	1.13	1.23	1.56	1.28
55	Sonst. Dienstleistungsgewerbe	0.23	0.14	0.01	0.14
	Private Haushalte	2.81	1.69	0.82	1.76
	Gesamtwirtschaft	6.00	5.10	4.33	5.23

Zu den Hauptnachfragern der Zertifikate gehören die Privaten Haushalte und die Speditionen/Fluggesellschaften. So kaufen die Privaten Haushalte mit 1.76 Mio. Zertifikaten im Jahresdurchschnitt allein ein Drittel aller gehandelten Zertifikate. Auf die Speditionen/Fluggesellschaften entfallen mit 1.28 Mio. Zertifikaten weitere 24 vH. Danach folgen die Mineralölverarbeitung (7 vH), die Zellstoff-/Papier-/ Pappeherstellung (6 vH) und die Chemische Industrie (4 vH).

Ob ein Sektor als Zertifikatsverkäufer oder als -käufer auftritt, liegt in den unterschiedlichen Relativpreisverhältnissen, den unterschiedlichen Preiselastizitäten der Energienachfrage und in den unterschiedlichen Substitutionsmöglichkeiten zwischen den Energieträgern innerhalb des jeweiligen Sektors begründet. Eine wichtige Rolle spielt natürlich auch, ob es sich um einen wachsenden oder schrumpfenden Sektor handelt. Aufgrund der Veränderungen der Relativpreisverhältnisse in der Zeit können einzelne Bereiche zeitweilig Zertifikatsverkäufer und in anderen Jahren Zertifikatskäufer sein. So haben einige Zertifikatsverkäufer wie die Eisen-/Stahlindustrie gute Möglichkeiten, die Energieträger untereinander zu substituieren, oder es sind wie in der Baustoffindustrie bei fast allen Energieinputkoeffizienten Preisabhängigkeiten mit hohen Preiselastizitäten gemessen worden. Dagegen sind im Sonstigen Dienstleistungsgewerbe zwar ebenfalls viele Koeffizienten preisabhängig, aber die ökonometrische Schätzung hat nur geringe Preiselastizitäten ergeben. Im Produktionsbereich Speditionen/Fluggesellschaften sind die Substitutionsmöglichkeiten und die Preiselastizitäten der Nachfrage sowohl bei Dieselkraftstoff als auch bei Flugkraftstoffen gering.

6.3.3 Die Preise

Um zu klären, wie sich der Zertifikatshandel auf die Güterpreise und die Bruttoproduktion auswirkt, sind zuvor die Energieträgerpreise und die kalkulatorischen Energieträgerpreise zu betrachten. Die Vorleistungspreise ausgewählter Energieträger sind in der Tabelle 54 dargestellt.

Anhand dieser Tabelle wird nochmals deutlich, daß sich die Marktpreise durch die Einführung der CO_2-Zertifikate fast nicht verändern. Nur die von den Stückkosten der Elektrizitätswirtschaft abhängigen Energieträgerpreise für die Elektrizität und die Fernwärme sind im Jahr 2010 um 3.7 vH bzw. um 5.6 vH höher als in der Basisprognose. Alle anderen Energieträgerpreise verändern sich nur geringfügig, weil den zugehörigen Energie-Produktionsbereichen kaum Kosten für den Kauf von Zertifikaten entstehen. Diese fallen bei dieser Modellierung ja nur bei den Nachfragern der Energieträger an. Die Produktionsbereiche schlagen bei ihren Dispositionen die Zertifikatskosten - kassenrelevante plus Opportunitätskosten - auf die Marktpreise der Energieträger auf und kommen somit zu höheren kalkulatorischen Preisen für die Energieträger. Aufgrund der Steigerungen dieser kalkulatorischen Preise reduzieren die Produktionsbereiche ihren Energieeinsatz und ihre Emissionen. Entsprechend gering sind die Änderungen der Energieträgerpreise für den Konsum. Deshalb wird auf eine tabellarische Darstellung verzichtet.

Tabelle 54: Vorleistungspreisindizes ausgewählter Energieträger in der Basisprognose und nach Einführung der CO_2-Zertifikate - 1991 = 100 -

		1998	2010			1998 - 2010 ∅ jährliche Wachstumsraten	
	Energieträger		Basis	Zerti	Δ in vH	Basis	Zerti
1	Elektrizität	114.3	154.4	160.1	3.7	2.5	2.8
2	Fernwärme	113.4	178.4	188.4	5.6	3.8	4.3
3	Verteilte Gase	83.5	107.9	108.0	0.1	2.2	2.2
5	Steinkohle	111.0	164.5	164.1	-0.3	3.3	3.3
6	Steinkohlenkoks	119.9	167.6	167.2	-0.2	2.8	2.8
8	Rohbraunkohle	150.2	240.5	242.4	0.8	4.0	4.1
11	Braunkohlenbriketts/-koks	145.6	231.0	232.6	0.7	3.9	4.0
16	Motorenbenzin	122.1	136.2	136.2	0.0	0.9	0.9
17	Dieselkraftstoff	112.6	129.6	129.6	0.0	1.2	1.2
18	Flugkraftstoffe	94.3	149.2	149.2	0.0	3.9	3.9
19	Leichtes Heizöl	98.3	159.6	159.3	-0.2	4.1	4.1
20	Schweres Heizöl	106.5	181.7	181.7	0.0	4.6	4.6
21	Flüssiggas	84.7	121.7	121.1	-0.5	3.1	3.0

Die kalkulatorischen Energievorleistungspreise des Jahres 2010 werden für ausgewählte Produktionsbereiche in Tabelle 55 aufgeführt. Es sind die Elektrizitätswirtschaft als größter CO_2-Emittent, die Baustoffindustrie und die Eisen-/Stahlindustrie als wichtigste Zertifikatsverkäufer, die Zellstoff-/Papier-/Pappeherstellung und die Speditionen/Fluggesellschaften als Käufer von Zertifikaten sowie die Elektrotechnik als eine Schlüsselindustrie. Auf die Privaten Haushalte als wichtigsten Zertifikatskäufer wird später in Tabelle 56 eingegangen.

Anhand von Tabelle 55 erkennt man, daß für alle emissionsrelevanten Energieträger die kalkulatorischen Energievorleistungspreise deutlich höher liegen als die vergleichbaren Energievorleistungspreise aus der Basisprognose. Dennoch sind die Preiserhöhungen in den einzelnen Produktionsbereichen sehr unterschiedlich, weil der Gesamtbedarf an Zertifikaten (eigener Bestand plus Nachfrage auf dem Markt) von Bereich zu Bereich variiert. So steigt der kalkulatorische Dieselpreisindex in der Elektrotechnik nur auf den Wert von 329.3 und liegt damit 154 vH höher als in der Basisprognose, wogegen er in den anderen hier angegebenen Produktionsbereichen um 320 vH bis 863 vH steigt.

Über die Preiserhöhungen der einzelnen Energieträger kann gemäß ihrem Kohlenstoffgehalt eine Rangfolge gebildet werden. So ist festzustellen, daß die kalkulatorischen Energievorleistungspreise der Rohbraunkohle stets am höchsten sind. Es folgen die Energievorleistungspreise von Braunkohlenbriketts/-koks, Steinkohlenkoks und Steinkohle. Bei den Verteilten Gasen sind die Preiserhöhungen jeweils am geringsten, da deren CO_2-Emissionsfaktoren sehr klein sind.

Tabelle 55: Energievorleistungspreisindizes in der Basisprognose und kalkulatorische Energievorleistungspreisindizes nach Einführung der CO_2-Zertifikate für ausgewählte Energieträger und ausgewählte Produktionsbereiche im Jahr 2010 - 1991 = 100 -

		Basis	Zertifikatssimulation					
	Energieträger		PB 3	PB 13	PB 16	PB 26	PB 32	PB 48
3	Verteilte Gase	107.9	813.8	474.7	485.2	234.0	370.1	461.2
5	Steinkohle	164.5	1925.3	1079.1	1105.1	478.2	818.1	—
6	Steinkohlenkoks	167.6	2142.7	—	1261.7	533.7	930.1	—
8	Rohbraunkohle	240.5	3353.9	1859.5	1907.7	797.6	—	—
11	Braunkohlen-briketts/-koks	231.0	2865.2	1600.2	1636.2	705.9	1209.7	—
16	Motorenbenzin	136.2	1285.3	729.7	744.6	340.4	561.7	708.6
17	Dieselkraftstoff	129.6	1248.5	711.1	726.9	329.3	544.4	689.3
18	Flugkraftstoffe	149.2	—	—	—	—	—	775.9
19	Leichtes Heizöl	159.6	1535.1	874.4	893.4	404.8	670.1	848.2
20	Schweres Heizöl	181.7	1835.7	1040.9	1065.5	477.4	795.9	—
21	Flüssiggas	121.7	1045.3	598.6	610.9	284.8	464.1	—

PB 3: Elektrizitätswirtschaft
PB 13: Baustoffindustrie
PB 16: Eisen-/Stahlindustrie
PB 26: Elektrotechnik
PB 32: Zellstoff-/Papier-/Pappeherstellung
PB 48: Speditionen/Fluggesellschaften

Auch über die Produktionsbereiche liegen die Vorleistungspreise stets in annähernd gleicher Rangfolge. So sind die kalkulatorischen Energievorleistungspreise in der Elektrotechnik immer niedriger als in den übrigen hier dargestellten Produktionsbereichen. Danach folgen die Zellstoff-/Papier-/Pappeherstellung sowie die Speditionen/Fluggesellschaften. Die höchsten kalkulatorischen Preise sind in der Elektrizitätswirtschaft zu finden.

Die stärksten Preiserhöhungen ergeben sich in den Produktionsbereichen, in denen am meisten kohlenstoffhaltige Energie je Outputeinheit verbraucht wird. Die Opportunitätskosten sind in diesen Bereichen besonders hoch.

In Tabelle 56 sind die *durchschnittlichen* kalkulatorischen Energievorleistungspreise aus der Zertifikatssimulation - gewichtet mit den Energieverbräuchen der Produktionsbereiche in Joule - den Energievorleistungspreisen in der Basisprognose gegenübergestellt. Auch hier sieht man, daß die Preise für die verschiedenen Kohlearten am stärksten gestiegen sind. So ist der kalkulatorische Energievorleistungspreis für Rohbraunkohle um 1247.2 vH im Jahr 2010 höher als in der Basisprognose. Danach folgen die kalkulatorischen Energievorleistungspreise für Flugkraftstoffe mit 1383.1 vH und für Leichtes Heizöl mit 379.5 vH im Jahr 2010.

Tabelle 56: Energievorleistungspreisindizes in der Basisprognose und durchschnittliche kalkulatorische Energievorleistungspreisindizes nach Einführung der CO_2-Zertifikate für ausgewählte Energieträger - 1991 = 100 -

		1998	2010			1998 - 2010 ∅ jährliche Wachstumsraten	
	Energieträger		Basis	Zerti	Δ in vH	Basis	Zerti
3	Verteilte Gase	83.5	107.9	473.4	338.7	2.2	15.6
5	Steinkohle	111.0	164.5	1714.9	942.4	3.3	25.6
6	Steinkohlenkoks	119.9	167.6	1175.6	601.5	2.8	21.0
8	Rohbraunkohle	150.2	240.5	3240.5	1247.2	4.0	29.2
11	Braunkohlenbriketts/-koks	145.6	231.0	1132.7	390.3	3.9	18.6
16	Motorenbenzin	122.1	136.2	430.4	216.1	0.9	11.1
17	Dieselkraftstoff	112.6	129.6	563.2	334.6	1.2	14.4
18	Flugkraftstoffe	94.3	149.2	720.6	383.1	3.9	18.5
19	Leichtes Heizöl	98.3	159.6	765.3	379.5	4.1	18.7
20	Schweres Heizöl	106.5	181.7	653.7	259.8	4.6	16.3
21	Flüssiggas	84.7	121.7	337.1	177.0	3.1	12.2

Die kalkulatorischen Energievorleistungspreise für Flugkraftstoffe steigen am stärksten an, weil deren Preiselastizität im Produktionsbereich Speditionen/Fluggesellschaften als Hauptabnehmer sehr gering ist. Zudem ist das Ausgangspreisniveau sehr niedrig. Ähnliches ist für das Leichte Heizöl zu beobachten; auch für diesen Energieträger sind die Nachfragefunktionen recht unelastisch.

Sehr auffällig ist, daß die kalkulatorischen Energievorleistungspreise für Verteilte Gase mit 338.7 vH deutlicher steigen als die Preise für Benzin (+216.1 vH), Schweres Heizöl (+259.8 vH) und Flüssiggas (+177.0 vH). Hier schlagen sich die hohen kalkulatorischen Preise in der Elektrizitätswirtschaft und der große Anteil, den die Verteilten Gase an diesen Produktionsbereich liefern, nieder.

Bei den Privaten Haushalten ergibt sich ein ähnliches Bild (vgl. Tabelle 57). Auch sie kalkulieren die Preise für Kohle und Kohleprodukte am höchsten, da deren CO_2-Emissionsfaktoren sehr groß sind. Die kalkulatorischen Energiekonsumpreise für Kohleprodukte liegen im Jahr 2010 zwischen 305.5 vH und 348.5 vH höher als der entsprechende Konsumpreis in der Basisprognose. Danach folgen die Kraftstoffe und Leichtes Heizöl mit einer Preissteigerung von etwa 240 vH. Die Verteilten Gase verzeichnen mit 185.8 vH die geringste Preiserhöhung.

Zusammenfassend kann festgestellt werden, daß sich die kalkulatorischen Energiepreise wesentlich stärker verändern als die Marktpreise in der CO_2-Steuer. Es ist wichtig festzuhalten, daß die Marktpreise bei der Zertifikatssimulation nahezu unverändert bleiben, weil sich die Kostenbelastungen der Zertifikatskäufer und der Zertifikatsverkäufer ausgleichen. Ein entscheidender Unterschied zwischen der

Zertifikatssimulation und der Steuersimulation besteht darin, daß der Strukturwandel in der Energienachfrage in der Zertifikatssimulation über kalkulatorische Energiepreise und in der Steuersimulation über Marktpreise gelenkt wird.

Tabelle 57: Energiekonsumpreisindizes in der Basisprognose und kalkulatorische Energiekonsumpreisindizes nach Einführung der CO_2-Zertifikate für ausgewählte Energieträger - 1991 = 100 -

		1998	2010			1998 - 2010 Ø jährliche Wachstumsraten	
	Energieträger		Basis	Zerti	Δ in vH	Basis	Zerti
3	Verteilte Gase	101.5	136.5	390.3	185.8	2.5	11.9
5	Steinkohle	112.4	123.4	500.5	305.5	0.8	13.3
6	Steinkohlenkoks	109.0	112.3	503.8	348.5	0.2	13.6
11	Braunkohlenbriketts/-koks	124.0	200.4	840.3	319.2	4.1	17.3
16	Motorenbenzin	123.8	162.9	551.4	238.5	2.3	13.3
17	Dieselkraftstoff	114.9	142.5	492.3	245.6	1.8	12.9
19	Leichtes Heizöl	91.5	146.1	504.0	245.0	4.0	15.3
21	Flüssiggas	87.6	136.5	429.6	214.8	3.8	14.2

Die Güterpreise verändern sich nach Einführung der CO_2-Zertifikate geringfügig. So liegt deren größte Veränderung im Jahre 2010 bei 3.2 vH in der Gütergruppe Elektrizität/Dampf/Warmwasser. Bei allen anderen Gütergruppen sind die Abweichungen deutlich geringer.

6.3.4 Der Energieverbrauch und die Emissionen

Mit den CO_2-Emissionen geht auch in der Zertifikatssimulation der emissionsrelevante Energieverbrauch zurück. Dabei sind die Veränderungen bei den Kohleprodukten mit ihren hohen Emissionsfaktoren sehr groß. Wie Tabelle 58 ausweist, liegt der Verbrauch von Steinkohle um 11.1 vH und der Verbrauch von Steinkohlenkoks gar um 39.8 vH im Jahr 2010 niedriger als in der Basisprognose. Der Verbrauchsrückgang für Braunkohlenprodukte befindet sich zwischen diesen Werten. Der Energieeinsatz von Motorenbenzin liegt im Jahr 2010 in der Zertifikatssimulation mit 28.2 vH sehr deutlich unter dem Wert der Basisprognose, wogegen der Rückgang bei den anderen Kraftstoffen und Heizölen im Bereich von 12.5 vH bis 15.7 vH niedriger ist. Der Grund dafür ist, daß die Nachfrage nach Motorenbenzin elastischer ist als die Nachfrage nach den anderen Mineralölerzeugnissen, deren Einsatz insgesamt um 19.8 vH zurückgeht. Die geringsten Verluste beim emissionsrelevanten Energieverbrauch gibt es beim Verbrauch von Verteilten Gasen mit nur 3.4 vH.

Noch niedriger fällt der Rückgang bei der Elektrizität mit 3.3 vH aus. Dies liegt daran, daß für diesen nicht emissionsrelevanten Energieträger keine Zertifikate benötigt werden und die Erhöhungen der Vorleistungs- und Konsumpreise hier sehr moderat sind.

Diese Ergebnisse unterscheiden sich stark von denen der Steuersimulation. Dort ging der Verbrauch von Kraftstoffen und Heizölen insgesamt um nur 9.9 vH zurück, wogegen der Gaseinsatz mit 12.5 vH wesentlich stärkere Einbußen zu verzeichnen hatte. Hier zeigt sich deutlich die bereits angesprochene stärkere Ausschöpfung des Substitutionspotentials zwischen den Energieträgern in der Zertifikatssimulation.

Tabelle 58: Emissionsrelevanter Energieverbrauch nach ausgewählten Energieträgern und Elektrizitätsverbrauch in der Basisprognose und nach Einführung der CO_2-Zertifikate - in Petajoule -

		1998	2010			1998 - 2010 Ø jährliche Wachstumsraten	
	Energieträger		Basis	Zerti	Δ in vH	Basis	Zerti
3	Verteilte Gase	3180.8	4153.4	4013.3	-3.4	2.2	2.0
5	Steinkohle	1506.5	1355.6	1204.7	-11.1	-0.9	-1.8
6	Steinkohlenkoks	195.7	203.4	122.4	-39.8	0.3	-3.8
8	Rohbraunkohle	1195.5	1012.3	773.8	-23.6	-1.4	-3.6
11	Braunkohlenbriketts/-koks	346.0	325.8	234.0	-28.2	-0.5	-3.2
16	Motorenbenzin	1357.7	1589.2	1141.4	-28.2	1.3	-1.4
17	Dieselkraftstoff	1030.5	1356.5	1186.6	-12.5	2.3	1.2
18	Flugkraftstoffe	191.8	293.5	247.5	-15.7	3.6	2.1
19	Leichtes Heizöl	1113.9	637.8	554.4	-13.1	-4.5	-5.6
20	Schweres Heizöl	266.5	199.4	172.1	-13.7	-2.4	-3.6
21	Flüssiggas	87.8	86.5	75.5	-12.7	-0.1	-1.2
	Alle Energieträger	11196.3	11975.3	10383.8	-13.3	0.6	-0.6
1	*nicht emissionsrelevant:* Elektrizität	1944.7	2356.1	2278.0	-3.3	1.6	1.3

Betrachtet man nun den emissionsrelevanten Energieeinsatz in der Elektrizitätswirtschaft in Tabelle 59, stellt man auch hier deutliche Veränderungen im Vergleich zur Steuersimulation fest. So ist der gesamte Energieeinsatz in der Elektrizitätswirtschaft in der Steuersimulation 8.2 vH niedriger als in der Basisprognose, wogegen er in der Zertifikatssimulation nur um 5.0 vH zurückgeht. Deutliche Unterschiede bestehen bei der Steinkohle, die mit einem Rückgang von 13.3 vH im Jahr 2010 wesentlich stärker betroffen ist als in der Steuersimulation (-2.6 vH), und bei den Verteilten Gasen, deren Verbrauchszunahme mit 37.9 vH viel höher ist als bei Einführung der CO_2-Steuer (+10.0 vH). Die Ergebnisse für Rohbraunkohle unterscheiden sich mit jetzt -23.4 vH nur wenig. Heizöle spielen nur eine Nebenrolle. Demzufolge hat der Umbau des Kraftwerksparks in der Zertifikatssimulation zwar die gleiche Tendenz, dennoch geht er in diesem Fall deutlich schneller voran als in der Steuersimulation. In beiden Simulationen werden Kohlekraftwerke durch Gaskraftwerke ersetzt. Zu begründen sind diese Unterschiede durch den größeren relativen Preisunterschied zur Basisprognose in der Zertifikatssimulation.

Tabelle 59: Emissionsrelevanter Energieverbrauch im Produktionsbereich Elektrizitätswirtschaft nach ausgewählten Energieträgern in der Basisprognose und nach Einführung der CO_2-Zertifikate - in Petajoule -

		1998	2010			1998 - 2010 ∅ jährliche Wachstumsraten	
	Energieträger		Basis	Zerti	Δ in vH	Basis	Zerti
3	Verteilte Gase	536.0	647.3	892.6	37.9	1.6	4.3
5	Steinkohle	1243.6	1107.3	959.6	-13.3	-1.0	-2.1
8	Rohbraunkohle	1143.6	963.7	738.5	-23.4	-1.4	-3.6
19	Leichtes Heizöl	61.2	53.3	63.6	19.2	-1.1	0.3
20	Schweres Heizöl	65.5	23.8	22.9	-3.9	-8.1	-8.4
	Alle Energieträger	3272.3	2992.3	2843.8	-5.0	-0.7	-1.2

Tabelle 60: Emissionsrelevanter Energieverbrauch nach ausgewählten Energieträgern und Elektrizitätsverbrauch der Privaten Haushalte in der Basisprognose und nach Einführung der CO_2-Zertifikate - in Petajoule -

		1998	2010			1998 - 2010 ∅ jährliche Wachstumsraten	
	Energieträger		Basis	Zerti	Δ in vH	Basis	Zerti
3	Verteilte Gase	1060.5	1599.8	1458.6	-8.8	3.5	2.7
16	Steinkohle	1125.3	1257.5	1013.2	-19.4	0.9	-0.9
17	Rohbraunkohle	197.6	222.3	172.7	-22.3	1.0	-1.1
19	Leichtes Heizöl	647.3	349.9	324.1	-7.4	-5.0	-5.6
	Alle Energieträger	3385.2	3797.9	3251.9	-14.4	1.0	-0.3
1	*nicht emissionsrelevant:* Elektrizität	525.9	596.6	584.2	-2.1	1.1	0.9

In Tabelle 60 sind der emissionsrelevante Energieverbrauch und der Elektrizitätsverbrauch der Privaten Haushalte dargestellt. Dort ist im Jahr 2010 in der Zertifikatssimulation der gesamte Energieverbrauch um 14.4 vH niedriger als in der Basisprognose. Diese Verringerung betrifft alle Energieträger, wobei der bei den Privaten Haushalten unbedeutende Verbrauch von Kohleprodukten mit knapp 30 vH am deutlichsten zurückgeht. Danach folgen die Kraftstoffe mit -19.4 vH bzw. -22.3 vH, Gase (-8.8 vH) und Leichtes Heizöl (-7.4 vH). Am geringsten geht der nicht emissionsrelevante und damit auch nicht zertifikatspflichtige Verbrauch von Elektrizität mit 2.1 vH zurück.

In Tabelle 61 sind die CO_2-Emissionen nach Energieträgern dargestellt. Sieht man von der untersten Zeile ab, stimmen aufgrund der konstanten Emissionsfaktoren die letzten drei Spalten der Tabelle 61 mit den Ergebnissen des emissionsrelevanten Energieverbrauchs (Tabelle 58) überein.

Tabelle 61: CO_2-Emissionen nach ausgewählten Energieträgern in der Basisprognose und nach Einführung der CO_2-Zertifikate - in Mio. Tonnen -

		1998	2010			1998 - 2010 ∅ jährliche Wachstumsraten	
	Energieträger		Basis	Zerti	Δ in vH	Basis	Zerti
3	Verteilte Gase	178.1	232.6	224.7	-3.4	2.2	2.0
5	Steinkohle	138.6	124.7	110.8	-11.1	-0.9	-1.8
6	Steinkohlenkoks	20.5	21.4	12.9	-39.8	0.3	-3.8
8	Rohbraunkohle	131.5	111.3	85.1	-23.6	-1.4	-3.6
11	Braunkohlenbriketts/-koks	33.6	31.6	22.7	-28.2	-0.5	-3.2
16	Motorenbenzin	98.4	115.2	82.9	-28.1	1.3	-1.4
17	Dieselkraftstoff	76.2	100.4	87.8	-12.5	2.3	1.2
18	Flugkraftstoffe	13.9	21.2	17.9	-15.7	3.6	2.1
19	Leichtes Heizöl	82.4	47.2	41.0	-13.1	-4.5	-5.6
20	Schweres Heizöl	20.8	15.6	13.4	-13.7	-2.4	-3.6
21	Flüssiggas	5.7	5.6	4.9	-12.7	-0.1	-1.2
	Alle Energieträger	850.8	881.2	749.9	-14.9	0.3	-1.0

Anhand der ausgewählten Daten sieht man, daß der auf Kohle zurückgehende Anteil der CO_2-Emissionen in der Basisprognose noch sehr groß ist und im Jahr 1998 bei über 40 vH liegt. Bei Gasen liegt dieser Anteil im Jahr 1998 bei 21 vH und bei Mineralölerzeugnissen bei 36 vH. Der Rest entfällt auf die übrigen Energieträger. In der Zertifikatssimulation gleicht sich diese Verteilung bis zum Jahr 2010 fast aus, so daß jeweils etwa ein Drittel auf Gase, Kohleprodukte und Mineralölerzeugnisse entfällt.

Die CO_2-Emissionen nach Produktionsbereichen und Privaten Haushalten sind in Tabelle 62 dargestellt. Dabei verteilen sich die CO_2-Emissionen im Jahr 1998 auf die Elektrizitätswirtschaft mit 35 vH, die Privaten Haushalte mit 28 vH und auf die restlichen Produktionsbereiche mit 37 vH. Sowohl in der Basisprognose (30 vH) als auch in der Zertifikatssimulation (32 vH) sinkt der Anteil der Emissionen aus der Elektrizitätswirtschaft bis zum Jahr 2010. Dagegen steigt in beiden Fällen der Anteil der Privaten Haushalte auf 29 vH und der der restlichen Produktionsbereiche auf 41 vH bzw. 39 vH.

In der Zertifikatssimulation sinken die Emissionen im Jahr 2010 gegenüber der Basisprognose insgesamt um 14.9 vH. Daran hat die Elektrizitätswirtschaft mit einer Verringerung von 26.9 Mio. Tonnen CO_2-Emissionen zwar einen großen Anteil, dennoch sinken ihre CO_2-Emissionen mit 10.2 vH im Jahr 2010 nur unterdurchschnittlich.

Tabelle 62: CO_2-Emissionen nach ausgewählten Sektoren in der Basisprognose und nach Einführung der CO_2-Zertifikate - in Mio. Tonnen -

		1998	2010			1998 - 2010 Ø jährliche Wachstumsraten	
	Sektor		Basis	Zerti	Δ in vH	Basis	Zerti
3	Elektrizitätswirtschaft	295.0	263.8	236.9	-10.2	-0.9	-1.8
9	Chemische Industrie	29.1	32.3	26.6	-17.4	0.9	-0.7
13	Baustoffindustrie	19.8	16.1	11.8	-26.8	-1.7	-4.2
16	Eisen-/Stahlindustrie	36.1	31.1	26.3	-15.4	-1.2	-2.6
21	Maschinenbau	5.4	5.3	3.7	-29.8	-0.2	-3.1
23	Straßenfahrzeugbau	5.1	5.8	5.7	-3.2	1.1	0.8
26	Elektrotechnik	4.3	4.2	3.9	-8.5	-0.2	-0.9
32	Zellstoff-/Papier-/Pappeherst.	7.9	14.1	11.9	-15.8	4.9	3.5
38	Ernährungsgewerbe	12.1	11.2	10.8	-3.7	-0.6	-1.0
41	Bauhauptgewerbe	8.8	9.4	5.6	-40.2	0.5	-3.7
42	Ausbaugewerbe	3.7	4.2	2.4	-41.9	0.9	-3.6
48	Speditionen/Fluggesellsch.	35.1	55.9	51.3	-8.3	4.0	3.2
55	Sonst. Dienstleistungsgewerbe	12.0	16.6	12.0	-28.1	2.8	0.0
56	Gebietskörperschaften	23.1	21.5	16.7	-22.3	-0.6	-2.7
	Private Haushalte	236.6	257.6	218.2	-15.3	0.7	-0.7
	Zusammen	850.8	881.2	749.9	-14.9	0.3	-1.0

Der Unternehmenssektor ohne die Elektrizitätswirtschaft senkt seine CO_2-Emissionen um insgesamt 65 Mio. Tonnen CO_2 und mit 18 vH überdurchschnittlich. Dabei stechen das Baugewerbe (-40.7 vH), der Maschinenbau (-29.8 vH), das Sonstige Dienstleistungsgewerbe (-28.1 vH), die Baustoffindustrie (-26.8 vH) die Gebietskörperschaften (-22.3 vH) und die Chemische Industrie (-17.4 vH) deutlich hervor, wogegen der Straßenfahrzeugbau (-3.2 vH) und das Ernährungsgewerbe (-3.7 vH) ihre CO_2-Emissionen nur geringfügig senken. Die Privaten Haushalte verringern ihre Emissionen um 39.4 Mio. Tonnen und liegen mit einer Reduktion von 15.3 vH im Jahr 2010 annähernd im Durchschnitt.

Die NO_x-Emissionen gehen im Jahr 2010 in der Zertifikatssimulation um 15.6 vH gegenüber der Basisprognose zurück. Dies ist deutlich mehr als in der Steuersimulation, in der diese Emissionen nur um 9.4 vH sinken. Der Grund liegt im stärkeren Rückgang der Emissionen aus Kohle und Kraftstoffen, wogegen die NO_x-Emissionen aus der Verbrennung von Verteilten Gasen in der Zertifikatssimulation fast unverändert sind.

Die NO_x-Emissionsfaktoren eines Energieträgers schwanken über die Produktionsbereiche. Sehr interessant wäre es deshalb, einen Zertifikatshandel für NO_x anstelle von CO_2 zu modellieren. In diesem Fall wären Produktionsbereiche mit hohen NO_x-Emissionsfaktoren besonders stark betroffen.

Tabelle 63: NO_x-Emissionen nach ausgewählten Energieträgern in der Basisprognose und nach Einführung der CO_2-Zertifikate - in Tsd. Tonnen -

		1998	2010			1998 - 2010 ∅ jährliche Wachstumsraten	
	Energieträger		Basis	Zerti	Δ in vH	Basis	Zerti
3	Verteilte Gase	152.8	176.5	175.7	-0.5	1.2	1.2
5	Steinkohle	201.3	176.8	160.5	-9.3	-1.1	-1.9
6	Steinkohlenkoks	14.4	14.5	5.7	-60.5	0.1	-7.4
8	Rohbraunkohle	112.9	95.9	73.1	-23.8	-1.3	-3.6
11	Braunkohlenbriketts/-koks	37.7	35.5	25.7	-27.6	-0.5	-3.1
16	Motorenbenzin	534.8	459.6	330.1	-28.2	-1.3	-3.9
17	Dieselkraftstoff	865.3	802.5	713.8	-11.1	-0.6	-1.6
18	Flugkraftstoffe	69.6	113.0	95.3	-15.7	4.1	2.7
19	Leichtes Heizöl	57.1	32.8	30.2	-7.8	-4.5	-5.2
20	Schweres Heizöl	43.2	30.3	27.2	-10.3	-2.9	-3.8
	Alle Energieträger	2176.3	2025.6	1709.6	-15.6	-0.6	-2.0

Die Schwefeldioxid-Emissionen sinken in der hier beschriebenen CO_2-Zertifikatssimulation gegenüber der Basisprognose im Jahr 2010 um 17.4 vH. Die stärksten Veränderungen ergeben sich bei den Kohleprodukten. Dabei sind die SO_2-Emissionen bei dem Energieträger Steinkohlenkoks besonders stark rückläufig. Für die Steinkohle liegt diese Verminderung von 6.9 vH deutlich unter der Veränderung in der Steuersimulation, wodurch im Jahr 2010 auch die gesamten SO_2-Emissionen weniger stark sinken als in der Steuersimulation. Auch bei den Mineralölprodukten ist eine deutliche Senkung von SO_2-Emissionen zu beobachten.

Motorenbenzin geht mit 28.2 vH besonders stark zurück. Die Veränderung bei den Gasen ist sowohl absolut als auch prozentual sehr gering.

Tabelle 64: SO_2-Emissionen nach ausgewählten Energieträgern in der Basisprognose und nach Einführung der CO_2-Zertifikate - in Tsd. Tonnen -

		1998	2010			1998 - 2010 Ø jährliche Wachstumsraten	
	Energieträger		Basis	Zerti	Δ in vH	Basis	Zerti
3	Verteilte Gase	1.6	2.1	2.0	-3.2	2.3	2.0
5	Steinkohle	223.0	207.6	193.3	-6.9	-0.6	-1.2
6	Steinkohlenkoks	30.2	36.1	22.8	-36.8	1.5	-2.3
8	Rohbraunkohle	163.5	133.4	100.1	-25.0	-1.7	-4.0
11	Braunkohlenbriketts/-koks	68.4	46.2	32.8	-29.1	-3.2	-5.9
16	Motorenbenzin	6.2	7.3	5.2	-28.2	1.3	-1.4
17	Dieselkraftstoff	23.7	31.2	27.3	-12.5	2.3	1.2
18	Flugkraftstoffe	4.6	7.0	5.9	-15.7	3.6	2.2
19	Leichtes Heizöl	52.4	30.0	26.1	-13.1	-4.5	-5.6
20	Schweres Heizöl	171.2	145.8	129.0	-11.6	-1.3	-2.3
	Alle Energieträger	840.0	748.5	618.7	-17.3	-1.0	-2.5

6.3.5 Die inländische Produktion

Wie die meisten anderen gesamtwirtschaftlichen Variablen verändert sich die inländische Bruttoproduktion durch die Einführung der CO_2-Zertifikate nur geringfügig. Sie sinkt in der Zertifikatssimulation im Jahr 2010 um 0.2 vH gegenüber der Basisprognose.

Dennoch ergeben sich in einigen Produktionsbereichen deutliche Änderungen. Diese betreffen insbesondere die Energie-Produktionsbereiche. So sind im Jahr 2010 in der Zertifikatssimulation die Produktionswerte im Kohlenbergbau mit -19.1 vH, in der Mineralölverarbeitung (-14.1 vH) und in der Erdöl/Erdgasgewinnung (-10.6 vH) deutlich niedriger als in der Basisprognose. Geringere Einbußen ergeben sich in der Elektrizitätswirtschaft mit -2.5 vH und in der Gasversorgung mit -6.6 vH.

Bemerkenswert ist im Vergleich zu den Ergebnissen der CO_2-Steuer, daß die NE-Metallindustrie kaum beeinträchtigt ist und in der Eisen-/Stahlindustrie sogar leichte Produktionszuwächse erzielt werden. Die Erklärung liegt auf der Hand: Die Eisen-/Stahlindustrie ist Verkäufer von Zertifikaten und kann somit ihre Stückkosten und Preise senken. Die NE-Metallindustrie ist nur in geringem Umfang Zertifikatskäufer.

In den anderen dargestellten Produktionsbereichen ergeben sich ähnliche Wirkungen wie bei der CO_2-Steuer: Die Produktionswerte in der Chemischen Industrie, im Maschinenbau, im Straßenfahrzeugbau und in der Elektrotechnik verändern sich nur marginal. Die Zertifikatssimulation zeichnet sich also dadurch aus, daß die Produktionsrückgänge auf die energieerzeugenden Produktionsbereiche beschränkt bleiben, während bei der CO_2-Steuer auch die energieintensiv produzierenden Produktionsbereiche betroffen sind.

Tabelle 65: Bruttoproduktion nach ausgewählten Produktionsbereichen in der Basisprognose und nach Einführung der CO_2-Zertifikate - in Mrd. DM in Preisen von 1991 -

		1998	2010			1998 - 2010 ∅ jährliche Wachstumsraten	
	Produktionsbereich		Basis	Zerti	Δ in vH	Basis	Zerti
3	Elektrizitätswirtschaft	111.3	137.4	134.0	-2.5	1.8	1.6
4	Gasversorgung	39.6	55.8	52.1	-6.6	2.9	2.3
6	Kohlenbergbau	24.9	22.1	17.9	-19.1	-1.0	-2.7
8	Erdöl-/Erdgasgewinnung	6.2	7.7	6.9	-10.6	1.9	1.0
9	Chemische Industrie	270.8	367.7	367.8	0.0	2.6	2.6
10	Mineralölverarbeitung	94.9	114.6	98.4	-14.1	1.6	0.3
13	Baustoffindustrie	61.7	58.2	58.4	0.3	-0.5	-0.5
14	Feinkeramische Industrie	5.3	6.4	6.4	0.9	1.5	1.5
16	Eisen-/Stahlindustrie	85.7	77.7	78.4	0.9	-0.8	-0.7
17	NE-Metallindustrie	45.3	78.6	77.7	-1.1	4.7	4.6
21	Maschinenbau	208.4	244.4	243.9	-0.2	1.3	1.3
23	Straßenfahrzeugbau	289.9	384.0	383.6	-0.1	2.4	2.4
26	Elektrotechnik	240.6	305.7	304.9	-0.2	2.0	2.0
38	Ernährungsgewerbe	228.4	263.9	265.0	0.4	1.2	1.2
41	Bauhauptgewerbe	236.4	263.1	263.1	0.0	0.9	0.9
42	Ausbaugewerbe	165.1	189.4	189.4	0.0	1.2	1.2
55	Sonst. Dienstleistungsgewerbe	684.8	1031.6	1031.8	0.0	3.5	3.5
	Alle Produktionsbereiche	6341.0	8321.4	8304.5	-0.2	2.3	2.3

6.3.6 Die Beschäftigung

Bei der Darstellung der gesamtwirtschaftlichen Variablen hat sich gezeigt, daß es im Gegensatz zur Steuersimulation bei der Zertifikatssimulation keine positiven Effekte auf dem Arbeitsmarkt gibt. Dabei sieht man, daß sich in fast allen Bereichen die Beschäftigung parallel zur Bruttoproduktion entwickelt. Die stärksten Einbußen gegenüber der Basisprognose erleidet der Kohlenbergbau mit 22.5 vH im Jahr 2010, gefolgt von der Erdöl-/Erdgasgewinnung mit 5.0 vH. Auch in der

Gasversorgung (-2.1 vH) und in der Elektrizitätswirtschaft (-2.7 vH) ergeben sich aufgrund der Produktionsrückgänge geringfügige Arbeitsplatzverluste. Des weiteren ist das Baugewerbe mit einem Rückgang von insgesamt 1.9 vH etwas stärker als die restlichen Produktionsbereiche betroffen.

Geringfügig positive Beschäftigungseffekte gibt es in der Eisen-/Stahlindustrie und in der NE-Metallindustrie mit 1.0 vH bzw. 0.7 vH. Im Gegensatz zur CO_2-Steuer treten in dieser Simulationsrechnung die positiven Beschäftigungseffekte bei den arbeitsintensiven Produktionsbereichen, insbesondere den Dienstleistungsbereichen, wegen der fehlenden Kompensation und der damit verbundenen Arbeitskosteneffekte nicht auf.

Tabelle 66: Beschäftigte Arbeitnehmer nach ausgewählten Produktionsbereichen in der Basisprognose und nach Einführung der CO_2-Zertifikate - in Tsd. -

		1998	2010			1998 - 2010 Ø jährliche Wachstumsraten	
	Produktionsbereich		Basis	Zerti	Δ in vH	Basis	Zerti
3	Elektrizitätswirtschaft	249.2	238.1	233.1	-2.1	-0.4	-0.6
4	Gasversorgung	28.9	32.4	31.5	-2.7	1.0	0.7
6	Kohlenbergbau	166.8	157.5	122.2	-22.5	-0.5	-2.6
8	Erdöl-/Erdgasgewinnung	8.7	9.9	9.4	-5.0	1.1	0.7
9	Chemische Industrie	545.8	579.1	578.2	-0.2	0.5	0.5
10	Mineralölverarbeitung	26.3	16.9	16.9	0.1	-3.6	-3.6
13	Baustoffindustrie	176.0	154.7	152.4	-1.5	-1.1	-1.2
14	Feinkeramische Industrie	39.2	27.5	27.0	-1.9	-2.9	-3.1
16	Eisen-/Stahlindustrie	112.9	76.4	77.2	1.0	-3.2	-3.1
17	NE-Metallindustrie	49.7	40.7	40.9	0.7	-1.7	-1.6
21	Maschinenbau	1090.3	1192.0	1188.5	-0.3	0.7	0.7
23	Straßenfahrzeugbau	748.2	760.6	757.5	-0.4	0.1	0.1
26	Elektrotechnik	844.5	729.9	721.3	-1.2	-1.2	-1.3
38	Ernährungsgewerbe	659.5	679.4	680.5	0.2	0.2	0.3
41	Bauhauptgewerbe	1429.4	1245.4	1219.4	-2.1	-1.1	-1.3
42	Ausbaugewerbe	834.3	825.9	811.9	-1.7	-0.1	-0.2
55	Sonst. Dienstleistungsgewerbe	2990.8	3517.6	3488.5	-0.8	1.4	1.3
	Alle Produktionsbereiche	30081.1	32211.2	32086.2	-0.4	0.6	0.5

6.3.7 Der Private Verbrauch

Keine Änderung ergibt sich durch die Einführung der Zertifikate beim gesamten Privaten Verbrauch. Aus Tabelle 67 ist zu entnehmen, daß es natürlich zu Reaktionen bei den einzelnen Gütergruppen kommt. Dies betrifft am stärksten die Energie-Gütergruppen, die um 28.4 vH (Kohle), 18.4 vH (Mineralölerzeugnisse), 8.8 vH (Gase) und um 1.8 vH (Elektrizität/Dampf/Warmwasser) weniger nachgefragt werden. Alle anderen hier dargestellten Gütergruppen werden durch die Einführung der Zertifikate verstärkt nachgefragt.

Tabelle 67: Privater Verbrauch nach ausgewählten Gütergruppen in der Basisprognose und nach Einführung der CO_2-Zertifikate - in Mrd. DM in Preisen von 1991 -

		1998	2010			1998 - 2010 Ø jährliche Wachstumsraten	
	Gütergruppe		Basis	Zerti	Δ in vH	Basis	Zerti
3	Elektrizität/Dampf/Warmw.	37.0	41.8	41.1	-1.8	1.0	0.9
4	Gase	17.5	26.3	24.0	-8.8	3.5	2.7
6	Kohle	2.5	2.6	1.9	-28.4	0.4	-2.4
10	Mineralölerzeugnisse	50.3	52.5	42.8	-18.4	0.4	-1.3
23	Straßenfahrzeuge	101.8	129.4	130.4	0.8	2.0	2.1
37	Bekleidung	41.7	46.3	46.6	0.7	0.9	0.9
38	Nahrungsmittel	139.2	141.4	142.4	0.7	0.1	0.2
44	Einzelhandelsleistungen	161.3	177.3	178.5	0.7	0.8	0.8
51	Gebäude-/Wohnungsnutzung	287.2	327.4	329.8	0.7	1.1	1.2
	Alle Gütergruppen	1606.2	1917.7	1916.7	0.0	1.5	1.5

Tabelle 68: Anteile am Privaten Verbrauch nach ausgewählten Gütergruppen, Energieträgern und Zertifikaten in der Basisprognose und nach Einführung der CO_2-Zertifikate - in vH in jeweiligen Preisen -

		1998	2010	
	Gütergruppe		Basis	Zerti
3	Elektrizität/Dampf/Warmwasser	2.2	2.1	2.2
4	Gase	0.9	1.2	1.1
6	Kohle	0.2	0.2	0.1
10	Mineralölerzeugnisse	3.0	2.8	2.3
	davon: Motorenbenzin	2.4	2.4	1.9
	Dieselkraftstoff	0.3	0.2	0.2
	Leichtes Heizöl	0.3	0.2	0.2
	Alle Energieträger	6.3	6.3	5.7
	Zertifikate	—	—	0.1
	Übrige Konsumausgaben	93.7	93.7	94.2

In der Basisprognose bleiben die in Tabelle 68 dargestellten Anteile des Privaten Verbrauchs für Energie *in jeweiligen Preisen* im Jahr 2010 nahezu auf dem Niveau von 1998. Dabei beträgt der Anteil für Energieausgaben jeweils 6.3 vH. In der Zertifikatssimulation verschieben sich diese Anteile deutlich zugunsten der Nicht-Energieprodukte. Deren Anteil nimmt im Jahr 2010 um 0.5 Prozentpunkte zu. Dies entspricht einem Wert von 9.6 Mrd. DM in Preisen von 1991. Dagegen sinken die Ausgaben für Energie von 6.3 vH auf 5.7 vH in der Zertifikatssimulation, da nur die kalkulatorischen Preise, nicht aber die Marktpreise kräftig ansteigen. Hinzu kommen zusätzliche Ausgaben für die Zertifikate, die einen Anteil am gesamten Konsum von 0.1 vH ausmachen. In diesem Zusammenhang muß man natürlich sehen, daß die Umsätze von Zertifikaten innerhalb der Privaten Haushalte keinen Einfluß auf das Verfügbare Einkommen und damit auf den Privaten Konsum haben. Somit kann trotz der zusätzlichen Ausgaben für Zertifikate ein größerer Anteil des Einkommens als in der Basisprognose für andere Konsumgüter eingesetzt werden.

Bei der Betrachtung der einzelnen Energieträger in jeweiligen Preisen bleiben die Ausgaben für Elektrizität und für Gase im Vergleich zur Basisprognose im Jahr 2010 nahezu unverändert. Die Ausgaben für Kohle sinken zwar stark, allerdings auf einem sehr niedrigen Niveau. Mit einem Anteil von 2.3 vH sind die Ausgaben für Mineralölerzeugnisse in der Zertifikatssimulation deutlich niedriger als in der Basisprognose, in der der Anteil 2.8 vH beträgt. Dies liegt insbesondere am Motorenbenzin, dessen Anteil durch die Einführung der Zertifikate von 2.4 vH auf 1.9 vH zurückgeht (vgl. Tabelle 68).

6.4 Zusammenfassung

Die Einführung der hier simulierten CO_2-Zertifikate hat auf die Gesamtwirtschaft nur sehr geringe Auswirkungen. So verändern sich das Bruttoinlandsprodukt, das Konsumniveau, der Export und die Beschäftigung kaum. Deutliche sektorale Auswirkungen gibt es nahezu ausschließlich in den Energie-Produktionsbereichen. Deren Produktion und Beschäftigung geht in fast allen Fällen sehr stark zurück. Bei den anderen Gütergruppen und in den anderen Produktionsbereichen gibt es kaum Auswirkungen auf die Preise, die Produktion und die Beschäftigung. Das heißt, daß die Preissteigerungen in der Zertifikatssimulation wesentlich geringer sind als in den Steuersimulationen, aber auch die positiven Beschäftigungseffekte der Steuersimulationen sind in der Zertifikatssimulation nicht vorhanden.

Die Neutralität dieses Konzeptes ist bestechend, aber eine praktische Ausgestaltung liefe faktisch auf eine Rationierung hinaus, wodurch erhebliche Transaktionskosten entstehen würden. Große Probleme müssen insbesondere bei spekulativen Effekten gesehen werden, weil zu den vorhandenen ein neuer Vermögensmarkt hinzutritt.

7 Schlußfolgerungen

Im Hinblick auf das Klimaschutzziel sprechen unsere Ergebnisse für die Einführung einer allgemeinen CO_2-Steuer, deren Aufkommen für die Reduktion der Lohnnebenkosten in der Wirtschaft verwendet wird. Beginnt man im Jahre 1999 mit einem Steuersatz von 10 DM pro Tonne CO_2 und hebt ihn bis zum Jahr 2010 linear auf 230 DM an, so ist eine Reduktion der CO_2-Emissionen in Deutschland um 25 vH gegenüber dem historischen Wert von 1990 zu erwarten. Auch die anderen Luftschadstoffemissionen werden erheblich (NO_x: 9.4 vH, SO_2: 22.0 vH) vermindert werden können. Der Wirtschaftsstandort Deutschland wird nicht gefährdet, weil die zunehmenden Energiekosten in den meisten Branchen durch sinkende Lohnkosten kompensiert werden. Obwohl eine leichte Abschwächung des Wachstums resultiert, nimmt die Beschäftigung zu. Die Ursache ist eine durch die Lohnkostenminderung induzierte Abschwächung des Wachstums der Arbeitsproduktivität, die die nur geringfügige Abschwächung des Wachstums des Bruttoinlandsprodukts überkompensiert. Beschäftigungszuwachs und die gleichzeitige Reduktion der Luftschadstoffemissionen können als *doppelte Dividende* der Umweltpolitik bezeichnet werden.

Bei unseren Modellrechnungen haben wir eine Einführung der CO_2-Steuer im Rahmen der EU unterstellt, weil sonst Wettbewerbsverzerrungen für die Elektrizitätswirtschaft und die Eisen-/Stahl- und NE-Metallindustrie entstünden. Ein deutscher Alleingang müßte von Sonderregelungen für diese Bereiche begleitet sein, wie sie etwa bei der Einführung der Energiesteuer in Dänemark vorgesehen worden sind. Bemerkenswert ist, daß eine generelle Gefährdung der internationalen Wettbewerbsfähigkeit Deutschlands mit der Einführung einer solchen Steuer nicht verbunden ist.

Nicht vermeidbar werden langfristig kräftige Einbußen bei Produktion und Beschäftigung im Kohlenbergbau sein. Da im Bereich der Steinkohle eine Rückführung der Subventionen und damit der Verlust der Wettbewerbsfähigkeit auch ohne CO_2-Steuer zu erwarten ist, wird sich die mit der Einführung der CO_2-Steuer verbundene Anpassungslast weitgehend auf die Braunkohlereviere beschränken. Wegen der Konzentration dieser Branche in strukturschwachen Regionen wird hier eine regionalpolitische Begleitung notwendig sein. Die erforderlichen Mittel könnten aus dem CO_2-Steueraufkommen problemlos bereitgestellt werden.

Die anderen in der Diskussion befindlichen Steuervorschläge wie etwa eine Erhöhung der Mineralölsteuer oder die Anhebung der Mehrwertsteuer für Energie sind aus verschiedenen Gründen weniger attraktiv: Unsere Rechnungen haben gezeigt, daß die Mineralölsteuer im Hinblick auf das Umweltziel zu wenig ergiebig ist, weil sie sich auf die Energieträger Benzin und Diesel konzentriert. Zur Mehrwertsteuererhöhung für Energie allgemein muß gesagt werden, daß sie zum einen nur die Einsparpotentiale bei den Haushalten nutzt und insofern wenig effizient ist. Zum anderen muß festgestellt werden, daß eine solche Mehrwertsteuererhöhung ohne eine - schwierig zu realisierende - Ausnahmeregelung auch die alternativen Energieträger wie Wind- und Solarenergie trifft.

Umweltzertifikate erscheinen uns als Instrument zur Verminderung der Luftschadstoffemissionen als weniger geeignet: Die *Auktionsvariante*, bei der der Staat zu Beginn eines jeden Jahres Zertifikate im Umfang der tolerierten Verschmutzung versteigert, unterscheidet sich hinsichtlich der Allokationsergebnisse kaum von einer entsprechend formulierten Steuer. Die Vorgabe einer Reduktionsmenge, an die sich die Wirtschaft anpassen muß, kann aber im Konjunkturverlauf zu Problemen führen. Die kurz- bis mittelfristige Gestaltung des langfristigen Reduktionspfades wird erheblichen Einfluß auf das Konjunkturgeschehen haben.

Bei der Konzeption des *grandfathering* verteilt der Staat nur einmal kostenlos im Umfang der aktuellen Emissionen Zertifikate, die dann Jahr für Jahr zu weniger Emissionen berechtigen. Bei diesem Instrument sind die Nebenwirkungen auf Wachstum und Struktur der Wirtschaft vernachlässigbar, aber es stellen sich andere unerwünschte Effekte ein: Verteilt der Staat die Anfangsausstattung an die Produzenten fossiler Energieträger, so werden die Angebotsstrukturen verfestigt, denn je „schmutziger" ein Energieträger ist, um so größer ist das Vermögen, das seinen Anbietern über die Verteilung der Zertifikate zugesprochen wird. Insofern empfiehlt sich die Zertifikatspflicht für die Nachfrager fossiler Energieträger. Hier dürften aber erhebliche Probleme durch die große Anzahl der Zertifikatshalter entstehen: Alle Unternehmen und alle Privaten Haushalte müßten dann Zertifikate halten, wodurch die Zertifikate den Charakter einer zweiten Währung bekämen. Man ist an die Verhältnisse der unmittelbaren Nachkriegszeit erinnert, wobei nur der Unterschied gegeben wäre, daß die „Bezugsscheine" nun handelbar wären. Auch wenn die moderne Informations- und Kommunikationstechnik viele Transaktionskosten im Vergleich zu damals vermeidet, bleibt doch der Eindruck, daß eine solche Politik nicht durchsetzbar wäre. Außerdem würden durch die Einführung des *grandfathering*-Konzepts die Energiemärkte mit den Vermögensmärkten vernetzt werden. Damit könnten sich destabilisierende spekulative Einflüsse verheerend auf die Energiemärkte auswirken.

Wir haben in unserer Studie den Einsatz der Kernenergie und den Einsatz regenerativer Energien konstant gehalten, um die Möglichkeiten der Reduktion des Einsatzes fossiler Energieträger deutlich herausarbeiten zu können. Der Einsatz der Kernenergie wird auch in Zukunft von politischen Entscheidungen abhängen, die von den besonderen Risiken dieses Energieträgers bestimmt sind. Die regenerativen Energien werden sicherlich durch eine Politik der Verteuerung fossiler Energieträger an Boden gewinnen, weil dadurch ihre Rentabilität zunimmt. Wir haben diese Effekte nicht berücksichtigen können, weil uns die erforderlichen Daten fehlen. Zweifellos ließen sich diese Informationen durch Befragung der Betreiber und der Produzenten dieser Technologien gewinnen. Entsprechende Analysen müssen späteren Arbeiten vorbehalten bleiben. Wir können aber heute schon folgern, daß die Berücksichtigung dieser Effekte den Anpassungspfad für die Wirtschaft und die Verbraucher weniger dornenreich gestalten würde.

Impulse zur Weiterentwicklung des Modells erwarten wir aus zwei Anwendungsbereichen. Zum einen sollte das Modell mit energietechnischen Systemen und ökologisch-physikalischen Modellen gekoppelt werden. Auf diese Weise ließe sich die Interdependenz zwischen Ökologie und Ökonomie besser modellieren. Zur Zeit bilden alle umweltökonomischen Modelle diese Interdependenz eigentlich nur eingeschränkt ab (Frohn/Leuchtmann/Kräussl 1998). Es wird detailliert die Dependenz der Ökologie von der Ökonomie analysiert, während die Rückwirkungen lediglich über den Einsatz marktkonformer Instrumente wie Steuern und Zertifikate abgebildet werden. Die direkten Wirkungen der ökologischen Entwicklung über die Klimaveränderung und andere Beeinträchtigungen der Umweltbedingungen auf die ökonomischen Variablen werden nicht betrachtet.

Einen zweiten Impuls erwarten wir aus der Koppelung des Modells mit dem internationalen Modellsystem COMPASS (Meyer/Uno 1998). Es handelt sich um ein 3E-Weltmodell (Economy-Energy-Environment) mit 30 Ländern. Für die asiatischen Länder China, Indonesien, Japan, Korea, Malaysia, Philippinen, Singapur, Thailand, für Australien plus Neuseeland, für die europäischen Länder Dänemark, Frankreich, Deutschland, Italien, Niederlande, Großbritannien sowie für Kanada, die USA und den Rest der Welt wird ein vernetztes internationales System geschaffen, das für jedes Land ein voll integriertes Input-Output-Modell, ein Energiemodell, ein Umverteilungs- sowie ein Finanzmarktmodell enthält. Die Koppelung zwischen den Ländern wird auf der sektoralen Ebene über ein bilaterales Welthandelsmodell hergestellt. Die übrigen Länder, Indien und die Öl- und Gasproduzenten Angola, Algerien, Iran, Kuwait, Libyen, Mexiko, Nigeria, Norwegen, Rußland, Saudi-Arabien, die Vereinigten Arabischen Emirate und Venezuela werden jeweils durch ein kleines Makromodell repräsentiert sein, das die Komponenten der Endnachfrage und die Finanzmarktvariablen endogenisiert. Die Außenhandelsvariablen dieser Länder werden als Satelliten an das Welthandelsmodell angeschlossen und sind dort Teil des „Rests der Welt". Alle 30 Länder sind dann noch einmal über den Ausgleich des globalen Kapitalangebots und der globalen Kapitalnachfrage miteinander vernetzt.

Mit diesem System wird es möglich sein, die internationale Dimension des Problems besser als bisher zu untersuchen. Vor allem werden wir Reaktionen der OPEC-Länder und deren Rückwirkungen auf eine europäische oder gar weltweit harmonisierte Umweltpolitik studieren können.

Abkürzungsverzeichnis

abzgl.	abzüglich
AIDS	Almost Ideal Demand System
Az.	Aktenzeichen
bzw.	beziehungsweise
CES	Constant Elasticity of Substitution
CGE	Computable General Equilibrium
COMPASS	COmprehensive Model for Policy ASSessment
CO_2	Kohlendioxid
d. h.	das heißt
DIW	Deutsches Institut für Wirtschaftsforschung
DL	Dienstleistungen(en)
EG	Europäische Gemeinschaft
Eink.	Einkommen
einschl.	einschließlich
ET	Energieträger
etc.	et cetera
EU	Europäische Union
GG	Gütergruppe
HH	Haushalte
i.	in
IAB	Institut für Arbeitsmarkt- und Berufsforschung
i. d. R.	in der Regel
INFORGE	INterindustry FORecasting GErmany
INFORUM	INterindustry FORecasting at the University of Maryland
InlProd	Inländische Produktion
inkl.	inklusive
IOR	Input-Output-Rechnung
IPB	Inlandsproduktsberechnung
jew.	jeweilige(n)
Kfz	Kraftfahrzeug

Lkw	Lastkraftwagen
MEFIS	Material- und Energiefluß-Informationssystem
Mio.	Millionen
Mrd.	Milliarden
NAMEA	National Acounting Matrix including Environmental Accounts
NE	Nichteisen
NO_x	Stickoxide
o. ä.	oder ähnliches
oE	ohne Erwerbszweck
OECD	Organization for Economic Cooperation and Development
OLS	Ordinary Least Square
OPEC	Organization of the Petroleum Exporting Countries
PADS	Perhaps Adequate Demand System
p. a.	per annum
PB	Produktionsbereich
Pkw	Personenkraftwagen
Pr.	Preise(n)
Priv.	Privat(e)
S.	Seite
SE	Schutz der Erdatmosphäre
SEEA	System for Integrated Environmental and Economic Accounting
SO_2	Schwefeldioxid
SRU	Rat von Sachverstängigen für Umweltfragen
t	Tonne
Tsd.	Tausend
u.	und
u. a.	und andere, unter anderem
UGR	Umweltökonomische Gesamtrechnungen
UmSt	Umsatzsteuer
usw.	und so weiter
v.	von
vgl.	vergleiche
VGR	Volkswirtschaftliche Gesamtrechnungen
vH	vom Hundert
VOC	flüchtige organische Verbindungen
z. B.	zum Beispiel
Zerti	Zertifikatssimulation
ZEW	Zentrum für Europäische Wirtschaftsforschung

Abbildungsverzeichnis

Tabellenverzeichnis

Literaturverzeichnis

Arbeitsgemeinschaft Energiebilanzen (Hrsg.) (1997): Energiebilanzen für die Bundesrepublik Deutschland. Frankfurt.

Almon, C. (1991): The INFORUM Approach to Interindustry Modeling. Economic Systems Research 3, S. 1-7.

Almon, C. (1996): A Perhaps Adequate Demand System. Beitrag zur „Fourth INFORUM World Conference", Shonan Village, 16.-20. September 1996.

Arrow, K./ Hoffenberg, M. (1959): A Time Series Analysis of Interindustry Demands. Amsterdam.

Barker, T. (1997): Taxing Pollution Instead of Jobs. In: O'Riordan, T. (Hrsg.): Ecotaxation. London.

Barker, T./ Gardiner, B. (1996): Employment, Wage Formation and Pricing in the European Union: Empirical Modelling of Environmental Tax Reform. In: Carraro, C./ Siniscalco, D. (Hrsg.): Environmental Fiscal Reform and Unemployment. Dordrecht/ Boston/ London, S. 229-272.

Bauer, A. (1993): Der Treibhauseffekt. Eine ökonomische Analyse. Tübingen.

Baumol, W.J./ Oates, W.E. (1971): The Use of Standards and Prices for Protection of the Environment. Swedish Journal of Economics 73, S. 42-54.

Binswanger, H.C. (1980): Modell einer umweltkonformen Marktwirtschaft - ein Weg zum qualitativen Wachstum. In: Küng, E. (Hrsg.): Wandlungen in Wirtschaft und Gesellschaft. Festschrift für W.A. Jöhr. Tübingen, S. 201-211.

Binswanger, H.C. (1981): Emissionsrechte als Erweiterung der Eigentumsordnung. In: Wegehenkel, L. (Hrsg.): Marktwirtschaft und Umwelt. Tübingen, S. 87-93.

Bleses, P./ Stahmer, C. (1994): Input-Output-Tabellen 1990. Wirtschaft und Statistik, S. 329-342.

Bockermann, A. (1995): The Modelling of Energy Inputs in the INFORGE Model. The Data and First Specifications. In: Janoska, J.J./ Monaco, L.S. (Hrsg.): Papers from the Second INFORUM World Conference. College Park, S. 171-187.

Böhringer, C. (1996): Allgemeine Gleichgewichtsmodelle als Instrument der energie- und umweltpolitischen Analyse. Theoretische Grundlagen und empirische Anwendung. Frankfurt am Main/ Berlin/ Bern/ New York u. a.

Böhringer, C./ Pahlke, A./ Föhringer, Frank/ Fahl, U. u. a. (1997): Ökosteuerstudien im Vergleich - eine wissenschaftliche Zwischenbilanz. Diskussionsbeitrag des Instituts für Energiewirtschaft und Rationelle Energieanwendung der Universität Stuttgart. Stuttgart.

Bonus, H. (1981): Emissionsrechte als Mittel zur Privatisierung öffentlicher Ressourcen aus der Umwelt. In: Wegehenkel, L. (Hrsg.): Marktwirtschaft und Umwelt. Tübingen, S. 54-77.

Bonus, H. (1994): Vergleich von Abgaben und Zertifikaten. In: Mackscheidt, K./ Ewringmann, D./ Gawel, E. (Hrsg.): Umweltpolitik mit hoheitlichen Zwangsabgaben? Karl-Heinrich Hansmeyer zur Vollendung seines 65. Lebensjahres. Berlin, S. 287-300.

Brinkmann, C./ Klauder, W./ Reyher, L./ Thon, M. (1987): Methodische und inhaltliche Aspekte der Stillen Reserve. Mitteilungen aus der Arbeitsmarkt- und Berufsforschung 4/87, S. 387-409.

Burniaux, J.-M./ Martin, J.P./ Nicoletti, G./ Martins, J.O. (1992): The Costs of Reducing CO_2 Emissions. Evidence from GREEN. OECD Economic Department Working Paper 115. Paris.

Cansier, D. (1991): Bekämpfung des Treibhauseffektes aus ökonomischer Sicht. Berlin/ Heidelberg/ New York/ London u. a.

Cansier, D. (1996): Umweltökonomie. 2. Auflage, Stuttgart.

Coase, R.H. (1960): The Problem of Social Cost. Journal of Law and Economics 3, S. 1-44.

Conrad, K./ Schmidt, T.F.N. (1998): Economic Effects of an Uncoordinated Versus a Coordinated Carbon Dioxide Policy in the European Union: An Applied General Equilibrium Analysis. Economic Systems Research 10, S. 161-182.

Conrad, K./ Wang, J. (1994): CO_2 Zertifikate oder CO_2 Steuern: Wirkungsweise und Kostenbelastung der Industrien - eine AGE-Analyse für Deutschland (West). In: Eichhorn, P. (Hrsg.): Ökosoziale Marktwirtschaft. Ziele und Wege. Wiesbaden, S. 75-90.

Dales, J.H. (1968): Pollution, Property and Prices. Toronto.

Deaton, A./ Muellbauer J. (1980): An Almost Ideal Demand System. American Economic Review 70, S. 312-326.

DIW [Deutsches Institut für Wirtschaftsforschung] (Hrsg.) (1994): Ökosteuer - Sackgasse oder Königsweg? Wirtschaftliche Auswirkungen einer ökologischen Steuerreform. Ein Gutachten im Auftrag von Greenpeace e.V.. Berlin.

EG-Kommission (Hrsg.) (1992): Die Klimaherausforderung. Ökonomische Aspekte der Gemeinschaftsstrategie zur Begrenzung der CO_2-Emissionen. In: Europäische Wirtschaft 51.

EG-Kommission (Hrsg.) (1995): Faire und effiziente Preise im Verkehr. Politische Konzepte zur Internalisierung der externen Kosten des Verkehrs in der Europäischen Union. Grünbuch. Kommissionsdrucksache 95/691. Brüssel.

Endres, A. (1994): Umweltökonomie. Eine Einführung. Darmstadt.

Endres, A./ Schwarze, R. (1994): Das Zertifikatsmodell vor der Bewährungsprobe? Eine ökonomische Analyse des Acid Rain-Programms des neuen US-Clean Air Act. In: Endres, A./ Rehbinder, E./ Schwarze, R. (Hrsg.): Umweltzertifikate und Kompensationslösungen aus ökonomischer und juristischer Sicht. Bonn.

Enquete-Kommission SE [Enquete-Kommission „Schutz der Erdatmosphäre" des Deutschen Bundestages] (Hrsg.) (1995): Mehr Zukunft für die Erde. Bonn.

Ewerhart, G. (1991): Geld und Produktionsstruktur. Eine empirische Analyse für die Bundesrepublik Deutschland. Berlin.

Ewringmann, D. (1997): Staatsfinanzierung und Lenkungsabgaben: Problemfelder und Gestaltungsmöglichkeiten einer ökologischen Steuerreform. In: Staehelin-Witt, E./ Blöchlinger, H. (Hrsg.): Ökologisch orientierte Steuerreformen. Die fiskal- und außenwirtschaftspolitischen Aspekte. Bern/ Stuttgart/ Wien.

Fankhauser, S. (1995): Valuing Climate Change. London.

Frohn, J./ Leuchtmann, U./ Kräussl, R. (1998): Fünf makroökonomische Modelle zur Erfassung der Wirkungen umweltpolitischer Maßnahmen. Eine vergleichende Betrachtung. Abschlußbericht im Projekt „Modellvergleich" des wissenschaftlichen Beirats zur Umweltökonomischen Gesamtrechnung. Bielefeld. (Erscheint in der Schriftenreihe „Beiträge zur Umweltökonomischen Gesamtrechnung" des Statistischen Bundesamtes).

Georgescu-Roegen, N. (1990): Production Process and Dynamic Economics. In: Baranzini, M./ Scazzieri, R. (Hrsg.): The Economic Theory of Structure and Change. Cambridge/ New York/ Port Chester/ Melbourne u. a., S. 198-226.

de Grauwe, P. (1993): Economic Instruments in EC Environment Policy. Working Party Report No. 8. Centre for European Policy Studies. Brüssel.

Hansen, G. (1993): Quantitative Wirtschaftsforschung. München.

Heinze, A. (1998): Material- und Energiefluß-Informationssystem. Methodik und Aufbau. Wirtschaft und Statistik, S. 346-352.

Heister, J./ Michaelis, P. (1991): Umweltpolitik mit handelbaren Emissionsrechten. Möglichkeiten zur Verringerung der Kohlendioxid- und Stickoxidemissionen. Tübingen.

Hillebrand, B./ Wackerbauer, J./ Behring, K./ Karl, H.-D. u. a. (1996): Gesamtwirtschaftliche Beurteilung von CO_2-Minderungsstrategien. Essen.

Hohmeyer, O./ Vögele, S./ Bräutigam, R./ Finger, R. (1998): EMI 2.0. Ein disaggregiertes Modell zur Verknüpfung von wirtschaftlichen Aktivitäten und Emissionen. Ein Analyseinstrument. Forschungsbericht 96-101 01 117 des Zentrums für Europäische Wirtschaftsforschung (ZEW). Mannheim.

Holub, H.-W./ Schnabl, H. (1994): Input-Output-Rechnung: Input-Output-Tabellen. Eine Einführung. 3. Auflage, München/ Wien.

Hoster, F./ Welsch, H./ Böhringer, C. (1997): CO_2 Abatement and Economic Structural Change in the European Internal Market. Heidelberg.

IAB [Institut für Arbeitsmarkt- und Berufsforschung der Bundesanstalt für Arbeit] (Hrsg.) (1997): Zahlenfibel (Ausgabe 1997) - Ergebnisse der Arbeitsmarkt- und Berufsforschung in Tabellen. Beitrag zur Arbeitsmarkt- und Berufsforschung 101. Nürnberg.

Infras/ Econcept/ Prognos (Hrsg.) (1996): Die vergessenen Milliarden. Externe Kosten im Energie- und Verkehrsbereich. Bern/ Stuttgart/ Wien.

Jorgenson, D.W. (1982): An Econometric Approach to General Equilibrium Analysis. In: Hazewinkel, M./ Rinnooy Kan, A.H.G. (Hrsg.): Current Developments in the Interface: Economics, Econometrics, Mathematics. Dordrecht, S. 125-155.

Jorgenson, D.W./ Wilcoxen, P.J. (1993): Reducing US Carbon Emissions: An Econometric General Equilibrium Assessment. Resource and Energy Economics 15, S. 7-25.

Kabelitz, K.R. (1984): Eigentumsrechte und Nutzungslizenzen als Instrument einer ökonomisch rationalen Umweltpolitik. München.

Kaldor, N. (1957): A Model of Economic Growth. Economic Journal 67, S. 591-624.

Kemper, M. (1989): Das Umweltproblem in der Marktwirtschaft. Wirtschaftstheoretische Grundlagen und vergleichende Analyse umweltpolitischer Instrumente in der Luftreinhalte- und Gewässerschutzpolitik. Berlin.

Keuning, S.J./ de Haan, M. (1998): Netherlands: What's in a NAMEA? Recent Results. In: Uno, K./ Bartelmus, P. (Hrsg.): Environmental Accounting in Theory and Practice. Amsterdam, S. 143-156.

Kohler, H. (1997): Innovation und Beschäftigung: Jahresarbeitszeit, Arbeitsvolumen, Produktivität. In: Schnabl, H. (Hrsg.): Innovation und Arbeit: Fakten - Analysen - Perspektiven. Tübingen, S. 93 - 110.

Krendlesberger, W. (1996): Handelbare Belastungsrechte in der Umweltpolitik. Theorieorientierte Untersuchung für Österreich. Wien.

Lutz, C. (1998): Umweltpolitik und die Emissionen von Luftschadstoffen. Eine empirische Analyse für Westdeutschland. Berlin.

Ma, Q. (1997): A Bilateral Trade Model for the INFORUM International System. In: Tomaszewicz, L. (Hrsg.): Proceedings of the 3rd World INFORUM Conference. Lodz, S. 135-183.

Maier-Rigaud, G. (1994): Umweltpolitik mit Mengen und Märkten. Marburg.

Mayer, H. (1990): Aufkommen und Verwendung von Energie 1978 bis 1988. Wirtschaft und Statistik, S. 614-622.

Mayer, H. (1993): Entwicklung des Energiegehalts von Gütern 1978 bis 1988. In: Schnabl, H. (Hrsg.): Ökointegrative Gesamtrechnung. Ansätze, Probleme, Prognosen. Berlin/ New York, S. 233-254.

Meyer, B./ Bockermann, A./ Ewerhart, G./ Lutz, C. (1997): Was kostet eine Reduktion der CO_2-Emissionen? Ergebnisse von Simulationsrechnungen mit dem umweltökonomischen Modell PANTA RHEI. Beiträge des Instituts für Empirische Wirtschaftsforschung der Universität Osnabrück 55. Osnabrück.

Meyer, B./ Bockermann, A./ Ewerhart, G./ Lutz, C. (1998): Modellierung der Nachhaltigkeitslücke. Eine umweltökonometrische Analyse. Heidelberg.

Meyer, B./ Ewerhart, G. (1997): Lohnsatz, Produktivität und Beschäftigung. Ergebnisse einer Simulationsstudie mit dem disaggregierten ökonometrischen Modell INFORGE. In: Schnabl, H. (Hrsg.): Innovation und Arbeit: Fakten - Analysen - Perspektiven. Tübingen, S. 253-267.

Meyer, B./ Ewerhart, G. (1998a): INFORGE. Ein disaggregiertes Simulations- und Prognosemodell für Deutschland. In: Lorenz, H.-W./ Meyer, B. (Hrsg.): Studien zur Evolutorischen Ökonomik IV. Berlin.

Meyer, B./ Ewerhart, G. (1998b): Multisectoral Policy Modelling for Environmental Analysis. In: Uno, K./ Bartelmus, P. (Hrsg.): Environmental Accounting in Theory and Practice. Amsterdam, S. 395-406.

Meyer, B./ Uno, K. (1998): The Internationally Linked Dynamic Input-Output Model COMPASS. The Logical Structure. Beitrag zur „Twelfth International Conference on Input-Output Techniques", New York, 18.-22. Mai 1998.

Nyhus, D. (1991): The INFORUM International System. Economic Systems Research 3, S. 55-64.

Nyhus, D./ Wang, Q. (1997): Investment and Exports: A Trade Share Perspective. Beitrag zur „Fifth INFORUM World Conference", Bertinoro, 15.-20. September 1997.

Phelps, E.S. (1963): Substitution, Fixed Proportions, Growth and Distribution. International Economic Review 4, S. 265-288.

Pigou, A.C. (1920): The Economics of Welfare. London.

Pindyck, R.S./ Rubinfeld, D.L. (1998): Econometric Models and Economic Forecasts. 4. Auflage, Boston/ Burr Ridge/ Dubuque/ Madison u. a.

Prognos (Hrsg.) (1996): Energiereport II. Die Energiemärkte Deutschlands im zusammenwachsenden Europa - Perspektiven bis zum Jahr 2020. Stuttgart.

Radermacher, W./ Stahmer, C. (1994): Vom Umwelt-Satellitensystem zur Umweltökonomischen Gesamtrechnung: Umweltbezogene Gesamtrechnungen in Deutschland. Teil 1. In: Zeitschrift für angewandte Umweltforschung 7, S. 531-541.

Radermacher, W./ Stahmer, C. (1995): Vom Umwelt-Satellitensystem zur Umweltökonomischen Gesamtrechnung: Umweltbezogene Gesamtrechnungen in Deutschland. Teil 2. In: Zeitschrift für angewandte Umweltforschung 8, S. 99-109.

Ragaly, S./ Heinze, A. (1998): Material- und Energiefluß-Informationssystem. Stoffstrombilanzierung in den Umweltökonomischen Gesamtrechnungen - umweltpolitisches Anforderungsprofil und Konzeption. Wirtschaft und Statistik, S. 259-267

Richter, J. (1991): Aktualisierung und Prognose technischer Koeffizienten in gesamtwirtschaftlichen Input-Output Modellen. Heidelberg.

Scheelhase, J. (1994): Abgaben und Zertifikate als Instrument zur CO_2-Reduktion in der EG. München.

Schiffer, H.-W. (1995): Energiemarkt Bundesrepublik Deutschland. 5. Auflage, Köln.

Selten, R. (1991): Evolution, Learning, and Economic Behavior. Games and Economic Behavior 3, S. 3-24.

Siebert, H. (1995): Economics of the Environment. Theory and Practice. 4. Auflage, Berlin/ Heidelberg/ New York/ Tokio.

SRU [Rat von Sachverständigen für Umweltfragen] (1995): Sommersmog: Drastische Reduktion der Vorläufersubstanzen des Ozons notwendig. In: Zeitschrift für angewandte Umweltforschung 8, S. 160-167.

Statistisches Bundesamt (Hrsg.) (1989): Fachserie 18 (Volkswirtschaftliche Gesamtrechnungen), Reihe S (Sonderbeiträge) S.12: Ergebnisse der Input-Output-Rechnung 1970 bis 1986.

Statistisches Bundesamt (Hrsg.) (1990): Fachserie 18 (Volkswirtschaftliche Gesamtrechnungen), Reihe 2 (Input-Output-Tabellen) 1985 bis 1988.

Statistisches Bundesamt (Hrsg.) (1994): Fachserie 18 (Volkswirtschaftliche Gesamtrechnungen), Reihe 2 (Input-Output-Tabellen) 1986, 1988, 1990.

Statistisches Bundesamt (Hrsg.) (1995): Fachserie 18 (Volkswirtschaftliche Gesamtrechnungen), Reihe 2 (Input-Output-Tabellen) 1991.

Statistisches Bundesamt (Hrsg.) (1996): Aufkommen und Verwendung von Energie 1978 bis 1993. Ergebnisse der Input-Output-Rechnung 1978 bis 1993. Arbeitsunterlage III C 2.

Statistisches Bundesamt (Hrsg.) (1997a): Fachserie 18 (Volkswirtschaftliche Gesamtrechnungen), Reihe 1.3 (Konten und Standardtabellen) Hauptbericht 1996.

Statistisches Bundesamt (Hrsg.) (1997b): Fachserie 18 (Volkswirtschaftliche Gesamtrechnungen), Reihe 2 (Input-Output-Tabellen) 1993.

Statistisches Bundesamt (Hrsg.) (1997c): Fachserie 19 (Umwelt), Reihe 5 (Umweltökonomische Gesamtrechnungen - Material- und Energieflußrechnungen) 1997.

Statistisches Bundesamt (Hrsg.) (1998): Fachserie 19 (Umwelt), Reihe 4 (Umweltökonomische Gesamtrechnungen - Basisdaten und ausgewählte Ergebnisse) 1998.

Thomas, J. (1993): Aufbau der Emittentenstruktur der Bundesrepublik Deutschland im Rahmen der Umweltökonomischen Gesamtrechnung. Wirtschaft und Statistik, S. 432-446.

Thomas, J. (1996): Luftemissionsentwicklung der Produktionsbereiche. Ergebnisse aus der Datenbank Emittentenstruktur der Umweltökonomischen Gesamtrechnungen. Wirtschaft und Statistik, S. 40-52.

Tietenberg, T.H. (1985): Emissions Trading. An Exercise in Reforming Pollution Policy. Washington D. C.

Umweltbundesamt (Hrsg.) (1994): Daten zur Umwelt 1992/93. Berlin.

Vereinte Nationen (Hrsg.) (1993): Integrated Environmental and Economic Accounting. Handbook of National Accounting. Studies in Methods. Series F 61. New York.

Voßkamp, R. (1996): Innovationen, Heterogenität und Struktur in Mikro-Makro-Modellen. Von der Kritik an den bekannten Ansätzen hin zu einem neuen Modell. Berlin

Walter, H. (1977): Technischer Fortschritt I: in der Volkswirtschaft. In: Albers, W./ Born, K.E./ Dürr, E./ Hesse, H. u. a. (Hrsg.): Handwörterbuch der Wirtschaftswissenschaften. Band 7. Stuttgart/ New York/ Tübingen/ Göttingen u. a., S. 569-583.

Weimann, J. (1995): Umweltökonomik. Eine theorieorientierte Einführung. 3. Auflage, Berlin/ Heidelberg/ New York/ London u. a.

von Weizsäcker, E.U. (1994): Erdpolitik. 4. Auflage, Darmstadt.

Welsch, H./ Hoster, F. (1995): A General-Equilibrium Analysis of European Carbon/Energy Taxation. Model Structure and Economic Results. Zeitschrift für Wirtschafts- und Sozialwissenschaften 115, S. 275-303.

Welsch, H. (1996): Klimaschutz, Energiepolitik und Gesamtwirtschaft. Eine allgemeine Gleichgewichtsanalyse für die Europäische Union. München.

Personenverzeichnis

Sachverzeichnis

<u>GPSR Compliance</u>

The European Union's (EU) General Product Safety Regulation (GPSR) is a set of rules that requires consumer products to be safe and our obligations to ensure this.

If you have any concerns about our products, you can contact us on ProductSafety@springernature.com

In case Publisher is established outside the EU, the EU authorized representative is:

Springer Nature Customer Service Center GmbH
Europaplatz 3
69115 Heidelberg, Germany

Batch number: 10815974

Printed by Printforce, the Netherlands